Finance

21 世纪高等学校
金融学系列教材

中央银行学

Central Banking

罗蓉 ◇ 主编

谭燕芝 王庆安 ◇ 副主编

人民邮电出版社

北 京

图书在版编目（CIP）数据

中央银行学 / 罗蓉主编. -- 北京：人民邮电出版
社，2015.2
21世纪高等学校金融学系列教材
ISBN 978-7-115-38388-4

Ⅰ．①中… Ⅱ．①罗… Ⅲ．①中央银行－经济理论－
高等学校－教材 Ⅳ．①F830.31

中国版本图书馆CIP数据核字(2015)第025736号

内 容 提 要

本书分为 4 个部分，第一部分（第 1 章、第 2 章），从历史发展和当前现代经济运行的角度分析了中央银行制度的产生、演进和中央银行的地位和作用。第二部分（第 3 章～第 7 章），主要分析和论述中央银行的负债业务、资产业务、支付清算业务、国库业务、会计业务、统计业务、反洗钱业务和征信业务。第三部分（第 8 章～第 11 章），主要以中央银行的货币政策为核心，重点分析中央银行在宏观经济分析基础上的货币政策目标选择、货币政策传导机制以及货币政策工具操作。第四部分（第 12 章、第 13 章）介绍中央银行为维护金融体系内外稳定所担负的两项重要管理职能：外汇管理和金融监管。

本书体系清晰，逻辑性强，语言简练易懂，适合金融学、经济学、会计学、审计学、工商管理、国际贸易等专业的本科生和研究生使用，也可作为金融从业人员、高校教师、政府工作人员和相关学者的参考书，也适合大专班、考研辅导班其他短期培训班等选讲本教材的部分内容。

- ◆ 主　编　罗　蓉
　　副主编　谭燕芝　王庆安
　　责任编辑　武恩玉
　　执行编辑　刘向荣
　　责任印制　沈　蓉　彭志环
- ◆ 人民邮电出版社出版发行　　北京市丰台区成寿寺路 11 号
　　邮编　100164　　电子邮件　315@ptpress.com.cn
　　网址　http://www.ptpress.com.cn
　　北京天宇星印刷厂印刷
- ◆ 开本：787×1092　1/16
　　印张：18.75　　　　　　　　2015 年 2 月第 1 版
　　字数：431 千字　　　　　　 2025 年 1 月北京第 7 次印刷

定价：42.00 元

读者服务热线：(010)81055256　印装质量热线：(010)81055316
反盗版热线：(010)81055315
广告经营许可证：京东市监广登字 20170147 号

前言 FOREWORD

在现代经济条件下，中央银行在宏观经济运行中起着越来越重要的作用。尤其是在近年全球性的金融危机以及欧洲债务危机的影响下，各国都在寻求新思路和新方法对宏观经济进行更为有效的调控。在新形势下，中央银行作为货币政策的决策者、制定者和实施者，其职能的发挥对于宏观经济调控的长期效果显得尤为重要。

中央银行学是一门宏观金融分析课程，不仅具有较强的宏观理论分析特征，同时还具有极强的实践性。作为研究中央银行运行以及中央银行职能发挥的一门科学，必然随着经济发展程度、经济发展形势以及中央银行本身的变化而与时俱进，应该从不断发展的实践中吸取新的内容和新的问题进行理论探讨。相应地，中央银行学的教材也应随之做出适当的扩充、发展、更新和完善。

本书特点一是广泛吸纳了中央银行相关领域的最新研究成果，同时尽可能地运用各个历史时期的案例，尤其是近年来各国中央银行进行各项业务操作实施的具体案例来加深学生对中央银行职能和作用的理解；二是有关章节与其他经济学课程，如宏观经济学、金融学、国际金融等的逻辑联系更加紧密。有利于加强学生经济学知识的系统性、全面性和联系性；三是运用了最新的统计数据和多样化的案例专栏，以及扩展性的课后阅读材料，提升了本教材的现实应用性，在提高学生对本课程学习兴趣的同时，帮助学生更好地掌握基本理论，引导学生对实际问题进行思考，提高学生分析问题和解决问题的能力。本书配有课后习题和思考题，有利于学习者的巩固和深入理解。

本书由罗蓉担任主编，谭燕芝、王庆安担任副主编，由罗蓉总纂定稿。另外，颜文茹、段娓娓、肖婷婷、袁碧蓉、李维杨和胡万俊等协助做了大量的工作。本书在编写过程中参考了大量专家、学者的研究成果，在此表示特别感谢！

由于编者水平所限，书中难免有错误和疏漏之处，敬请广大读者批评指正！

编　者

2014 年 12 月

目录 CONTENTS

第一部分　中央银行制度的总述

第1章　中央银行制度的形成与发展 / 2

第一节　中央银行制度的产生与发展 / 2

一、中央银行产生的历史背景 / 2

二、中央银行产生的客观经济需要 / 4

三、中央银行制度的初步形成 / 6

四、中央银行制度的普及发展 / 7

五、中国中央银行制度的形成与发展 / 8

第二节　中央银行的性质与职能 / 10

一、中央银行的性质 / 10

二、中央银行的职能 / 11

第三节　中央银行制度的类型、组织结构与资本组成 / 16

一、中央银行制度的基本类型 / 16

二、中央银行的组织结构 / 17

三、中央银行的资本组成 / 21

第2章　现代经济体系中的中央银行 / 25

第一节　现代经济条件下中央银行地位的上升 / 26

一、现代经济运行特点 / 26

二、中央银行在现代经济体系中的地位 / 26

第二节　现代经济条件下中央银行职能的扩展 / 30

一、中央银行职能的扩展 / 30

二、中央银行的主要职责 / 31

第三节　现代经济条件下中央银行独立性的加强 / 35

一、中央银行的独立性 / 35

二、中央银行的相对独立性 / 36

三、中央银行独立性的三种类型 / 37

第二部分　中央银行的业务活动

第3章　中央银行业务活动与资产负债表 / 43

第一节　中央银行业务活动的法律规范与原则 / 44
一、中央银行业务活动的法律规范 / 44
二、中央银行业务活动的一般原则 / 46
第二节　中央银行的业务活动与一般分类 / 47
一、银行性业务 / 48
二、管理性业务 / 49
第三节　中央银行的资产负债表 / 50
一、中央银行资产负债表的一般构成 / 50
二、中国人民银行的资产负债表 / 52
三、中央银行资产负债表主要项目关系 / 54
四、主要中央银行资产负债表的项目结构分析 / 55

第4章　中央银行的负债业务 / 64

第一节　中央银行的货币发行业务 / 65
一、货币发行的含义、种类及渠道与程序 / 65
二、中央银行货币发行的基本原则 / 66
三、中央银行货币发行的准备制度 / 67
四、人民币发行业务及管理 / 68
第二节　中央银行的存款业务 / 70
一、中央银行存款业务的目的与特点 / 71
二、准备金存款业务 / 72
三、中央银行的其他存款业务 / 76
四、中央银行存款业务与其发挥职能作用的关系 / 77
第三节　中央银行的其他负债业务 / 78
一、发行中央银行债券 / 78
二、对外负债 / 81
三、资本业务 / 82
第四节　中央银行负债结构 / 83
一、中国人民银行负债项目的变化 / 84
二、中国人民银行负债规模与结构的变化 / 84
三、中国人民银行负债业务存在的主要问题 / 87

第5章　中央银行的资产业务 / 90

第一节　中央银行的再贴现和贷款业务 / 90
一、再贴现业务 / 90
二、贷款业务 / 93
三、再贴现和贷款业务的重要性 / 97

第二节 中央银行的公开市场业务 / 98

一、中央银行买卖证券的意义 / 98

二、证券买卖业务与贷款业务的异同 / 99

三、中央银行买卖证券的种类及业务操作 / 100

第三节 中央银行的黄金外汇储备业务 / 103

一、中央银行保管和经营黄金外汇储备的目的及
意义 / 103

二、国际储备的种类构成 / 105

三、保管和经营黄金外汇储备应注意的问题 / 105

四、我国的国际储备管理 / 106

第四节 中央银行资产结构 / 110

一、中国人民银行资产负债表中资产方项目的
变化 / 110

二、中国人民银行资产负债表中资产规模与结
构的变化 / 110

三、中国人民银行资产业务的主要问题 / 114

第6章 中央银行的支付清算业务 / 117

第一节 支付清算业务与中央银行 / 118

一、支付清算业务 / 118

二、中央银行支付清算业务的主要内容及运营 / 119

第二节 中央银行支付清算体系的构成及作用 / 121

一、中央银行支付清算体系的构成 / 121

二、中央银行支付清算体系的重要性 / 123

第三节 中央银行支付清算系统 / 124

一、中央银行支付清算系统的种类及其运营 / 124

二、中央银行支付清算系统的风险管理 / 127

第四节 跨国支付清算 / 130

一、跨国支付清算 / 130

二、中央银行在跨国支付清算活动中的重要地位 / 130

三、主要的国际性支付系统 / 130

第五节 中国支付清算体系的建设与发展 / 131

一、支付服务组织的多元化发展 / 131

二、中国支付系统的现代化建设 / 133

三、非现金支付工具应用广泛 / 134

第7章　中央银行的其他主要业务 / 138

第一节　中央银行的经理国库业务 / 139
一、国库业务 / 139
二、国库制度 / 139
三、我国央行代理国库的职责与权限 / 140

第二节　中央银行的会计业务 / 142
一、中央银行会计业务的含义 / 142
二、中央银行会计的对象与特点 / 142
三、中央银行会计的任务与职能 / 143
四、中央银行的会计报表 / 144

第三节　中央银行的调查统计业务 / 145
一、中央银行的调查统计业务 / 145
二、金融统计 / 145
三、金融统计的基本原则 / 146
四、金融统计的业务程序 / 147
五、金融统计的主要内容 / 148
六、中央银行的经济统计调查 / 149

第四节　中央银行的征信管理业务 / 152
一、征信的概述 / 152
二、征信在经济中的作用 / 153
三、我国的征信管理业务 / 153

第五节　中央银行的反洗钱业务 / 154
一、洗钱 / 154
二、洗钱的危害与反洗钱的意义 / 155
三、中央银行的反洗钱业务 / 156
四、中国人民银行的反洗钱措施 / 156

第六节　中央银行的宏观经济分析业务 / 157
一、宏观经济分析的含义与意义 / 157
二、中央银行宏观经济分析的基本内容 / 157

第三部分　中央银行与货币政策

第8章　中央银行的宏观经济分析 / 162

第一节　宏观经济分析框架 / 163
一、国民账户 / 163

二、国际收支账户 / 165

三、财政账户 / 167

四、货币账户 / 170

第二节 经济与金融运行状况分析 / 171

一、宏观经济账户之间关系的分析框架 / 171

二、资金流量分析 / 174

三、资金流量分析对我国宏观经济管理的作用 / 176

四、货币部门的分析和预测 / 177

第9章 中央银行货币政策目标选择 / 182

第一节 货币政策在宏观经济及调控体系中的作用 / 183

一、货币政策的内涵 / 183

二、货币供求与社会总供求 / 184

三、货币政策对经济运行的影响 / 185

四、货币政策在宏观调控中的地位 / 192

第二节 货币政策的目标选择 / 193

一、货币政策目标体系 / 193

二、货币政策目标 / 193

三、货币政策目标的统一性与矛盾性 / 195

四、货币政策目标的选择 / 196

第三节 货币政策的中介指标和操作指标 / 197

一、选择中介指标和操作指标的主要标准与客观条件 /
197

二、可供选择的中介指标分析 / 198

三、可供选择的操作指标分析 / 202

四、货币政策指标选择的历史考察 / 203

第10章 中央银行货币政策工具与业务操作 / 207

第一节 一般性货币政策工具及其业务操作 / 208

一、法定存款准备金政策与业务操作 / 208

二、再贴现政策与业务操作 / 210

三、公开市场业务与操作 / 212

第二节 选择性货币政策工具 / 214

一、选择性货币政策工具 / 214

二、选择性货币政策工具的特点 / 214

三、选择性货币政策工具的操作 / 215

第三节 其他货币政策工具 / 218

一、直接信用控制 / 218

二、间接信用控制 / 219

第11章　货币政策的传导机制与效果检验 / 224

第一节　货币政策的变量 / 225

一、目标变量、中介变量与工具变量 / 225

二、货币政策变量的传导机制 / 226

第二节　货币政策的传导机制 / 227

一、中介变量与目标变量的关系 / 227

二、工具变量对中介变量的影响 / 230

三、一般性货币政策工具对工具变量的影响 / 231

第三节　货币政策的作用时滞及政策效果 / 233

一、货币政策的作用时滞 / 233

二、货币政策的效果检验 / 234

第四节　货币政策的有效性 / 236

一、货币政策有效性研究的出发点 / 236

二、货币政策与其他宏观经济政策的配合 / 238

三、政策有效性比较 / 240

四、政策的适应性分析 / 242

第四部分　中央银行的金融稳定管理

第12章　中央银行的外汇管理 / 247

第一节　中央银行的外汇管理 / 248

一、外汇管理 / 248

二、外汇管理的历史进程 / 249

三、中国外汇管理的历史变迁 / 250

四、外汇管理的经济作用 / 250

第二节　外汇管理的主要内容 / 251

一、外汇管理的项目 / 251

二、我国经常项目外汇管理的特点 / 252

三、我国资本项目外汇管理 / 255

第三节　中央银行的外债管理 / 258

一、外债的含义 / 258

二、外债的种类 / 259

三、外债管理 / 259

四、我国的外债管理 / 262

五、外债管理与国家宏观经济政策的协调配合 / 264

第13章　中央银行的对外金融关系与金融监管 / 267

第一节　金融全球化趋势与中央银行的对外金融关系 / 268

一、金融全球化及其经济效应 / 268

二、中央银行在国家对外金融关系中的地位 / 269

三、中央银行与国际金融机构组织的往来关系 / 270

第二节　国际货币体系与中央银行货币政策协调 / 272

一、国际货币体系 / 272

二、当前国际货币体系发展的特点 / 273

三、国际货币政策协调 / 273

四、不同国际货币体系下的国际货币政策协调 / 275

第三节　中央银行与金融监管 / 276

一、主要的金融监管模式 / 277

二、金融监管模式的发展演变 / 277

三、中央银行在金融监管中的地位与作用 / 278

四、中央银行金融监管的主要内容 / 279

五、宏观审慎管理 / 282

参考文献 / 287

后　记 / 290

第一部分

中央银行制度的总述

　　从历史发展进程看，从最早出现第一家中央银行，到目前世界上绝大多数国家都拥有独立的中央银行，中央银行的地位越来越重要，已成为各国政府调节金融与宏观经济不可或缺的重要组织机构。中央银行制度已成为现代经济条件下最重要的经济制度之一，是各国经济运行和全球经济发展的重要制度基础。

第1章　中央银行制度的形成与发展

学习目标

1. 熟悉和了解中央银行的产生和中央银行制度的形成。
2. 理解和掌握中央银行的性质及其职能。
3. 了解中央银行制度的类型与组织结构。

开篇案例

根据《中国人民银行年报（2012）》，截止到 2012 年年末，中国人民银行广义货币供应量 M2 增长 13.8%，全年新增人民币贷款 8.2 万亿元，社会融资规模达到 15.76 万亿元。中国人民银行在加强总量调控的同时，注重发挥宏观信贷政策调转方式在结构中的积极作用，引导金融机构加大对"三农"、小微企业、节能环保和事关全局、带动性强的重大在建续建项目的支持力度。在各项宏观调控政策措施综合作用下，全年国内生产总值增长 7.8%，居民消费价格上涨 2.6%。

案例导读

中央银行作为全社会货币、信用的调节者和管理者，承担着国家宏观经济调控、调节货币流通和信用活动以及维护全社会金融稳定等任务，其在整个社会经济中的地位日渐凸显。中央银行的出现及中央银行制度的形成是历史发展的必然产物。现代经济条件下，中央银行制度在社会经济发展中发挥着极其重要的作用，已成为各国最基本的经济制度之一。

第一节　中央银行制度的产生与发展

一、中央银行产生的历史背景

1656 年，瑞典银行成立，于 1661 年发行了欧洲首张银行券，作为硬币的替代物。1668 年，瑞典银行被收归国有，成为世界上最早的中央银行。自此以后，各个国家相继出现了自己的中央银行。中央银行之所以在17世纪中期的欧洲首先产生，是由欧洲当时的客观历史背景决定的。

（一）商品经济快速发展

得益于12世纪开始逐步兴盛起来的"生产力革命"和科学技术的发展，13至14世纪的西欧，社会分工程度不断加深，商品经济的发展已初具规模，国内贸易在市场进行，国际贸易在集市进行，商品经济不断向前发展。15至16世纪，欧洲资本主义制度开始形成，社会生产加速转向商品化，一些手工业开始脱离农业而成为新的独立的部门，出现了很多新兴行业并形成了若干工业中心。农业也逐渐从传统的自给自足型转向商品生产型，城市和城镇大量增加，商品贸易进一步发展。17世纪，科学发明和技术革新极大地促进了生产力发展，西欧的商品经济已经比较发达，以资本主义生产方式组织起来的工商业和新式农业已经成为社会经济发展的主导力量。

（二）银行业的兴起与发展

13至14世纪，随着商品经济的迅速发展，有一些商人分离出来专门经营银钱业，在此基础上，开始出现了早期的银行，比较著名的如1397年成立的麦迪西银行（Medici Bank）、1407年热那亚的圣乔治银行（Bank of St. George）等。15至16世纪，伴随着欧洲商品经济的快速发展和资本主义生产方式的兴起，银行的设立和发展也出现了一个高潮，如1587年成立的威尼斯银行（Bank of Venice）、1593年成立的米兰银行（Bank of Milan）等，这些银行已开始具有现代银行的某些特征。同期在纽伦堡、里昂、法兰克福、布鲁日、安特卫普等交易中心也先后设立了类似的银行。17至18世纪，欧洲资本主义制度确立，社会生产力飞速发展，极大地推动了银行业的业务扩展，如发行银行券、为企业开立账户并办理转账、为新兴行业融资并提供服务等，使银行真正具有了现代银行的性质。1609年成立的阿姆斯特丹银行（Bank of Amsterdam）是这一时期新式银行的突出代表。新式银行经营的成功，引来了大批效仿者，出现了银行设立的又一次高潮。在这一时期设立的银行中，1656年设立的瑞典银行和1694年设立的英格兰银行对日后中央银行的发展有着重要的影响，它们不但在业务上有许多创新，而且也是最早发展成为中央银行的银行。

（三）货币信用关系广泛发展

到了17世纪中期，一方面，欧洲的经济商品化程度不断加深；另一方面，银行业发展规模不断扩大，二者相互推动，促进了货币、信用与经济的融合，以货币关系为特征的银行信用逐步成为信用的主要形式。在现代银行出现之后，资本主义的发展开始以社会资本积累的形式加速进行。一方面，银行为企业的资本联合和社会筹资提供条件与便利，如为股份公司代理发行股票、代付股息和建立股票转让市场，为多种形式的企业代理各类债券发行、转让和还本付息等；另一方面，还直接提供银行贷款扩大企业资金，并通过对商业票据办理承兑、贴现、抵押放款等方式把商业信用转化为银行信用，使银行信用的范围和规模大大扩展。

此时银行已成为一种重要的中介力量，将众多闲散的资金聚集起来提供给商人资本家，作为可支配的资本加以运用并营利；而广大提供资金的存款者也能获得一定的利息收入。这种双赢的制度被社会所普遍接受，整个社会形成复杂的货币信用网络。

（四）商品经济新矛盾新问题的显现

虽然现代银行体系及信用制度成为商品经济运行的重要支撑力量，但当时的信用制度特别是银行信用体系还比较脆弱，现代银行大量设立和业务创新以及信用规模的扩展缺乏稳定、有效的制度保证，银行体系出现了一些新矛盾和新问题，主要体现在以下几个方面。

1. 银行券的分散发行与普遍接受之间的矛盾

发行银行券的银行由于经营规模和信誉优劣不同，在被社会接受的程度上存在很大差异。因此流通范围受到限制，阻碍了商品经济的发展。

2. 票据交换和清算业务量迅速扩大与清算效率低下之间的矛盾

银行信用制度的发展，使银行票据交换的数量和清算业务量猛增，规模有限的商业银行只能降低清算速度来应付日益增长的业务量。同时，因为商业银行的规模有限，所以它清算的债权债务关系的范围受到限制，给票据业务带来麻烦，也减缓了清算速度。

3. 金融秩序混乱，缺乏监督

由于大量银行的设立，银行业的竞争更为激烈，迫使一些银行不顾货币发行纪律，滥发货币，造成货币兑付困难，甚至有些银行高息揽储，铤而走险，给整个金融秩序造成混乱。

4. 银行破产，经济受到严重冲击

由于银行经营规模小，抵御风险的能力差，再加上债权债务清算效率低下，违反货币发行纪律的现象时有发生，因此容易造成信用链的断裂，银行倒闭经常发生，商品流通受阻，社会再生产无法顺利进行，经济发展受到严重冲击。

二、中央银行产生的客观经济需要

商品经济的快速发展、脆弱的信用制度与银行体系之间的矛盾不可避免，解决矛盾的办法便是建立一个特殊的机构，我们称之为中央银行。中央银行产生的历史必然性来自以下 5 个方面：

（一）统一货币发行的客观需要

与本身具有价值的金属货币不同，银行券只是一种信用货币，是金属货币的代表符号，它的流通支付能力取决于其兑换金属货币的能力，即取决于银行券发行机构的信誉。如果发行银行都能保证自己发行的银行券能及时足额兑换，那银行券的发行在给商品流通带来方便的同时不会产生严重的问题。但实际并非如此。

第一，由于各个银行都可以发行自己的银行券，在同一地区会有多种银行券同时流通。分散发行、多种信用货币同时流通与"一般等价物"这一货币的本质属性产生矛盾，也给社会的生产和流通带来困难。

第二，众多银行各自独立发行的银行券由于其发行银行的实力、资信状况、经营状况和分支机构设立状况的不同，其被接受程度和使用范围是不同的。一些中小银行发行的银行券只能在当地和较近地区流通，这与蓬勃发展的社会化大生产很不适应。多种银行券同时流通而兑换时又必须回到原发行银行兑换也给使用者带来新的不便。

第三，随着银行数量的不断增加和银行竞争的加剧，有的银行因经营不善而无法保证自己所发银行券能及时兑现；有的银行甚至破产倒闭，无力兑现。这些情况的发生都使银行的信誉大大受损，某种银行券不能兑现所带来的连锁反应对社会的影响极为突出，商品流通无法顺利实现，极大阻碍了社会经济发展。

第四，从宏观上看，信用货币的发行与流通虽然给商品经济带来了比金属货币流通时更为便利的条件，也使银行突破了金属货币量的限制，扩大了银行信用，从而为经济发展提供了动力，但随之也带来了一个新的问题：如果银行提供的信用货币超过了客观需要，也会给经济发展带来不利影响，引起经济和社会的动荡。

上述诸多问题的存在，客观上要求信用货币的发行权应该走向集中统一，由资金雄厚并且有权威的银行发行能够在全社会流通的信用货币。于是，国家即以法律限制或取消一般银行的银行券发行权的方式，将信用货币的发行权集中到几家以至最终集中到一家大银行——中央银行。

（二）统一票据交换和清算的客观需要

随着银行业务的不断扩大，银行收受票据的数量也急速增长，各银行之间的债权债务关系日趋复杂，票据的交换业务变得繁重起来。不断增长的票据交换和清算业务与原有的票据交换和清算方式产生较大矛盾。虽然当时在一些城市已由若干银行联合建立了票据交换所，但很多银行并不能获得他们的服务。如英国伦敦在1770年由数家银行成立的票据交换所只允许成员银行参与交换，直到1854年6月8日才允许同城的其他银行参与其中。

在银行数量增加、银行业务扩大和银行间债权债务关系日益复杂的情况下，由单个或少数银行自行处理结算和清算业务，已经不能满足商品经济活动和银行业务发展的要求。客观上要求建立一个全国统一和公正的权威性清算机构——中央银行，能够快速清算银行间各种票据，高效清理复杂的债权债务关系，从而使资金顺畅流通，保证商品经济的快速发展。

（三）保证银行支付能力的客观需要

随着经济的发展，工商企业对贷款需求量不断增加，为了满足借款人的资金需求，同时也为了自己的经营能获取利润，商业银行通常尽量减少支付准备金。但当贷款不能按期收回或发生存款人挤兑时，商业银行面临流动性风险。通过同业透支、拆借只能解决少量的临时困难，面对大的危机，银行根本无能为力。在缺乏外部保护与管理的条件下，单个银行的储备体制是十分脆弱的，难以抵御大的市场风险。

为了保护存款人的利益和金融体系的稳定，客观上需要有一家权威机构集中银行的一部分现金准备，充当银行的"最后贷款人"。各国可以通过立法，规定商业银行必须将其吸收的储蓄按一定的比例上缴中央银行，建立法定准备金体制，以此减少流动性风险与清偿危机对银行信用体系的冲击，维护商业银行的支付保证能力。

（四）金融业稳健运行的客观需要

银行和金融业在整个社会经济关系中的地位和作用日益突出，因此金融运行的稳定成为经济稳定发展的重要条件。金融的稳定运行需要有一个公平、健全的规则和机制。各个银行的运作一般是依据各自的经营原则进行的，尽管在运作过程中各银行之间也形成了某些约定，但这些约束的效力是有限的，这使金融活动经常出现无序甚至混乱的状况。为了保证银行和金融业的公平有序竞争，保证各类金融业务和金融市场的健康发展，减少金融运行的风险，政府对金融业进行监督管理，不得不依靠专门的机构来实现。

由于金融业监督管理的技术性很强，这个专门从事金融业管理、监督及协调的职能机构要有一定的技术能力和操作手段，还要在业务上与银行建立密切联系，以便于指定的各项政策和规定能够通过业务活动得到贯彻实施。这便是中央银行产生的一个重要原因。

（五）为政府服务的需要

在资本主义制度确立的过程中，政府的职能作用也越来越突出。政府职能的强化增加了开支，政府融资便成为一个重要问题。在各自独立发展的银行体系中，政府融资要与多家银行建立联系，且这种联系也是极其松散的，这就为政府融资带来不便。而且，当政府需要巨额资金弥补财政赤字时，一般、个别的银行由于资金实力有限，也不能满足政府的需求。

因此，为了保证和方便政府融资，发展或建立一个与政府有密切联系、能够直接或间接为政府筹资或融资的银行机构逐步成为政府要着力解决的重要问题。这也直接促成了中央银行的产生。

三、中央银行制度的初步形成

从 1668 年瑞典国家银行的成立到 1913 年美国联邦储备体系诞生，先后共经历了 250 多年的漫长时期，为中央银行制度的初创期。在这期间，世界上大约有 29 个国家建立了中央银行，其中欧洲有 19 家，美洲有 5 家，亚洲有 4 家，非洲有 1 家。

初创期中央银行的产生通常有两种途径：一是由信誉好、实力强的商业银行逐步演变而来，在演变过程中，政府根据客观需要赋予商业银行某些特权；二是政府直接组建中央银行，典型代表是美国联邦储备体系。

该时期比较重要的中央银行有以下几个。

（一）瑞典银行

历史上最早形成的中央银行是瑞典国家银行。其前身是瑞典里克斯银行，1656 年由私人创建，是欧洲第一家发钞银行。1668 年瑞典政府将里克斯银行改建为瑞典国家银行。

瑞典国家银行被公认为历史上最早形成的中央银行，是由于瑞典国家银行最先享有货币发行特权，最先由国家经营。然而，它未能成为现代中央银行的鼻祖，原因有：第一，在早期，瑞典国家银行的业务大部分属于商业性业务；第二，瑞典国家银行虽然最先享有货币发行权，但 1830 年后，瑞典各商业银行也可以发行货币，直到 1897 年，发钞特权重归瑞典国家银行。由此可见，瑞典国家银行成为真正意义上的中央银行应从 1897 年开始。

（二）英格兰银行

英格兰银行成立晚于瑞典银行，但却是最早全面行使中央银行职能的银行。1694 年 7 月 27 日，伦敦城 1268 家商人出资合股建立了著名的英格兰银行，英格兰人威廉·彼得森建议募集 120 万英镑作为资本金，并将资本金全部借给英国政府，以此作为建立银行的条件。同时，英国议会确定英格兰银行为国家银行，授予其在不超过资本总额的限度内发行银行券和代理国库的特权。

英格兰银行成立之初是作为一家私人股份商业银行设立的，从事银行存款、贷款和贴现业务，但它还享有政府赋予的一系列特权。第一，向政府放款，抵补英国连年殖民战争的经济需要；第二，以政府债券为抵押，发行等值银行券，进行业务经营；第三，代理国库，管理政府证券，并于 1752 年管理国家债券。

随着英格兰银行货币发行权的扩大，其地位、经济实力和社会信誉也迅速提高，许多商业银行为了结算方便，将存款的一部分作为准备金存入英格兰银行，商业银行之间的债权债务关系的划拨冲销和票据交换的最后清算都通过英格兰银行进行。1854 年英格兰银行获得最终清算银行的地位。

【专栏 1-1】

19 世纪伦敦金融区的保姆

19 世纪，英格兰银行在英国各地开设了 11 处分行，但基本上还是分布在伦敦，以"银行的银行"身份为民间经济服务。其他银行如果希望发行货币，或是储户有支票要在伦敦兑现时，必须在英格兰银行存有储备金，以便和其他银行交换票据之用。在拿破仑战争时期，英格兰银行停止用黄金赎回该行发行的票券，因而强化了该行的地位。国会议员汤普森在 1802 年写道："伦敦比较大额的支付完全是利用英格兰银行的票据，因为该行信用绝佳，银行家一致同意，并引导其他人不接受其他民间公司在伦敦流通的票据作为支付工具。"英格兰银行大概在这个时期，担负着伦敦金融区保姆的角色。

（三）美国联邦储备体系

美国联邦储备体系是政府直接组建中央银行的典型代表。1791 年美国建立第一联邦银行（the First Bank of the United States），总部设在费城。在经营期满以后，第一联邦银行被宣布解散。1816 年，美国政府成立了第二联邦银行，经营期满以后仍旧无法继续开业。1908 年 5 月，美国国会建立国家货币委员会，调查与研究各国中央银行制度。1912 年国会决定建立既可兼顾各州利益又能满足银行业集中管理需要的联邦储备制度。1913 年 12 月 23 日，美国国会通过了《山姆·格拉斯法案》，即《联邦储备法案》（The Federal Reserve Act），该法案为中央管理和地方管理、自愿参加和强制参加、政府所有和私人所有、政府管理和私人管理的相互平衡提供了成功的范例，这是银行制度史上划时代的创举。1914 年，联邦储备体系正式建立，标志着美国中央银行制度的正式形成。

四、中央银行制度的普及发展

中央银行制度在经历了初创期后，其发展大致可以分为两个阶段：第一阶段是从第一次世界大战开始到第二次世界大战结束，为中央银行的推广期；第二阶段是从第二次世界大战结束后至今，为中央银行制度的强化期。

（一）中央银行制度的推广期

第一次世界大战爆发后，各国的经济与金融发生了剧烈波动。从第一次世界大战开始到第二次世界大战结束的 30 多年间，世界各国的政治结构和国家间的版图划分发生了很大变化，一些殖民国家走向独立，也有一些国家联为一体，因此中央银行的建立与重组也随之变动较大。由于这几十年战争不断，许多国家的经济发展也出现了停滞局面，经济金融秩序出现混乱。第二次世界大战结束后，为了恢复经济发展，稳定经济金融秩序，各国都对中央银行加强了控制，与此同时，中央银行的权力与责任也大大增强了。

从 1944 年国际社会建立布雷顿森林货币体系到 20 世纪 70 年代初该体系解体的近 30 年间，中央银行制度的发展主要表现在两方面：一是欧美国家中央银行以国有化为主要内容的改组和加强；二是亚洲、非洲等新独立的国家普遍设立中央银行。由于欧洲国家经济和金融发展比世界其他地区要早，因此中央银行的设立和发展也比其他地区早得多，美洲国家的经济和金融发展比欧洲晚但比亚洲和非洲的大部分国家早，这在中央银行设立和发展方面也同样体现出来。

（二）中央银行制度的强化期

第二次世界大战结束后，欧美国家的中央银行发展主要体现在改组和加强上。美洲少数前期未设立中央银行的国家在这一时期也都建立了自己的中央银行。由于亚洲和非洲的经济和金融发展比欧美晚得多，中央银行制度的形成也晚得多。除少数几个国家如日本、中国、朝鲜、埃及在 19 世纪末和 20 世纪初成立了早期的中央银行，以及伊朗、印度、土耳其、阿富汗、泰国、南非、埃塞俄比亚等在 1921—1945 年间也成立了自己的中央银行外，其余绝大多数亚洲和非洲国家的中央银行是由政府直接组建的，并借鉴了欧美中央银行发展的经验，使中央银行直接具备了比较全面的现代中央银行特征。

【专栏 1-2】

中央银行制度强化时期的法兰西银行

法兰西银行是法国的中央银行，于 1800 年在拿破仑的倡议下建立。法兰西银行最初是私人银行，随着其活动范围的扩大，政府控制的加强，一步一步地由私人银行转变为官方银行，最后于 1945 年 12 月 2 日被收归国有，正式成为法国的中央银行。享有发行钞票的独有特权且不受限制，承办黄金和外币买卖发行债券和公开市场操作等业务。

1973 年 1 月 3 日，法国政府公布了《法兰西银行法》，规定法兰西银行也可以参与货币政策的制定，因此法兰西银行在制定和执行政策方面实际上是集中统一的。在货币政策方面，1961 年有关法律规定各银行的现金对存款总额应保持一个最低水平。1967 年实行准备金制度，并根据市场情况决定准备金率。同时影响各银行业务活动的还有贴现政策和公开市场业务操作手段。法兰西银行在国有化后全面履行中央银行的职能，得到了很大的发展，成为国家干预经济的重要工具。

五、中国中央银行制度的形成与发展

20 世纪初，中国的中央银行制度开始萌芽并发展，从晚清时期的户部银行到中华人民共和国成立前，在不同的历史时期，有不同的表现形式。

1．清政府时期的中央银行

1904 年，为整理币制，由户部奏准清政府设立户部银行，为官商合办，额定股本白银 400 万两，政府拨款 20 万两，其余国内各界认股，1905 年 8 月在北京开业。1908 年 7 月，户部银行更名为大清银行，政府授予该银行铸造货币、代理国库、发行纸币、经理公债及代公众办理各种证券等特权，成为中国最早出现的具有部分中央银行职能的国家银行。

2．国民革命政府时期的中央银行

1912 年"中华民国"成立，大清银行改组为中国银行，继续行使中央银行的部分职能。1924 年 8 月孙中山在广州组建国民革命政府，成立了国民革命政府的中央银行。1926 年，北伐军攻下武汉，同年 12 月在武汉设立了中央银行。在广州和汉口成立的这两家中央银行存在的时间都很短，虽然采用了中央银行的名称，但没有真正行使中央银行的基本职能。

3．国民政府时期的中央银行

1927 年南京国民政府成立，制定了《中央银行条例》，于 1928 年 11 月新成立了中央银行，额定资本 2000 万元，全部由政府拨款，总行设在上海。该行被授予经理国库和发行钞票的特权，并在全国各地设立分支机构，行使中央银行职能。1929 年 3 月 1 日，将原来的广州中央银行改为中央银行的分行，1933 年 1 月 1 日又改为广东省银行。1937 年 7 月，国民政府为应对战时金融紧急情况，协调中央银行、中国银行、交通银行、中国农民银行四家银行的业务活动，在上海成立了四行联合办事总处，1939 年 9 月对四联总处进行了一次大的改组，由四行之间的联系机构改变为中国金融的最高决策机构。1942 年 7 月 1 日，四联总处对四家银行的业务又作了重新划分，将货币发行权、代理国库、调剂金融市场，外汇储备和金银储备管理等权力都集中到了中央银行。

4．中华苏维埃共和国时期的中央银行

1931 年 11 月，在江西瑞金成立了中华苏维埃共和国临时中央政府，并决定成立国家银行，同时授予发行货币的特权，并经理国库、代发公债及还本付息等中央银行及商业银行业务。1932 年 2 月中华苏维埃共和国国家银行正式营业，并陆续在中央革命根据地所辖各地设分支机构。该行作为中华苏维埃共和国的发行银行和政府银行，在革命根据地建设中发挥了重要作用。

5．新中国的中央银行

1948 年 12 月 1 日，以原解放区的华北银行、北海银行和西北农民银行为基础，在石家庄建立中国人民银行，成为新中国的中央银行，并在当日统一发行了第一套人民币。1949 年 2 月，中国人民银行总行迁至北京。中国人民银行成立后，各解放区的银行逐步合并改组为中国人民银行的分行。新中国成立以后，对国民政府时期的银行采取了不同的政策，由中国人民银行接管了原国家资本银行，取缔了外国在华银行的特权，整顿改造了民族资本银行，将全国的农业、工业、商业、短期信贷业务和城乡居民储蓄业务全部集中于中国人民银行，并在全国各地设立了中国人民银行的分支机构。中国人民银行发展可分为以下几个阶段。

（1）第一阶段。1978 年年底以前，全国实际上只有中国人民银行一家银行，虽然在名义上也存在其他银行和农村信用社等金融机构，但这些银行和金融机构实际上并没有真正意义上的银行业务。中国人民银行同时具有中央银行和商业银行的双重职能，既行使货币发行、经理国库和金融管理等中央银行职能，又从事信贷、储蓄、结算、外汇等商业银行业务，并在金融业中具有高度垄断性。总的来看，这一时期中国的银行体系基本上是单一式的银行体系，也被称为"大一统"的银行体系，从中央银行制度来说，则是复合性的中央银行制度。这种复合式的中央银行制度是与这一时期国家实行高度集中的计划经济体制相适应的。

（2）第二阶段。1979—1983年中国人民银行的双重职能开始逐步剥离，中央银行的职能逐步增强。这期间随着中国经济体制改革和对外开放的推进，经济与社会加速发展，中国的银行体系也加大了调整，先后恢复、分设了中国农业银行、中国人民建设银行和中国人民保险公司，中国银行的机构与业务从中国人民银行独立出来，并成立了信托投资公司和城市信用社等其他金融机构，中国人民银行的经营性业务逐步减少，开始了向专司中央银行职能的过渡。

（3）第三阶段。1983年9月17日，国务院发布《关于中国人民银行专门行使中央银行职能的决定》，对中国人民银行的基本职能、组织结构、资金来源以及与其他金融机构的关系等都做出了比较系统的规定。1984年1月1日，中国工商银行成立，中国人民银行承担的工商信贷、城乡储蓄等非中央银行业务划归中国工商银行，中国人民银行开始专门行使中央银行职能。1986年1月7日，国务院发布《中华人民共和国银行管理暂行条例》，首次以法规形式规定了中国人民银行作为中央银行的性质、地位与职能。1995年3月18日，第八届全国人民代表大会第三次会议通过了《中华人民共和国中国人民银行法》，这也是新中国第一部金融大法，该法的颁布实施，标志着中国现代中央银行制度正式形成并进入法制化发展的新阶段。

第二节　中央银行的性质与职能

一、中央银行的性质

中央银行的性质是指中央银行自身所具有的特有属性，可从以下3个方面分析。

（1）从中央银行业务活动的特点来看，中央银行与商业银行不同，是特殊的金融机构。商业银行以追求利润最大化为经营目标，而中央银行不以营利为目的，不经营商业性业务，不与一般公众发生业务关系，只与特定的对象如政府机构、商业银行打交道。另外，国家还赋予中央银行垄断货币发行、集中存款准备金、经理国库、管理黄金和外汇储备、维护支付清算系统的正常运行等权利与义务。

（2）从中央银行发挥的作用来看，中央银行独占货币发行权。中央银行接受银行等金融机构准备金存款和政府财政性存款。中央银行还是全国货币信用的提供者和调节者，并按照经济发展的客观需要发行货币并保持币值稳定，是整个金融运行的中心。中央银行也是各国金融体系的核心，承担制定和执行货币政策、防范和化解金融风险、保障金融稳健运行的重要职责。

（3）中央银行还具有国家管理机关的性质，主要表现在：①代表国家制定和执行统一的货币政策；②代表国家运用货币政策对宏观经济进行干预；③代表国家参加国际金融组织和国际金融活动，制定对外金融发展战略。但中央银行又明显不同于一般的国家行政管理机关，这是因为中央银行更多地运用经济手段而非行政手段或法律手段来进行宏观调控和管理。

综上所述，中央银行的性质可以归纳为：中央银行是特殊的金融机构，为商业银行等普通金融机构和政府提供金融服务；是宏观管理部门代表国家制定和实施货币政策、监督管理金融业、规范与维护金融秩序、调控金融和经济运行。

二、中央银行的职能

中央银行的职能是中央银行性质的具体化，在公认的划分标准下，中央银行的职能表现在以下3个方面。

（一）"发行的银行"职能

发行的银行，是指中央银行集中与垄断货币发行的特权，成为国家唯一的货币发行机构。这是中央银行区别于一般银行的首要特征。

1．中央银行垄断货币发行权的意义

（1）垄断货币发行权是中央银行最基本、最重要的标志。如英格兰银行作为中央银行的典范，其从商业银行向中央银行演变的历史就是货币发行权的集中和垄断的历史，只有当货币发行权集中到一家银行手中才标志着中央银行制度的最终确立。

（2）垄断货币发行权是统一货币发行与流通的基本保证。分散发行货币必然造成货币币种过多，劣币和良币混杂以及货币的流通范围受到限制等缺点。要克服这一缺点，必须统一货币发行并赋予货币强制流通的权威。由信誉卓著、地位特殊又有权威的中央银行垄断货币发行权使得在金本位制下，由于货币发行主体的单一而大大扩大了货币流通的范围；在信用货币制度下，由于中央银行的权威和信誉以及货币的法偿地位，货币的流通也得到保证。

（3）垄断货币发行权是稳定货币币值的基本条件。在金本位制下，中央银行垄断货币发行权可以有效避免分散发行可能造成的超量发行，能使货币数量与黄金数量保持一定比例，稳定币值。在信用货币制下，中央银行垄断货币发行权，可以通过使用货币政策工具，调节货币数量使之符合经济发展的客观需要。

（4）垄断货币发行是中央银行发挥其全部职能的基础。中央银行向金融机构提供集中服务和管理，代表政府管理金融市场和调节社会信用量，都以垄断货币发行为前提。如果有一部分金融机构仍然持有货币发行权，中央银行调节社会信用量的职能也无从谈起。

2．中央银行垄断货币发行的基本职责

（1）根据经济发展的需要，掌握货币发行，调节货币的流通。在信用货币制下，中央银行发行的货币数量要以经济发展的客观要求为依据，货币供应与流通中的货币需求基本保持一致，保证货币的供应量适应经济发展的需要，为经济稳定和持续增长提供良好的金融环境。

（2）掌握货币发行准备，控制信用规模，调节货币供应量。货币发行准备，是指在信用货币制下发行货币时，用作保证的资产。虽然随着货币发行制度的发展演变，货币发行准备的重要性已经下降，但中央银行发行货币与某种资产挂钩仍然能够对货币发行发挥制约作用。因此，目前还有不少国家实行货币发行准备制度，以利于控制信用规模。

（3）根据流通的需要，印刷、铸造或销毁票币，进行库款调拨，调剂地区间的货币分布和面额比例，满足社会对票币提取和支付的不同要求。

货币发行是中央银行极其重要的资金来源，也为中央银行调节金融活动和全社会货币、信用总量，促进经济增长提供了资金力量。因此，"发行的银行"这一基本职能是中央银行实施金融宏观调控的最重要基础。

（二）"银行的银行"职能

银行的银行是指：（1）中央银行是以商业银行和其他金融机构作为业务对象的金融机构；（2）中央银行仍具有银行固有的办理"存、贷、汇"业务的特征；（3）中央银行为商业银行和其他金融机构提供支持、服务，同时也是商业银行和其他金融机构的管理者。中央银行作为银行的银行，其职能具体表现在以下3个方面。

1．集中存款准备金

在中央银行成立之前，各商业银行为了保证支付，也都根据经验留有一部分准备金以应付客户提现，各商业银行所保留的准备金数额和比例各不相同。中央银行产生之后，基于其特殊的作用和地位，各国都通过法律规定商业银行和其他金融机构按存款的一定比例向中央银行交存存款准备金。

集中存款准备金既保证了商业银行和其他存款机构的支付和清偿能力，从而保障存款人的资金安全及合法权益；也能保障商业银行等金融机构自身运营的安全，在商业银行等金融机构出现支付和清偿困难，并在中央银行认定必要的条件时，给予他们必要的资金支持。

中央银行集中存款准备金的另一个重要目的是为了调节信用规模和控制货币供应量。由于存款准备金率的大小直接制约金融体系的信用规模，中央银行可以根据宏观调节的需要，变更、调整法定存款准备金的比率，以扩大或缩小信用规模，从而增加或减少货币供给。

中央银行集中存款准备金还增强了中央银行的资金实力。它扩大了中央银行通过再贴现或特殊贷款支持金融机构的能力，使金融体系的整体支付保证能力增强。当某家商业银行或其他存款机构发生支付、清算困难时，中央银行在认定的条件下不但允许其动用所交的存款准备金，而且在特殊情况下还可以提供远超过其所交的存款准备金数额的资金支持。在多家银行或存款机构同时或连锁发生支付、清算困难甚至在较大范围内发生金融危机的情况下，中央银行可以采用多种方式使集中的存款准备金发挥最大的效用。

2．充当金融机构的"最后贷款人"

当商业银行等金融机构发生资金困难且无法从其他银行或金融市场筹措时，向中央银行融资是解决困难的最终途径。在这种情况下，中央银行就是在充当"最后贷款人"的角色。最后贷款人的作用在于：

（1）当商业银行或其他金融机构发生资金周转困难、出现支付危机时，中央银行为其提供必要支持，以防银行挤兑导致支付链条中断引起的金融恐慌甚至整个银行业的崩溃。

（2）为商业银行办理资金融通，使其在同业拆借方式之外，增加银行资金头寸短期调剂的渠道，提供最终保障。

（3）中央银行通过对商业银行等金融机构提供多种资金支持方式，调节银行信用和货币供应量，传递和实施货币政策意图。如中央银行可根据宏观经济政策和金融政策的需要，采取降低或提高再贴现率和贷款利率的措施，以调节商业银行的信用规模。"最后贷款人"的角色确立了中央银行在金融体系中核心和主导地位，确立了中央银行对金融机构实施金融监督管理的必然性。

【专栏 1-3】

欧洲央行"最后贷款人"的角色

欧债危机爆发后，欧洲央行一直在是否充当政府债券市场最后贷款人的问题上摇摆不定。货币联盟中的政府债券市场存在缺陷，很容易爆发流动性危机，只有中央银行做出最后贷款人的承诺才能解决这一问题。欧洲央行该不该在政府债券市场上承担最后贷款人的角色，可以从以下几个方面来探讨。

一是货币联盟的脆弱性。货币联盟中的各国政府以"外国"货币发行债务，也就是某种它自身无法控制的货币。因此，它们无法向债券持有者保证总是能拿出足够的流动资金来按时清偿这些债务。然而中央银行可以充当政府债券市场上的最后贷款人，这样一来，独立国家就能提供一种隐性担保。二是通胀风险。当金融危机爆发时，金融中介出于安全考虑会倾向于持有现金。如果欧洲央行决定不去增加现金供给，随着金融中介展开对现金的追逐，金融危机就会转化成经济衰退，甚至可能是经济大萧条。反之，如果中央银行行使其最后贷款人的职能，增加基础货币的供给，它便可以阻止这种紧缩反应的发生。三是道德风险。任何保险机制都会存在道德风险问题。如果中央银行因为道德风险而放弃在银行体系中的最后贷款人角色，那将是一个可怕的错误。同样道理，欧洲央行出于道德风险的考虑而放弃政府债券市场的最后贷款人角色也是错误的选择。

为了成功稳定欧元区的政府债券市场，欧洲央行必须公开声明将坚定不移地履行最后贷款人的职能。欧洲央行在政府债券市场的最后贷款支持是优化欧元区治理的一个必要条件，但绝不是充分条件。未来，为了防止欧元区爆发危机，切实加强政治团结也不容忽视。近期出现了一些积极迹象，欧洲理事会决定加强对各国政府预算程序以及宏观经济政策的控制。但是，这些举措远远不够，欧元区治理仍需要更多根本性的变革。就目前状况来说，中央银行要坚信，政府债券市场上的最后贷款人职能并不会导致无休止的债务创造。

3. 组织、参与和管理全国的清算

中央银行组织、参与和管理全国的清算，始于英格兰银行。1854 年英格兰银行采取了对各银行之间每日清算差额进行结算的做法，大大简化了各银行之间资金往来的清算程序。这种做法后来被其他国家相继效仿而推广开来。在存款准备金制度建立后，各商业银行都在中央银行设立了存款账户，各金融机构之间的清算通过其在中央银行的存款账户间进行（包括转账、轧差），这给中央银行负责全国的资金清算带来了极大便利。

中央银行在办理金融机构同城票据交换和同城、异地的资金清算时，具有安全、快捷、可靠的特点：一方面加速了资金周转，提高了清算效率，解决了分散清算带来的困难；另一方面，中央银行通过组织、参与和管理清算，对金融机构体系的业务经营能够进行全面、及时的了解和把握，为中央银行加强金融监管和分析金融流量提供了条件。中央银行作为银行的银行，通过国家授权开展特定的金融业务活动，为中央银行履行调控金融、经济和管理金融业的基本职责提供了稳定有效的途径。

（三）"政府的银行"职能

中央银行天然与政府有着特殊密切的关系。中央银行具有政府的银行的职能，主要通过以下几个方面得到具体体现：

1．代理国库

国家财政收支一般不另设国库机构，而是政府在中央银行设立一个账户，其各项财政收支均在其开立的账户中进行。中央银行代理国库业务，具体工作包括：

（1）按国家预算要求代收国库库款；

（2）按财政支付命令拨付财政支出；

（3）向财政部门反映预算收支执行情况；

（4）经办其他有关国库事务等。

2．代理政府债券的发行

一国政府通常以发行债券筹集资金，来调剂政府收支或弥补政府开支不足。中央银行通常代理政府债券的发行以及办理债券到期时的还本付息等事宜。

3．为政府融通资金提供特定信贷支持

由于政府财政收入和支出在时间上存在差异，中央银行需要向政府提供短期融资，其方式主要有两种。

（1）在法律许可限度内，直接向政府提供贷款或透支。

这通常是为了弥补政府财政收支的临时差额，是短期性融资。除特殊情况外，各国中央银行一般不承担向财政提供长期贷款或透支的责任。政府长期性的资金大多需要通过发行长期政府债券或其他途径解决，这主要是为了约束财政赤字的过度扩大和长期出现，避免通货膨胀，保持货币稳定。目前，许多国家都明确规定，中央银行应竭力避免用发行货币的方式弥补财政赤字。因此，中央银行向政府提供贷款或透支都有严格的规定。

（2）购买政府债券。

这有两种情况：一是直接购买，即中央银行在一级市场上购买。中央银行在发行市场上直接购买政府债券，购买资金便形成财政收入，流入国库，这等于向政府提供了融资。二是间接购买，即在二级市场上购买。中央银行在二级市场上购买政府债券，这意味着资金间接流向了财政，这是对政府的间接融资。然而，无论是中央银行在一级市场上购买政府债券还是在二级市场上购买政府债券，都意味着政府融资的增加。

4．持有和经营管理国际储备

世界各国的国际储备一般都是由中央银行持有并进行经营管理。国际储备包括外汇、黄金、在国际货币基金组织中的储备头寸、国际货币基金组织分配尚未动用的特别提款权等。在管理国际储备方面，中央银行的主要职责包括：

（1）对储备资金总量进行调控，使之内外均衡，即国内货币发行和国际贸易等所需的支付需要相适应；

（2）对储备资产结构特别是外汇资产结构进行调节，实现保值增值的目的；

（3）对储备资产进行经营和管理，负责储备资产的保值及经营收益；

（4）保持国际收支平衡和汇率基本稳定。

5．代表政府参加国际金融组织和活动

政府的对外金融活动，一般都授权中央银行作为政府的代表。政府的对外金融活动包括：

（1）参加国际金融组织，如国际货币基金组织、世界银行、国际清算银行等世界性金融组织，亚洲开发银行、非洲开发银行的区域性金融组织，以及国际性、区域性的各种金融论坛和非正式的协调组织等；

（2）参与国际金融事务与活动，如出席各种国际性金融会议、参加国际金融事务的谈判、协调和磋商、办理政府间的金融事务往来及清算等；

（3）代表政府签订国际金融协定。随着金融国际化程度的加深，各国在金融领域的合作与协调也越来越重要，作为一国政府的代表，签订各种双边和多边国际金融协定是中央银行的重要职责。

6．制定和实施货币政策

货币政策是政府对经济实行宏观调控的基本经济政策之一。对于货币政策的制定和实施，世界各国一般都是通过法律赋予中央银行承担此项职责。中央银行根据经济发展的实际情况，通过实施货币政策，达到稳定币值和物价、促进经济增长等目的。

7．对金融业实施监督管理

政府对金融业的监督管理，一般都是由中央银行或中央银行及其他金融管理机构进行的。监督内容主要包括：

（1）制定并监督执行有关金融法规、基本制度、业务活动准则等；

（2）监督管理金融机构的业务活动；

（3）管理、规范金融市场。

8．为政府提供经济金融情报和决策建议，发布经济金融信息

由于中央银行处于社会资金运动的中心环节，是货币、信用的调剂中心、社会资金清算中心和金融业管理中心，因此，中央银行能够掌握全国经济金融活动的基本资料信息，能够比较及时地反应整个经济金融运行状况，因而也可为政府决策提供有益的建议。

总之，发行的银行、银行的银行和政府的银行，体现了中央银行的基本职能。但在具体内容上，各国的中央银行之间还有所差异，有的比较全面，有的则不够全面。而且，一国经济发展水平和社会经济金融环境也会制约中央银行职能的发挥。这体现在，一方面，各国中央银行在不同的发展时期，基本职能的侧重点和内容是不断发展变化的；另一方面，各国中央银行即使在同一发展时期，职能的具体内容和侧重点也有所不同。

第三节 中央银行制度的类型、组织结构与资本组成

一、中央银行制度的基本类型

虽然目前世界各国基本上都实行中央银行制度，但不存在一个统一的模式。归纳起来，大致有单一式中央银行制度、复合式中央银行制度、准中央银行制度和跨国中央银行制度 4 种类型。

（一）单一式中央银行制度

单一式中央银行制度是指国家建立单独的中央银行机构，使之全面纯粹地行使中央银行职能的中央银行制度。这是最主要、最典型的中央银行制度形式，这种类型又分为两种情况。

1. 一元式中央银行制度

一元式中央银行制度是指一国由一家中央银行及其众多的分支机构来执行中央银行职能，中央银行机构自身上下是统一的，机构设置一般采取总分行制，逐级垂直隶属。一元式中央银行制度下的中央银行是完整标准意义上的中央银行，其特点是权力集中统一、职能完善、有较多的分支机构。目前世界上绝大多数国家的中央银行都实行这种体制，如英国、法国、日本等，中国人民银行也采用一元式组织形式。

2. 二元式中央银行制度

二元式中央银行制度是指一国的中央银行体系由中央和地方两级相对独立的中央银行机构共同组成。中央级中央银行和地方级中央银行在货币政策方面是统一的，中央级中央银行是金融决策机构，地方级中央银行要接受中央级中央银行的监督和指导。但在货币政策的具体实施、金融监管和中央银行有关业务的具体操作方面，地方级中央银行在其辖区内有较大的独立性，与中央级中央银行也不是总分行的关系，而是按法律规定分别行使其职能。联邦制的国家如美国、德国目前即实行此种中央银行制度。

（二）复合式中央银行制度

复合式中央银行制度是指一国不单独设立专司中央银行职能的中央银行机构，而是由一家集中央银行与商业银行职能于一体的国家大银行兼行中央银行职能的中央银行制度，即所谓的"一体二任"。这种中央银行制度往往与中央银行初级发展阶段和国家实行计划经济体制相对应。前苏联和 1990 年前的多数东欧国家即实行这种制度，中国在 1983 年前也实行这种制度。

（三）准中央银行制度

准中央银行制度是指某些国家和地区通常不设立完整意义上的中央银行，而只设立类似中央银行的金融管理机构执行部分中央银行的职能，并授权若干商业银行也执行部分中央银

行职能的中央银行制度形式。采取这种中央银行组织形式的国家有新加坡、马尔代夫、斐济、沙特阿拉伯、阿拉伯联合酋长国、塞舌尔等。这类准中央银行制度通常与国家或地区较小而同时又有一家或几家银行在本国一直处于垄断地位相关。

（四）跨国中央银行制度

跨国中央银行制度是指由若干国家联合组建一家中央银行，由这家中央银行在其成员国范围内行使全部或部分中央银行职能的中央银行制度。其中有两种情况：一种是没有建立中央银行的数个国家组建一家联合中央银行；另一种是联合建立跨国中央银行的各国本来就建立了中央银行。不管是哪种情况，这种中央银行制度一般与区域性多国经济的相对一致性和货币联盟体制相对应。

第二次世界大战后，一些地域相邻的欠发达国家建立了货币联盟，并在联盟内成立了由参加国共同拥有的中央银行。这种跨国的中央银行发行共同使用的货币和制定统一的货币政策，监督各成员国的金融机构及金融市场，对成员国的政府进行融资，办理成员国共同商讨并授权的金融事项等。实行跨国中央银行制度的国家主要在非洲和东加勒比海地区，主要有西非货币联盟、中非货币联盟、东加勒比海货币区三个。这些跨国中央银行因其成员国都属于经济欠发达国家，因而没有对世界经济产生很大影响。目前，最具影响力的跨国中央银行是欧洲中央银行。

【专栏 1-4】

欧洲中央银行

欧洲中央银行于 1998 年 6 月 1 日宣告成立，7 月 1 日正式运作。欧洲中央银行是世界上第一个管理超国家货币的中央银行。独立性是它的一个显著特点，它不接受欧盟领导机构的指令，不受各国政府的监督。它是唯一有资格允许在欧盟内部发行欧元的机构。1999 年 1 月 1 日欧元正式启动后，12 个欧元国政府失去了制定货币政策的权力，实行欧洲中央银行制定的货币政策。欧洲中央银行由两个层次组成：一个是欧洲中央银行本身，另一个是由欧洲中央银行和欧盟各成员国的中央银行组成的欧洲中央银行体系。欧洲中央银行与欧元成员国中央银行共同组成欧元体系。

欧洲中央银行具备法人身份，是决策机构，欧洲中央银行体系则不具备法人身份，是执行机构。欧洲中央银行下设行长理事会、普通理事会和执行委员会。行长理事会由欧元区各国央行行长参加，普通理事会则吸纳非欧元区的欧盟成员国央行行长参加，日常管理机构是执行委员会，决策机构是行长理事会。欧洲中央银行负责制定欧元区统一的货币政策，然后交由各成员国中央银行实施。欧洲中央银行理事会每年至少举行 10 次会议。

二、中央银行的组织结构

中央银行的组织结构是中央银行制度的重要内容之一，其组织结构包括权力分配结构、内部职能机构和分支机构设置等方面。中央银行行使其职能要在既定的组织结构框架下进行。由于各国中央银行的基本职能相同，中央银行的组织结构在主要的方面也就大体类似，又由于各国中央银行在组织形式上采取了不同类型,因此中央银行的组织结构在具体方面又有所差异。

各国中央银行的组织结构大多由专门的法律或专项规定来确定,法律或规定则是根据本国的经济制度、经济发展水平和金融业总体状况及历史传统等多方面的因素综合考虑而制定的。因此,中央银行的组织结构一般是比较稳定的,这有利于中央银行更好地行使其职能。

(一)中央银行的权力分配结构

中央银行的权力分配结构,主要指最高权力分配状况,这通过权力机构的设置和职责分工体现出来。中央银行的最高权力,大致可归并为决策权、执行权和监督权这 3 个方面,其中决策权是权力的核心,是中央银行权威的象征;执行权是权力的集中体现,在执行中又包含着许多次级决策权;监督权是对决策和执行权力的约束,是对中央银行有效行使职能的保证。

决策权、执行权和监督权在有些国家的中央银行中是合一的,而有些国家的中央银行则分别设立不同的机构分别行使其权力。

1.决策权、执行权和监督权相对集中的模式

设立一个机构行使中央银行的最高权力,其权力机构一般是中央银行的理事会,理事会既是各项政策和方针的制定者,又负责这些政策、方针的贯彻实施和监督。英国、美国、菲律宾、马来西亚等国的中央银行即属于这种类型。

如美国联邦储备体系的最高权力机构是联邦储备委员会,也称理事会,联邦储备理事会的主要职责有:制定货币政策,包括规定和变更存款准备金率、批准调整贴现率等;监管 12 家联邦储备银行和联储管辖范围内的金融机构即会员银行和银行持股公司等;保证美国支付体系的完整性和连续性;负责监督执行有关消费信贷和联邦法规,如贷款诚实法、平等信贷机会法以及房屋抵押披露法等。此外,理事会还须向国会提交其经营情况的年报,以及一年两度的有关国家经济发展状况和联储货币与信贷供应增长目标的特别报告。

联邦储备体系还设有联邦公开市场委员会,负责决定美联储在公开市场应作何种操作,包括买卖政府和联邦机构的证券、吞吐存款机构的储备以及规定和指导外汇市场上美元对外国货币的操作等。

另外,联邦储备体系还设有联邦顾问委员会、消费者顾问委员会和存款机构顾问委员会,作为理事会的顾问咨询机构。

根据《中国人民银行法》,中国人民银行不设立理事会,实行行长负责制,行使最高决策权。另设立货币政策委员会作为中国人民银行制定货币政策的咨询议事机构。货币政策委员会的职责是,在综合分析宏观经济形势的基础上,依据国家的宏观经济调控目标,讨论货币政策有关事项,并提出建议。我国货币政策委员会在制定货币政策方面发挥着重要作用,但其性质为咨询议事机构。因此,从权力分配结构看,中国人民银行是属于决策权、执行权、监督权合一并且权力高度集中的中央银行。

2.决策权、执行权和监督权相对分散的模式

有的中央银行设立相对独立的权力部门,分别行使决策权、执行权与监督权。典型的有日本银行、瑞士银行等,德国联邦银行、法兰西银行在欧洲中央银行成立前也属于这一类型。

根据 1997 年 4 月 17 日通过的《日本银行法》修正案，日本银行政策委员会是制定货币政策的最高决策机关，政策范围包括变更官定利率和存款准备金率，制定调整金融市场的运作和管理规则等，日本银行的主要职能机构变更以及在业务、会计等方面的重要事项也须经过该委员会讨论通过。日本银行的最高执行权力机构是日本银行理事会，负责执行政策委员会的决定和研究处理日常经营中的重大事项。同时，日本银行还设立监事会，负责监督检查日本银行的业务和政策执行情况。

瑞士国家银行最高决策权力机构是理事会，理事会的主要职责是制定货币政策、确定业务制度、审核年度决算、向联邦政府提出执行理事会成员和分行行长人选等。瑞士国家银行的执行权力机构是执行委员会，执行委员会负责处理中央银行的日常重要事项。瑞士国家银行的监督机构是银行委员会，负责监督国家银行的业务活动和理事会决策的执行情况。

（二）中央银行的内部机构设置

中央银行内部机构的设置，是指中央银行总行或总部机关的职能划分及分工。为确保中央银行行使其职能，必须设置具体的职能部门进行业务操作。各国中央银行内部职能部门的设置都是根据其承担的任务，包括货币政策的组织实施、与各类金融机构的业务往来、金融监管等，按照精干、高效和有力配合协调等原则而设置的。尽管各国中央银行的内部机构设置数量不等、名称也有差别，但总体来看，大多包括如下 3 个部门。

1. 职能部门

这是中央银行内设机构的主体部分，包括办理与金融机构业务往来的部门、货币政策操作部门、负责货币发行的部门、组织清算的部门等。

2. 咨询部门

为中央银行行使职能提供咨询、调研和分析的部门，包括统计分析部门、研究部门等。

3. 后勤部门

为中央银行有效行使职能提供保障和行政管理服务的部门，包括行政管理部门、服务部门、后勤保障部门等。

中央银行内部职能机构的设置并不是固定不变的，随着中央银行职能和业务量的变化，职能机构也会随之调整，各部门之间的业务分工也会视工作的方便而有所改变，但一般说来，在一定时期内，中央银行的内部职能机构是比较稳定的。

中国人民银行的内设机构有条法司、货币政策司、金融市场司、金融稳定局、调查统计司、会计财务司、支付结算司、科技司、货币金银局、国库司、国际司、内审司、研究局、征信管理局、反洗钱局等。

（三）中央银行分支机构的设置

中央银行的分支机构是中央银行体系中的重要组成部分，是中央银行全面行使职能和履行规定职责所必需的组织保证。世界各国的中央银行基本上都设立了自己的分支机构。

中央银行分支机构的设置大致有 3 种情况。

1. 按经济区域设置分支机构

这种设置方法是根据各地经济金融发展状况和中央银行业务量的大小，视实际需要按经济区域设立分支机构，与行政区划并不一致。经济区域的划分主要考虑以下因素：（1）地域关系；（2）经济、金融联系的密切程度；（3）历史传统；（4）业务量。

分支机构一般都设立在该区域内的经济和金融中心，机构规模的大小视实际需要而定。这种设置方式有利于中央银行各项政策方针的贯彻执行和货币政策的集中统一操作，受地方政府的干预较少，也反映出中央银行是国家的宏观经济调控部门而非一般行政机构的特征。同时，按经济区域设置中央银行的分支机构能更好地体现市场经济的原则，也符合商品经济发展的客观规律。再有，这种设置方式的主动权完全在中央银行，中央银行可根据实际需要确定分支机构的设置数量，而不是被动地依据行政区划逐一设立，这就使中央银行的分支机构能够尽可能地集中，减少了成本，提高了效率。

目前世界上大多数国家中央银行的分支机构都是按照经济区域设置的。美国 12 家联邦储备银行虽然不是联邦储备理事会的下属分支机构，但作为美国联邦储备体系的重要组成部分，它们是按照经济区域设立的。美国联邦储备体系将全国 50 个州和哥伦比亚特别行政区划分为 12 个联邦储备区，每个区在指定的中心城市设立一个联邦储备银行。英格兰银行的分支机构也是按照经济区域设置的，目前在 5 个中心城市设立了区域分行，在 3 个城市设立了代理处。

2．按行政区划设置分支机构

在这种设置方式下中央银行的分支机构设置与国家的行政区划相一致，逐级设置分行或支行。分支机构规模的大小与其所在的行政区的级别相关，而与业务量的关系不大。这种设置方式一般是与计划经济体制相适应。前苏联以及其他实行计划经济体制的国家基本上都是采取按行政区划设置分支机构的方式。中国人民银行在 1998 年以前也是采取这种设置方式：总行设在北京，各省、自治区、直辖市以及经济特区和国家确定计划单列的重点城市，设立一级分行；在省辖地区和市设立二级分行；在全国的县一级设立支行。总、分、支机构实行垂直领导和管理。

3．以经济区域为主，兼顾行政区划设置分支机构

这种设置方式一般是按经济区域设置分行，而分行之下的机构设置则考虑行政区划并尽量与行政区划相一致。日本银行分支机构的设置基本上是这种模式。日本银行把全国 47 个都、道、府、县划分为 33 个业务区，同时还设有 12 个办事处。分行以下机构的设立则更多地考虑行政区划。

中国人民银行于 1998 年年底在分支机构设置上进行了重大改革，撤销了省级分行，按经济区域设立了 9 家跨省、自治区、直辖市的分行，同时，撤销北京分行和重庆分行，在这两个直辖市设立总行营业管理部履行所在地中央银行职责。20 个省会（首府）城市中心支行，5 个副省级城市中心支行，6 个分行营业管理部，308 个市（州、盟）中心支行，1766 个县（市）支行。这些分支机构作为人民银行的派出机构，根据总行的授权，依法维护本辖区的金融稳定，承办有关业务。所以，目前中国人民银行的分行是按照经济区域设置的，而中心支行则是按行政区域设置的。另外，中国人民银行还在海外设立了若干代表机构。

目前世界各国的中央银行，除美国联邦体系之外，其分支机构都可以看作为中央银行总行或总部的派出机构。总行或总部对分支机构一般都实行集中统一领导和管理，在分支机构层次较多的情况下，大多按逐级管理的方式进行运作。

由于各国的情况不同，中央银行对其分支机构的授权也有较大差异，有些国家中央银行的分支机构权利较大，有些则相对较小，但其基本任务或职责却是一致的，如贯彻总行或总部的方针政策；执行总行或总部的指令；在授权范围内代表中央银行在本辖区实施金融监管；提供区域性支付清算服务与管理；进行经济金融统计与调查研究；办理本辖区内中央银行业务，如经理国库、代发政府债券、现金发行与调拨、外汇金银管理等。

三、中央银行的资本组成

（一）全部资本为国家所有的中央银行

目前大多数国家中央银行的资本金是为国家所有的。这有两种情况：一是国家通过购买中央银行资本中原来属于私人的股份而对中央银行拥有了全部股权；二是由国家拨付全部资本金成立中央银行。

一般说来，历史比较久远的中央银行大多为私营银行或股份银行演变而来，最初的资本金大多为私人投资或股份合作。随着中央银行地位的上升和作用的增强，为了更好地行使中央银行职能，国家通过购买私人股份的办法逐渐实行了中央银行的国有化。1920 年布鲁塞尔国际经济会议要求各国普遍建立中央银行制度以后，原来未建立中央银行制度的国家纷纷设立了自己的中央银行，这期间，有的国家是由政府直接拨款建立中央银行的。特别是第二次世界大战之后，一批新独立的国家在筹建中央银行时正赶上欧洲的国有化浪潮，便由政府拨款直接建立了自己的中央银行。中国人民银行的资本组成也属于国家所有的类型，《中国人民银行法》第八条规定，"中国人民银行的全部资本由国家出资，属于国家所有。"

（二）国家拥有部分股份的中央银行

这种资本组成类型，国家资本大多占 50%以上，非国有资本即民间资本包括企业法人和自然人的股份低于一半，如日本银行，政府拥有 55%的股份，民间持股 45%；墨西哥的中央银行，国家资本占 53%，民间资本占 47%；巴基斯坦中央银行的股份，政府持有 51%，民间资本 49%，等等。也有些国家如比利时、厄瓜多尔、委内瑞拉、卡塔尔等国中央银行的资本中政府民间股份各占 50%。

在国家不拥有全部股份的中央银行中，法律一般都对非国家股份持有者权利作了限定，如只允许有分取红利的权利而无经营决策权，其股权转让也必须经过中央银行同意后方可进行等。对于一些具体事宜有些国家还作了更为详细的规定，如日本银行规定，私股持有者每年享受的最高分红率为 5%。由于私股持有者不能参与经营决策，所以对中央银行的政策基本上没有影响。

（三）全部股份非国家所有的中央银行

有的中央银行，国家不持有股份，全部资本非国有，中央银行依据法律规定与授权行使职能。典型的有美国、意大利和瑞士等少数国家。

美国联邦储备银行的股本全部由参加联邦储备体系的会员银行所拥有，会员银行按自己的实收资本和公积金的 6%认购所参加的联邦银行的股份，先缴付所认购股份的一半，另一半待通知随时缴付。会员银行按实缴股本每年享受年率 6%的股息。

意大利中央银行的资本股份最初是由私人持有，1926 年该银行由股份公司组织转变成为按公法管理的机构，1936 年《意大利银行法》规定意大利中央银行为公法银行，30 亿里拉的资本分为 30 万股，由储蓄银行、公营信贷银行、保险公司、社会保障机构等所持有，股份转让也只能在上述机构之间进行，必须得到意大利银行董事会的许可。

瑞士国家银行 1905 年创建时为联合股份银行，资本额为 5000 万瑞士法郎，实收资本为 2500 万瑞士法郎，其中多数股份由州政府银行持有，少数股份由私人持有，但必须是本国公民、本国企业或在瑞士建立总代表处的法人。瑞士政府不持有该银行的股份，但掌握其人事权，瑞士国家银行的董事大部分由政府指派。

（四）无资本金的中央银行

极个别中央银行无资本金，如韩国银行。根据 1962 年修订后的韩国中央银行法第 2 条规定，韩国银行作为一个特殊的法人，没有资本金。韩国的中央银行虽然没有资本金，但在其央行法案（Bank of Korea Act）中对盈余处理有如下规定：韩国银行每年运营净利润的 30%要作为储备金，还可以在政府同意下建立一些针对特殊目的的储备基金。每年的净利润按规定留存准备金之后，全部汇入政府的"总收入账户"。会计年度中如发生亏损，首先用提存的准备金弥补，不足部分由政府的支出账户划拨。

（五）多国共有资本的中央银行

多国共有资本的中央银行是指跨国中央银行的资本不为某一国家所独有，是由共同组建中央银行的各成员国按照一定比例认缴中央银行资本，各国以认缴比例拥有对中央银行的所有权。如欧洲中央银行等。

中央银行的资本组成虽然有上述 5 种类型，但有一点是共同的，即无论是哪种类型的中央银行，都是由国家通过法律（跨国中央银行是通过成员国之间的条约）赋予其执行中央银行的职能，资本所有权的归属已不对中央银行的性质、职能、地位、作用等发生实质性影响。

补充阅读

中央银行发展的"三代"

"第一代"：强调业务功能

央行提供业务支持，以支持国家政府机构以及国民经济中的机构和个人。中央银行的具体职能应该大体上包括：

1. 发行流通货币和收集铸币税；
2. 银行间结算；
3. 为政府和其他银行服务；

4. 管理财政的工具；

5. 特定时间和地点的其他业务服务。

中央银行发展的第一代，优先考虑的是效率。客户和利益相关者要求中央银行具有可预测性、一致性和可靠性。人们期待、鼓励中央银行作为一种"官僚机构"去运作。在这一阶段，官僚机构的消极方面影响不大，指挥和控制可传递效率。在中央银行第一发展阶段，"经理"只需要成为能干的管理者。

"第二代"：强调政策职能

中央银行有新的角色，需要更广泛的知识和更复杂的判断。央行的直接客户以及更广泛的利益相关者，现在也需要政策职能，如：

1. 管理国家的外汇储备和汇率；

2. 制定和执行货币政策；

3. 管理和监督金融机构；

4. 在经济发展方面提供专家建议甚至决定。

第二代中央银行需要以更现代化的方式取代第一代作为官僚机构的中央银行，这些变化可能包括彻底的反思中央银行的职能和结构。总体工作人员可能大幅下降，以适应中央银行功能和技术变革，薪酬结构应反映经济价值，而不是服务时间的长短。20世纪常用的商业工具，如量化的目标，成本会计，管理报告，相关利益者的问责制和系统优化，将不得不加以调整，以适应中央银行的特定需求。在第二代中央银行中高级职员必须是真正的经理人，而不是行政官员。

"第三代"：强调综合影响

第三代中央银行的形态还未完全形成，但某些轮廓已经显现。平衡的经济活动正从产生有形需求转向产生无形需求。信息和通信技术正在改变经济结构、经济关系和经济交易，以创建一个复杂的、技术先进的和全球化的"知识经济"。对中央银行而言，最根本的是，国家中央银行概念背后的"国民经济"宏观经济模型受到威胁，逐渐变得不那么重要了。

在第三代中央银行，业务功能并非中央银行独有，或者说更多的高科技因素更少的人参与其中。政策职能从开处方和干预转变为施加影响和风险管理，在所有这些职能中，态度、更快、更新的经验和信息技术发挥着战略性的作用。这些第三代功能的变化甚至构成了对第二代的组织结构和管理做法的挑战。

为了管理中央银行组织不可避免的风险，由于其理论和实践相结合的独特视野，中央银行可以研究企业和政府可能会忽视的问题。"思想领导"甚至可能成为中央银行的主要职能。

第三代中央银行要求一个更复杂的新的组织结构，增加一个新的功能——探索。通过探索，中央银行可以做很多工作来帮助社会实现艰难的经济和社会转型。

第三代中央银行也要求在他们的传统美德"诚信、专业和公共服务的道德"的基础上，增加新品质，"眼光、开放、创新、对未来风险和机会的预测"。高级职员大多数必须成为领导者和服务者，而不仅仅是经理人。

读后讨论

1. 中央银行未来发展的方向是什么？

2. 如何看待中央银行这"三代"之间的联系?

3. 完善中央银行职能应考虑哪些措施?

本章小结

1. 中央银行是在资本主义银行制度发展过程中,以社会生产力的发展为基础,与商品货币经济的高度发达程度相适应,从商业银行中独立出来的一种特殊的政府性金融机构。

2. 中央银行的性质是指中央银行自身所具有的特有属性。中央银行的性质表现为它是一国金融体系的核心,是管理全国金融事业的国家机关,是经营金融业务的特殊金融机构。

3. 中央银行具有三大职能:发行的银行、银行的银行、政府的银行。

4. 中央银行制度类型主要有:单一式中央银行制度、复合式中央银行制度、准中央银行制度和跨国中央银行制度。

5. 中央银行的资本结构类型有:全部资本为国家所有、国家拥有部分股份的中央银行、全部股份非国家所有的中央银行、无资本金的中央银行、多国共有资本的中央银行。

重要概念

中央银行　　发行的银行　　银行的银行　　政府的银行　　最后贷款人　　金融稳定
单一式中央银行制度　　复合式中央银行制度　　准中央银行制度　　跨国中央银行制度

练习题

1. 为什么说中央银行的产生有历史必然性?

2. 中央银行的性质与职能是什么?

3. 简述中国人民银行的发展历程。

4. 中央银行有哪些基本类型?各有什么特点?

第2章　现代经济体系中的中央银行

学习目标

1. 了解现代经济特点。
2. 理解中央银行地位。
3. 熟悉并掌握中央银行的职责及其扩展。
4. 理解中央银行的独立性。

开篇案例

改革开放以来，中国人民银行在国家宏观经济调控中的作用越来越重要。1995年3月18日，经全国人民代表大会第三次会议审议，通过了《中华人民共和国中国人民银行法》，从法律高度确立了中国人民银行的央行地位。中国人民银行法的制定进一步明确了其重要地位和相应职能，是建立和完善中央银行宏观调控体系，保证我国货币政策的正确制定和执行，维护金融稳定的重要法律基础。

2003年4月28日，中国银行业监督管理委员会成立，承担了原中国人民银行的职能，负责监督管理银行、金融资产管理公司、信托投资公司及其他存款类金融机构。2003年12月27日，第十届全国人民代表大会常务委员会第六次会议审议通过了《中国人民银行法修正案》。此次修正进一步强化了货币政策委员会在国家宏观调控、货币政策制定和调整以及维护全局金融稳定方面的重要性。

以上都被视为进一步增强中国人民银行的独立性，提高其制定和实施货币政策的水平的重要举措。

案例导读

在当今建设社会主义市场经济的过程中，中央银行在金融体系和国民经济中处于核心地位，具有极其重要的职能。要真正发挥中央银行的作用，就要求央行具有一定的独立性。我国中央银行总的来说仍属于独立较弱的央行，一般事项自行决定，重大事项则报国务院批准。然而从央行的发展历程可以看出，央行的职责已不再像以前那样负责金融业的方方面面，而是将监管职责逐步剥离开来，使其更关注于货币政策的制定与执行，着眼于整个金融体系的稳定，从而强化其职责执行的效力，增强其货币政策的独立性。可以说，央行的管理体制和基本职能跨入了一个新的历史发展时期。

第一节 现代经济条件下中央银行地位的上升

在中央银行产生至第一次世界大战前后的 200 多年间，中央银行制度虽然也在不断发展，但由于这一时期基本上是金属货币制度，中央银行的地位并未有根本性的改变。20 世纪 70 年代，随着布雷顿森林体系的瓦解，金本位制解体，货币制度发生了根本性的改变。不兑现信用货币制度的通行不仅改变了整个世界经济的运行，也使中央银行在管理货币与信用，稳定金融秩序和保证国民经济正常运转等方面的重要性陡然上升，中央银行在金融体系和经济体系中的地位迅速提高。

一、现代经济运行特点

（一）现代经济运行与金融紧密交织

从世界范围看，不论是发达国家还是发展中国家，金融已经与各国的经济密不可分，现代经济基本上已不存在没有金融参与其中的纯实物经济运行，金融对经济的作用范围越来越宽，经济对金融的依赖程度越来越强。金融已渗透到经济活动的各个方面，并且其影响力越来越大。

金融与经济的交融是伴随着经济的发展和金融自身的发展而逐步增强的。随着经济货币化程度的加深、信用的发展以及新的经济组织形式和各种新型金融工具的不断出现，经济运行和金融运行已经融合在一起，并且方式越来越复杂，内容越来越丰富。现代经济已不存在没有金融介入的纯实物经济运行。由于经济运行时刻伴随着货币的运动，于是有人把现代经济称之为货币经济；由于经济运行总是与各种信用形式相结合，有人又把现代经济称之为信用经济；而信用货币制度下，货币与信用无法分割，产生了新的范畴——金融，有人因此进一步把现代经济称之金融经济。上述提法都说明了货币、信用、金融在现代经济中的重要性，都从一个侧面概括了现代经济运行与金融的不可分割性。

现代经济条件下金融的突出作用表现在：通过金融活动的有效开展和金融市场的有效运作，各种形式的货币与信用被创造出来，加快商品流通和资金融通，促进社会储蓄向社会投资转化，提高社会资源的配置效率和利用效率，进而推动经济增长，实现经济发展。总之，金融已成为现代经济的核心，金融的发展状况成为影响经济发展的重要因素。

（二）经济全球化与金融国际化相伴而行

随着科技的发展和人类文明的进步，世界各国之间的经济联系日益增强。但由于历史条件和技术条件的限制，国与国之间的联系只是到近代才成为经常性的。而真正把世界各国联系为一体，则是在 20 世纪之后。目前各个国家已不可能脱离世界而独自发展，特别是在经济方面，已呈现出全球化的强大趋势，各国实践证明，封闭必然导致落后，开放才能进步发展。在 20 世纪后半叶，世界经济的增长在很大程度上是从经济全球化快速发展中取得的。世界已进入了各国相互依存、共同发展的历史新时期。

国与国之间的联系首先建立在互通有无、利益双赢的经济交往上，此外政治、文化、科技、教育等方面的交流也必然伴随着相应的货币与信用联系，即国与国之间的联系离不开金融活动。事实上，20世纪经济全球化的演进就是由金融的国际化联结的。经济全球化的内在要求推动着金融国际化的发展，而金融国际化又为经济全球化不断创造着必要条件。金融国际化的主要表现如下。

（1）跨国金融业务已占据很大比重。一方面是因国际贸易的迅速增长使国际结算业务和国际金融服务业务的比重大大增加；另一方面表现在国际资本流动和资金融通业务的比重迅速上升。

（2）金融机构的跨国设立。一方面是外国金融机构大量进入本国；另一方面是本国金融机构走向国际。随着金融机构的交互设立，金融业在国际间走向融合，外国银行资产占本国全部银行资产的比重不断提高。

（3）金融市场走向全球化。由于科技的发展、通信技术的完善以及各种金融工具的创新，各国的金融市场已与国际金融市场紧密地联系在一起，银行及其顾客在世界所有的金融中心都可以进行各种传统的和创新的金融交易。

随着经济现代化进程的加快，经济全球化和金融国际化趋势也在迅速增强，二者互为对方创造着持续发展的动力和条件，这成为现代经济运行的另一个突出特点。

（三）各国政府日益加强对经济和金融运行的干预以及国际协调与合作

在现代经济条件下，不论是发达国家还是发展中国家，也不论是实行市场经济体制还是计划经济体制，政府对经济的干预程度都在不断增强，集中地反映在以下两个方面。

（1）从历史发展的客观角度来看，政府日益成为国民经济中越来越重要的部门。传统经济中，政府在国民经济中并不作为一个部门扮演主要角色。而在现代经济中，除最基本的两个经济部门即企业部门和家庭部门之外，政府已作为一个独立的经济部门直接参与到国民经济总体活动之中。政府通过税收、支出和发行债券、控制与管理国有企业等活动参与到国民经济运行中，并与企业部门和家庭部门等发生直接或间接的经济联系。随着社会发展程度的不断提高，政府承担的社会公共责任也在不断增加，政府在宏观经济运行中介入的领域越来越广，介入程度也越来越深。因此，政府作为一个经济部门在国民经济中的地位不断提高。

（2）从政府的主观意识来看，政府作为国民经济的管理者，对经济运行的调控意识不断增强。在自由放任主义盛行的时期，西方国家也都在公共事业、货币金融、对外贸易、价格、关税等领域颁布了许多法律，而20世纪30年代兴起的凯恩斯主义为政府强化对经济的干预和管理提供了最强有力的理论依据。现代的一些经济自由主义思想虽然反对国家过多地使用行政手段干预经济，但其主张维护市场运行规则、用经济手段调控经济等方面的呼吁并不比干预主义者弱。现代经济中，政府一方面在法律、制度等方面加强了对经济运行的约束和规范；另一方面，还通过宏观经济政策和行政手段加强了对经济运行的调控。

在全球化背景下，政府对经济金融的干预还体现在国家之间日益加强的宏观合作与协调方面，国际间的宏观协调成为各国政府的一项重要职责，各类国际性组织和区域性合作组织的作用也越来越重要。

二、中央银行在现代经济体系中的地位

中央银行自出现开始，就在社会经济体系中处于很重要的特殊地位，而随着传统经济被现代经济所取代，基于现代经济体系与传统经济体系的不同特征，中央银行在现代经济体系中的地位和作用较之早期的中央银行更加突出了。

（一）从经济体系运转看，中央银行是现代经济发展的条件和经济运行的保障

随着商品经济的发展和生产、流通规模的扩大，经济体系对货币的需求也在不断增长。在金属货币制度下，当市场上对货币的需求增加时，便会有相应的黄金进入流通，这个过程是自发完成的。而在中央银行垄断货币发行特别是在不兑现信用货币流通条件下，经济体系对货币的需求必须通过中央银行来实现，中央银行成为唯一的货币供应者。尽管在现代信用货币制度下，商业银行等存款金融机构也参与信用创造，但其源头仍然是中央银行。中央银行根据经济发展的客观需要，不断地向经济体系提供相应的货币供给。

此外，在现代经济发展所需的各种要素投入中，货币已成为先决条件。在传统经济中，资本和劳动的投入虽然也依赖货币，但其依赖程度远没有现代经济这么强。现代经济体系中，资本和劳动的投入均需借助于货币来实现，通过货币才能把各种要素结合为现实生产力。而且，在资本的投入中，除了先期积累的资本外，新增资本基本上全部来自于货币的投入。因此，在现代经济中，中央银行的货币供应在为经济体系提供必要条件的同时，还提供了新的货币激活潜在资源，为推动现代经济发展提供必要条件。

中央银行在促进经济增长的同时，还为经济体系的正常运行提供有效的保障。这种保障主要反映在以下3个方面。

（1）中央银行为经济运行提供稳定的货币环境，通过稳定货币实现经济的稳定增长。完全的信用货币制度，使中央银行成为推动经济增长的引擎，但同时也使货币供给的过度增长成为可能。过度发行货币必定扰乱经济的正常运行。中央银行制定并执行正确的货币政策，保持货币稳定，为经济的正常运行和稳定增长提供保障。

（2）中央银行为经济体系的信用活动提供支付保障。中央银行虽然一般不对工商企业和居民个人办理金融业务，但中央银行作为商业银行等金融机构的"最后贷款人"，对全社会支付体系承担着最终的保证责任。

（3）中央银行作为清算中心，为经济运行中产生的债权债务关系提供及时高效的清算，为经济体系的正常运转提供有效的保障。

（二）从对外经济金融关系看，中央银行是国家对外联系的桥梁和纽带

随着世界经济一体化和金融国际化的不断发展，各国间经济、文化和政治的相互渗透、相互依赖日益加强。由于中央银行与促进世界融合的诸多要素如贸易、货币与资本流动、合作与交流等有着极强的相关性，越来越多的国家将发展对外金融关系作为中央银行的最重要任务之一，充分发挥其桥梁和纽带作用。具体表现如下。

（1）无论何种内容的国际交往和交流，货币都是不可或缺的必要手段。中央银行作为一

国货币的供给者和管理者以及国际货币支付体系的参与者与维护者，起着十分关键的作用。

（2）在经济全球化过程中，金融起着先导的作用。而中央银行作为一国金融业的主管部门，参与国际间金融谈判、磋商和签署金融协定，对国际间的金融关系发挥着决策和协调作用，推动着的世界的联合。

（3）在各国经济相互依存、共同发展的大趋势下，国际视角的宏观经济管理越来越重要。对世界经济的管理需要各国政府的相互协调和密切配合，共同建立和维护新的国际秩序，保证世界经济健康稳定发展。而中央银行就成为担负这一职责的重要国家部门，是国际金融组织和其他重要国际经济组织的参加者，承担着维护国际经济秩序的责任。

（三）从国家对经济的宏观管理看，中央银行是实现内外均衡目标的最重要宏观调控部门之一

在现代经济中，金融成为经济的核心，中央银行则处于货币流通的起点和信用活动的中心，承担金融活动的调节和管理职能，其地位和作用至关重要。中央银行作为货币政策的制定者和执行者，成为国家最重要的宏观调控部门之一。同时，国家对宏观经济的调节，越来越依靠经济手段，而在必要时才采取行政手段，而中央银行通过货币政策对宏观经济的调节基本上是属于经济手段。

中央银行通过国家授权的特定业务操作，改变货币供应量和信用规模，实现宏观调控目的。而且，中央银行通过货币政策工具的运用如利率的调整还可以改变金融资产的价格和结构，通过金融市场机制影响经济的结构。在国家对外联系日益扩大、与世界经济逐步融合的情况下，中央银行在宏观经济调控中的作用就更加突出，这在上面已论及。

总之，中央银行虽然从产生开始就在经济体系中扮演着重要角色，但在现代经济体系中，中央银行的地位则是空前地提高了，它已成为经济体系中最为重要的组成部分，成为经济运行的轴心，以致我们不能想象，没有中央银行的存在，国民经济的运行会是一个什么样的局面。

【专栏2-1】

中国人民银行的对外开放

中国人民银行作为我国的中央银行，近年来在实施金融宏观调控、保持币值稳定、促进经济可持续增长和防范化解系统性金融风险方面发挥了重要作用。

中国是国际货币经济组织和国际复兴开发银行（通称）创始国之一。1949年新中国成立后，国民党政府仍占据这两个机构的合法席位。1971年，我国恢复在联合国的合法席位后，国际货币基金组织正式通过协议，恢复了我国的合法席位。代表我国政府参加该组织最高权力机构——理事会并担任理事的是中国人民银行行长。

中国人民银行从1984年12月起与国际清算银行（BIS）正式建立了业务关系，并以观察员身份出席它的年会。随后中国提出正式入行申请。国际清算银行于1996年9月9日通过决议，中国人民银行认缴了股本金后，正式成为该行成员。此后中国人民银行派员参加BIS的每月例会，并参与巴塞尔国际银行监管协议草案研究。

亚洲开发银行是由亚洲地区多数发展中国家和主要发达国家共同出资组建的区域性政府

间金融组织，总部设在菲律宾首都马尼拉。1986 年，中国人民银行作为我国政府代表成为其成员。

　　1979 年以前，我国与非洲的经济联系以无偿援助为主。随着国际形势的变化，我国与非洲的交往也需要与时俱进，而加入非洲开发银行是一个现实的选择。中国人民银行于 1984 年向非洲开发银行和非洲开发基金提出申请，次年 5 月，非洲开发银行正式接纳我国为该行成员，为我国在非洲地区更广泛开展经济合作奠定基础。

　　目前，中国人民银行与世界上所有发达国家和主要发展中国家的中央银行建立了友好合作关系，建立了多个涵盖五大洲的海外代表处，参加了亚太地区几个设有常设办事机构的中央银行组织，即东南亚—新西兰—澳大利亚中央银行组织、东亚及太平洋地区中央银行行长会议等。

第二节　现代经济条件下中央银行职能的扩展

一、中央银行职能的扩展

　　现代经济条件下，中央银行的三大基本职能，即发行的银行、银行的银行和政府的银行有着十分丰富的内容，但其中有些内容并非在中央银行产生时就得到了充分的体现，而是随着经济发展和中央银行制度本身的发展而逐步丰富发展完善的。

（一）发行的银行职能扩展

　　早期中央银行的发行职能主要通过集中垄断发行银行券，解决银行券的兑现性体现出来。在现代经济体系条件下，不兑现信用货币流通取代金属货币流通，保证货币的稳定性成为中央银行必须考虑的新重点。此外，中央银行在保证货币稳定的同时，还承担了促进经济增长和扩大就业等重要社会职责。在这种形势下，作为发行的银行，为保证货币稳定，保证经济和金融稳定运行，中央银行不但要提供与经济发展相适应的货币供应总量，而且还要通过一定的手段根据经济运行状况适时调节货币供给量和信用量，在货币口径不断扩展的情况下，还要保持货币供给结构与经济和社会发展相适应。此外，随着经济全球化趋势的演进，中央银行的货币供给与调节还要考虑国际因素。可见，集中垄断货币发行，在现代经济中只是作为中央银行行使职能的一个前提条件，发行的银行这一职能内容已通过更为宽泛的概念即制定和执行货币政策体现出来。

（二）银行的银行职能扩展

　　在形式上，早期的中央银行和现代中央银行都是通过集中存款准备金、作为最后贷款人和组织银行间支付清算提现这一职能，但这 3 个方面的内涵及重要性在不同时期却有很大不同。

　　早期，集中存款准备金是中央银行最重要的业务之一，也是保证银行支付能力的基础。而在现代经济条件下，集中存款准备金虽然仍是保证银行支付的基础，但更重要的，它已作为中央银行调控货币供应量和社会信用量的手段而被采用。

早期，中央银行向银行提供贷款基本上是作为银行支付的最后保证手段，并且是不经常采用的手段。而在现代经济条件下，它已成为中央银行扩大货币供给，向社会提供货币的主要手段，存款货币银行等也通过向中央银行贷款和据此扩大向客户的放款而参与存款货币创造。中央银行向金融机构贷款不仅是银行支付的最重要保证，也是最经常使用的保证手段。

早期中央银行制度建立时，商品货币经济尚不够发达，虽然当时银行间的票据交换和支付清算已成为中央银行的重要业务，但其重要性仍无法与现代中央银行相比。随着商品经济的快速发展，货币关系和信用关系已变得极其复杂，支付清算的业务量巨大，支付清算已上升为中央银行最为重要的业务之一。

（三）政府的银行职能扩展

早期的中央银行在行使政府的银行职能时，主要表现在为政府代理国库、代理政府债券发行以及根据政府安排代为筹集资金等。在中央银行产生的早期，国库收支规模比较小，在整个国民经济中的比重也不大。在代理政府债券发行方面，早期中央银行为政府代理发行债券和筹资一般都与战争等特殊情况有关，不是经常性的业务。在现代经济条件下，随着世界各国经济的发展、金融制度的变更和中央银行地位的日益突出，国家对中央银行赋予的职能也不断增加。

（1）政府管理调控社会经济运行的责任日益突出。随着政府承担的经济、社会等方面的责任逐步扩展，政府的收支项目不断增加，规模也越来越大，央行为政府服务的业务范围随之大大增加和扩展。目前大多数国家的政府收入或支出占国内生产总值的比重在20%～30%，有的达 40%甚至更高。政府收支的扩大使中央银行代理国库的业务量大大增加。此外，从绝大多数国家的实践来看，各国政府已越来越多地依赖发行债券促进经济发展和调节政府收支，因此，中央银行代理政府债券发行、直接或间接购买政府债券已成为中央银行的一项经常性业务，其中在二级市场上买卖政府债券还成为中央银行调控货币供应量的一个重要手段。

（2）现代中央银行还代表政府对金融业实施监督管理。早期的中央银行也实施一定的监管职能，其目的主要是保证商业银行的支付能力。而在现代经济条件下，金融机构已经多元化，金融市场高度发达，金融活动日趋复杂，金融创新不断涌现，中央银行监督管理的重点已不仅仅金融机构的支付保证问题，更重要的是整个金融体系的安全和金融秩序的稳定。

（3）以凯恩斯经济理论为代表的国家干预主义的兴起，使各国政府都认识到了国家干预经济的必要性，认识到中央银行是调控宏观经济最有效的重要工具之一。因此各国均加强对中央银行的控制并赋予中央银行更多的职能来实现自己的干预意图。随着国家对外联系的不断扩大，中央银行对宏观经济和金融运行进行调节控制，代表政府参加国际金融组织和各项国际金融活动，参与国际金融合作与协调等方面的职能也大大突出了。

二、中央银行的主要职责

职责与职能在内涵上基本上是一致的，但从理论意义上和实践工作中，职能与职责还是有所区别。一个部门或机构的职能，一般是指它自身所具有的、可以发挥作用的能力；而职责是法律或更高一级的主管部门赋予它应履行的责任或任务。显然，理论上具有一定的职能，实践中才能够赋予它相应的职责，即职责是由职能决定的，但职责是在具体实践过程工作职能的明确化、具体化。因此，中央银行的职责就是国家根据中央银行的职能通过法律或行政规定明确的责任，即中央银行要承担的具体任务。

目前世界各国中央银行的职责虽然有所差异，但其基本的方面是相同的。

根据 2003 年 12 月 27 日第十届全国人民代表大会常务委员会第六次会议修正后的《中华人民共和国中国人民银行法》，中国人民银行履行下列职责：

（1）发布与履行其职责有关的命令和规章；

（2）依法制定和执行货币政策；

（3）发行人民币，管理人民币流通；

（4）监督管理银行间同业拆借市场和银行间债券市场；

（5）实施外汇管理，监督管理银行间外汇市场；

（6）监督管理黄金市场；

（7）持有、管理、经营国家外汇储备、黄金储备；

（8）经理国库；

（9）维护支付、清算系统的正常运行；

（10）指导、部署金融业反洗钱工作，负责反洗钱的资金监测；

（11）负责金融业的统计、调查、分析和预测；

（12）作为国家的中央银行，从事有关的国际金融活动；

（13）国务院规定的其他职责。

从央行职责来看，修改后的《中国人民银行法》的改变主要体现在以下 3 点。

第一，部分监管职能改由银监会承担，强化了制定和执行货币政策职责。中国人民银行原来承担的监管金融市场职责转变为具体监管银行间同业拆借市场和银行间债券市场职责，着重防范和化解金融风险，维护金融稳定。

第二，新增加了"反洗钱"职责。由中国人民银行组织协调全国的"反洗钱"工作，指导、部署金融业"反洗钱"工作，承担"反洗钱"的资金监测职责，并参与有关的国际"反洗钱"合作。

第三，新增加了征信管理职责，由中国人民银行管理信贷征信业，推动社会信用体系建设与完善。

上述 13 项职责，每一项都还可继续细分成许多具体内容，都与国家的宏观经济运行密切相关，并且各项职责之间也都是紧密联系的。中央银行在履行这些职责时，有些是基于明确的法律、制度规定，通过具体的金融业务操作来实现，带有极强的技术性，如经理国库、经营管理国家外汇、黄金储备、组织人民币发行与流通、进行金融活动的统计和分析等。有些职责的履行牵扯面很广，需要多方面综合协调，并且职责的履行状况对金融业和整个宏观经济运行影响极大，如货币政策等。中央银行的每项职责都有丰富的内容，都会在后面相应的章节中有涉及和论述。

中央银行履行其职责，需要有自己的组织机构保证。中央银行的组织机构包括内设机构和分支机构一般都有明确的分工。目前中国人民银行的主要内设机构及职责分工如下：

条法司。起草与中央银行职责有关的金融法律、法规草案；起草、审核与中央银行职责有关的金融规章；承办中国人民银行发布的有关命令和规章的解释工作；开展金融法律咨询服务、相关金融法律事务和金融法制宣传教育工作；承办行政复议和行政应诉工作；对中国人民银行参加的国际金融活动提供法律意见，出具法律证明书。

货币政策一司。研究、拟定货币政策调控方案并组织实施；拟定货币政策中介目标并组织执行；研究提出各种货币政策工具选择并组织实施；拟订并组织实施本外币存款准备金政策、本外币利率政策、再贷款再贴现政策及相关管理办法；拟定中央银行本外币公开市场操作方案和操作规程并组织实施；拟定货币政策战略，研究改进货币政策框架的政策措施，健全货币政策调控体系；承办宏观调控部门协调机制的相关工作。

货币政策二司。研究、拟定进一步完善人民币汇率形成机制的改革方案；跟踪监测全球金融市场汇率变化；研究检测国际资本流动；研究人民币境外使用有关问题；拟定人民币跨境业务相关制度、办法并组织实施；拟定与有关经济体货币当局开展货币合作方案，并协调组织实施；协助有关方面提出人民币资本项目可兑换政策建议；跟踪研究分析主要国家货币政策状况、取向及影响；承办中国人民银行货币政策委员会的日常工作。

金融市场司。拟定金融市场发展规划，协调金融市场发展，推动金融产品创新；监督和管理银行间同业拆借市场、银行间债券市场、银行间票据市场、银行间外汇市场和黄金市场以及上述市场的有关衍生产品交易；分析金融市场发展对货币政策和金融稳定的影响并提出政策建议；拟订宏观信贷指导政策，承办国务院决定的信贷结构调节管理工作。

金融稳定局。综合分析和评估系统性金融风险，提出防范和化解系统性金融风险的政策建议；评估重大金融并购活动对国家金融安全的影响并提出政策建议；会同有关方面研究拟定金融控股公司的监管规则和交叉性金融业务的标准和规范；负责金融控股公司和交叉性金融工具的检测；承办设计运用中央银行最终支付手段的金融企业重组方案的论证和审查工作；管理中国人民银行与金融风险处置或金融重组有关的资产，承担对因化解金融风险而使用中央银行资金机构的行为的检查监督工作，参与有关机构市场退出的清算或机构重组等工作。

调查统计司。承办金融信息和有关经济信息的搜集、汇总、分析工作；制定金融业综合统计制度，协调金融业综合统计工作；负责货币供应和货币政策方面的统计并按规定对外公布；参与金融和货币统计有关的会计科目设置；搜集、整理与中国人民银行有贷款关系金融机构的资产负债表和损益表；按照规定提供金融信息咨询。

会计财务司。协助有关部门完善中央银行和商业银行的会计准则、制度、办法和会计科目；组织实施中国人民银行财务制度；编制并监督检查中国人民银行系统财务预决算；编制中国人民银行资产负债表和损益表等会计财务报表；承办中国人民银行系统会计、财务、基建、固定资产和政府采购项目管理工作。

支付结算司。拟定全国支付体系发展规划；会同有关方面研究拟定支付结算政策和规则，制定支付清算、票据交换和银行账户管理的规章制度并组织实施；维护支付清算系统的正常运行；组织建设和管理中国现代化支付系统；拟定银行卡结算业务及其他电子支付业务管理制度；推进支付工具的创新；组织中国人民银行会计核算。

科技司。拟定金融业信息化发展规划，承担金融标准化的组织管理协调工作；指导、协调金融业信息安全和信息化工作；承担中国人民银行信息化及应用系统的规划、建设、安全、标准化及运行维护等工作；承办中国人民银行系统的科技管理工作；拟定银行卡业务技术标准，协调银行卡联网通用工作。

货币金银局。拟定有关货币发行和黄金管理办法并组织实施；承担人民币管理和反假币工作；制定现钞、辅币和贵金属纪念币的生产计划，负责对人民币现钞、贵金属纪念币的调拨、发行库管理及流通中现金的更新和销毁；管理现金投放、回笼工作和库款安全；管理国家黄金储备；承担国务院反假币联席工作会议的具体工作。

国库局。经理国家金库业务，拟定国库管理制度并组织实施；为财政部门开设国库单一账户；对国库资金收支进行统计分析；定期向同级财政部门提供国库单一账户的收支和现金情况；并与同级财政部门核对国库单一账户的库存余额；监督管理预算资金的收纳、支拨、退付等事项，维护国库资金的安全和完整；代理国务院财政部门向各金融机构发行、兑付国债和其他政府债券。

国际司（港澳台办公室）。承办中国人民银行与国际金融组织、香港特别行政区、澳门特别行政区、台湾等地区金融组织以及各国中央银行、欧洲中央银行的官方联系和业务往来的有关工作；按照规定承办我国加入世界贸易组织后金融业开放的有关工作；承办中国人民银行外事管理工作；联系、指导中国人民银行驻外机构的业务工作。

内审司。拟定中国人民银行内审工作规章、制度和办法；监督检查中国人民银行各级机构及其他工作人员执行金融政策、法规，依法履行公务和执行财务纪律的情况；承办主要负责人的离任审计工作，对违法违规人员的处理提出建议；指导、监督、检查中国人民银行系统内审工作。

研究局。围绕货币政策决策，对经济增长及运行进行分析与预测；研究金融法律、法规、制度，跟踪了解其执行情况；跟踪研究我国产业政策和工业、农业、财税、外贸等部门经济动态以及货币信贷、利率、汇率、金融市场等重大政策的执行情况，并提出建议。

征信管理局。承办信贷征信管理工作；拟订信贷征信业发展规则、管理办法和有关风险评价准则；承办有关金融知识宣传普及工作。

反洗钱局（保卫局）。承办组织协调国家反洗钱工作；研究和拟定金融机构反洗钱规则和政策；承办反洗钱的国际合作和交流工作；汇总和跟踪分析各部门提供的人民币、外币等可疑支付交易信息，涉嫌犯罪的，移交司法部门处理，并协助司法部门调查涉嫌洗钱犯罪案件；承办中国人民银行系统的安全保卫工作，制定防范措施；阻止中国人民银行系统的金银、现钞、有价证券的保卫和武装押运工作。

此外，中共人民银行还设有一些直属机构。这些机构有：中国外汇交易中心（全国银行间拆借中心）、中国反洗钱监测分析中心、中国人民银行征信中心、中国人民银行清算总中心、中国金融电子化公司、中国印钞造币总公司、中国金币总公司、中国钱币博物馆等。

中国人民银行的分支机构，根据其总行授权履行各自的职责，这在前面部分已简要说明。

【专栏 2-2】

中国人民银行新职能解读

根据新修订的《中国人民银行法》，中国人民银行作为国家的中央银行和宏观调控部门，肩负"制定和执行货币政策，维护金融稳定，提供金融服务"三大支柱职能，担负 13 项主要职责。如果按照新职能大的指向，从组织机构的整合、职责任务的再造等诸多细节上去分析，我们可以清晰地感受到中国人民银行新职能的内涵和外延都发生了新的变化，显见如下特点。

一、新职能突出了中国人民银行制定和执行货币政策工具的专业化，为今后中国人民银行充分履行金融宏观调控职能创造了必要条件。

二、新职能把维护金融稳定的大任交予中国人民银行，中国人民银行责无旁贷地全面主导金融风险调控。

三、新职能把"反洗钱和管理信贷征信业"增加进来，使得中国人民银行职能更具有广泛的社会性。

第三节 现代经济条件下中央银行独立性的加强

一、中央银行的独立性

中央银行的独立性是指中央银行履行自身职责时法律赋予或实际拥有的权力、决策与行动的自主程度。中央银行的独立性比较集中地反映在中央银行与政府的关系上。

中央银行不论是从何种渠道产生，从一开始就与政府有着密切的关系。因此作为政府的银行，必然在一定程度上受到政府的控制。中央银行在为政府提供服务的同时，要体现或实现政府的某些意图，包括在金融管理中承担一定的责任。中央银行作为国家的货币当局，被法律和国家赋予独特的地位和权力，履行其特有职能。为保证中央银行有效发挥职能，中央银行应保有一定的独立性。

无论是对于中央银行独立性问题的理论认识，还是各国中央银行在历史实践中的独立性展现，都是一个不断变化发展的过程。

"一战"之前，由于金本位体制下金融秩序比较稳定，政府对中央银行的控制和干预程度并不强，中央银行与政府的关系更多地体现在业务之中。

"一战"期间，由于战时财政问题，各国政府都开始加强了对中央银行的控制，为政府筹集战争经费一度成为中央银行的主要任务。政府在加强对中央银行控制的同时，中央银行在发行货币等方面也获得了更多的授权。这期间，货币发行增加很快，许多国家出现了严重通货膨胀，货币制度和金融制度受到严重冲击。

"一战"结束后，1920 年在布鲁塞尔和 1922 在日内瓦召开了两次国际经济会议，不少国家的中央银行提出减少政府干预，实行中央银行独立于政府的主张，中央银行独立性问题开始引起重视。之后新设立中央银行的国家都在法律上赋予中央银行一定的独立性，已有中央银行的国家也通过修订或制定新的法律确立中央银行的独立性。

但 1929—1933 年经济大危机之后，凯恩斯国家干预主义兴起，中央银行在经济和金融体系中的地位日益增强，货币政策在宏观经济政策中的重要性也在政府对经济的干预过程中进一步得到认识，政府加强了对中央银行的干预和控制，中央银行独立性问题被暂时冷落。

到 20 世纪 70 年代，国际货币体系发生了很大变化，进入完全信用货币制度时代，经济运行出现了许多新的特点，中央银行的独立性问题再次被提出。

在现代经济条件下，中央银行的独立性集中在货币政策方面，一般就是指中央银行在履行制定与实施货币政策职能时不受政府干预的程度。更具体地，指中央银行在公布通货膨胀率、汇率或货币政策目标以及根据自己的操作决定货币供应量和利率水平时的自主程度。

二、中央银行的相对独立性

（一）中央银行应当具有独立性

由于中央银行在金融体系和国民经济中处于特殊的地位，承担着特殊的职责，要真正发挥中央银行的作用，必须使中央银行具有一定的独立性。

（1）中央银行是特殊的金融机构。中央银行履行期职责必须通过具体的业务活动来进行，中央银行的业务活动必须符合金融运行的客观规律和自身业务的特点，这是由经济与金融的关系和金融行业的特殊性质决定的。

（2）中央银行制定和执行货币政策，对金融业实施监督管理、调控宏观经济运行和保持金融稳定，具有较强的专业性和技术性。中央银行作为宏观经济的调控部门，虽然要按政府确定的目标和意图行事，但中央银行不同于一般行政管理机构，它的调控对象是货币、信用、金融机构与金融市场，调控手段是技术性很强的经济手段，需要中央银行机构与人员具有熟练的业务、技术与经验和一定程度的独立性和稳定性。

（3）中央银行与政府两者所处地位、行为目标、利益需求及制约因素有所不同。这样就使中央银行和政府在宏观经济目标的选择上并不一定在任何条件下、任何时期都保持一致。政府行为的出发基点往往是促进经济增长，追求短期经济成效，很难充分兼顾长远利益；注重经济发展速度与规模，忽视货币的稳定。这些极有可能诱发通货膨胀和经济过热的现象发生。中央银行虽然要对政府的工作予以配合，但这种配合不能违反金融活动的基本规律，为了保证经济、社会长期的稳定协调发展，中央银行工作的重点是围绕稳定货币币值这一基本原则或目标进行的，稳定货币币值的目标具有很强的持续性、稳定性和社会性，是中央银行维护国家根本利益的集中体现，中央银行通过稳定货币，为政府各项目标的实现提供条件、环境和保障。虽然稳定货币有时可能与政府的短期工作重点发生矛盾，但符合政府的长期目标。因此，中央银行具有一定的独立性，对于经济、社会的长期持续稳定发展是有益的。

（4）中央银行保持一定的独立性可能使中央银行与政府其他部门之间的政策形成一个互补和制约关系，增加政策的综合效力和稳定性，以避免货币的财政发行。

（5）中央银行保持一定的独立性还可以使中央银行和分支机构全面、准确、及时地贯彻总行的方针政策，而少受地方政府的干预，保证货币政策决策与实施的统一，增加中央银行宏观调控的时效性和提高中央银行运作的效率，维护公众信心。

（二）中央银行独立性是相对的

在现代经济体系中，中央银行作为国家的金融管理当局，是政府实施宏观调控的重要部门，中央银行不能完全独立于政府，不受政府的任何制约。中央银行要接受政府的管理和监督，在国家总体经济社会发展目标和政策指导之下履行自己的职责。因此，中央银行对政府的独立性只能是相对的。

（1）就金融与经济社会的关系而言，虽然金融是现代经济的核心，但在经济社会大系统中，它仍是一个子系统。中央银行作为金融系统的核心和金融管理者，自然应当服从于经济社会大系统的运转，服从于国家的根本利益。正确的货币政策，稳定的货币币值，安全有序的金融运行都是为了服务于经济与社会发展的最终目的和国家的根本利益。

（2）中央银行承担宏观调控的职责，它是国家对宏观经济进行调控的一个部分，中央银行是整个宏观调控体系中的一个组成部门，它不可能超过自己所隶属的这个整体。中央银行的货币政策目标和宏观调控目标要与国家经济社会发展的总体目标相一致，目标的实现也需要其他政策特别是财政政策的协调与配合。

（3）中央银行履行自己的职责，虽然主要依靠经济手段，并通过具体的业务操作来实现，但其业务活动和监管都是在国家授权下进行的，具有一定的行政管理部门的性质，有些国家的中央银行就直接成为政府的组成部门，中央银行的主要负责人也大多由政府委任。此外，中央银行在履行自己的职责时，也需要政府其他部门的协作与配合，而与其他部门的关系则需要由政府来协调。

（4）在特殊情况下，如遇到战争、特大灾害等，中央银行则必须完全服从政府的领导和指挥。

三、中央银行独立性的三种类型

（一）决定中央银行独立性大小的因素

中央银行与政府的关系或中央银行的独立性，主要取决于中央银行的法律地位。由于各国的国情与历史传统不同，各国对中央银行确定的法律地位也有所不同。中央银行对政府独立性的强弱，主要由以下几点决定。

（1）法律地位。法律赋予中央银行的职责及履行职责时的主动性的大小，有些国家把稳定货币明确为中央银行的主要职责，并授予中央银行独立制定和执行货币政策的特权，不受政府制约。当中央银行的政策目标与政府的经济目标出现矛盾时，中央银行可以按自己的目标行事，这种类型的中央银行独立性就较强。而有些国家法律对中央银行的授权就较小。

（2）隶属关系。一般说来，隶属于国会的中央银行，其独立性就较强，而隶属于政府或政府某一部门（主要是财政部）的中央银行，其独立性就弱一些，当然这也不是绝对的。

（3）中央银行负责人的产生程序、任期长短与权力大小。通常，国会具有较大的独立性。

（4）中央银行与财政部门的资金关系。主要是中央银行是否依赖于财政拨款，有没有可供支配的独立财源，中央银行的独立性与其财务状况有着密切关系。

（5）中央银行最高决策机构的组成，政府人员是否参与决策，以及决议的投票采用简单多数还是全体一致的方式等。这几个方面在各国的中央银行法中一般都有明确的规定。

（二）中央银行独立性的 3 种类型

从中央银行对政府独立性的强弱看，目前大致有 3 种类型。

（1）独立性较强的中央银行，如德国联邦银行、美国联邦储备体系、瑞典银行等。这类中央银行的主要特点是中央银行直接对国会负责，政府不得对其发布命令、指示。中央银行在制定和实施货币政策时享有较强的独立性，当中央银行与政府发生矛盾时，要通过协商解决。

（2）独立性较弱的中央银行，如意大利银行、法兰西银行等。一些处于经济体制转轨时期的国家的中央银行其独立性也较弱。这类中央银行的特点是，中央银行隶属于政府，不论在名义上还是实际上，中央银行在制定和执行政策、履行其职责时，都比较多地服从政府或财政部的指令。应当指出，独立性较弱的中央银行在货币政策的具体操作和决策的执行上基本上也是自己进行的，差异在于最高决策权的配置上。

（3）独立性居中的中央银行，如英格兰银行、日本银行、加拿大中央银行等。一些新兴的工业化国家的中央银行也大致属于这种类型。这类中央银行的特点是中央银行隶属于政府，在名义上独立性较弱，但在实际上中央银行拥有较大的决策与管理权和独立性。

中央银行与政府的关系或中央银行的独立性，虽然从法律地位上看，各国之间有较大差异，但在现实运作中，其差异并没有法律体现出来的那样大。这是因为政府一般并不经常使用对中央银行的干预权，同时，中央银行在政策制定和政策工具运用上与政府发生矛盾的情况并不是很多。另外，各国中央银行独立性强弱除了取决于中央银行的法律地位之外，也与各国中央银行自身的组织机制、信息渠道、决策效率、管理能力和公众信誉程度等综合因素密切相关。

【专栏 2-3】

4 种央行独立性模式

美国模式，直接对国会负责，较强的独立性。美国 1913 年《联邦储备法》建立的联邦储备系统行使制定货币政策和实施金融监管的双重职能。美联储（FED）实际拥有不受国会约束的自由裁量权，成为立法、司法、行政之外的"第四部门"；

英国模式，名义上隶属财政部，相对独立性。尽管法律上英格兰银行隶属于财政部，但实践中财政部一般尊重英格兰银行的决定，英格兰银行也主动寻求财政部支持而相互配合。1997 年英格兰银行事实上的独立地位向第一种模式转化；

日本模式，隶属财政部，独立性较小。大藏大臣对日本银行享有业务指令权、监督命令权、官员任命权以及具体业务操作监督权，但是 1998 年 4 月日本国会通过了修正《日本银行法》以法律形式确认中央银行的独立地位，实现向第一种模式转化；

中国模式，隶属于政府，与财政部并列。《中华人民共和国人民银行法》规定："中国人民银行是中央银行，中国人民银行在国务院领导下，制定和实施货币政策，对金融业实施监督管理。

（三）中国人民银行的独立性

按照通常意义上的标准衡量，中国人民银行属于独立性较弱的中央银行。因为从法律角度来看，国务院对中国人民银行仍然具有较大的管辖权和干预力，中国人民银行在重要事项的决策方面对政府的独立性目前仍较弱。但这只是对中央政府而言，对地方政府和各级政府部门等，法律赋予中央银行完全的独立性。从实际运作来看，中国人民银行虽然在国务院领导下履行其职责，但中国人民银行在货币政策制定和实施方面提出的方案一般都能得到国务院的顺利批准，并在执行中还能得到国务院的有力支持，特别是在货币政策的具体操作上，国务院给予了中国人民银行越来越大的自主权。因此，中国人民银行实际上拥有的独立性正不断增强。

1．中国人民银行独立性主要表现在

（1）组织上的独立性。首先，根据《中华人民共和国中国人民银行法》的规定，中国人民银行与财政部各自独立、互无隶属关系。其次，中国人民银行相对于国务院具有一定的独立性。《中华人民共和国中国人民银行法》第六条规定，中国人民银行应当向全国人大常委会提出有关货币政策和金融业运行情况的工作报告。通过这种间接向权力机关负责的形式，可在一定程度上制约国务院的干预。最后，在人事任免上，中国人民银行实行行长负责制，行长领导中国人民银行的工作，副行长协助行长工作。中国人民银行行长的人选，根据总理提名，由全国人大或其常委会决定，由国家主席任免。

（2）职能上的独立性。《中华人民共和国中国人民银行法》第五条第一款规定：中国人民银行就年度货币供应量、利率、汇率和国务院规定的其他重要事项做出的决定，报国务院批准后执行。同时，第二款规定：中国人民银行就前款规定以外的其他有关货币政策事项做出决定后，即予执行，并报国务院备案。在第二十三条所规定货币政策工具中，银行业金融机构法定存款准备金率的调整及中国人民银行在公开市场上买卖国债、其他政府债券和金融债券等活动，并不在第五条第一款规定的需要国务院批准的事项之列，所以中国人民银行在这些货币政策工具的运用方面具有较高的独立性。

（3）经济上的独立性。①《中华人民共和国中国人民银行法》第二十九条规定：中国人民银行不得对政府财政透支，不得直接认购、包销国债和其他政府债券，从而在立法上防止财政赤字货币化；②第二十四条规定，中国人民银行依法代理国库，排除了财政部利用国库收支来控制中国人民银行的可能性；③第三十八条规定，中国人民银行实行独立的财务预算管理制度，立法上避免财政通过控制中国人民银行经费从而干预货币政策的可能。

2．从历史发展看，中国人民银行的独立性得到了显著提高

（1）实现了宏观金融调控方式向间接调控手段的转变。中国人民银行自1998年取消了对各商业银行的信贷规模控制，建立起了以存款准备金政策、再贴现政策以及公开市场操作作为主要手段的间接调控工具体系。

（2）1998年年底取消了原按行政区划设置中国人民银行分支机构的格局，改为按经济区划在全国设置9个跨区域分行，减少地方政府干预。同时在增强其独立性的立法和实践方面也取得了令人瞩目的成就。

（3）1997年3月建立了作为中国人民银行制定货币政策的咨询议事机构——中国人民银行货币政策委员会，为货币政策的科学决策和有效实施奠定了必要的基础。

（4）为了更好地履行中央银行职能，中国人民银行实施了一系列规范自身活动的措施，主要包括逐步停止向财政透支和非金融部门的贷款，将货币供应调控权集中于总行，与自办经营型经济组织脱钩等。

（5）2003 年 4 月我国成立了银行业监督管理委员会，实行货币政策和金融监管职能分开，中国人民银行主要侧重于实现货币政策目标、控制通货膨胀，着重考虑经济整体因素，较少考虑金融监管和操作。

补充阅读

美联储退出 QE

新华网华盛顿 2014 年 10 月 29 日电

美国联邦储备委员会 29 日宣布 10 月结束资产购买计划，但将继续维持所持到期证券本金进行再投资的政策。这标志着美国货币政策逐步向正常化迈进。

美联储当天在结束货币政策例会后发表声明说，9 月以来的数据显示美国经济继续温和扩张，就业市场进一步改善，家庭开支温和增长，企业固定投资增加，但房地产市场复苏仍然缓慢。此外，美国通胀水平一直低于美联储2%的长期目标，但长期通胀预期保持稳定。

9 月中旬货币政策例会声明称美国劳动力资源远未被充分利用，但美联储 29 日表示，一系列就业指标显示美国劳动力资源未被充分利用的情况已有所缓解，自推出本轮资产购买计划以来，就业市场前景显著改善。

美联储 2012 年 9 月推出第三轮量化宽松措施，当年 8 月美国失业率为 8.1%，而今年 9 月美国失业率已降至 5.9%。此外，新增就业今年也保持强劲增长，在截至 9 月底的过去一年，美国非农部门月度平均新增就业岗位 21.3 万个，为 1998 年以来最强劲增长。

美联储在声明中说，美国经济的潜力将有能力支持实现就业最大化和通胀目标。

美联储重申，在结束资产购买计划之后，仍有必要把联邦基金利率接近于零的水平保持相当一段时间。美联储强调，如果美国就业目标以及通胀目标的实现快于美联储预期，那么美联储启动加息的时间可能会早于现在的预期。

随着近期美国经济重拾复苏势头，美联储内部正就何时启动加息进行辩论。多数市场人士预计美联储将于明年年中启动加息。

读后讨论

1. 美国总体的经济形势如何？
2. 如何看待美联储在 2008 金融危机后采取的政策？
3. 中国人民银行在 2008 年金融危机后有何举措？效果如何？

本章小结

1. 现代经济运行呈现如下几个突出特点：现代经济运行与金融紧密交织，金融成为现代经济的核心；经济全球化与金融的国际化相伴而行；各国政府日益加强对经济和金融运行的干预以及国际协调与合作。

2. 中央银行在现代经济体系中的地位包括：从经济体系运转看，中央银行是现代经济发展的条件和经济运行的保障；从对外经济金融关系看，中央银行是国家对外联系的桥梁和纽带；从国家对经济的宏观管理看，中央银行是实现内外均衡目标的最重要的宏观调控部门之一。

3. 现代经济条件下，中央银行的三大职能分别得到扩展。基于中央银行银行的新职能，中国人民银行法规定中国人民银行应履行13项职责。

4. 中央银行的独立性是指中央银行履行自身职责时法律赋予或实际拥有的权力、决策与行动的自主程度。在现代经济条件下，中央银行的独立性集中在货币政策方面，一般就是指中央银行在履行制定与实施货币政策职能时不受政府干预的程度。

5. 中央银行独立性是相对的，既能够独立制定和执行货币政策，避免政府的干预和控制；但又不能完全脱离政府，其活动不能背离国家总体经济发展目标。

重要概念

现代经济　中央银行职能　中央银行职能的扩展　中央银行职责　中央银行独立性

练习题

1. 简述现代经济运行特点和中央银行在现代经济中的地位。
2. 中央银行职能的扩展表现在哪几个方面？
3. 为什么中央银行的独立性是相对的？
4. 简述中国人民银行独立性的历史发展。

第二部分

中央银行的业务活动

中央银行具有极其重要的职能，其职能的发挥对金融与宏观经济运行具有至关重要的影响。中央银行职能的发挥离不开中央银行业务的开展。中央银行通过开展各项独特的业务，发挥着发行的银行、银行的银行以及政府的银行职能。中央银行各项业务的具体操作都与一项或多项具体的职能密切相关。

第 3 章 中央银行业务活动与资产负债表

学习目标

1. 熟悉央行业务活动的法规原则。
2. 了解央行业务活动的分类。
3. 熟悉和掌握央行的资产负债表结构与内容。

开篇案例

中央银行的性质不同于普通银行，经营原则也区别于普通银行，因此，对中央银行的业务经营需要有一定的限制。

《全国人民代表大会常务委员会关于修改〈中华人民共和国中国人民银行法〉的决定》由中华人民共和国第十届全国人民代表大会常务委员会第六次会议于 2003 年 12 月 27 日通过。自 2004 年 2 月 1 日起施行。《中华人民共和国中国人民银行法》确定了中国人民银行不应经营的业务：

一是不得为金融机构的账户提供透支便利；二是不得为金融机构提供一年期以上的贷款；三是不得为政府财政透支，不得直接认购、包销国债和其他政府债券；四是不得向地方政府、各级政府部门、非银行金融机构（国务院决定的除外）、其他单位和个人提供贷款；五是不得向任何单位和个人提供担保。这些对中国人民银行业务的禁止性规定，旨在保证中国人民银行执行货币政策的独立性，提高货币政策工具作用的深度和广度，使中国人民银行成为真正的中央银行。

案例导读

我国以前长期处于计划经济体制下，中国人民银行实际上是国家和地方各级政府的出纳部门和提款机，受到国家和各级地方政府的种种干涉和制约，其制定和执行国家货币政策的职能不能得到充分发挥。中国人民银行从事向单位或个人提供贷款担保等业务具有很大危害性。中国人民银行作为国家行政机构是不具有代偿债务能力的。若其非法提供贷款或担保会阻碍中央银行职能的发挥，会导致国家财产损失，会扰乱正常的金融秩序。因此，法律明确规定，中国人民银行不得向地方政府、各级政府部门提供贷款，不得向非银行金融机构以及其他单位和个人提供贷款。

第一节　中央银行业务活动的法律规范与原则

一、中央银行业务活动的法律规范

现代中央银行作为宏观金融管理机构，其业务活动不仅对金融机构和金融市场的活动有支配性影响，而且对一国的国民经济运行具有重大的影响力和作用力。特别是现代中央银行具有法律赋予的特殊权力，有些央行业务活动具有显著的强制性特征。为了使央行正确行使权力，合理开展业务，通过法律规范中央银行的业务活动是极其必要和重要的，各国都制定有《中央银行法》，中央银行的业务活动必须依法进行。

目前，各国对中央银行的业务活动的法律规范大致可分为法定业务权力、法定业务范围、法定业务限制3个方面。

（一）中央银行的法定业务权力

中央银行的法定业务权力是指法律赋予中央银行在进行业务活动时可以行使的特殊权力。根据目前各国的中央银行法，这种法定业务权力一般有以下几项：

（1）发布并履行与其职责相关的业务命令和规章制度的权力；

（2）决定货币供应量和基准利率的权力；

（3）调整存款准备金率和再贴现率的权力；

（4）决定对金融机构贷款数额和方式的权力；

（5）灵活运用相关货币政策工具的权力；

（6）依据法律规定对金融机构和金融市场监督管理的权力；

（7）法律规定的其他权力。

各个国家的中央银行所拥有的法律权力大小取决于两个因素：中央银行的独立性和中央银行的监管职责。中央银行独立性的大小直接关系到中央银行制定和实施货币政策方面的权力和能力；后者主要影响中央银行对金融体系执行监管职能时的行政权力。

从目前趋势看，由于货币政策对宏观经济运行的影响越来越重要，很多国家都成立新的机构或组织来分担原来央行承担的监管职能，强化央行的货币政策权力，因此中央银行的法定业务权力及行使范围有变化。

中国人民银行的法定业务权力及其行使范围在不同时期也有变化。1995年制定的《中华人民共和国中国人民银行法》第二条规定"中国人民银行在国务院领导下，制定和实施货币政策，对金融业实施监督和管理"，业务权力也相对较大。随着1997年将证券经营机构的监管划归中国证监会统一监管，1998年将保险业和保险市场监管职责划归中国保监会，以及

2003 年将银行、金融资产管理公司、信托投资公司及其他存款类金融机构的监管职能划归新成立的中国银监会，与之相适应，2003 年修订的《中华人民共和国中国人民银行法》，对中国人民银行的业务权力也做了重新规定。

（二）中央银行的法定业务范围

为了规范其业务活动，各国都在中央银行法中对业务范围做出具体规定。一般中央银行的法定业务范围主要是：

（1）货币发行和货币流通管理业务；

（2）存款准备金业务；

（3）为金融机构办理再贴现及再贷款业务；

（4）在公开市场从事有价证券的买卖业务；

（5）经营黄金外汇及管理业务；

（6）经理国库业务；

（7）代理政府向金融机构发行、兑付国债和其他政府债券；

（8）组织金融机构间的清算业务，协调各种清算事项，提供清算设施与服务；

（9）对全国的金融活动进行稽核、检查和审计，统一编制全国金融统计数据、报表，按照国家规定定期予以公布；

（10）对金融机构和金融市场的相关监督管理；

（11）中央银行财务收支的会计核算和内部监督管理；

（12）法律允许的其他业务。如外国中央银行或政府存款、非存款货币银行的存款、特种存款、发行中央银行债券等其他负债业务；向财政部、外国中央银行或政府、国际性金融机构的放款等其他资产业务。

【专栏 3-1】

民国时期中央银行的沿革及业务状况

革命政府于民国十三年时，拨国币三千元，由宋子文氏筹设中央银行于广州。

民国十五年十月，革命军奠定武汉，遂于十二月在汉口成立中央银行。

民国十六年，国民政府奠都南京，设中央银行筹备处于上海，至民国十七年十月五日，《中央银行条例》经国府颁布，并由政府拨给资本二千万元，于十一月一日正式成立，即为现有之中央银行，而设立迄今。

二十四年六月，实行取销支行名称，修正组织规程，分一等分行、二等分行、三等分行及办事处。

二十四年八月拨资一千万元，设立中央信托局，专办购料、储蓄、保险等事宜，会计独立。

三十一年五月二十八日，四联总处理事会议通过，统一发行办法，规定自三十一年七月一日起，所有法币之发行统由中央银行集中办理。同时复通过中中交农四行业务划分及考核办法。中央银行划分之业务如后：

（1）集中钞券发行。

（2）统筹外汇支付。

（3）代理国库。

（4）汇解军政款项。

（5）调剂金融市场。

（三）中央银行的法定业务限制

1. 各国中央银行的法定业务限制

为确保中央银行认真履行职责，有效地进行货币政策操作和维护金融稳定，中央银行需要正当合理地运用其拥有的特权，保持其高度的信誉、权威性和超然地位。因此，各国中央银行法都对中央银行的业务活动进行必要的限制，不允许经营一般的商业性金融业务，不参与金融业的市场竞争，也不允许经营不利于实施货币政策和金融稳定的业务。通常各国中央银行的法定业务限制主要有以下几项：

（1）不得经营一般性银行业务或非银行金融业务；

（2）不得向任何个人、企业或单位提供担保，不得直接向他们发放贷款；

（3）不得直接从事商业票据的承兑、贴现业务；

（4）不得从事不动产买卖和不动产抵押贷款业务；

（5）不得从事商业性证券投资业务；

（6）一般情况下不得向财政透支、直接认购包销国债和其他政府债券；

（7）当中央银行是股份制方式时，不得回购本行股票。

2. 我国中央银行的法定业务限制

《中华人民共和国中国人民银行法》对中国人民银行的业务限制有如下几项具体的规定：

（1）不得对银行业金融机构的账户透支（第二十六条）；

（2）对商业银行贷款的期限不得超过1年（第二十八条）；

（3）不得对政府财政透支，不得直接认购、包销国债和其他政府债券（第二十九条）；

（4）中国人民银行不得向地方政府、各级政府部门提供贷款，不得向非银行金融机构以及其他单位和个人提供贷款，但国务院决定中国人民银行可以向特定的非银行金融机构提供贷款的除外（第三十条第一款）；

（5）中国人民银行不得向任何单位和个人提供担保（第三十条第二款）。

二、中央银行业务活动的一般原则

从总体上看，中央银行业务活动最基本的原则是必须服从于履行职责的需要，因为中央银行的全部业务活动都是为其履行职责服务的，是其行使特定职权的必要手段。而在具体的业务经营活动中，中央银行一般奉行非营利性、流动性、主动性、公开性4个原则。

（一）非营利性

非营利性指中央银行的一切业务活动不以营利为目的。由于中央银行特殊的地位和作用，决定了中央银行以调控宏观经济、稳定货币、稳定金融、为金融机构和政府服务为己任，只要是宏观金融管理所必需的，即使不营利甚至亏损的业务也要去做。因此，在中央银行的日常业务活动中，盈利与否不是其追逐和考虑的目的。当然，这并不意味着不讲成本和收益。在实际业务活动中，中央银行以其特殊的地位、政策和权力开展业务，其结果也往往能获得一定的利润，也会注意降低成本，但这只是一种客观的经营结果，并不是中央银行主观追逐的业务活动目的。

（二）流动性

流动性主要指中央银行资产要保持流动性，一般不做期限长的资产负债业务。因为中央银行进行宏观经济调控时，所持有的资产负债需要具有较强的流动性，才能及时和灵活地运用各种货币政策工具进行操作，满足其调节货币供求、稳定币值和汇率、调节经济运行的目的。所以，为了保证中央银行调控目标的实现，中央银行必须使自己的资产负债保持良好的流动性，避免形成不易变现的资产或负债。以保持流动性为原则从事资产负债业务，就必须注意对金融机构融资的期限性，一般不发放长期贷款，在公开市场买卖有价证券时，也要尽量避免购买期限长、流动性弱的证券。同时，中央银行发行债券或票据也多采用短期性的。

（三）主动性

主动性主要是指中央银行在资产负债业务上需要保持主动性，应根据经济金融运行情况主动采取措施，通过具体业务活动实现调控目标。一方面，中央银行的资产负债业务直接与货币供应相连；另一方面，由于货币政策时滞的存在，中央银行必须准确分析判断经济金融形势，并及时、主动采取措施，在资产负债业务中保持主动性以实现政策意图，才能有效控制货币供应量和信用总量。

（四）公开性

公开性主要指中央银行的业务状况公开化，定期向社会公布业务与财务状况，并向社会提供有关的金融统计资料。中央银行的业务活动保持公开性的好处有：可以使中央银行的业务活动置于社会公众监督之下，防止暗箱操作，保持中央银行的信誉和权威；可以增强中央银行业务活动的透明度，使国内外有关方面及时了解中央银行的政策、意图及其操作力度，有利于增强实施货币政策的告示效应；可以及时准确地向社会提供必要的金融信息，有利于各界分析研究金融和经济形势，也便于他们进行合理预期，调整经济决策和行为。

总之，中央银行的业务活动是运用法律赋予的特权在法定范围内展开的，各国中央银行的业务活动都是以服从履行职责的需要为基本原则，坚持业务活动的非营利性、流动性、主动性和公开性，确保中央银行职责的顺利履行。

第二节　中央银行的业务活动与一般分类

根据不同标准，中央银行的业务可以有很多种分类。例如，按照中央银行的性质可将其业务分为发行银行的业务、政府银行的业务和银行的银行业务；按照是否进入资产负债表将其分为表内业务和表外业务；较常用的分类是按照中央银行的业务活动是否与货币资金的运动相关，分为银行性业务和管理性业务两大类。

一、银行性业务

银行性业务是与货币资金直接相关的中央银行业务的统称，是中央银行作为银行的特性的体现，也是中央银行开展管理性业务的基础。这类业务与一般商业银行的业务有相似之处，共同特点就是直接与货币资金相关，都将引起货币资金的运动或数量变化。中央银行的银行性业务可分为以下几种。

（一）资产负债业务

中央银行的资金来源和资金运用形成了资产负债业务，这类业务所形成的债权债务状况综合反映在中央银行的资产负债表内。中央银行的资产负债业务具体可分为以下几种：

1．准备金及其存款业务

主要指中央银行负债业务中的准备金存款业务，既包括了在实施货币政策时运用存款准备金等政策工具所形成的法定准备金存款，也包括存款性公司存入中央银行的超额准备金存款。此外，还有其他金融性公司的存款业务和政府的存款业务，以及其他存款业务。

2．货币发行业务

主要包括中央银行作为发行的银行所从事的货币发行与回笼和现金印制、保管、储运、更新和销毁等业务。货币发行业务直接进入中央银行资产负债表。

【专栏3-2】

民国时期央行发行业务

迨二十二年四月六日，实施废两改元，始完成集中发行之准备。二十四年十一月四日改革币制，取消中国通商、中国实业、四明、中南、浙江兴业、中国农工、中国垦业、农商等八行之发行权，其已发未发及其准备金，分别划归中中交三行接收，陆续收回，以作初步之集中。其中四明、中南与中国农工三行移归中央银行，其余则分别移归中交两行。同时并规定其他发行银行之纸币，于二年内分期以中央银行纸币换回，至三十一年七月一日悉集中于中央银行。凡中交农三行已发未发，及已订而未到之新旧券料，与发行准备，悉移交中央银行接收保管，至各省省银行发行券与准备金，亦由中央银行保管。

由二十四年起至三十一年之七年间，将极复杂之发行制度，为中央银行所统一，其进行亦可称为顺利。于二十四年十一月三日公布紧急法令，自十一月四日起，以中中交三行所发钞票定为法币，无限法偿，所有完粮收税，一切公私款项之收付，概以法币为限，民间往来如以现洋收付，且为非法行为。

3．发行中央银行证券

这是中央银行的一种主动负债业务，包括发行中央银行债券、融资券或中央银行票据。

4．再贴现业务和贷款业务

这是中央银行对商业银行等存款性公司、其他金融性公司、政府和特定的非金融性部门提供资金融通的两种最重要业务，也是货币政策操作最常用的工具。

5．公开市场业务

是中央银行通过买卖证券或其他金融工具调控基础货币和调节市场流动性的三大基本业务之一。各国的公开市场操作大致分为本币操作和外汇操作两部分。我国公开市场业务的人民币操作交易工具主要是国债、政策性金融债券和央行票据等。

6．外汇和黄金业务

包括中央银行买卖外汇储备、保管和经营黄金时形成的业务。

（二）支付清算业务

支付清算是中央银行向金融机构及社会经济活动提供资金清算服务的综合业务，包括建设清算机构、支付清算、票据交换和银行账户管理的规章制度与规则并组织实施、为金融机构开立账户、建设和维护支付清算系统的正常运行、进行清算业务操作与管理、拟定银行卡结算业务及其他电子支付业务管理制度、组织中央银行会计核算等内容。

（三）经理国库业务

这是中央银行作为政府的银行，在办理和管理国库业务时形成的重要业务，包括办理国库收支、国库账户管理与会计账务核算、国库收支核算与统计分析、代理国债发行与兑付、定期向财政部门提供国库账户的收支和现金情况、监督预算资金的收纳、支拨、退付等业务。

（四）会计业务

体现和反映中央银行履行职能，监督、管理、分析、核算财务的会计业务。包括协助有关部门完善中央银行和商业银行会计制度和会计科目、编制中央银行财务预决算和资产负债表、损益表等会计财务报表、承办中央银行系统的会计、财务、基建、固定资产和政府采购项目管理工作等。

二、管理性业务

管理性业务是中央银行作为一国最高金融管理当局，代表国家而开展的对金融业的监督、管理、协调和统计等业务的统称。这类业务主要服从于中央银行履行宏观金融管理的职责，最大的特点：一是与货币资金的运动没有直接的关系，不会导致货币资金的数量或结构变化；二是必须接受国家的授权，属于中央银行的特权业务。

管理性业务主要有存款准备金管理、货币流通管理、货币市场监管、黄金外汇管理、征信管理、金融风险的评估与管理、反洗钱和金融安全管理、国际金融活动与协调管理金融数据的调查统计业务、对金融机构的稽核、检查、审计等业务。

虽然各类业务各有特点和范围，但它们之间的界限不是那么泾渭分明，彼此之间也不能截然分离。尽管有些银行性业务与管理性业务没有直接关系，但大多数银行性和管理性业务之间存在着有机联系并密切相关。例如，清算业务中统计时点上的在途资金反映在中央银行资产负债表的其他负债项中；中央银行的资产负债业务中对商业银行的放款、存款准备金业务等，会影响到清算业务、统计业务；中央银行的监督管理也会对资产负债业务发生间接影响，等等。正因为如此，中央银行的各业务部门需要在分工的基础上密切配合，协作合力，共同履行职责。

第三节　中央银行的资产负债表

中央银行资产负债表是对中央银行资金来源与资金运用的综合会计记录。中央银行在一定时点的资产负债业务开展情况及其种类、规模和结构等，最终都反映在资产负债表中。

一、中央银行资产负债表的一般构成

现代各国中央银行的任务和职责基本相同，其业务活动大同小异，资产负债表的内容也基本相近。在国际经济全球化的背景下，为了使各国之间相互了解彼此的货币金融运行状况及分析它们之间的相互作用，对金融统计数据按相对统一的标准进行适当规范是很有必要的，为此，国际货币基金组织定期编制《货币与金融统计手册》等统计规划，各国按照这些统计规则，以相对统一的可比性口径定期编制和发布有关货币金融和经济发展的主要统计数据，中央银行的资产负债表就是其中之一，通常称作"货币当局资产负债表"。下面将国际货币基金组织编制的《货币与金融统计手册（2002）》中货币当局资产负债表的主要项目简化成表3-1。

表3-1　简化的重要银行资产负债表

资产	负债
净国外资产	基础货币
对非居民债权	流通中的货币
减：对非居民负债	对其他存款性公司负债
国内资产	纳入广义货币的负债
对其他存款性公司债权	其他存款
对中央政府净债权	其他负债与资本
对中央政府债权	
减：对中央政府负债	
对其他部门债权	
其他资产	

表3-1中各项目的主要内容如下。

（一）资产

货币当局的主要资产项目如下。

1. 国外资产

国外资产主要包括中央银行持有的黄金储备、可自由兑换外汇、地区货币合作基金、不可自由兑换的外汇、国库中的国外资产、其他官方的国外资产、对外国政府和国外金融机构贷款、在国际货币基金组织中的储备头寸、特别提款权持有额等。

2. 国内资产

国内资产主要由中央银行对其他存款性公司（Other Depository Corporation，ODCs）、对中央政府和对其他部门的债权构成。

（1）对其他存款性公司的债权主要是指商业银行等存款性公司对中央银行的负债，包括再贴现、再贷款和回购协议、中央银行对其他存款性公司的其他债权和在一些银行的存款等。

（2）对中央政府的债权亦是指中央政府对中央银行的债务，它包括中央银行持有的国库券、政府债券、财政短期贷款、对国库的贷款和垫款或法律允许的透支额等。也包括中央银行持有的地方政府债券和其他证券、贷款和垫款等。

（3）对其他部门的债权。指对其他金融公司（Other Financial Corporations，OFCs）的债权，也包括对非金融性公司的债权和其他部门如特定机构或私人的债权。其中最主要的对其他金融公司的债权，项目内容与对其他存款性公司的债权基本相同，差别在于债权对象是两类不同的金融机构。

【专栏 3-3】

金融机构的分类

根据《货币与金融统计手册（2002）》，金融机构分为存款性公司与其他金融性公司两类。存款性公司包括中央银行与其他存款性公司。其他金融性公司包括保险公司、养老基金以及其他金融辅助机构。

在我国，其他存款性公司包括存款货币公司和其他存款货币公司：

（1）存款货币公司指可以吸收活期存款、使用支票进行转账并以此实现支付功能的金融机构。主要包括：①国有独资商业银行：中国工商银行、中国农业银行、中国银行、中国建设银行；②股份制商业银行：交通银行、中信实业银行、光大银行、华夏银行、广东发展银行、深圳发展银行、招商银行、浦东发展银行、兴业银行、民生银行、恒丰银行；③城市商业银行和农村商业银行；④城市信用社和农村信用社；⑤外资银行；⑥中国农业发展银行。

（2）其他存款货币公司指接受有期限、金额限制和特定来源存款的金融性公司。包括中资和在我国的外资企业集团财务公司以及国家开发银行、中国进出口银行。

（3）其他金融性公司指除中央银行和其他存款性公司以外的其他金融公司。在我国主要包括信托投资公司、金融租赁公司、保险公司、证券公司、证券投资基金管理有限公司、养老基金公司、资产管理公司、担保公司、期货公司、证券交易所和期货交易所等。

（二）负债

货币当局的负债是金融机构、政府以及其他部门持有的对货币当局的债权，它形成货币当局的资金来源。货币当局的主要负债项目如下。

（1）基础货币[①]，又称为储备货币。这是货币当局负债中的主要项目，是中央银行用来影

---

① 根据《货币与金融统计手册（2002）》，货币基础包括中央银行为广义货币和信贷扩张提供支持的负债。基础货币不是货币总量，它测算的是支持货币总量的资金基础。广义的基础货币包括应当包括中央银行对金融性公司和其他部门的所有负债（不包括中央银行政府持有的除货币之外的中央银行负债）；狭义的基础货币仅包括流通中现金和其他存款性公司在中央银行的准备金。

响商业银行的清偿手段，从而影响其存款创造能力的货币基础。主要包括流通中的现金、其他存款性公司在中央银行的存款（法定存款准备金和超额准备金等）和纳入广义货币的存款等。

（2）定期储备和外币存款。主要包括各级地方政府、非金融政府企业、非货币金融机构等一个月以上的定期存款和外币存款。

（3）发行债券。主要包括自有债券、向商业银行和非货币金融机构发行的债券以及向公众销售的货币市场证券等。

（4）进口抵押和限制存款。主要包括本币、外币、双边信用证的进口抵押金以及反周期波动的特别存款等。

（5）对外负债。主要指对非居民的所有本国货币和外币的负债。

（6）中央银行存款。主要包括国库持有的货币、活期存款、定期及外币存款等。

（7）对等基金。指外国援助者要求授受国政府存放一笔与外国援助资金相等的本国货币的情况下建立的基金。

（8）政府贷款基金。指中央政府通过中央银行渠道从事贷款活动的基金。

（9）资本项目。主要包括中央银行的资本金、准备金、未分配利润等。

二、中国人民银行的资产负债表

中国人民银行从 1994 年起按照国际货币基金组织《货币与金融统计手册》规定的基本格式，编制中国货币当局资产负债表并定期向社会公布。2000 年以后又按照国际货币基金组织公布的新的货币金融统计方法不断进行修订。表 3-2 是 2012 年中国货币当局的资产负债表。

表 3-2 2012 年 12 月 31 日中国人民银行资产负债表　　　　单位：亿元人民币

报表项目 Items	2012 年 12 月 31 日
国外资产 Foreign Assets	241 416.9
外汇 Foreign Exchange	236 669.9
货币黄金 Monetary Gold	669.8
其他国外资产 Other Foreign Assets	4 077.1
对政府债权 Claims on Government	15 313.7
对其他存款性公司债权 Claims on Other Depository Corporations	16 701.1
对其他金融性公司债权 Claims on Other Financial Corporations	10 038.6
对非金融性公司债权 Claims on Non-Financial Corporations	25.0
其他资产 Other Assets	11 041.9
总资产 Total Assets	294 537.2
储备货币 Reserve Money	252 345.2
货币发行 Currency Issue	60 646.0
金融性公司存款 Deposit of Financial Institutions	191 699.2
其他存款性公司存款 Deposit of Other Depository Corporations	191 699.2
其他金融性公司存款 Deposit of Other Financial Corporations	0.0
非金融性公司存款 Deposit of Non-Financial Corporations	0.0
不计入储备货币的金融性公司存款	1 348.9

报表项目 Items	2012 年 12 月 31 日
债券发行　Bonds Issue	13 880.0
国外负债　Foreign Liabilities	1 464.2
政府存款　Government Deposits	20 753.3
自有资金　Self-owned Capital	219.8
其他负债　Other Liabilities	4 525.9
总负债　Total Liabilities	294 537.2

资料来源：本表根据中国人民银行网站：www.pbc.gov.cn 公布的历年报表综合编制。

【专栏 3-4】

中国央行资产负债表近期数据比较

2011 年 1 月末，中国央行的总资产高达 26.9 万亿元（合 4.09 万亿美元），远大于美联储 2.45 万亿美元总资产的规模，成为世界第一大央行。截至 2012 年 2 月末，中国央行的总资产达到 28.33 万亿元，约合 4.5 万亿美元，超过美联储和欧洲央行。在过去的五年，央行的总资产增长了 119%，并于 2011 年年末达到 28 万亿元人民币，而知名度更高的美联储、欧洲央行在 2011 年年末资产规模分别为 3 万亿美元和 3.5 万亿美元。与之相对应，中国的广义货币（M2）在过去五年中也增长了 146%，2011 年年末余额已达到 85.2 万亿元。

数据显示，央行分别于 2004 年 6 月、2005 年 9 月和 2006 年 1 月先后超过美、欧和日央行，成为资产规模最大的中央银行。2006 年到 2010 年间，央行的资产再度扩张 2.4 倍，2010 年资产总额高达 3.9 万亿美元，占同年 GDP 的 67%。央行的资产负债表显示，央行的总资产主要包括外汇、货币黄金、政府债券等。

从表 3-1 和表 3-2 的比较中可见，我国货币当局资产负债表的主要格式和主要项目与国际基金组织的规定基本相同，但根据我国现行的金融体制和信用方式，表中的项目有所增减，各主要项目的概念及定义也有所差别。

（一）资产

（1）外国资产。指国外资产与国外负债轧抵后的净额，包括中国人民银行掌握的外汇储备、黄金储备以及国际金融往来的头寸净值。

（2）对政府债权。中国人民银行对政府的借款以及买断的国家债券。

（3）对其他存款性公司债权。指中国人民银行对商业银行等一般性存款机构发放的信用贷款、再贴现等性质的融资和持有的特定存款机构的债券。

（4）对其他金融性公司债权。截至 2010 年年底，我国的其他金融性公司包括保险公司和养老基金（企业年金）、信托投资公司、金融租赁公司、资产管理公司、汽车金融服务公司、金融担保公司、证券公司、投资基金、证券交易所、其他金融辅助机构等。此项目是中国人民银行对我国证券公司、保险公司等公司的债权。

（5）对非金融性公司的债权。指中国人民银行为支持老少边穷地区经济发展而发放的专项贷款等。

（6）其他资产。在本表中未作分类的资产。

（二）负债

（1）储备货币。主要包括中国人民银行所发行的货币及商业银行的库存现金，各金融机构依法缴存中国人民银行的法定存款准备金和超额准备金。

（2）发行债券。中国人民银行发行的融资债券，包括中央银行票据。

（3）国外负债。以人民币计价的中国人民银行对非居民的负债，主要包括国际金融机构在中国人民银行的存款等。

（4）政府存款。各级政府在中国人民银行的财政性存款。

（5）自有资金。中国人民银行的资本金。

（6）其他负债。在本表中未作分类的负债。

三、中央银行资产负债表主要项目关系

从一般资产负债表的构成中可见，表内资产方的主要项目有国外资产、对金融机构债权和对政府债权；负债方的主要项目有基础货币、非基础货币负债和自有资本。根据会计原理，资产负债必然相等，这样，对资产负债表主要项目关系的分析可以从以下两个方面进行。

（一）资产和负债的基本关系

在各国中央银行的资产负债表中，由于自有资本也是其资金运用的来源之一，因此将其列入负债方。但实际上，自有资本不是真正的负债，其作用也不同于一般负债，因此，如果把自有资本从负债中分列出来，资产与负债的基本关系可以用以下 3 个会计等式表示：

$$资产=负债+自有资本 \tag{3-1}$$

$$负债=资产-自有资本 \tag{3-2}$$

$$自有资本=资产-负债 \tag{3-3}$$

上述 3 个等式表明了中央银行未清偿的负债总额、资本总额、资产总额之间基本的等式关系。（3-1）式表明，在自有资本一定的情况下，中央银行的资产持有额与其负债额是同向比例变化的，即若资产总额增加，则其自身的负债额也必然增加；反则反之。（3-2）式表明，中央银行的负债的多少，取决于其资产与自有资本之差，在自有资本一定的情况下，如果中央银行的负债总额增加了，则意味着中央银行扩大了等额的债权，反之亦然。（3-3）式表明，在中央银行负债不变时，自有资本增减，可以使其资产相应增减，例如负债不变而自有资本增加，则可以相应增加外汇储备或其他资产。

上述中央银行资产、负债和自有资本之间的关系，与中央银行的货币发行和货币供应变化有重要关系。有两点要特别注意：一是中央银行的资产业务对负债业务以及由此引起的货币供应变化有决定性作用；二是中央银行通过增加自有资本而相应扩大的资产业务，不会导致货币发行的增加。

（二）资产负债各主要项目之间的对应关系

分析中央银行资产负债表可以得出，资产方和负债方的主要项目之间存在着一定的对应关系，这种对应关系大致可以概括为以下 3 个。

1．对金融机构债权和对金融机构负债的对应关系

对金融机构的债权包括对商业银行和非货币金融机构的再贴现和各种贷款、回购等；对金融机构的负债包括商业银行和非货币金融机构在中央银行的法定准备金、超额准备金等存款。这两种项目反映了中央银行对金融系统的资金来源与运用的对应关系，也是一国信贷收支的一部分。当中央银行对金融机构债权与负债总额相等时，不影响资产负债表内的其他项目；当债权总额大于负债总额时，若其他对应项目不变，其差额部分通常用货币发行来弥补；反之，当债权总额小于负债总额时，则会相应减少货币发行量。由于中央银行对金融机构的债权比负债更具主动性和可控性，因此，中央银行对金融机构的资产业务对于货币供应具有决定性作用。

2．对政府债权和政府存款的关系

对政府的债权包括对政府的贷款和持有的政府债券总额；政府存款则是各级财政在中央银行账户上预算收入与支出的余额。这两种项目属于财政收支的范畴，反映了中央银行对政府的资金来源与运用的对应关系。当这两种对应项目总额相等时，对货币供应影响不大；但在其他项目不变的情况下，若因财政赤字过大而增加的中央银行对政府的债权大于政府存款时，会出现财政性的货币发行；反之，若政府存款大于对政府的债权，则将消除来自财政方面的通货膨胀压力，并为货币稳定提供支持。

3．国外资产和债券发行及自有资本的关系

当上述两个对应关系不变时，若中央银行在增加国外资产的同时，相应增加债券发行[2]，一般不会引起中央银行货币发行的变化；反之，则将导致货币发行的增减。因此，中央银行国外资产业务是有条件限制的，对货币供应有重要影响。

需要说明的是，这 3 种对应关系的分析也是相对而言的，在现实的资产负债业务活动中，项目之间不是也不可能完全一一对应。中央银行可以在各有关项目之间进行灵活调整。例如，为了保持投放的基础货币基本不变，中央银行在扩大国外资产业务增加外汇储备时，可以在资产业务方面相应减少对金融机构的债权；也可以在负债业务方面发行中央银行债券以回收购买外汇投放的基础货币。另外，中央银行也可以根据政策需要调整各项目业务对货币供应的影响力度和方向，既可以通过冲销操作来减轻对货币供应的影响，也可以通过强化操作来加大对货币供应的作用。

四、主要中央银行资产负债表的项目结构分析

各国中央银行资产负债表的格式和主要项目虽然基本一致，但从纵向和横向来看，在不同发展阶段和不同经济背景下，各项目的比重结构却不尽相同，反映了各中央银行资产负债业务差异。下面通过对给出的中国、美国、欧洲中央银行的资产负债表的结构比较，可以更好地了解各中央银行资产负债业务活动的异同点及变化。从表 3-3、表 3-4、表 3-5 可见，各国中央银行资产负债表中大的业务项目基本相同，但由于各国金融结构的特点和在国际货币体系中的地位不同，其业务结构比例的差异较大。

---

② 冲销干预（Sterilized Intervention）又叫"中和干预"，是指中央银行在买入外汇的同时，通过发行央行票据收回因购入外汇而增发的货币，或通过公开市场操作对国内市场进行反向操作。冲销的目的是保持本币供应量基本不变，抵消外汇干预对国内货币供给的影响。2010 年之前，央行票据是中国人民银行外汇冲销的主要方式，从 2011 年起，中国人民银行主要以法定存款准备金工具来对冲。

表3-3　中国人民银行2006年、2012年年末资产负债表

单位：亿元

项目	资产				项目	负债与资本			
	2006年年末		2012年年末			2006年年末		2012年年末	
	总额	比重	总额	比重		总额	比重	总额	比重
外汇	84 360.81	65.61	236 669.93	80.35	储备货币	77 757.83	60.48	252 345.17	85.68
货币黄金	337.24	0.26	669.84	0.23	货币发行	29 138.70	22.66	60 645.97	20.59
其他国外资产	1 074.59	0.84	4 077.13	1.38	金融性公司存款	48 459.26	37.69	191 699.20	65.08
对政府债权	2 856.41	2.22	15 313.69	5.20	不计入储备货币的金融性公司存款	159.87	0.12	1 348.85	0.46
对其他存款性公司债权	6 516.71	5.07	16 701.08	5.67	发行债券	29 740.58	23.13	13 880	4.71
对其他金融性公司债权	21 949.75	17.07	10 038.62	3.41	国外负债	926.33	0.72	1 464.24	0.50
对非金融性公司债权	66.34	0.05	24.99	0.01	政府存款	10 210.65	7.94	20 753.27	7.05
其他资产	11 412.84	8.88	11 041.91	3.75	自有资金	219.75	0.17	219.75	0.01
					其他负债	9 719.55	7.56	4 525.91	1.54
资产总额	128 574.69	100.00	294 537.19	100.00	负债和资本合计	128 574.69	100.00	294 537.19	100.00

表 3-4 欧洲央行 2006 年、2012 年年末资产负债表

单位：欧元

资产

项目	2006 年年末 总额	比重	2012 年年末 总额	比重
黄金与黄金等价物	9 929 865 976	9.39	20 359 049 520	9.82
对欧元区居民的债权（以外币计）	29 728 145 585	28.11	41 323 209 136	19.94
对欧元区居民的债权（以外币计）	2 773 828 417	2.62	2 838 176 026	1.37
对非欧元区居民的债权（以欧元计）	4 193 677	0.00	0.00	0.00
对欧元区内信贷机构的其他债权	33 914	0.00	5 000	0.00
欧元区居民的证券	NA	0.00	22 055 516 689	10.64
欧元区内债权	53 805 327 930	50.87	97 680 944 646	47.12
其他资产	9 525 059 744	9.01	23 029 032 139	11.11
资产总计	105 766 455 243	100.00	207 285 933 156	100.00

负债与资本

项目	2006 年年末 总额	比重	2012 年年末 总额	比重
流通的货币	50 259 459 435	47.52	73 007 429 075	35.22
对欧元区信贷机构的其他负债	NA	0.00	0	0.00
对非欧元区居民的负债（以外币计）	330 955 249	0.31	0	0.00
对其他欧元区居民的负债（以欧元计）	1 065 000 000	1.01	1 024 000 000	0.49
对非欧元区居民的负债（以欧元计）	105 121 522	0.10	50 887 527 294	24.55
欧元区内的负债	39 782 265 622	37.61	40 307 572 893	19.45
预计负债	2 393 938 510	2.26	7 595 452 415	3.66
年收益	0	0	998 030 635	0.48
其他负债	2 161 991 684	2.04	2 343 420 879	1.13
对账户的重新估值	5 578 445 671	5.27	23 472 041 296	11.32
总资本和储备	4 089 277 550	3.87	7 650 458 669	3.69
负债与资本总计	105 766 455 243	100.0	207 285 933 156	100.00

表 3-5　美国联邦储备银行 2006 年、2012 年年末资产负债表　　　　单位：百万美元

项目	资产				项目	负债与资本			
	2006 年年末		2012 年年末			2006 年年末		2012 年年末	
	总额	比重	总额	比重		总额	比重	总额	比重
黄金	11 037	1.26	11 037	0.39	除美联储持有外现钞	782 733	89.45	1 094 788	38.91
特别提款权	2 200	0.25	5 200	0.18	逆回购协议	32 126	3.67	88 335	3.14
硬币	800	0.09	2 174	0.08	存款机构持有的定期存款	12 772	1.46	3 040	0.11
持有的证券	778 938	89.01	2 571 487	91.40	存款机构持有的其他存款	NA	NA	1 469 795	52.24
回购协议	36 000	4.11	0	0.00	美国财政部一般存款	4 470	0.51	53 452	1.90
其他贷款	488	0.06	1 559	0.06	美国财政部补充无存款账户	NA	NA	0	0.00
所持 Maiden Lane 三家资产净额	NA	NA	1 816	0.06	国外机构存款	92	0.01	5 561	0.20
所持 TALF 资产净额	NA	NA	853	0.03	其他存款	258	0.03	29 828	1.06
托收中项目	6 311	0.72	430	0.02	待付托收现金项目	5 900	0.67	1 588	0.06
银行不动产	1 944	0.22	2 345	0.08	公债利率的联邦储备券	NA	NA	1 734	0.06
央行间货币互换	NA	NA	12 951	0.46	其他负债累计未付分红	5 987	0.68	10 680	0.38
其他资产	37 349	4.28	203 682	7.24	总资本	30 731	3.51	54 736	1.95
资产总额	875 068	100.00	2 813 535	100.00	负债和资本合计	875 068	100.00	2 813 535	100.00

（一）中国人民银行

从中国人民银行资产负债表的结构分析中可见，自 1994 年外汇管理体制改革后，中国人民银行在追求内外均衡的过程中，资产负债业务发生了很大变化。

1．资产业务

外汇业务占资产外业务的比重逐年加大，从 1993 年年底的 10.47%增加到 2006 年年底的65.61%，2012 年年底攀升为 80.35%，达 236 669.93 亿元，是资产方中最主要的项目，已经成为投放基础货币的主渠道。

第二位的资产项目是对政府债权，从 2006 年年末的 2856.41 亿元增加到 2012 年年末的15 313.69 亿元，占全部中央银行资产总额的比重也从 2.22%上升到 5.20%。

对金融机构债权业务中，中国人民银行逐年减少了对金融机构的贷款，而中央银行的再贴现业务因商业票据市场不发达和商业银行贴现业务少因而占比一直相对较小。2012 年年底为 10 038.62 亿元，占全部资产总额的比重已降至 3.41%。

2．负债业务

在中国人民银行的负债业务中，存款业务始终是第一位的，2012 年年底金融性公司的存款余额为 191699.20 亿元，占全部负债比重上升到 65.08%，其中又以存款性公司的准备金存款为主。

第二位的负债项目是发行货币，2012 年年底为 60 645.97 亿元，占全部负债的比重为20.59%。

第三位的负债项目是发行债券，2002 年以来，为了冲销外汇储备激增所导致的基础货币投放过多，中国人民银行加大了发行债券的力度，通过发行债券来回收过多的流动性。

（二）欧洲中央银行

欧洲中央银行因其区域性中央银行的特征，面临的业务对象和业务运作都不同于一般的国家中央银行，其独特性也反映在资产负债表的项目中。

在资产方，占比最大的项目是对欧元区信贷机构的债权，2008 年比重高达 41.26%，与当年次贷危机后的扩张政策有关。资产方比重上升最快的是持有的欧元区内的证券，增至 2012 年的 10.64%，表明欧洲中央银行对欧元区成员国的资金支持。

负债方比重最高的是流通的货币，2006 年到 2012 年占比在 30%～50%。这进一步表明，不同国家和区域由于面临的经济、金融环境与条件不一，在具体的资产负债业务上会存在着一些差别。事实上，即便是同一个国家，在不同的时期和背景下，资产负债表所反映的中央银行业务活动也是有变化的。

（三）美联储

从资产项目看，美联储最主要的资产是政府债券。美国中央银行 2012 年年末的资产中各种有价证券额为 25714.87 亿美元，占资产业务总额的 91.40%。这是美国联邦储备银行购买大量证券化资产的结果。由于美元是世界货币，可以随时发行，无需购买和储备较多的外汇，因此美联储外汇资产比重极低。对金融机构的债权比重极低，仅在次贷危机期间猛增至 50%左右，在 2010 年又开始恢复至较低的水平。

从负债项目看，在正常年份，美国负债业务中的第一大项是货币发行，其中 2006 年美国货币的发行占总负债的 89.45%。据估计，超过一半的美国货币被国外持有，这也是美联储"通货"占比高的首要原因。

美联储资产负债的结构充分反映了美国金融市场高度发达和美联储的货币政策操作以公开业务市场为主的特征。

（四）次贷危机与美联储资产负债的变化

在正常时期，各国中央银行的资产负债表的内容与结构变化不大。但在金融危机阶段，为尽早帮助金融体系走出困境，发挥中央银行应有的作用，各国中央银行在救助危机金融机构、缓解金融危机方面的职能会被强化，中央银行的业务也呈现非常规性，各种特殊业务会通过中央银行资产负债表的变化集中反映出来。

至次贷危机发生前的 2007 年 6 月底，美联储资产负债表非常简洁：在资产方以持有的美国财政部证券为主（2007 年 6 月底占比为 87.9%）；在负债方以流通中的货币为主（2007 年 6 月底占比为 90%），但 2007 年以来美联储为应对次贷危机，加大了干预和调控的力度，其资产负债业务随之发生了重大变化。

资产和负债规模迅速膨胀，资产结构由主要持有政府债券的单一结构向多元化发展。次贷危机后，美联储无论是总资产还是总负债的规模都迅速膨胀，美联储增加了不少之前从未出现的新工具，如商业票据融资便利（CPFF）、对重要金融机构的救助（Maiden Lane LLC）等。

从资产方看，一方面大量减持国债，从 2006 年年底的 89.01%减至 2008 年年底的 22%；另一方面，为了救助陷入危机的金融机构，美联储 2007 年起在资产方新设了 6 个新科目。

从负债方看，近年来在应对金融危机的过程中，美联储负债业务中的金融机构存款业务也发生了一些变化。首先是金融机构大量增加在美联储的存款，原先存款机构的存款比重很小，2008 年 10 月联储宣布给存款机构的法定存款准备金和超额储备金账户付息，鼓励了银行将资金留在联储供其使用，存款机构的存款 2012 年迅速上升为 52.24%，大大减轻了美联储在资产迅速扩张中的货币发行压力；其次是增加美国财政部的存款，2008 年 9 月联储与财政部达成协议，由美国财政部通过增发国债将筹措到的资金转入财政部在美联储新设立的"补充融资账户（U.S. Treasury supplementary financing account）"中，这为联储提供了资金来源，反映了美国政府对美联储量化宽松政策的支持。

基础货币大幅增长。次贷危机爆发前，金融机构的储备余额在负债方的占比一直较低，2008 年以后，在"联邦储备的存款"项目的占比增长迅猛，主要是由于 2008 年 10 月美联储改变了存款准备金零利息的做法，宣布给存款机构的法定存款准备金和超额储备金账户付息，支付的利率高于银行间隔夜拆借利率，鼓励银行将更多的资金留在美联储统一调配使用。这项政策直接导致金融机构在美联储的超额储备的膨胀。美联储通过扩张基础货币，为启动量化宽松的货币政策做了资金准备。

从上述美联储资产负债业务的变化中大致可以看到美联储筹集、运用资金的路径，即财政部将增发国债筹集到的资金存入联储，联储通过各种新设资产项目将资金投放到市场，金融机构则将得到的流动性通过超额准备的方式存回联储。尽管美联储的资产负债表规模急剧膨胀（2008 年是 2006 年的 258%），但却在保持银行体系的流动性同时，较好地控制了"流通中的现金"。

从美联储资产负债表的变化中也可以看出，中央银行履行职能的重点和概况，都可以从其业务变化和资产负债表的项目变化中反映出来。

因此，掌握并能够对中央银行资产负债表进行分析是解读中央银行政策意图和进行宏观经济分析的基本要求。

【专栏 3-5】

美联储新增资产项目应对次贷危机

2007 年以来，美联储为应对次贷危机，新增了以下资产项目，帮助金融机构走出困境。

（1）"定期拍卖信贷（term auction credit）"项目，反映定期拍卖便利（TAF）所投放的信贷。美联储推出的 TAF 机制，能够允许存款类金融机构使用更广泛的抵押品，通过拍卖机制获得联储的短期贷款。

（2）"所持 LLC 的商业票据融资便利（CPFF）净额（Net portfolio holdings of Commercial Paper Funding Facility LLC）"项目，反映了 CPFF 发放的信贷。根据 CPFF 机制，美联储设一个 SPV 来向票据发行者购买无担保商业票据和资产担保商业票据，意味着美联储可以绕开金融机构直接对工商企业实施融资支持。

（3）"所持 Maiden Lane LLC 资产净额（net portfolio holdings of Maiden Lane I，II，III，LLC）"项目，是美联储为拯救贝尔斯登公司设置的新科目。

（4）"央行间货币互换（central bank liquidity swaps）"项目，爆发金融危机以来，美联储与 14 家外国中央银行签订了双边货币互换协议，这些国家央行可以从美联储获得美元，并贷给国内的金融机构。

（5）"在 AIA 和 ALICO 中的优先权益（preferred interests in AIA Aurora LLC and ALICO Holdings LLC）"项目，美联储 2009 年设立两个 SPV，旨在对 AIG（美国国际投资公司）和 AIA（美国国际保险公司）两家机构进行救助，方式是直接或者间接收购两家公司的普通股。美联储对两家 SPV 的优先权益具有处置权。

（6）"定期资产支持证券贷款便利（net portfolio holdings of TALF LLC）"项目，反映定期资产支持证券贷款便利发放的信贷。2008 年 11 月新设的 TALF 计划旨在向资产支持证券的持有者以这些证券作为抵押品发放贷款，这些抵押品范围比较宽泛，包括学生贷款、消费贷款和小企业贷款支持的证券，目的是提升消费者的贷款量。TALF LLC 是一个优先负债公司，用来购买和管理美联储购买的 TALF。

补充阅读

欧洲央行效仿美国 QE

标准普尔全球首席经济学家 Paul Sheard 表示，明年全球主要央行的政策将出现分化。美联储和英国央行开始对超宽松的货币规模有所控制，而欧洲央行则刚刚踏上开往 QE 的列车，与此同时，日本央行已步入全面扩大资产负债表的时期。

欧洲央行本周将举行政策会议。路透社说，贝莱德欧元区固定收益部主管 Michael Krautzberger 表示，外界对欧洲央行将支持市场的预期一直很强劲，甚至变得更强烈。在 11 月会议上，预计欧洲央行扩大资产负债表的目标会较明确一些。

现观欧元区，形势不容乐观，欧元区 9 月通胀率仅为 0.3%，远低于 2% 的目标。在此背景下，欧洲央行无疑会对宽松计划动心。

欧洲央行上周表示，已经聘用 4 家大型资产管理公司来帮助其实施购买资产支持证券（ABS）的计划，购买计划可能会从 11 月开始。

这是欧洲央行为避免通缩所采取的刺激经济措施的一个重要组成部分。美联储在 2008 年时也曾聘用金融机构开展资产购买计划，随后才正式开启第一轮量化宽松政策。

路透社的报道说，欧洲央行此前开始买入有担保债券，且计划在今年稍晚买入 ABS，两者均被视为促进企业借贷的举措，从而支撑欧元区经济。欧洲央行消息人士表示，央行购买民间部门资产的计划可能很难达到其目标，这可能为明年初央行采取更大胆的行动增添压力，购买政府公债成为可选项。

上述报道称，在被问及欧洲央行如果有必要采取 QE，是否会得到大部分决策者支持时，消息人士称，很可能有大部分决策者支持 QE，但不会是绝对多数，德国将不会是唯一的反对者。

读后讨论

1. 欧洲中央银行为什么要实行 QE 计划？
2. 如果欧洲央行实行了 QE 计划，其资产负债表将发生哪些变化？
3. 德国为什么会反对欧洲央行实行 QE？

本章小结

1. 各国对中央银行的业务活动的法律规范大致可分为法定业务权力、法定业务范围、法定业务限制 3 个方面。

2. 在具体的业务经营活动中，中央银行一般奉行非营利性、流动性、主动性、公开性 4 个原则。

3. 按照中央银行的业务活动是否与货币资金的运动相关，可以分为银行性业务和管理性业务两大类。

4. 中央银行资产负债表是对某一时点内中央银行资金来源与资金运用的综合会计记录。目前，IMF 成员国各央行按照《货币与金融统计手册》的规范要求，使用相对统一的口径编制其资产负债表。

5. 货币当局的资产项目下包括国外资产，主要中央银行持有的黄金储备、可自由兑换外汇、地区货币合作基金、不可自由兑换的外汇、国库中的国外资产、其他官方的国外资产、对外国政府和国外金融机构贷款、未在别处列出的其他官方国外资产、在国际货币基金组织中的储备头寸、特别提款权持有额等；国内资产，主要中央银行对其他存款性公司、对中央政府和对其他部门的债权构成。

　　货币当局的负债项目下包括基础货币、定期储备和外币存款、发行债券、进口抵押和限制存款、对外负债、中央银行存款、对等基金、政府贷款基金、资本项目和其他项目。

　　6. 各国中央银行的资产负债表内容、结构和变化情况具有一定的差别。

重要概念

央行业务活动　　非营利性　　流动性　　货币资金的运动　　央行资产负债表
资产　　负债　　基础货币

练习题

1. 中央银行有哪些业务限制？
2. 中央银行的业务有哪些特点？中央银行开展业务的一般原则是什么？
3. 简述中央银行的银行性业务内容。
4. 简述中央银行资产负债表的主要项目之间的关系。
5. 比较中国、美国、英国和欧洲中央银行的资产负债表结构。

第4章 中央银行的负债业务

1. 掌握央行的货币发行业务和准备金存款业务。

2. 了解熟悉央行的存款业务及其种类。

3. 了解央行的其他负债业务及央行的负债结构。

开篇案例

人民银行对农村金融机构实施低准备金率

自 2003 年以来，中国人民银行开始对农村金融机构执行较低的准备金率。2010 年继续出台了鼓励县域法人金融机构将新增存款以一定比例用于当地贷款的政策，对设在县域且一定比例存款投放当地的农村法人金融机构，在执行较低准备金率的基础上，再降低准备金率 1 个百分点。2014 年 4 月 25 日起进一步下调县域农村商业银行人民币存款准备金率 2 个百分点，下调县域农村合作银行人民币存款准备金率 0.5 个百分点，与 2010 年出台的一定比例存款投放当地优惠政策叠加执行。调整后县域农商行、农合行分别执行 16% 和 14% 的准备金率，其中一定比例存款投放当地考核达标的县域农商行、农合行分别执行 15% 和 13% 的准备金率。

资料来源：中国人民银行官方网站。

案例导读

此次对相关县域农村金融机构准备金率进行调整是人民银行进一步激励和引导信贷资源流向"三农"和县域的举措。与设在城市的农商行、农合行相比，法人在县域的农商行和农合行涉农贷款比例高，支农力度大。针对这些县域农村金融机构进行准备金率结构性调整，有利于增强"支农"的政策指向性，提高县域农村金融机构的财务实力和支持"三农"发展的能力，起到引导信贷资源更多流向"三农"和县域的正向激励作用，增强金融服务实体经济的能力。

第一节　中央银行的货币发行业务

统一货币发行权是中央银行制度形成的最基本动因，现代各国均通过立法使中央银行垄断着本国货币发行权。因此，货币发行是中央银行最初和最重要的负债业务。

一、货币发行的含义、种类及渠道与程序

（一）货币发行的含义

狭义的货币发行指货币从中央银行的发行库，通过各家商业银行的业务库流到社会进入流通的过程。广义的货币发行指中央银行货币投放数量大于货币回笼数量，最终引起货币供应量净增加的过程。

货币发行业务是中央银行的最重要负债业务，流通中的现金都是通过货币发行业务流出中央银行的，货币发行是基础货币的主要构成部分。中央银行通过货币发行业务，一方面满足社会商品流通扩大和商品经济发展的需要；另一方面是筹集资金，满足履行中央银行各项职能的需要。

（二）货币的经济发行与财政发行

根据央行货币发行业务对经济运行造成的结果，一般分为货币发行经济发行和财政发行两种。

1．货币的经济发行

指中央银行根据国民经济发展的客观需要通过正常的信用渠道来增加货币发行。货币投放适应生产流通规模扩大对货币需要量增长的需要，以真实的经济增长为基础，货币发行既有利于市场的活跃和经济的发展，也不会导致货币投放过多，引起通货膨胀。为保证货币按经济需要发行，各国一般都建立健全了货币发行制度，包括货币发行的程序、货币发行的最高限制、货币发行准备或保证等。

2．货币的财政发行

指因弥补国家财政赤字而进行的货币发行。在国库可以直接发行货币的情况下，政府可以通过发行纸币直接弥补财政赤字；但在现代信用货币制度下，国家财政发生赤字，往往通过向央行借款或发行公债，迫使央行额外增加货币发行。由于没有真实的经济增长作为基础，财政发行所增加的货币供应极易引起市场供求失衡和通货膨胀。

（三）货币发行渠道与程序

货币发行的渠道是通过再贴现、贷款、购买证券、收购黄金和外汇等中央银行的资产业务，将货币注入流通。货币回笼则是通过再贴现到期、收回贷款、出售黄金和外汇等操作实现的。

货币发行与回笼的法律程序与操作程序，在各国不尽相同。各国必须根据本国货币流通的收支规律和满足货币流通量的宏观控制的需要，以本国的货币发行机制为基础，制定本国的货币发行与回笼的法律程序与操作程序，确保货币发行和回笼的安全、准确、严密，以充

分配合宏观货币政策的执行。

二、中央银行货币发行的基本原则

为保证货币的经济发行，避免货币的财政发行，中央银行发行货币须遵循一定的基本原则，主要包括以下几点：

（一）垄断发行的原则

集中货币发行是中央银行制度产生的首要基础。当前，绝大多数国家都立法将发行权力集中于中央银行。如《联邦储备法》规定，联邦储备券即美元是唯一合法流通的纸币，由联邦储蓄委员会统一控制、管理联邦储备券的发行与回笼。《中华人民共和国中国人民银行法》第三章第十六条规定：人民币由中国人民银行统一印刷、发行。

中央银行垄断货币发行可避免多头分散发行所造成的货币流通混乱和经济动荡，有利于央行以调控货币供应和宏观经济运行，能增强中央银行的经济实力，提高央行履行其他职能的能力，并使政府获得发行收入。

（二）信用保证的原则

信用保证的原则是指货币发行要有一定的黄金或有价证券为保证，以保持币值稳定。在现代不兑现信用货币制度下，货币的发行量与国民经济发展水平、客观的货币需要量之间，必须保持相对适应的关系，否则将出现通货不稳定，扰乱正常流通和生产的运行，甚至引起社会经济乃至政治的动荡。要做到这一点，须使货币的发行立足于可靠的基础之上。以可靠信用做保证的货币发行原则，才能保持币值稳定，进而保证社会经济乃至政治的安定。

（三）弹性原则

弹性原则是指货币发行要具有一定的伸缩性和灵活性，不断适应经济状况变化的需要。这既要充分满足经济发展的要求，避免因通货不足而导致经济萎缩，也要严格控制货币发行数量，避免因通货过量发行造成经济混乱。弹性原则下，中央银行必须把握好弹性适应度，这就要求中央银行做到两点：第一，货币发行不能过多，否则就会引起通货膨胀，并导致一系列社会经济问题的产生；第二，货币发行也不能过少，否则就会出现通货紧缩，因缺少货币使一部分商品的价值不能顺利实现，使国民经济发展达不到应有的速度，妨碍国民经济的增长和发展。

【专栏 4-1】

中国人民银行近年来"货币发行情况"

从中国人民银行 1999—2014 年的 16 年间负债结构数据中可以看到：第一，在这 16 年间，央行的总负债从 39 171.6 亿元增加到了 330 634.21 亿元，增长了 883.18%。其中，"储备货币"从 33 629 亿元增加到 277 957.39 亿元，增长了 726.54%，但引致"储备货币"快速增长的主要成因不是"货币发行"。"货币发行"的数额从 1999 年的 15 069.8 亿元增加到 2014 年的 63 886.74 亿元，增长了 323.74%；但它在"储备货币"中的比重却从 1999 年的 44.82% 降低到 2014 年的 22.98%，与此对应，它在"总负债"中的比重也从 1999 年的

38.47%降低到 2014 年的 19.32%。

资料来源：中国人民银行官方网站。

三、中央银行货币发行的准备制度

中央银行虽然掌握发行特权，但为防止发行特权的滥用，各国都以一定形式且在一定程度上对央行货币发行权力进行制约，约束货币发行规模，防止货币发行失控，维护货币信用。绝大多数国家都制定了货币发行准备制度，使得货币发行须以一定的准备为依据，在一定的发行规则下进行。

用作发行准备的资产主要为两类：黄金和证券。黄金准备使货币发行具有现实的价值基础，在制约发行数量的同时，保证银行券的兑现，有利于货币稳定。但缺乏弹性。证券准备主要包括短期商业票据、财政短期国库券、政府公债等。证券准备能适应经济增长和生产季节性变化的需要，有利于满足货币发行的弹性原则。但控制难度较大。

纵观历史，各国曾经使用过或正在使用的发行准备制度主要有以下 5 种。

1．贵金属准备制

金属货币制度下，各国大都以黄金或白银作为发行准备。在早期的金属货币制度下，各国货币发行一般都采用百分之百的金属准备，金属货币和辅币与银行券之间可以自由兑换。随着商品货币经济的发展和信用货币流通的扩大，后期的金属货币制度下各国货币发行采用部分金属准备制度，货币发行准备金的比例主要通过货币的含金量加以确定，在货币制度演化过程中，这个比例逐步递减，直至金属货币制度的完结。

2．贵金属、证券混合准备制

一种做法是规定一个最高发行额，限额内发行只需政府债券做准备，限额外的发行须用十足的贵金属，主要是黄金作准备。另一种做法在发行准备中规定黄金和证券的比例。如 1875 年德国法律规定发行额最少要有三分之一的黄金准备，其余部分用 3 个月期以内的贴现票据作保证。同时还规定一个最高发行限额，超过这一限额，要用十足的黄金做准备。如果逾额发行，要征扣 5%的发行税。即便如此，还是无法适应当时德国经济快速发展的需要，结果是频繁的征扣发行税和多次提高发行限额。

3．完全证券准备制

随着商品经济的发展和中央银行业务操作水平的提高，有些国家如美国，已采用百分之百的证券准备，也称为"发行抵押"制度，但其法定的证券种类中包括金证券（指政府有义务以黄金兑换的证券）。目前世界上大多数工业国家的货币发行都是采取完全证券准备作为发行基础。

4．外汇准备制

有的国家或地区以外汇资产作为发行准备，如港币的发行就是三大发行银行以其美元储备量作为发行准备的。

5．商品准备制

即以计划价格投入流通的大量商品作为纸币发行的保证。20 世纪 80 年代末以前，前苏联以及东欧各国大多采用过这一制度。

四、人民币发行业务及管理

人民币的发行是中国人民银行为实现经济正常运转向社会投放货币满足流通需要而开展的活动，是中国人民银行一项极其重要的负债业务。

（一）发行基金

1．发行基金的含义

发行基金指暂未进入流通的待发行人民币，由中国人民银行各级发行库为国家保管，由总行统一掌握。发行基金的来源，一是原封新券，即中国人民银行总行所属印制单位按计划印制解缴总行发行库的新人民币；二回笼券，即商业银行业务库缴回发行库的回笼货币。

2．发行基金和现金的区别

两者既有联系又有本质区别，在规定的手续操作下可以互相转化，发行基金从发行库分库进入业务库即成为现金，现金从业务库缴存发行库即成为发行基金。两者的主要区别在于：

（1）从性质上看，发行基金是国家未发行的货币，而现金则可以由拥有合法现金收入的任何单位及个人管理；

（2）从价值形态看，发行基金的价值体现在印制费用、调拨费用及管理费用三方面，而现金的价值则是以其购买力体现出所代表的社会一般劳动；

（3）从流通形式看，发行基金的流通必须通过上级行的调拨命令来实现，而现金的流通则可以通过其任何拥有者的购买活动来实现；

（4）从管理的主体看，发行基金的管理主体是国家授权的，中国掌握货币发行的机关是中国人民银行；现金的管理主体是有现金收入的社会各阶层、各单位和个人。

3．发行库与业务库的区别

发行库是保管发行基金的金库。主要职能是保管人民币发行基金，办理人民币发行基金出入库业务，负责回笼现金的整理清点。业务库是商业银行为保管和办理现金收支业务而建立的金库，业务库与发行库的区别有以下几方面：

（1）发行库属于中国人民银行，业务库属于商业银行等金融机构；

（2）发行库保管的是发行基金，业务库保管的是现金；

（3）发行库的业务对象是商业银行等金融机构，业务库的对象是与商业银行等金融机构有业务关系的一般客户；

（4）发行库出入库的金额起点是以千元为单位，必须整捆出入库，业务库收付现金则不受金额起点的限制。

（二）发行管理

1．发行基金调拨管理

发行基金的调拨是指中国人民银行根据国家现金投放计划和各地区经济发展的需要，以行政命令的形式在发行库之间进行发行基金调度的业务行为。

目前，中国人民银行各分支机构需要编制上报的发行基金调拨计划有 3 种：年度发行基金调拨计划、年度发行基金调拨调整计划和月度发行基金调拨计划。它们分别反映了对各地区全年发行基金总体需求程度的匡算与修正，以及在总行下达的年度调拨计划范围内各地对于每月申请调入或调出发行基金的执行计划。其中，年度计划的重点是本年货币投放预测、本年残损人民币回笼预测、次年春节前投放预测，核发内容是申请调入（调出）的发行基金券别和金额。

发行基金调拨实行集中统一、逐级负责的管理体制，调拨命令具有行政命令的性质，根据国家保密法和人民银行保密规定，执行前属于国家绝密级事项，国家对此实施严格的管理。

2．发行基金运送管理

发行基金运送是指按照调拨命令，把发行基金运送到异地的过程，发行基金运送管理以制度管理为主，目标管理为辅。

制度管理内容有：（1）保密制度，负责运送发行基金人员及有关人员要保守秘密，不得将运送发行基金的时间、行车路线、运送起点、运送数量向任何无关人员透露；（2）双人押运制度，一切发行基金运送任务，均须有两人或两人以上押运人员负责武装押运，押运人员要有高度的责任心和警惕性，严密看守，严禁人款分离或由他人代管；（3）交接制度，押运人员根据"发行基金调拨凭证"填明的数量、金额，一一核对，原封新券须检验箱体代号、铅封，遇可疑情况，应清点细数，便于明确责任等。

目标管理是指将发行基金运送的目标分为短期、中期、长期三种，即为保证发行基金运送安全无事故，在短期、中期、长期内所要达到的目标，这些目标需要由制度执行、地理位置、自然条件等多种因素确定。

3．反假币及票样管理

票样是货币的标准样本，也是鉴别真假人民币的实物工具。票样管理主要是制度管理，包括票样的分发、保管、检查、流失的处理等。具体管理措施有：

（1）凡发现假人民币、伪造变造人民币一律没收，并在假币正反面加盖"假币"戳记，由中国人民银行留存归档。

（2）中国人民银行对没收的假币应填制登记表，并由专人负责登记保管，同时上报上级行，发现可疑票币本单位不能鉴别的，应写出书面报告提出疑点上报上级行鉴别。

（3）归档保存的假票应视同票样管理，建立定期或不定期检查制度。

（4）发现被破坏的人民币一律没收，但经追查确系误收或客观因素造成的，应出具政府部门介绍信或本人身份证，经调查核实后，由中国人民银行鉴定，按有关规定严格掌握兑换。

（5）为了惩治伪造货币、破坏人民币等金融犯罪行为，根据1995年6月通过的《全国人民代表大会常务委员会关于惩治破坏金融秩序犯罪的决定》，对伪造货币的、出售及购买伪造货币的、运输走私伪造货币的、明知是伪造货币而持有、使用数额较大的进行刑事和经济上的重处、重罚。《中华人民共和国中国人民银行法》也规定了追究伪造、变造人民币，发售代币券，购买使用伪造变造人民币当事人法律责任的内容。

4．人民币出入境管理

我国对于人民币出入境的管理始于1953年的《中华人民共和国禁止国家货币出入境办

法》，明令禁止人民币出入国境。随后进行不断调整：1957 年 7 月，中国人民银行发布《关于小额人民币进出国境的规定》，规定最高限额每人每次不超过 5 元，票面额不超过人民币 1 元。1987 年中国人民银行和海关总署联合发出通知，将人民币出入境限额提高到每人每次 200 元。

1993 年颁布《中华人民共和国国家货币出入境管理办法》，规定中国公民和外国人出入境时，每人每次携带的人民币限额为 6000 元；在边境开放区和贸易点的出入境限额，由中国人民银行省级分行会同海关确定数额，报中国人民银行总行和海关总署批准后实施。

根据我国经济发展和对外往来实际需要，中国人民银行决定调整国家货币出入境限额，从 2005 年 1 月 1 日开始，中国公民出入境、外国人出入境每人每次携带的人民币限额由原来的 6000 元上调为 2 万元。

近年来，中国内地银行发行的带有"银联"标志的人民币银行卡已可在某些境外地区使用，一定程度上突破了此限制。

【专栏4-2】

推行货币发行系统管理，建立指标体系

细化货币发行业务工作质量标准。根据人民币发行库管理办法、货币金银工作规程，科学划分货币发行业务质量管理责任、工作质量目标，并分解到具体项目，使质量目标具有可操作性和可测量性，并能体现持续改进货币发行工作、满足社会需求的精神。要结合货币发行工作的特点，制定货币发行业务人员的行为准则，使各环节、各岗位都有明确的工作程序和工作质量要求，使货币发行人员明了自身职责、要求和纪律规定。

整合规章制度、操作规程。当前，基层央行货币发行业务对应中心支行货币金银科、保卫科、营业室等多个部门，容易出现管理空白或发生撞车现象，部门性工作容易形成单独行事的格局。因此，要梳理关于货币发行工作的法规和制度，以文件形式形成本单位货币发行业务的制度体系，并编印成《工作手册》分发货币发行业务相关的各层次员工，使其成为员工办理货币发行业务的共同行为准则。

完善外部监督的机制。作为提供金融产品公共服务的部门，有必要搭建平台，定期与被服务金融机构和社会公众沟通，了解其意见和建议，并建立满意度评定制度，使货币发行工作的质量得到持续改进。

资料来源：荀嵩，基层央行货币发行业务应用 ISO9001 标准的可行性，金融纵横，2009 年第 2 期。

第二节 中央银行的存款业务

收存存款是中央银行的重要负债业务之一。中央银行的存款一般可分为商业银行等金融机构的准备金存款、政府存款、非银行金融机构存款、外国存款、特定机构和私人部门存款等。中央银行的存款业务与央行职能的发挥密切相关。

一、中央银行存款业务的目的与特点

（一）中央银行存款业务的意义

在现代信用货币制度下，商业银行的资产业务取决于负债业务。而中央银行则相反，是资产业务决定负债业务。其原因在于，现代信用货币制度下，中央银行是货币创造的源头。作为中央银行重要的负债业务，中央银行收存存款的目的在于：

1. 调控货币供应量

（1）中央银行对法定存款准备金比率的规定，直接限制了商业银行信用创造的最大规模；

（2）央行对法定存款准备金比率的调整，间接影响商业银行超额准备金的规模，进而影响商业银行信贷规模；

（3）中央银行通过存款业务集中了资金，有利于中央银行通过再贴现业务和公开市场业务等操作调节货币供应量。

2. 维护金融业的安全和稳定

（1）中央银行集中保管准备金，有利于节约商业银行的资金占用，大大缓解单个商业银行支付能力不足的问题；

（2）中央银行集中存款准备金，有利于发挥最后贷款人职能，帮助商业银行渡过难关；

（3）中央银行收存存款，有利于央行迅速、全面、及时地了解金融机构的流动性现状和经营状况，实施有效监管。

3. 提高支付清算效率

中央银行收存商业银行存款，有利于商业银行等金融机构之间因资金往来所产生的债权债务关系最终得以有效清算，从而加速全社会资金的周转，提高资金使用效率和资源配置效率。

4. 强化代理国库职能

一方面，在政府财政出现暂时性短缺时，中央银行有向财政提供适当支持的义务。中央银行集中的准备金，有利于向政府提供短期性资金支持。另一方面，中央银行收存政府存款，有利于掌握财政的收支和使用状况，更好地行使代理国库的职能。

（二）中央银行存款业务的特点

中央银行作为特殊的金融机构，其性质和职能决定其存款业务不同于一般商业银行的存款业务，具有以下4个特点。

1. 对存款金融机构等具有法律强制性

不同于商业银行办理存款业务"存款自愿，取款自由，存款有息，为存款人保密"的原则，中央银行吸收存款时，遵循的是国家的金融法规制度，具有强制性。世界上大多数国家的中央银行都制定了法律，规定了存款准备金比率，强制要求商业银行等金融机构按规定比率向中央银行缴存法定存款准备金。

2. 其目的是宏观调控与管理，具有非营利性

不同于商业银行吸收存款是为开展资产业务谋取利润，中央银行吸收存款是实施金融宏观调控和监督管理的需要，是执行中央银行相关职能的需要。中央银行吸收存款，是为了调控社会信贷规模和货币供应量，监管金融机构，保证经济良好运行，具有非营利性。

3．其对象为商业银行等金融机构和政府

不同于商业银行直接吸收社会个人、工商企业的存款，中央银行只吸收商业银行等金融机构和政府部门的存款。基于央行收存存款的目的，中央银行吸收存款时，应尽量不吸收不受中央银行控制的存款。

相对于商业银行吸收的个人、工商企业的存款而言，中央银行对吸收的金融机构存款有较强的主动性。存款准备金是商业银行依法缴纳的，不能随便支取。即使在超额准备金较多的情况下，中央银行仍可通过提高准备率，阻止这部分存款流出。

政府存款虽然收支量很大并有一定的不稳定性，但是政府在中央银行的存款一般只是较稳定的那部分，相对不稳定的部分存在商业银行。再者，政府的财政政策与中央银行的货币政策通常会相互协调，必要时，中央银行可以要求政府存款相配合。

4．存款当事人之间的关系具有双重性

不同于商业银行的存款当事人之间是一种平等自愿互利的纯粹经济关系，中央银行与存款当事人之间除了经济关系之外，还有行政性的管理者与被管理者的关系。中央银行吸收商业银行的存款时，中央银行是出于一国金融体系的领导地位，而商业银行则处于被领导地位，两者之间并非平等的经济利益主体。

二、准备金存款业务

准备金存款业务建立在现代存款准备金制度基础上，是中央银行存款业务中最重要内容。所谓存款准备金制度，是指中央银行依据法律所赋予的权力，根据宏观货币管理的需要，控制银行体系信贷额度的需要，以及维持银行机构资产流动性的需要，来规定商业银行交存中央银行存款准备金的比率和结构，并根据货币政策的变动对既定比率和结构进行调整，借以间接地对社会货币供应量进行控制的制度。

（一）存款准备金制度的产生与发展

存款准备金主要是商业银行按吸收存款的一定比例提取的准备金。它由两部分组成：一部分是自存准备，通常以库存现金和在中央银行的超额准备金两种方式存在；另一部分是法定准备金，亦即根据法律规定，商业银行等存款类金融机构必须按某一比例转存中央银行的部分。现代存款准备金制度是各国中央银行执行货币政策的一个重要工具。

存款准备金制度的建立，最初是为了保持银行资产的流动性，保证银行能随时应付顾客提取存款，加强银行的清偿力，防止破产倒闭。

将存款准备金存于中央银行，18世纪初始于英国。后来许多私人银行开始注意并意识到，将准备金的一部分交存于中央银行，开立活期存款账户，可以对清算带来很多便利。

到20世纪30年代，世界性的经济大危机后，人们发现法定准备率的变动可以影响商业银行放款的规模，其作用开始被广泛意识到，于是存款准备率开始作为中央银行调节和控制货币供应量的重要工具。基于这种认识，西方各国陆续以法律形式规定存款准备金比率，并授权中央银行依照货币政策的需要对法定存款准备率进行调整。

从目前来看，各个国家中央银行开展存款准备金业务方面存在一定的差别。20世纪90年

代中末期，加拿大、比利时、科威特、挪威、瑞士、英国、墨西哥等国则先后实行了零准备金制度。

由于金融经济形势的变化，使得西方国家存款准备金的原有职能逐渐弱，存款准备金在传统的"三大法宝"中的地位不断下降，这是西方国家存款准备金制度发展的一大特征。

但总的来说，存款准备金率仍是中央银行调节货币供应总量的工具，也是防范支付风险、促进银行机构稳健经营的有效手段。美国、日本、欧洲中央银行等大多数中央银行和金融监管当局，仍普遍对商业银行实施较严格的存款准备金制度。

《中华人民共和国中国人民银行法》第二十三条、第三十二条赋予了中国人民银行要求银行业金融机构按照规定比例交存存款准备金、并检查监督银行业金融机构执行存款准备金管理规定的权力。中国人民银行的准备金存款业务对象覆盖了其他存款性公司和其他金融性公司。

（二）准备金存款业务的主要内容

现代各国的存款准备金制度主要通过准备金存款业务来组织实施。尽管世界各国由于政治、经济及历史文化背景的不同，存款准备金制度不尽相同，但总的来说大同小异。各国准备金存款业务一般包括以下几方面内容。

1．规定存款准备金比率及调整幅度

存款准备金比率的大小直接制约着商业银行的信贷规模和货币创造能力。商业银行吸收的存款必须按照法定比率提取准备金并缴存中央银行，其余部分才能用于放款或投资。所以调高或调低存款准备金率，可以直接影响商业银行资产的流动性，实际上也就控制着放款与投资的数量，从而进一步起到调节货币供应量的作用。

2．规定可充当存款准备金资产的内容

在存款准备金制度建立初期，能够充当法定存款准备金的只能是存在中央银行的存款，商业银行持有的其他资产不能算作存款准备金。有些国家，只有在中央银行的存款才算是准备金，各银行库存现金都不能抵充付现准备金。

随着经济的不断发展，金融资产的流动性提高，一些国家开始放宽能够充当存款准备金的条件，能够充当存款准备金的金融资产种类开始多样化。法国央行允许一些具有高度流动性的资产，例如国库券、地方政府债券、可在央行办理贴现的商业票据等充当准备金。英格兰银行规定，合格准备金资产除了存于中央银行的存款及库存现金外，还包括对贴现市场的通知存款、国库券、商业票据和一年期以下的公债等。

在我国，对存款准备金的限制条件还比较严格，银行的库存现金不能充当法定存款准备金，只有上存中国人民银行的存款才能充当法定存款准备金。

3．确定存款准备金计提的基础

这是一国准备金存款业务的一项重要内容。这一业务操作的核心是确定计提基础，包括两个方面。

（1）确定存款余额。

一般来说，各国主要有两种基本的存款余额确定方法。一种是将商业银行存款的日平均余额扣除应付未付项，作为计提准备金的基础。这样可使商业银行上缴的存款准备金适应每天存款负债的变化，并且使准备金的计算和缴存具有及时性和保证性，有利于中央银行有效地通过控制存款准备金来控制货币量，能有效防止商业银行把应交未交的法定准备作为超额准备金而用于资产业务的现象。其缺点是过于繁琐，难以保证顺利执行。

另一种方法是以月末或旬末的存款余额，扣除当期应付未付款后作为准备金的计提基础。这种方法具有简便易操作的优点，但存在着货币控制方面的缺陷：一是不能适应每天存款负债的变化，商业银行在缴存存款准备金的间隔可能创造短期存款而不相应增加准备金；二是商业银行可能采取期末暂时挪用其他资金抵缴准备金，或在期末暂时压低存款余额以减少缴存准备金等办法，使中央银行的控制被削弱。

目前大多数国家的中央银行采取以月平均余额作为存款准备金计提基础的方法。1998 年10 月之前，中国人民银行对于城市商业银行和城乡信用社、信托投资公司、财务公司、金融租赁公司等非金融机构法人按月考核其存款准备金，其余金融机构按旬考核。1998 年实施的存款准备金制度改革统一了考核频率，即自 1998 年 10 月起，中国人民银行对各类金融机构的准备金存款，按旬末平均余额予以考核。

（2）确定存款余额基期。

一种做法是采取当期准备金账户制，即一个结算期的法定准备金以当期的存款额作为计提基础；另一种做法是采取前期准备金账户制，即一个结算期的法定准备金以前一个或两个结算期的存款余额作为计提基础。

显然，计提准备金的时间不同，货币供应量控制的精确程度及效果也就不一样。从目前来看，由于经济生活中的各种变动因素很难完全量化，存款余额的变动趋势亦难以预测，再加之统计手段还不能达到非常精确的程度，因此，目前要说哪一种计提方式最佳，尚未有统一的看法。

中国人民银行目前采用前期准备金账户制，当旬第五日至下旬第四日每日营业终了时，各金融机构按一级法人存入中国人民银行总行或法人注册的中国人民银行分支行的准备金存款余额，与上旬末该行全行一般存款余额之比，不低于法定存款准备金率。

（三）存款准备金率的确定与调整

法定存款准备金率究竟该如何确定，在什么情况下对它进行调整，如何调整，各国的做法不一。一般包括以下几种情况。

1．按银行级别和存款类别规定不同准备金比率

1913 年，美联储规定成员银行按其活期存款一定比例持有准备金，中心储备城市的银行为 18%，储备城市银行 15%，乡村银行 12%。由于较高的存款准备金率给成员银行造成较大的成本压力，1917 年进行了调整，对于活期存款，中心储备城市的银行为 13%，储备城市银行 10%，乡村银行 7%，定期存款准备金率降为 3%。1980 年《货币控制法》后，将非会员银行如互助储蓄银行、储蓄和贷款协会等存款类金融机构纳入了存款准备金制度体系，同时赋予美联储对交易账户追加最高为 4%补充准备金等权力。

德国 1948 年才正式建立存款准备金制度，初期的准备金率较高，达 14.65%。以后德国不

断下调准备金率。1986 年制定的法定存款准备率，规定活期存款准备率为 12.1%，定期存款准备率为 4.95%，储蓄存款准备率为 4.15%；1993 年 3 月以后，银行长期负债和储蓄存款的最低准备金率统一调至 2%；1994 年 3 月后，活期存款的准备金率为 5%。

1998 年 10 月，欧洲央行决定，对 2 年以下的存款、债务证券以及货币市场票据等征收最低 2%法定准备金率，期限 2 年以上的存款和其他负债的法定准备金率为零。

不过，也有比较特殊的情况，如巴拉圭，该国为了控制定期存款的增长，反而规定定期存款的准备金率高于活期存款准备金率。有些国家甚至只对活期存款规定应缴纳的准备金比率。

从西方国家准备金率平均水平的演变趋势看，随着其经济金融体系的不断完善，从总体上，西方国家的准备金一般水平呈现逐步下调的趋势，目前美国的平均准备金率水平大约在 3%；有些国家，如加拿大、新西兰和墨西哥则将准备金率降为 0；许多国家，如比利时、瑞士、丹麦和瑞典，已经取消了准备金制度。

中国人民银行自 1984 年专门行使中央银行职能后，在实行存款准备金制度之初，曾按不同存款种类实行差别准备金率，1985 年改为各种存款都按统一的法定存款准备金率计提上缴中央银行。1998 年，进一步将金融机构代理人民银行财政性存款中的机关团体存款、财政预算外存款，划入金融机构一般存款范围，按统一比例上缴法定存款准备金。2003 年，我国对邮政储蓄存款 100%上存中央银行的制度进行了改革，最终统一了各种人民币存款的存款准备金率。近十年来，我国多次上调存款准备金率，最近两次调整准备率是在 2014 年 4 月 25 日针对整个金融机构的调整和 2012 年 5 月 18 日针对农商行、农合行的调整。目前我国大型金融机构的法定准备率为 20%，中小金融机构为 16.5%，县域农商行、农合行分别为 16%和 14%。

为加强对外汇存款准备金的管理，充分发挥外汇存款准备金的职能作用，促进金融机构稳健经营，中国人民银行 2004 年 11 月对外发布了《金融机构外汇存款准备金管理规定》，自 2005 年 1 月起统一内外资金融机构的外汇存款准备金率为 3%，2007 年 5 月 15 日起上调至 5%。

2．按存款金额规定不同准备金比率

按存款金额的大小分别制定不同的准备金率也是较为普遍的做法，一般是累进法定准备比率制，即存款金额越高，应缴纳的法定准备比率也越高。

美国 1982 年《加恩-圣杰曼存款机构法》对存款机构低于 200 万的储备性负债不要求准备金。在此后几年中，联邦储备委员会对这部分免除额一直在做调整，到了 1997 年 12 月 31 日，免除额已经增加至 440 万美元。从 1998 年 1 月 1 日起，对交易账户类存款的准备金率规定 3 个档次：440 万美元以下的存款准备金率为 0%，440 万至 4 930 万美元为 3%，4 930 万美元以上为 10%。而按照美国相关法案，440 万美元和 4 930 万美元这两个金额均是不断调整的。

日本也实行累进法定准备比率制，但总体水平很低。根据日本最近一次（1991）的调整，2.5 万亿日元以上的定期存款准备金率为 1.2%，1.2 万亿～2.5 万亿日元的定期存款为 0.9%，500 亿～1.2 万亿日元的定期存款为 0.05%。

3．按银行规模规定不同存款准备金比率

中国人民银行在 2003 年执行存款准备金率从 6%上调 1%、2004 年上调 0.5%的政策时，考虑到我国农村信用社单体规模普遍不大，以及农村金融运行的实际情况，只对这类机构规定了 6%的存款准备金率。从 2008 年 9 月起，中国人民银行在之前 17.5%的统一存款准备金率的基础上，降低了对中小型金融机构的存款准备金率，调低至 16.5%。

4．规定准备金中现金和存款的比例

对上缴的准备金资产，有些国家还要具体规定现金和存款各自应当占有的比重，有些国家则不作规定。中国人民银行目前没有对上缴的准备金资产中现金和存款应占的比重做出具体规定。

【专栏 4-3】

中国人民银行存款业务情况

中国人民银行的负债以准备金存款为主，通货比例不高。在过去几年里，"其他存款性公司存款"（即准备金存款）在总负债中的占比由 2006 年下半年的不足 32%大幅攀升至 2012 年年底的 60%以上，不仅占比高，而且增长很快。这一时期，"货币发行"在总负债中的占比则始终保持在 20%左右的水平上。这种负债结构说明，我国长期存在中央银行发行货币的增长率严重低于信贷增长率的现象。然而，发行货币才是中央银行各项资金来源中成本最低、主动性最高、可操作性最强的机制，中国人民银行主要不是通过货币发行机制，而是通过金融机构的信贷活动派生货币来调整债务性资金和贯彻货币政策意图的状况降低了其调控宏观金融、抑制通货膨胀和资产价格上涨的能力。

资料来源：中国人民银行网站。

三、中央银行的其他存款业务

（一）政府存款

中央银行在经理国库业务的过程中，会收存政府存款。各个国家的政府存款的构成有所不同。有的国家就是指中央政府的存款；而有的国家则将各级地方政府的存款、政府部门的存款也列入其中。即使如此，政府存款中最主要的仍是中央政府存款。中央政府存款一般包括国库持有的货币、活期存款、定期存款及外币存款等。

中国人民银行资产负债表中"中央政府存款"是指各级财政在中国人民银行账户上预算收入与支出的余额。中央银行收存中央政府存款是在经理国库业务中形成的。到 2014 年年底，我国各级政府在中国人民银行存款余额为 39 135.42 亿元，占当年负债总额的比重为 11.84%。

（二）非银行金融机构存款

中央银行作为一国的清算中心，能够提供最权威的资金清算服务，所以除商业银行外的其他金融机构也会在中央银行存款，主要目的是获得央行提供的清算服务。

对于非银行金融机构在中央银行的存款，有的央行将其纳入准备金存款业务，同样规定法定准备率。有的央行则将其单独作为一项存款业务，在该情形下，由于存款不具有法律强制性，这类存款业务就有较大的被动性，存多存少由它们自主决定，但中央银行还是可以通过存款利率的变动加以调节。

目前我国绝大部分非银行金融机构在中国人民银行都开立了账户并有存款，主要也是用于清算。

（三）外国存款

一些外国中央银行和外国政府会将其资金存放于本国的中央银行，从而形成中央银行的外国存款业务。这项存款属于外国中央银行或是属于外国政府，它们持有这些债权构成该国的外汇，随时可以用于贸易结算和清算债务，存款数量多少取决于它们的需要，这一点对于本国中央银行来说有较大的被动性。虽然外国存款对本国外汇储备和中央银行基础货币的投放有影响，但由于外国存款数量较小，影响力并不大。

（四）特定机构存款

特定机构是指非金融机构，中央银行收存这些机构的存款，或是为了特定的目的，如对这些机构发放特别贷款而形成的存款；或是为了扩大中央银行资金来源。

中国人民银行收存的特定机构存款主要有机关团体、部队的财政性存款，1998 年前这部分存款由开户的国有商业银行吸收后全部缴存中央银行，按 8%的比率上缴存款准备金；机关团体存款仍然作为财政性存款，100%上缴中国人民银行。

到 2007 年年底，我国各种非金融机构在中国人民银行存款余额为 157.96 亿元，占当年负债总额 169 139.8 亿元的比重为 0.09%。自 2008 年 1 月起，我国货币当局资产负债表中删除了"非金融机构存款"项目，同时增加了"不计入储备货币的金融性公司存款"（Deposits of financial corporations excluded from Reserve Money）这一栏目。

（五）特种存款

特种存款是指中央银行根据商业银行和其他金融机构信贷资金的营运情况，以及银根松紧和宏观调控的需要，以存款的方式向这些金融机构集中一定数量的资金而形成的存款。特种存款业务作为调整信贷资金结构和信贷规模的重要措施，成为中央银行直接信用控制方式之一。特种存款业务有几个特点：一是非常规性，中央银行一般只在特殊情况下为了达到特殊目的而开办；二是特种存款业务对象具有特定性，一般很少面向所有的金融机构；三是特种存款期限较短，一般为一年；四是特种存款的数量和利率完全由中央银行确定，具有一定的强制性，特定金融机构只能按规定的数量或比率及时足额地完成存款任务。

四、中央银行存款业务与其发挥职能作用的关系

央行存款业务的开展与中央银行发挥其职能密切相关。

（1）作为发行的银行，央行存款业务与流通中现金的投放有直接关系。在央行资产业务量既定的情况下，中央银行存款量增加，意味着流动性充足，央行可以减少现金投放或增加回笼；中央银行存款的减少意味着流动性从紧，央行可能需要增加现钞投放。尽管从央行总负债的角度看，中央银行存款的增减，其负债总额可能并未因此减少或增加，但负债结构可能发生了变化，这对于现金发行量和货币结构有重要意义。

（2）作为银行的银行，通过准备金存款业务，央行可以调节存款货币银行在央行准备金存款的数量，直接作用于存款货币银行的信用创造能力和支付能力，从而成为实施中央银行货币政策的三大法宝之一；中央银行通过存款业务集中必要的资金，有利于在不影响货币供给的情况下发挥最后贷款人的作用；中央银行收存各金融机构的存款，有利于组织全国的资

金清算等。可见，这些职能发挥，都需要通过中央银行的存款业务活动来实现。

（3）作为政府的银行，为政府经理国库，对政府融通资金。这一职能表现在中央银行资产负债表上就是政府存款的增加或减少。政府存款的任何变化，都是由中央银行代理国库收支、购买和推销公债、向财政部增加或减少贷款的结果。

（4）此外，中央银行作为监督管理金融业的部门，通过对商业银行和其他金融机构在中央银行账户上存款变化情况的掌握，可以及时了解和监督金融业的资金运动状况和态势，从而既可以监控金融业经营风险，通过金融监管消除和减轻金融业经营环境中的各种隐患，又可以为中央银行货币政策的制定提供可靠的依据，保证货币政策得以顺利实施，提高货币政策效果。

第三节　中央银行的其他负债业务

除了货币发行业务、存款业务等主要业务以外，中央银行的一些其他业务也会形成中央银行的负债，典型的有发行中央银行债券、对外负债两大业务。此外，根据资产负债表的编制原则，对位于负债业务同一方的资本业务也放在这一节一并论述。

一、发行中央银行债券

发行中央银行债券是央行的主动负债业务，一般情况下是为调节金融机构多余流动性，面向金融机构发行的债务凭证，具有短期性，一般限期为 3 个月至 1 年。为突出其短期性特点，中央银行债券也叫中央银行票据，简称为央行票据。

当商业银行或其他金融机构的超额准备过多，而中央银行不便采用其他政策工具进行调节时，央行可以发行债券，减少商业银行等金融机构的超额准备，同时还可增加央行的资金来源。

中央银行债券在发行时引起基础货币回笼，到期偿还时则引起基础货币投放，对于货币供给具有重要影响，央行票据因此成为公开市场操作的工具之一。特别是对于金融市场化程度不高，国债市场不发达的发展中国家，央行票据发行往往成为公开市场操作的主要工具。

（一）发行中央银行债券的货币政策作用机制

这是中央银行在自身的资产负债表内主动调节商业银行超额准备的一种工具，可在不改变中央银行资产和负债总量的情况下，通过负债结构的变化实现货币政策目标。发行中央银行债券的直接影响是，商业银行将原来上存中央银行的超额准备金存款，用于购买中央银行债券。在这个时点上，商业银行资产总量不变，但资产结构发生了变化：原本可以直接用于支付的超额准备金存款，变为不能直接用于支付的央行债券，可贷资金量变少；类似地，中央银行负债总量不变，但负债结构发生了变化。

发行中央银行债券的货币政策效应在于，直接减少了基础货币量，这与提高法定存款准备金率以降低商业银行超额存款准备水平的效果是相同的。但与提高法定存款准备金相比，发行中央银行债券既实现了宏观调控目标，又具有市场化、灵活性、可控性的优势。

提高法定存款准备金率后，超额存款准备部分地转变为法定存款准备金，商业银行这部分资金无法用于流通支付，只能存放在央行的账户上。而商业银行用超额准备金购进的央行票据虽然不能用于直接用于支付，但作为货币市场的重要交易工具，可以上市交易，这样赋予了持券者自我调节流动性的权利和灵活性。最终的持券者是谁对于中央银行并不重要，关键是央行票据在总量上吸收了商业银行多余的流动性。

在发达国家和新兴市场化国家，发行央行票据都是货币政策操作的重要工具。例如，日本银行大量发行央行债券作为收回商业银行流动性的手段，韩国在 20 世纪 80 年代就曾大量发行中央银行债券对冲外汇流入而导致的货币供应量过快增长。

（二）中央银行债券的发行方式

国际上中央银行发行债券的常见方式有两种。

一种是信用发行。国际公认央行票据属于最安全的证券类型，在评级时等同国家主权的信用等级。据此中央银行发债无需担保和质押，可以信用发行。目前大多数国家的中央银行都采取这种方式发行。中国人民银行发行央行票据也采用信用发行方式。

另一种是外汇质押发行。如果是为了对冲外汇占款而发行央行票据，中央银行采用外汇质押发行方式时，用于质押的外汇与回笼的本币直接挂钩，非常直观。但这种方法下，中央银行需要保留一定的外汇现金或者可用于质押的外币证券，预留给交易对手，这给中央银行在质押期间管理外汇储备造成不便。这也是发达国家很少采用外汇质押发行方式的原因。外汇质押发行较多见于货币局制度的国家和地区。

（三）央行票据的发行成本

发行中央银行债券吸收商业银行多余的流动性，是中央银行通过市场化的方式在公开市场上完成的，即央行票据是有价格的。央行票据作为一种债券，其发行者要向购买者支付利息，这就是中央银行发行债券的成本支出。中央银行债券在发行时，多采用贴现方式计价，票面价值扣除利息支付就是央行票据的价格。

由于发行央行票据的目的主要是为了实施货币政策操作，上述利息支出也就是中央银行货币政策操作成本的一部分。需要指出的是，同为公开市场操作，与公开市场操作的封闭式正回购相比，中央银行债券的货币政策操作成本要更低一些。这主要是因为在封闭式回购条件下，质押证券的持有者无权对质押品进行处置，该证券保存在中央银行登记结算中心，处于冻结状态而无法流通。而发行央行票据就不会面临这个问题，可以上市交易，更具流动性，购买者愿以更高的价格成交。因而，与相同面值的质押证券相比，发行央行票据回笼的货币量要更多，货币政策操作的成本要低些。当然，在开放式回购条件下，购买者买断证券后，也可以在市场上自行处置该证券，因此发行央行票据的优势不那么明显。

（四）发行央行票据的招标方式

央行票据发行有两种招标方式：价格招标和数量招标。价格招标方式下，中央银行明确招标数量，一级交易商以央行票据的价格为标的竞标，最终的成交价格由竞标产生。数量招标方式下，中央银行明确招标价格，一级交易商在个体投标量上限内以数量为标的竞标，如果投标总量超过票据发行量，最终的成交数量按比例分配；如果投标总量不足票据发行量，最终的成交数量按实际投标量确定。中央银行根据不同时期的货币政策操作目标，在价格招标或数量招标两种方式中选择其一。

中央银行作为宏观调控的主体，是根据货币政策操作的需要来发行央行票据的。价格招标方式对货币供给量的调节往往更有效；数量化招标方式则能够对货币市场的利率水平产生很强的引导作用。判断央行票据是否发行成功，不能只以债券本身是否被全额认购完毕为评价标准，更重要的是应以货币当局是否据此实现预期的操作目的为评价标准。

中国人民银行在发行央行票据的实践中，根据市场利率变化与货币政策的需要，交替使用价格招标方式或数量招标方式，如 2003 年 11 月 4 日，为缓解因存款准备金率上调而造成市场利率水平过度上涨压力，中国人民银行将招标方式由价格招标改为数量招标，向市场传递明确的利率信号，最终使利率回复到正常水平。近年来，针对外汇占款持续增加的情况，为灵活调节金融体系的流动性，中国人民银行以价格招标方式发行央行票据更多一些。

（五）我国发行中央银行债券的实践

1993 年，中国人民银行首次发行了两期中央银行融资券，总金额 200 亿元。发行的目的主要是调节地区和金融机构间的资金不平衡。1995 年，央行开始试办债券市场公开市场业务。

2002 年 9 月 24 日，为增加公开市场业务操作工具，扩大银行间债券市场交易品种，央行将 2002 年 6 月 25 日至 9 月 24 日进行的公开市场业务操作的 91 天、182 天、364 天的未到期正回购品种转换为相同期限的中央银行票据，转换后的中央银行票据共 19 只，总量为 1937.5 亿元。由于持续进行正回购，到 2002 年年底，央行手中持有的国债余额仅为原来的四分之一，继续进行正回购操作的空间已经不大。

2003 年 4 月 22 日，中国人民银行正式通过公开市场操作发行了金额 50 亿元、期限为 6 个月的中央银行票据。自 2003 年 4 月以来，人民银行选择发行中央银行票据作为中央银行调控基础货币的新形式，在公开市场上连续滚动发行 3 个月、6 个月及 1 年期央行票据。

中国人民银行也开始尝试一些其他发行方式。如 2004 年 12 月 9 日，首次发行三年期中央银行债券，2004 年 12 月 29 日央行首次发行远期票据，发行 200 亿元央票，缴款日和起息日均为 2005 年 2 月 21 日，距发行日 50 余天，是历史上首次带有远期性质的央行票据。

2005 年 1 月 4 日，中国人民银行首次公布全年票据发行时间表，央行票据被确定为常规性工具。2005 年中央银行票据发行时间除节假日外，中国人民银行公开市场业务操作室原则上定于每周二发行 1 年期央行票据，每周四发行 3 个月期央行票据。3 年期中央银行债券安排在周四发行。其他期限品种央行票据发行时间不固定，中国人民银行公开市场业务操作室将根据情况灵活安排。

自 2006 年以来，中国人民银行还针对信贷增长过快的商业银行发行定向票据来控制信贷过度扩张。如 2007 年面对流动性过剩，为了防止信贷和投资的过快增长，中央银行连续 6 次发行惩罚性的定向票据。由此可见，中央银行定向票据发行也成为回收流动性的一个重要工具。

随着 2008 年 9 月国际金融危机爆发，我国外需大幅度下降，政府采取了适度宽松的货币政策，4 次有区别地下调存款准备金率，同时逐步减少央行票据的发行，其中 2008 年 7 月我国开始停发 3 年期中央银行债券,随后 6 个月期央票替代品种也只发行了两个月。

2008 年 12 月 13 日国务院明确指出,停发 3 年期央行票据,降低 1 年期和 3 个月期央行票据发行频率。在"宽货币"的推动下,2009 年我国全年新增贷款约 9.5 万亿元,比 2008 年全年新增贷款 4.9 万亿元高出近 1 倍。为了控制银行信贷激增,2009 年 6 月 30 日,央行在银行间市场重启了 91 天正回购操作,并于 7 月 9 日发行 500 亿元 1 年期央行票据,这是自 2008 年 12 月 4 日央行停发一年期央行票据,7 个月后央行重启发行 1 年期央行票据。2009 年 7 月,为遏制信贷过快增长势头,央行还向部分商业银行发行惩罚性的定向央票,规模约 1500 亿元。

目前中国人民银行已越来越多地通过公开市场业务工具实行基础货币调节,央行票据发行是重要操作工具。

【专栏 4-4】

央行发行 2013 年第一期中央银行票据

2013 年 5 月 8 日下午 6 点,中国人民银行发布公告:"为保持基础货币平稳增长和货币市场利率基本稳定,将于 2013 年 5 月 9 日发行 2013 年第一期中央银行票据。"这一期中央银行票据期限 3 个月(91 天),发行量 100 亿元,缴款日为 2013 年 5 月 10 日,到期日 8 月 9 日。本期中央银行票据以贴现方式发行,向全部公开市场业务一级交易商进行价格招标。此次央票发行意味着,在阔别 17 个月后,央票发行重新回归公开市场操作。央行最近一次发行央票是在 2011 年 12 月,此后整个 2012 年,央票发行断档。究其原因,一家中型保险公司固定收益投资经理告诉记者:"去年全年我国新增外汇占款基本处于低迷状态,为此央行主要利用逆回购操作向市场投放资金,维持流动性平衡"。2013 年一季度,外汇占款重现大规模流入迹象,前三个月,新增外汇占款总额突破万亿元,外汇占款增量达 1.2 万亿人民币,创历史新高。

资料来源:中国人民银行公告

二、对外负债

中央银行的对外负债业务主要包括从国外银行借款、对外国中央银行的负债、从国际金融机构的贷款、在国外发行的中央银行债券等。各国中央银行对外负债的目的一般有以下几个。

(一)平衡国际收支

无论何种原因出现国际收支逆差时,都需要采取措施弥补,其中,中央银行通过对外负债业务融入外资来弥补是一种常用手段,通常采取国际贷款的方式,包括国际金融机构贷款、外国政府贷款和国际性银行贷款等。

(二)维持本币汇率的既定水平

各国中央银行出于特定目的,一般都会通过对外汇市场的干预调节汇率,使汇率保持在既定的目标区内。由于中央银行对外汇市场的干预是通过买卖外汇进行的,手中需要持有一定数量的外汇，当本国的外汇储备不足时，就需要通过对外负债筹措外汇，以增强或保持中央银行对外汇市场的干预能力。

（三）应付货币危机或金融危机

近几十年来，随着金融风险的增加和破坏力的加大，在许多国家出现过货币危机或金融危机，例如 1994 年的墨西哥金融危机、1997 年的东南亚金融危机、2007 年全球金融危机。危机形势下，中央银行在干预市场以控制并扭转局面的过程中，一般需要通过从国外银行借款、向外国中央银行借款、申请国际金融机构的贷款、在国外发行中央银行债券等对外负债业务，从国外筹措外汇资金，以增强中央银行的调控能力。到 2014 年，在中国人民银行账户上的外国存款余额为 1 398.31 亿元，占当年负债总额 330 634.21 亿元的比重为 0.42%。

三、资本业务

中央银行的资本业务是中央银行筹集、维持和补充自有资本的业务。中央银行的资本业务与中央银行的资本金形成有关，中央银行资本来源决定了一国中央银行的资本业务。

（一）中央银行的资本来源

中央银行的资本来源，即自有资本的形成主要有 4 个途径：政府出资、地方政府或国有机构出资、私人银行或部门出资、成员国中央银行出资。

由于中央银行出资方式不一，各国中央银行补充自有资本的渠道和方法也不同。全部由政府出资的中央银行，通常从中央财政支出中补充自有资本；由多方共同出资的中央银行，在补充自有资本时，通常按原有股份比例追加资本，以保持增资以后股权结构不变。

对于跨国中央银行而言，其资本是由成员国共有，各成员国认缴的资本份额是跨国中央银行议事决策投票时的计算权重，这就牵涉到各成员国在跨国中央银行中的控制权问题。因此，增加资本需要根据协议或另行协商。

（二）中央银行的资本构成

中央银行的资本主要由法定资本、留存收益、损失准备、重估储备组成。法定资本通常在各国中央银行法中有规定，留存收益是中央银行业务盈利扣除股息和损失准备、重估准备拨付后的部分，损失准备包括一般损失准备和特殊损失准备，重估准备是为未实现的资产和负债重估后可能损失的准备。

以日本中央银行为例，2010 年年末日本银行总资本为 5 809 585 110 000 日元，具体构成包括法定资本 1 亿日元，重估储备金 3 231 122 514 000 日元，法定损失准备与特殊损失准备 2 678 362 596 000 日元。由于有的国家规定了留存收益全部上缴国家财政，并且提取重估储备的操作对一国中央银行的财务会计制度要求较高，因此，不少国家中央银行的资产负债表上的全部资本仅表现为法定资本和损失准备。

《中华人民共和国中国人民银行法》明确了中国人民银行的盈利按核定比例提取总准备金后全部上缴中央财政。尽管中国人民银行可以从业务经营中取得收入，但不以盈利为目的，而是以保持币值稳定、维持金融稳定、提供金融服务为宗旨，并以此促进经济增长目标。到

2014 年，中国人民银行的自有资本余额为 219.75 亿元，其中主要是法定资本和损失准备，只相当于负债总额的 0.07%。

（三）中央银行需要多少资本金

由于中央银行拥有特殊的地位和法律特权，其资本金的作用实际上比一般金融机构要小得多，有的国家中央银行甚至没有资本金。因此，中央银行资本业务的重要性不能与一般金融机构相提并论。从理论上讲，如果不考虑宏观经济运行的实际，中央银行的信用创造能力可以无限大。这意味着中央银行在技术上可以零资本运作，即中央银行运行过程中所需资金可以任意创造出来，自有资本并不是中央银行运营的基础。

但是，现实的情况是大部分国家都或多或少持有一些资本。这主要原因在于中央银行的财务稳健度对中央银行货币政策独立性会有所影响。如果没有足够的资本用于抵消中央银行的损失，就会出现中央银行负资本，这将干扰中央银行货币政策的某些操作，影响货币政策的独立性。

由于中央银行的经营具有非营利性，存在着亏损的可能。如果中央银行被授予留存经营利润的权利，可以在一般损失准备和特殊损失准备之后用于抵消中央银行的损失，但一旦出现的损失超过了损失准备和留存收益的承受能力，为避免亏损造成对中央银行行使货币政策职能的不利影响，立法保证中央银行在任何时点维持正资本就非常必要。这一般通过追加政府、国有机构、私人机构和成员国原有股东的出资额来完成，只有这样中央银行运作中出现的危机才不会影响到中央银行的货币政策独立性。

维持中央银行正资本的具体指标通常有以下四种：（1）中央银行法定最低资本量；（2）基于风险的中央银行资本量；（3）中央银行资本量与宏观经济指标的目标比率；（4）中央银行资本量与中央银行其他资产负债项目的目标比率。其中，前两个指标属于绝对指标，后两个指标属于相对指标。对于第二种指标，基于风险的资本量由一系列变量决定：宏观经济环境、中央银行面临危机的脆弱性、中央银行的财富积累、中央银行与政府的关系、货币政策目标、中央银行盈利的波动性等。

《中华人民共和国中国人民银行法》第六章第三十九条规定：中国人民银行每一会计年度的收入减除该年度支出，并按国务院财政部门核定的比例提取总准备金后的净利润，全部上缴中央财政；中国人民银行的亏损全部由中央财政拨款弥补。该条规定实际上通过立法做出了维持中国人民银行正资本的承诺，但目前尚未明确正资本的具体指标。

第四节 中央银行负债结构

中央银行各负债项目反映的是中央银行通过主动承担债务的方式来实施货币政策操作的过程，以及由此引起的金融机构和金融市场资金数量、结构的变化与流向。通过分析近十年间中国人民银行资产负债表中负债方项目、规模与结构的变化，我们可以看出这十多年来中国人民银行在负债业务方面的发展变化。

一、中国人民银行负债项目的变化

2008 年以前，中国人民银行负债项目主要由储备货币、发行债券、国外负债、政府存款、自有资金和其他负债这 6 个一级项目组成。

2008 年删除了"储备货币"中的一个二级项目"非金融机构存款"，同时增加了一个与"储备货币"并行的一级项目"不计入储备货币的金融性公司存款"。自 2011 年 1 月起，储备货币构成改为"货币发行"和"其他存款性公司存款"两个二级项目（见表 4-1）。

表 4-1　我国货币当局负债项目的构成变化

2008 年之前的负债方项目	2008 年之后的负债方项目	2011 年之后的负债方项目
1.储备货币	1.储备货币	1.储备货币
1.1 货币发行	1.1 货币发行	1.1 货币发行
1.2 金融性公司存款	1.2 金融性公司存款	1.2 其他存款性公司存款
1.3 非金融性公司存款	2.不计入储备货币的金融性公司存款	2.不计入储备货币的金融性公司存款
2.发行债券	3.发行债券	3.发行债券
3.国外负债	4.国外负债	4.国外负债
4.政府存款	5.政府存款	5.政府存款
5.自有资金	6.自有资金	6.自有资金
6.其他负债	7.其他负债	7.其他负债

二、中国人民银行负债规模与结构的变化

从 2002 年到 2014 年，中国人民银行总负债规模从 51 107.58 亿元增长到 330 634.21 亿元，增长率高达 546.94%。以下从各负债项目入手，考察其规模和结构变化（详见表 4-2），以此分析中国人民银行货币政策操作的选择与意图。

（一）"储备货币"的规模与结构变化

中国货币当局"储备货币"规模由 2002 年的 45 138.18 亿元增长至 2014 年的 277 957.39 亿元，增长率 515.79%，低于货币当局负债的总体扩张规模。其在总负债中所占比重从 2002 年的 88.32%逐年下降到 2007 年的 60.04%，到 2008 年恢复上升的态势，至 2014 年升至 84.07%。"储备货币"构成项目的规模与结构变化近年来也发生了显著的变化。

"货币发行"规模虽然逐年稳步增长，由 2002 年的 18 589.10 亿元增长至 2014 年的 63 886.74 亿元，增长率为 243.68%，但却远低于储备货币的增速。从其在"储备货币"中的占比，更能直观地看出变化：其占比从 2002 年的 41.18%下降至 2004 年的 39.26%，2005 年反弹至 40.18%，随后比重逐年回落至 2014 年的 22.98%。

由储备货币的两大主要构成项目"货币发行"和"金融性公司存款"的相对比重变化可以看出，近 9 年来，中国人民银行主要是通过后一项负债业务获得资金来源，即从金融体系自身的运行中获取资金，而并非主要通过自身发行货币来调节债务性资金，故可从"其他存款性公司"规模的变化来分析货币政策松紧程度，而其年增长率数值的变化则可反映出当年

表 4-2 中国人民银行负债项目规模与结构变化

年份 项目 负债方项目	2008		2009		2010		2011		2012		2013		2014	
	规模(亿元)	占比(%)	规模(亿元)	占比(%)	规模(亿元)	占比(%)	规模(亿元)	占比(%)	规模(亿元)	占比(%)	规模(亿元)	占比(%)	规模(亿元)	占比(%)
储备货币	129 222.33	62.40	143 985.00	63.28	185 311.08	71.47	224 641.76	79.95	252 345.17	85.68	271 023.09	85.42	277 957.39	84.07
货币发行	37 115.76	17.92	41 555.80	18.26	48 646.02	18.76	55 850.07	19.88	60 645.97	20.59	64 980.93	20.48	63 886.74	19.32
金融性公司存款	91 894.72	44.37	102 280.67	44.95	136 665.06	52.71	168 791.68	60.07	191 699.20	65.09	206 042.17	64.94	214 070.65	64.75
不计入储备货币的金融性公司存款	591.20	0.28	624.77	0.27	657.19	0.25	908.37	0.32	1 348.85	0.46	1 330.27	0.42	1 634.52	0.49
发行债券	45 779.83	22.11	42 064.21	20.12	40 497.23	15.62	23 336.66	8.31	13 880.00	4.71	7 762.00	2.48	6 922.00	2.09
国外负债	732.59	0.35	761.72	0.32	720.08	0.28	2 699.44	0.96	1 464.24	0.50	2 088.27	0.67	1 398.31	0.42
政府存款	16 963.84	8.19	21 226.36	9.33	24 277.32	9.36	22 733.66	8.10	20 753.27	7.05	28 610.60	9.13	39 135.42	11.84
自有资金	219.75	0.11	219.75	0.10	219.75	0.08	219.75	0.08	219.75	0.07	219.75	0.07	219.75	0.07
其他负债	13 586.45	6.56	18 653.20	8.20	7 592.23	2.93	6 437.97	2.30	4 525.91	1.54	6 244.57	1.99	3 366.82	1.02
总负债	207 095.99	100	227 535.02	100	259 274.89	100.00	280 977.60	100.00	294 537.19	100.00	317 278.55	100	330 634.21	100

资料来源：中国人民银行官方网站（www.pbc.gov.cn/）。

中国人民银行的货币政策意图。其规模的增减可以较直接地反映出法定存款准备金率的升降情况，而在2002—2012年11年时间里，其他存款性公司存款规模的攀升，对应的是法定存款准备金率的总体上的大幅提高，2002—2012年，存款准备金率从统一的6%提高至对大型金融机构实行18.5%，而对中小型金融机构实行15%的法定存款准备金率，这为中央银行回收过剩的流动性发挥了重要作用。

（二）"发行债券"的规模与占比变化

中国人民银行自2002年起发行央行票据。自2002年起，"发行债券"这个一级负债项目的规模从1 487.50亿元迅速扩张至2014年的6 922.00亿元，增长率高达365.34%，远超过许多一级、二级负债项目的增速，已成为除"储备货币"之外的中国人民银行债务资金的又一重要来源。这一方面使得其成为货币政策操作的重要基础；另一方面也在一定程度上削弱了"储备货币"作为央行主要资金来源的重要性，使得央行票据的发行与回购成为了近年来我国重要的货币政策工具。

（三）"国外负债"的规模与占比变化

相对于其他负债项目而言，"国外负债"的增长速度比较缓慢，规模由2002年的423.06亿元逐年增长至2014年的1 398.31亿元，增长率仅为230.52%，是所有一、二级负债项目中速度较慢的项目。从而其在总负债中的比重来看，占比一直较低，且呈现出逐步下降的趋势，并不是中国人民银行债务性资金的主要来源，反映出中国人民银行对国外的资金来源依赖度很低，因此与该负债项目有关的负债业务并不会对中国人民银行货币政策操作产生显著的影响。

（四）"政府存款"的规模与占比变化

"政府存款"从2002年的3 085.43亿元增长至2014年的39 135.42亿元，增长率达1168.39%，远高于除"发行债券"和"其他负债"之外的其他负债项目的增长率，占总负债的比重由2002年的6.04%升至2014年的11.84%，在中间的2004年、2005年、2008年、2010年出现过回调和小幅波动，但总体上仍然呈现出上升趋势。这表明了政府存款在中国人民银行债务资金来源中较为重要，仅次于"储蓄货币"和"发行债券"两项负债业务。但由于政府在中央银行的存款数量是中国人民银行很难掌控的变量，因此"政府存款"在总负债中的占比增加，从侧面反映了中国人民银行对与债务资金规模掌控能力的弱化。

（五）"自有资金"的规模与占比变化

中国人民银行"自有资金"一直以来都是219.75亿元，规模没有变化。只是由于总负债规模的逐年扩张，因此在总负债中的比重逐年降低，由2002年的0.43%降至2014年的0.07%。

（六）"其他负债"的规模占比变化

"其他负债"从2002年的753.66亿元增长至2014年的3 366.82亿元，增长率高达346.73%。就其在总负债中的占比来看，自2002年以来，呈现出"降—升—降—升—降"的来回波动态势。规模与占比这两个因素反映出，近年来中国人民银行对"其他负债"作为资金来源的依赖程度大为提高，这将间接影响到货币政策操作方式的选择。

【专栏4-5】

欧洲央行 2007—2010 年负债结构变化情况

在负债管理方面，一是"欧元区信贷机构存款"余额先增后减。金融危机爆发后，该科目余额陡然从 2007 年末的 3 792 亿欧元增长至 2008 年的 4 923 亿欧元，增长 30%，反映出欧洲商业银行面对金融危机时惜贷的倾向。但 2009—2010 年，该项目余额不断下降，反映出欧洲商业银行惜贷倾向得到缓解。二是通过欧元区国家政府财政获取资金。欧洲中央银行的负债中对欧元区政府的债务从 2007 年年末的 381 亿欧元增长至 2009 年的 1 205 亿欧元，成为获得资金的重要手段。三是通过"对非欧元区居民的欧元债务"获取资金。该科目是欧洲中央银行特有的。此科目 2007 年余额仅为 451 亿欧元，2008 年年末激增至 2 935 亿欧元，增幅为 650%，成为欧洲中央银行获取资金的重要渠道。

资料来源：俞亚光等，主要国家央行资产负债表规模与结构比较研究，会计研究，2013 年第 5 期。

三、中国人民银行负债业务存在的主要问题

由上述对我国货币当局负债项目规模和结构的考察，可以看出中国人民银行负债结构主要有两个显著的变化：一是在"储备货币"中，"货币发行"的占比被削弱，"其他存款性公司存款"比重稳步上升；二是自 2002 年中国人民银行开始启用债券发行以来，"发行债券"这一负债业务的比重大幅上升。这两个明显的变化，体现出了中国人民银行近年来在货币政策操作选择的倾向性：偏重于调整法定存款准备金率与通过发行与回购央行票据来进行公开市场业务。

上述货币政策操作的倾向与负债业务变化的根本原因是，近年来外汇占款比例不断攀升，货币供给被动增加，2012 年全年因外汇占款引致的基础货币投放就超过 3 万亿元。为冲销这些外汇占款，中国人民银行采用了提高法定存款准备金率与发行央票并重的方式，以遏制货币供给的大规模扩张。自 2002 年以来，我国大规模对冲操作已持续了 10 年，截至 2012 年，对冲率，即（存款准备金余额+央行票据余额）/外汇占款余额约为 80%。

从数据来看，中国人民银行的冲销操作是比较成功的，然而，这种"冲销"操作却不具备可持续性。主要原因在于，冲销需要付出高昂的利息成本、较高的发行债券的利息成本，及提高存款准备金率的利息成本。由此来看，未来若要继续采用此种对冲方式，其压力将越来越大。这便从客观上对中国人民银行货币政策操作方式及其相对应的负债业务模式的转变，提出了迫切的要求。

补充阅读

中央银行是否需要资本金

回答这个问题的核心在于资本金的作用。这涉及两个层面：一是资本金的存在对中央银

行本身作为一家经营机构的意义；二是从中央银行的货币政策执行和目标即功能角度来理解资本金的作用。

中央银行是一个特殊的公共部门，如果从类似于传统商业银行的角度看，即资本金是来自政府的资本贡献和留存收益，那么，资本金的存在对于这个机构本身并没有特别的意义。事实上，美联储、加拿大中央银行和德国中央银行都可以在没有资本的情况下继续运作，还有一些银行在负资本的情况下继续运作（Stella，1997）。

另外，还可以看看各国对于处理中央银行损失的规定，因为央行的损失会带来资本金的减少。因此，从这个角度可以理解对央行资本金的态度。Vaez-Zadeh 于 1991 年考察了 60 个国家的中央银行法，其中大概 33%的央行并没有关于损失处理的明确条款。Pringle 和 Courtis 在 1999 年调查了 27 家中央银行，发现它们只有关于利润分配的规则，而没有如何弥补损失的规则。

Stella 在 1997 年就提出了中央银行资本金充足（Central Bank Capital Adequacy，CBCA）的概念，并认为以往文献中没有一个关于充足水平的精确定义。他还提出了资产负债表结构（the structure of the balance sheet）的概念，有的结构本身就更加有利于央行不断积累利润，而有的则可能更经常地带来损失。这样的话，它也影响央行适度资本金存量的水平。例如，相对于美国和加拿大，挪威的中央银行资产结构就更易于使其面临损失，从而也增加了它对适度资本金的要求。

资料来源：任康钰，中央银行的资本金：文献综述，国际金融研究，2012 年第 6 期。

读后讨论

1. 简述中央银行的资本金来源。
2. 总结央行资本金的大致用途。
3. 就你的理解谈谈央行是否需要资本金。

本章小结

1. 收存存款是中央银行的主要负债业务之一。央行的存款原则、存款动机、存款对象和存款当事人关系都具有特殊性。

2. 货币发行业务是中央银行的主要负债业务，流通中的现金都是通过货币发行业务流出中央银行的，货币发行是基础货币的主要构成部分。

3. 货币发行的原则包括垄断发行、信用保证、一定弹性。

4. 中央银行债券是中央银行的主动负债业务，具有可控性、抗干扰性和预防性，是为调节金融机构多余的流动性，而向金融机构发行的债务凭证。

5. 中国人民银行负债结构主要有以下两个显著变化：（1）"储备货币"中，"货币发行"的占比被削弱，"其他存款性公司存款"比重稳步上升；（2）自 2002 年中国人民银行开始启用债券发行以来，"发行债券"这一负债业务的比重大幅上升。

重要概念

央行存款特殊性　　存款当事人关系特殊性　　货币发行　　存款准备金　　垄断发行

信用保证　　一定弹性　　中央银行债券　　中央银行负债结构　　储备货币

练习题

1. 中央银行的存款业务可分为哪几类?
2. 央行的存款准备金是如何确定的?
3. 简述货币发行的渠道和程序。
4. 简述央行发行债券的特点。
5. 你认为中国人民银行的负债结构存在哪些问题?

第5章 中央银行的资产业务

学习目标

1. 熟悉掌握央行的再贴现及贷款业务，理解其含义。

2. 掌握央行的公开市场操作，熟悉其内涵。

3. 了解中央银行的黄金外汇储备业务，并掌握理解央行资产结构。

开篇案例

中国人民银行资产配置状况

目前，中国人民银行的资产配置以国外资产为主，其中又以外汇占款的占比最大。2014年年末，国外资产占全部资产的比重为84.74%，其中外汇占款占80.35%。这种独特的资产结构是由我国以中央银行被动购入外汇为主的货币发行方式决定的。

资料来源：中国人民银行官方网站。

案例导读

中央银行资产负债表的资产方记录了中央银行的资金使用去向和配置格局，反映了中央银行通过资产业务发挥其职能的具体途径。中央银行利用资产业务发挥职能主要体现在调节基础货币、管理流动性和贯彻货币政策几个方面。中国人民银行资产负债表的扩张是被动型扩张，对内配置的资产相对较少，削弱了中国人民银行对国内金融机构和金融市场的宏观调控能力。

第一节 中央银行的再贴现和贷款业务

一、再贴现业务

（一）概念

中央银行的再贴现业务是指商业银行将尚未到期的已贴现商业票据提交中央银行以融通

资金的票据行为。这项业务之所以称为"再贴现"，是为了区别于企业或公司向商业银行申请的"贴现"和商业银行与商业银行之间的"转贴现"。其中，"贴现"是指个人或企业在需要资金时，将未到期票据转让给商业银行以融通资金的行为；"转贴现"是指将未到期的已贴现票据由贴现银行再次转让给其他商业银行或金融机构的行为。

（二）一般规定

1. 再贴现业务开展的对象

只有在中央银行开立了账户的商业银行等金融机构才能够成为再贴现业务的对象。我国《商业汇票承兑、贴现与再贴现管理暂行办法》规定，再贴现的对象是在中国人民银行总行及其分支机构开立存款账户的商业银行、政策性银行及其分支机构。对非银行金融机构的再贴现，须经中国人民银行总行批准。

2. 再贴现业务的申请和审查

各国中央银行一般都专门设有再贴现窗口，用来受理、审查、审批各商业银行等金融机构的再贴现申请，并办理其他和再贴现有关的业务。商业银行必须以已办理贴现的未到期的合法票据，即根据购销合同进行延期付款的商品交易所开具反映债权债务关系的票据申请再贴现。中央银行接受商业银行所提出的再贴现申请时，应审查票据的合理性和申请者资金营运状况，确定是否符合再贴现条件。若审查都一致通过，商业银行则在票据上背书，并逐笔填制在贴现凭证，一并交中央银行办理再贴现手续。

在我国，中国人民银行总行、各一级分行和计划单列城市分行、部分转授权二级分行设有再贴现窗口。中国人民银行总行的再贴现窗口在办理业务时，受理、审查、审批各银行总行的再贴现申请，并经办有关的再贴现业务。中国人民银行各一级分行和计划单列城市分行在总行下达的再贴现限额之内，受理、审查、审批辖内银行及其分支机构的再贴现申请，经办有关的再贴现业务。

3. 再贴现票据的规定

大部分国家都对商业银行等金融机构再贴现的票据进行了规定，要求是确有商品交易为基础的自偿性票据。例如，美国联邦储备体系规定，申请再贴现时必须具备以下条件：（1）商业票据不得超过 90 天，有关农产品交易的票据不得超过 9 个月；（2）必须是根据交易行为产生的自偿性票据；（3）必须是直接从事经营工、农、商业的借款人所开出的票据；（4）凡是投机或长期资本支出所产生的票据均不能申请贴现。自 2008 年以来，为有效发挥再贴现促进经济结构调整、引导资金流向的作用，中国人民银行进一步完善再贴现管理：适当扩大再贴现对象和机构范围，城乡信用社、存款类外资金融机构法人、存款类新型农村金融机构，以及企业集团财务公司等非银行金融机构均可申请再贴现；推广使用商业承兑汇票，促进商业信用票据化；通过票据选择明确再贴现支持的重点，对涉农票据、县域企业和金融机构及中小金融机构签发、承兑、持有的票据优先办理再贴现。自 2010 年以来，中国人民银行不断改进和完善再贴现管理，通过票据选择明确再贴现支持的重点，对商业承兑汇票、涉农票据、县域企业及中小金融机构签发、承兑、持有的票据优先办理再贴现。

4．再贴现金额和利率的确定

（1）再贴现金额。再贴现票据的票面金额扣除再贴现利息后，就可得再贴现金额，即再贴现时中央银行实付的金额：

$$再贴现实付金额=票据金额-贴息额 \qquad (5\text{-}1)$$

$$贴息额=票据面额×日贴现率×未到期天数 \qquad (5\text{-}2)$$

$$日贴现率=（年贴现率/360）=（月贴现率/30） \qquad (5\text{-}3)$$

（2）再贴现利率。在大多数国家，再贴现利率是一种基准利率，其他各种利率随着再贴现利率的变动而同向变动。

再贴现利率是一种官定利率，由中央银行根据国家的政策所规定，在一定程度上反映着国家宏观政策意图。为了吸引商业银行持有这些国家重点产业、行业和产品目录的商业票据，中央银行通常规定一个低于商业银行贴现率的再贴现率，二者的差额正是中央银行留给持票银行的利润空间。这一利润空间越大，表明中央银行引导商业银行支持国家重点产业、行业和产品发展的意愿越强。但也有些国家将再贴现利率定得较高，引导商业银行尽量利用市场力量来解决资金融通的问题。

再贴现利率还是一种短期利率，因为申请贴现的合格票据，其期限一般不超过 3 个月，最长期限也在 1 年之内。因此，再贴现业务属于货币市场的范畴。再贴现的期限，最长不超过 4 个月。

通常，再贴现利率不仅关系到金融机构向中央银行融通资金的成本，更重要的是关系到中央银行货币政策工具的运用。一般来说，再贴现利率一经调整，必须挂牌公布，以发挥政策导向作用。在市场利率机制完善的国家，再贴现利率的调整不仅能有效地调节金融机构向中央银行的融资行为，也能对市场利率的变动起到明显地预示作用和引导作用，使货币政策的传导通畅而快捷。

在我国，再贴现率由中国人民银行制定、发布与调整。1998 年 3 月 21 日之前，我国实施的再贴现利率是在同档次中央银行贷款利率的基础上下浮 5%～10%形成的。自 1998 年 3 月 21 日起，再贴现率不再与同档次的再贷款利率挂钩，而是中国人民银行根据市场资金供求状况进行调整，从而独立地确定再贴现利率。

5．再贴现额度的规定

再贴现额度的规定主要从两方面进行：一是确定在一个计划年度内再贴现业务的总规模，这通常是根据国家经济发展目标、货币收支计划、货币供应量增长率等要求制定；二是确定对不同行业的再贴现额度，这通常根据国家产业政策的要求，为了重点扶持支柱产业和发展而确定。

在多数国家，由于再贴现利率在大多数国家略低于货币市场利率，商业银行在资金不足和其他条件许可时，通常希望通过再贴现窗口取得资金。因而，很多国家的中央银行为了强化货币政策与金融监管的配合对银行的再贴现总金额加以限制，并对过多利用这一权利的商业银行进行检查。如德国中央银行，建立了再贴现总额限额制度，再贴现额度总金额由中央银行理事会确定。从 1974 年起，为了使再贴现额度总额在银行之间进行分配，联邦银行使用统一的计算方法。根据目标准绳，为每一家银行计算一个"标准额度"。银行的自有资本是计算这一标准额度的基数，额度计算还考虑了各个银行的业务结构，以及银行所持有的能够被贴现的票据的金额。中国人民银行对各授权再贴现窗口实行总量控制，并根据金融宏观调控的需要适时调增或调减各授权窗口的再贴现限额。各授权窗口对再贴现限额实行集中管理和统一调度，并要求窗口对国有商业银行的再贴现额度不得低于再贴现总量的80%。

为贯彻落实国务院关于金融支持经济结构调整和转型升级政策措施的工作部署，引导信贷资金进一步支持实体经济，2013 年 7 月中国人民银行对部分分支行安排增加再贴现额度120 亿元，支持金融机构扩大对小微企业和"三农"的信贷投放。总体来看，再贴现政策的实施对支持金融机构扩大对小微企业和"三农"信贷投放发挥了积极作用。

6. 再贴现的收回

再贴现的票据到期，中央银行通过票据交换和清算系统向承兑单位或承兑银行收回资金。如承兑单位账户存款不足，由承兑单位开户银行将原票据按背书行名退给申请再贴现的商业银行，按逾期贷款处理。

【专栏 5-1】

中国人民银行再贴现业务的发展及现状

中国在计划经济体制下，商业信用受到了极大的限制。没有商业票据，自然不可能有再贴现业务。改革开放以后，我国的商业信用开始恢复发展，20 世纪 80 年代中期，银行开始办理商业票据的承兑贴现业务。1986 年，中国人民银行上海分行开办了再贴现业务。之后，商业票据的承兑贴现在全国扩大开来。从 1994 年 10 月起，中国人民银行总行开始办理再贴现业务。然而就目前的中国人民银行再贴现业务开展的现状而言，银行通过再贴现方式从中央银行获取资金的规模比较小，其对市场流动性的影响有限，调整再贴现利率更多的作用是传递政策信号。自 2013 年初以来，中国人民银行已累计安排增加再贴现额度 165 亿元。截至 2013 年 7 月，全国再贴现额度为 1 620 亿元。再贴现总量中，小微企业票据占比为 45%、涉农票据占比为 27%。

资料来源：中国人民银行官方网站。

二、贷款业务

贷款业务是中央银行的主要资产业务之一。中央银行的贷款业务是指中央银行向商业银行、政府及其他部门进行放款的行为。与商业银行类似，中央银行贷款既可采用信用贷款方式，又可采用担保贷款或抵押贷款方式。在现代经济中，与再贴现业务一样，中央银行的贷款业务不仅是中央银行提供基础货币、调控货币供应量的重要渠道，还是中央银行履行"最后贷款人"职能的具体手段。

（一）对商业银行等金融机构的放款

1. 最后贷款是中央银行放款中主要种类之一

中央银行通常定期公布贷款利率，商业银行提出借款申请后，中央银行审查批准具体数量、期限和利率，有的还规定用途。一般借款都是短期的，采取的形式多为政府证券或商业票据为担保的抵押放款。

为商业银行等金融机构融通资金，保证商业银行等金融机构的支付能力，是中央银行作为"银行的银行"最重要的职责之一。贷款是履行这一职责最主要、最直接的手段，也是最能体现中央银行"最后贷款人"职能的业务行为。随着金融市场的发展和金融业务的创新，商业银行的融资渠道不断增多，融资手段也多样化了，但中央银行的贷款仍是商业银行等金融机构扩大信用能力的重要渠道，在保证支付方面，仍然是最后的手段。

中国人民银行自 1984 年开始专门行使中央银行职能后，对我国金融机构的贷款一直是最主要的资产业务，也是中国人民银行提供基础货币的最主要渠道。在 1993 年以前，此项业务占总资产比重平均高达 70%以上。1994 年，我国外汇管理体制进行了重大改革。之后，中国人民银行的外汇资产业务迅速上升，贷款比重相对下降。自 1995 年起，中国人民银行对商业银行等金融机构的贷款全部由总行集中控制，由中国人民银行总行直接对国有商业银行和其他商业银行的总行发放。近年来，适应金融宏观调控方式由直接调控转向间接调控，再贷款所占基础货币的比重逐步下降，结构和投向发生重要变化——新增再贷款主要用于促进信贷结构调整，引导扩大县域和"三农"信贷投放。

2．中国人民银行对金融机构的放款

对金融机构的放款在总资产的占比呈现下行趋势。其集中体现在两个方面：一是"对其他存款性公司债权"项目在资产项目中的占比下降幅度很大。由 1999 年的 43.49%逐渐下降至 2014 年的 4.67%，这反映了通过再贷款等机制来调控商业银行等存贷款金融机构资金余缺的力度，在中国人民银行货币政策中的地位已极大地被削弱；二是虽然"对其他金融性公司债权"规模显著扩大，但比重却明显下降。从规模上说，中国人民银行"对其他金融性公司债权"从 1999 年的 3 833.1 亿元增加到 2014 年的 8 787.71 亿元，但它占总资产的比重却从 10.84%下降到 2.66%。这反映了中国人民银行对信托投资公司、金融租赁公司等非存贷款金融机构的资金数量调控力度的减弱。

3．中国人民银行对金融机构贷款的用途

（1）流动性贷款，包括用于解决各个存款货币银行票据和联行汇差清算临时头寸不足的短期贷款，以及用于解决农民从事种养、农副产品加工储运、农村消费等的农村信用社支农贷款。

（2）专项政策性贷款，包括粮棉油收购与储备贷款（中国农业发展银行）、不良资产收购贷款（四大金融资产管理公司）、国有商业银行专项政策性贷款（以中国农业银行为主）。

（3）金融稳定贷款，包括仅用于兑付破产金融机构存款人、债权人本息的紧急贷款，及地方政府为治理农村信用社向中央政府申请的专项借款。随着金融经济中不稳定因素的出现，这部分放款的占比将会上升。

（4）1999 年开始，为有效支持农村信用社改进支农贷款服务，促进"三农"经济快速发展，中国人民银行在再贷款品种中增加了"支农再贷款"项目。支农再贷款专门以农村信用社作为贷款发放对象，通过向农村信用社提供贷款支持，壮大其资金实力，进而改善农村地区信贷资金供给不足局面。为充分体现国家"支农、惠农"政策取向，中国人民银行在向农村信用社发放支农再贷款时，一般遵循的两个原则：一是利率优惠原则，相对于中国人民银行其他品种再贷款，支农再贷款的利率相对较低，因此使用成本也相对较低；二是使用上的涉农性。中国人民银行在向农村信用社发放支农再贷款时规定，农村信用社只能将这些再贷款专项用于涉农信贷资金投放，不能用于"非农"用途。以上两个原则，从制度上保证了支农再贷款资金真正用在支持"三农"建设上。支农再贷款的投放，为我国社会主义新农村建设提供了有力支持。

4．中国人民银行再贷款期限与种类

再贷款按期限划分，可分为短期、中期、长期贷款。短期贷款有 3 个月以内、20 天以内和 7 天以内 3 个档次。支农贷款期限视生产周期和借款人需要确定，最长不得超过 1 年，可展期，但展期期限累计不得超过 2 年。金融稳定贷款最长期限 2 年，可展期一次，展期期限不得超过原贷款期限。其中，短期贷款按信用的等级分，可划分为信用贷款和质押贷款。"信用贷款"指分行以商业银行的信誉而对其发放的短期再贷款；"质押贷款"指以商业银行持有的有价证券作质押而对其发放的短期再贷款。可作为质押贷款权利凭证的有价证券为国库券、人民银行融资券、人民银行特种存款凭证、金融债券和银行承兑汇票。

5．中国人民银行对金融机构再贷款计息方法与再贷款利率调整

自 1999 年 4 月起执行的《人民币利率管理规定》中，对中国人民银行再贷款的计息方法作出了规定：中国人民银行对金融机构再贷款按合同利率计息，遇利率调整不分段计息。按季结息，每季度末月 20 日为结息日。对贷款期内不能按期支付的利息按合同利率计收复利。再贷款展期，贷款期限不累计计算，按展期日相应档次的再贷款利率计息。再贷款逾期，按逾期日的罚息利率计收罚息，直到归还本息，遇罚息利率调整分段计息。对逾期期间不能按期支付的利息按罚息利率按季计收复利。自 1996 年 5 月以来，中国人民银行根据宏观经济的运行情况及相应的宏观调控需求，对金融机构再贷款利率先后进行了 10 余次调整，体现了货币政策的逆周期操作性。

表 5-1 中国人民银行对金融机构再贷款的利率调整列表

再贷款利率调整时间	对金融机构的再贷款利率（％）				
	六个月（含）	一年（含）	一年至三年（含）	三年至五年（含）	五年以上
2002.2.21	5.04%	5.31%	5.49%	5.58%	5.76%
2004.10.29	5.22%	5.58%	5.76%	5.82%	6.12%
2006.4.28	5.40%	5.85%	6.03%	6.12%	6.39%
2006.8.19	5.58%	6.12%	6.30%	6.48%	6.84%
2007.3.18	5.67%	6.39%	6.57%	6.75%	7.11%
2007.5.19	5.85%	6.57%	6.75%	6.93%	7.20%
2007.7.21	6.03%	6.84%	7.02%	7.20%	7.38%
2007.8.22	6.21%	7.02%	7.20%	7.38%	7.56%
2007.9.15	6.48%	7.29%	7.47%	7.65%	7.83%
2007.12.21	6.57%	7.47%	7.56%	7.74%	7.83%
2008.9.16	6.21%	7.20%	7.29%	7.56%	7.74%
2008.10.08	6.12%	6.93%	7.02%	7.29%	7.47%
2008.10.30	6.03%	6.66%	6.75%	7.02%	7.20%
2008.11.27	5.04%	5.58%	5.67%	5.94%	6.12%
2008.12.23	4.86%	5.31%	5.40%	5.76%	5.94%

续表

再贷款利率调整时间	对金融机构的再贷款利率（%）				
	六个月（含）	一年（含）	一年至三年（含）	三年至五年（含）	五年以上
2010.10.20	5.10%	5.56%	5.60%	5.96%	6.14%
2010.12.26	5.35%	5.81%	5.85%	6.22%	6.40%
2011.02.09	5.60%	6.06%	6.10%	6.45%	6.60%
2011.04.06	5.85%	6.31%	6.40%	6.65%	6.80%
2011.07.07	6.10%	6.56%	6.65%	6.90%	7.05%
2012.06.08	5.85%	6.31%	6.40%	6.45%	6.60%
2012.07.06	5.60%	6.00%	6.15%	6.40%	6.55%
2012.06.08	5.85%	6.31%	6.40%	6.65%	6.80%
2014.11.12	5.60%	5.60%	6.00%	6.00%	6.15%

资料来源：中国人民银行官方网站（www.pbc.gov.cn）。

【专栏 5-2】

中国人民银行荆州市中心支行助推中小金融机构加大信贷投入

中国人民银行荆州市中心支行直接利用再贷款手段助推中小金融机构加大信贷投入。

一是支农再贷款拉动了信用社对农业的贷款投入。据统计，2002—2004 年，中国人民银行累计对荆州市农村信用社发放支农再贷款 33.6 亿元，最高年投放额达 11.9 亿元。支农再贷款的滚动注入，使全市小额农户信用贷款迅速扩规、扩面，三年累计投放贷款 37.6 亿元，受惠农户达 48.7 万户，平均每年以 13.9%的速度递增；到 2004 年年末，小额农户信用贷款余额达到 8 亿元。小额农户信用贷款的增加相应带动了与之关联的农业贷款增长，仅 2004 年全市涉农金融机构就新增农业贷款 2.1 亿元，占各项新增贷款的 78%。

二是发展再贷款拉动了城市商业银行对中小企业的信贷投入。资金来源不足一直是制约城市商业银行加大中小企业信贷投入的"瓶颈"，发展再贷款的投入从一定程度上缓解了中小企业贷款难的问题。2002—2004 年，荆州市商业银行累计使用发展再贷款 17 060 万元，择优扶持了全市 50 家中小企业。

资料来源：中国人民银行荆州市中心支行课题组，中小金融机构再贷款的实际效应与理性探索——对湖北荆州市的个案研究，金融研究，2005 年第 6 期。

（二）对政府的放款

在政府支出出现失衡时，各国中央银行一般都负有提供信贷支持的义务。中央银行对政府的贷款是为了弥补政府在提供公共服务过程中出现的暂时性收支失衡。一般通过两种渠道：向政府直接提供贷款和买入政府债券。为了防止中央银行向政府过度贷款而引起通货膨胀，大多数国家都把直接贷款限定于短期，并通过法律或协议限制贷款的额度。与商业银行对政府的贷款业务相比，商业银行对政府的贷款不受限制，主要因为商业银行对政府的贷款不会给通胀带来直接压力。到 2014 年年底，中国人民银行对我国政府的贷款余额为 15 312.73 亿元，占当年资产总额的比重为 4.63%。

（三）其他放款

按照贷款对象，其他贷款主要有三类：一是对其他金融机构的贷款，如政策性银行、金融信托公司和租赁公司、证券公司等；二是对非金融部门的贷款，这类贷款一般都有特定的目的和用途，贷款对象的范围比较窄，各国中央银行都有事先确定的特定对象，中国人民银行为支持老少边穷地区的经济开发所发放的特殊贷款，即属此类；三是对外国政府和国外金融机构的贷款，这部分贷款数量在统计中，一般放在"其他国外资产"项下。到 2014 年年底，中国人民银行对非金融性公司的贷款余额为 25.32 亿元；其他国外资产余额达 7 362.35 亿元，占当年资产总额比重为 2.23%。

三、再贴现和贷款业务的重要性

再贴现和贷款是中央银行对商业银行等金融机构提供融资的两种方式。中央银行作为"银行的银行"，其与商业银行等金融机构的主要资金往来，一方面是收存后者的存款，在中央银行资产负债表中表现在资产一方，是储备货币的重要组成内容；另一方面是向后者提供资金融通，在中央银行资产负债表中表现在资产一方，是中央银行投放基础货币的重要途径。

中央银行再贴现和贷款业务的重要性集中体现在以下两点。

（一）是履行"最后贷款人"职能的具体手段

随着商品生产和流通的扩大，各经济单位对银行贷款的需求量也在不断增加，为了满足借款人的资金需要，客观上商业银行等金融机构需要提供更多的资金供给，同时，商业银行等金融机构经营获利的动机，也会尽可能地扩大贷款规模。当一些贷款不能按期偿还，或出现突然性的大量提现时，商业银行等金融机构便会出现资金周转不灵，兑现困难的情况。面对这种问题，虽然可以通过同业拆借的方式来解决部分问题，但同业拆借的数量不可能很大，特别是当遇到普遍的金融危机时，情况就会更为严重。此时，中央银行作为最后贷款人的作用便突出出来。中央银行通过向商业银行融通资金，便是最后的解决手段。

（二）是其提供基础货币的重要渠道

在中央银行制度下，社会所需要的货币量，从源头上看都是由中央银行提供的。在信用货币创造机制下，中央银行提供基础货币通过商业银行的信用活动，形成社会的货币总供给。随着社会生产和流通的扩大，货币供给和信用随之增加，而中央银行对商业银行等金融机构的再贴现和贷款便是中央银行提供基础货币的重要渠道。

20 世纪 60 年代之前，再贴现业务和贷款业务在中央银行的资产业务中一直占有极高的比重。70 年代之后，随着金融市场的发展，中央银行公开市场业务的比重大大上升，外汇资产也呈上升的趋势。因此，再贴现和贷款业务在中央银行全部资产业务中的比重下降了，但绝对量却一直上升，并且这两项业务在前述两个方面的重要性并未改变。特别是在金融市场不很发达的发展中国家，这两项业务的重要性就更加突出。

就再贴现和贷款和两项业务之间的比重关系看，在市场经济发达的国家，信用贷款的比重一般较小，再贴现占有较大比重，这与其货币市场特别是商业票据市场发达直接相关；在发展中国家，由于票据市场不发达，再贴现的比重自然较低，而信用贷款的比重则高得多。

就再贴现业务比重较高的发达国家来说，着眼于调整商业银行等金融机构再贴现行为的再贴现政策，一般成为中央银行调控货币量的主要工具之一。而在发展中国家，随着经济和金融的快速发展，再贴现政策的重要性也在迅速增加。

第二节　中央银行的公开市场业务

中央银行公开市场业务也叫做证券买卖业务，是指中央银行作为市场主体，在公开金融市场上进行证券买卖。由于中央银行买卖证券一般是在公开金融市场上进行的，故把中央银行的这种证券买卖行为又称作公开市场买卖或公开市场操作。与贷款业务和再贴现业务一样，公开市场业务也是中央银行的主要资产业务，并且随着证券市场的发展，公开市场业务在中央银行的资产业务中所占的比例也越来越高。

一、中央银行买卖证券的意义

中央银行公开市场业务买卖的证券主要是政府公债和国库券，有些国家的中央银行也可买卖地方政府债券、政府担保的证券、金融债券、银行承兑汇票等。与一般金融机构所从事的证券买卖不同，中央银行买卖证券的目的不是为了赢利，而是为了调节货币供应量。根据经济形势的发展，当中央银行认为需要收紧银根时，便卖出证券，相应地回收一部分基础货币，减少金融机构可用资金的数量；相反，当中央银行认为需要放松银根时，便买进证券，扩大基础货币供应，直接增加金融机构可用资金的数量。

在公开市场上买卖有价证券，是中央银行货币政策操作三大基本工具之一。买进或卖出有价证券作为公开市场业务这一货币政策操作工具，其目的是要实现货币政策中间目标，最终实现的渠道也只能是通过现有的货币政策传导机制。因此，一国特定的货币政策框架将决定该国中央银行买卖证券目标和框架。如果一国货币政策中间目标主要是货币供应量这一数量指标，而且现实的货币政策传导主要还是数量传导，那么，数量型的中间目标和传导机制就决定了中央银行买卖证券的操作目标也是数量型的。具体来说，就是基础货币，特别是超额准备水平。如果一国货币政策中间目标主要是利率这一价格指标，而且现实的货币政策传导主要还是价格传导，价格型的中间目标和传导机制就决定了中央银行买卖证券的操作目标也是价格型的，具体来说，就是货币市场利率水平。

但是，数量目标和价格目标是联动的。中央银行买卖有价证券改变超额准备，必然会影响货币市场的资金供求，从而影响货币市场利率。买卖有价证券是自愿的交易行为而非行政干预，那么不调整交易价格有时就难以实现数量调控的目标。一般认为，货币市场利率是金融体系资金供求关系的最集中的体现，它既反映货币政策操作数量目标的实施效果，也是中央银行实现这一数量目标的必要手段。可以说，数量目标和价格目标实际上有其内在的统一性。

目前，中国人民银行买卖证券操作目标主要是基础货币，体现为金融机构的超额准备金水平，而将货币市场利率作为辅助目标，这是我国客观实际使然。在现阶段我国货币政策框架下，由于金融机构存贷款利率尚未完全市场化，利率传导机制尚不完善，尽管货币市场利率已经完全放开，但货币市场利率对金融机构存贷款利率影响有限。在这种条件下，数量目标显然更加实际和有效。我国的货币政策中介目标为广义货币 $M2$，这种数量型的货币政策操作框架也决定了中国人民银行买卖证券的操作目标以数量型目标为主。

自 1998 年中国人民银行恢复人民币公开市场操作以来，采用了价格招标和数量招标等不同招标方式。价格招标以利率或价格为标的，旨在发现银行间市场的实际利率水平、商业银行对利率的预期；数量招标是在事先确定利率或价格的基础上，以数量为标的进行招标，旨在引导债券市场回购利率和拆借市场利率的走势。但总体来看，通过数量招标买卖证券要多一些。当然，由于基础货币的数量和价格是密不可分的，中国人民银行在以基础货币作为主要操作目标的同时，也将货币市场利率水平作为调控的监测指标。此外，随着我国利率市场化的深入发展，客观上也要求中国人民银行买卖证券要加快向货币市场利率招标的转化。因为，存贷款利率市场化的前提和条件就是中央银行必须有能力通过货币政策操作有效调控货币市场利率，从而影响存贷款利率。

二、证券买卖业务与贷款业务的异同

中央银行的证券买卖业务与贷款业务既有相同之处，也有不同之处。

（一）证券买卖业务与贷款业务相同之处

其相同之处是：

（1）融资效果相同。中央银行买进证券实际上就是用自身的负债来扩大资产，这本质上等同于中央银行发放贷款；而卖出的证券则相当于贷款的收回。从融资效果的角度看，二者是没有区别的。

（2）对货币供应量的影响相同。中央银行买进证券和发放贷款一样，都会引起经济体系中基础货币量的增加，并通过货币乘数的作用，最终引起货币供应量的成倍扩张；相反，中央银行卖出证券也会和贷款一样，最终引起货币供应量成倍收缩。

（3）无论是证券买卖业务，还是贷款业务，都是中央银行调节和控制货币供应量的工具。

（二）证券买卖业务与贷款业务不同之处

其主要区别之处是：

（1）资金的流动性不同。中央银行的贷款尽管都是短期性的，但也必须到期才能收回；而证券业务则因证券可以随时买卖，不存在到期问题。因此，证券业务的资金流动性高于贷款业务的资金流动性。

（2）收益的表现形式不同。对中央银行而言，贷款有利息收取问题，通过贷款业务可以获得一定的利息收入；而未到期的证券买卖则没有利息收入，只有买进或卖出的价差收益。

（3）对金融环境的要求不同。中央银行从事的证券买卖业务对经济、金融环境的要求较高，以该国有发达的金融市场为前提；而从事的贷款业务则对经济金融环境的要求较低，一般国家的中央银行都可以从事贷款业务。

三、中央银行买卖证券的种类及业务操作

（一）中央银行买卖证券的交易对象

中央银行经营的一切业务都需要遵循中央银行的经营原则。为了能灵活调节货币供给，控制货币供应量，公开市场业务必须遵循流动性原则。中央银行在公开市场上买卖的证券主要是政府公债、国库券及其他流动性很高的有价证券。但是，由于各国的国情不同，也存在着一些差别，如有的国家只允许中央银行买卖政府公债，有些国家可以买卖在证券交易所正式挂牌的上市债券。中央银行一般只能在证券的交易市场上，即二级市场上购买有价证券，这是保持中央银行相对独立性的客观要求。同时，中央银行只能购买流动性非常高、随时都可以销售的有价证券，通常以国债为主要对象。这一点由中央银行资产必须保持高度的流动性这一业务原则决定的。

中国人民银行的公开市场操作包括人民币操作和外汇操作两部分。外汇公开市场操作自1994年3月启动，1996年4月，中国人民银行又开办买卖国债的公开市场业务。随后，人民币公开市场操作于1998年5月正式恢复交易。自此以后，人民币公开市场业务规模逐步扩大，得到了长足的发展。

自1999年以来，公开市场操作已成为中国人民银行货币政策日常操作的重要工具，对于调控货币供应量、调节商业银行流动性水平、引导货币市场利率走势发挥了积极的作用。中国人民银行的外汇公开市场操作，主要是每日在银行间外汇市场上买卖外汇，以维持人民币汇率的基本稳定；而人民币公开市场操作则主要是在银行间债券市场上买卖国债、政策性金融债、中央银行票据以及中国人民银行指定的其他债券等有价证券，交易工具随着公开市场业务规模的扩大得以不断拓展。

（二）中央银行买卖证券的交易对手

中央银行买卖证券的交易对手是公开市场上的交易商。中央银行公开市场作为一国货币市场的子市场，对进入该市场交易的机构有着较高的要求。通常中央银行都会根据交易商在货币市场上的表现，选择那些在本国占有一定业务比重、具有一定资金吞吐能力、信誉良好的机构参与公开市场的大批量买卖、竞标，再通过这些批发商在货币市场其他子市场比如银行间市场的交易，向金融体系的其他交易商传递中央银行的货币政策信号。

中国人民银行从1998年开始建立公开市场业务一级交易商制度，选择了一批能够承担大额债券交易的商业银行作为公开市场业务的交易对象。这些交易商可以运用国债、政策性金融债券等作为交易工具与中国人民银行开展公开市场业务。2002年，中国人民银行选择了40家信誉好、有实力的商业银行作为公开市场业务一级交易商。这些机构通过与其他金融机构在货币市场和债券市场的交易，使中央银行的货币政策操作扩散到整个金融体系。2003年新增3家一级交易商。2004年年初，增加9家一级交易商，使一级交易商队伍扩大到52家，并将银行、保险、证券及农村信用社都纳入公开市场业务一级交易范围。根据中国人民银行公开市场业务公告[2004]第2号，中国人民银行从2004年起建立对公开市场业务一级交易商的年度考评调整机制，评审指标体系主要包括参与公开市场业务情况、债券一级市场承销情

况、债券二级市场交易情况及执行和传导货币政策情况等方面内容。同时，对在公开市场操作中不能够履行相关义务的机构，中国人民银行将按有关规定暂停与其交易。如此一来，便对一级交易商形成了制度约束。在一级交易商年度考评调整机制的作用下，作为一级交易商的金融机构时增时减。截止到 2014 年 2 月，共有 46 家金融机构，其中银行机构共 42 家，证券公司 3 家，金融公司一家。

表 5-2　中国人民银行 2014 年度公开市场业务一级交易商名单

中国工商银行股份有限公司	中国建设银行股份有限公司
中国农业银行股份有限公司	中国银行股份有限公司
交通银行股份有限公司	国家开发银行
中国光大银行股份有限公司	中信银行股份有限公司
中国邮政储蓄银行有限责任公司	平安银行股份有限公司
招商银行股份有限公司	上海浦东发展银行股份有限公司
中国民生银行股份有限公司	兴业银行股份有限公司
广发银行股份有限公司	上海银行股份有限公司
南京银行股份有限公司	宁波银行股份有限公司
北京银行股份有限公司	江苏银行股份有限公司
富滇银行股份有限公司	徽商银行股份有限公司
河北银行股份有限公司	福建海峡银行股份有限公司
大连银行股份有限公司	天津银行股份有限公司
汉口银行股份有限公司	贵阳银行股份有限公司
恒丰银行股份有限公司	杭州银行股份有限公司
广州银行股份有限公司	齐商银行股份有限公司
厦门银行股份有限公司	洛阳银行股份有限公司
哈尔滨银行股份有限公司	西安银行股份有限公司
广州农村商业银行股份有限公司	北京农村商业银行股份有限公司
上海农村商业银行股份有限公司	汇丰银行（中国）有限公司
花旗银行（中国）有限公司	渣打银行（中国）有限公司
中信证券股份有限公司	国泰君安证券股份有限公司
第一创业证券股份有限公司	中国国际金融有限公司

资料来源：中国人民银行官方网站。

（三）中央银行买卖证券的交易类型

中央银行在公开市场上买卖证券的交易品种主要包括回购交易和现券交易两种方式。中央银行通过正逆回购和买卖现券，调控金融机构的超额准备金和基础货币，引导市场利率，使货币政策影响扩散到整个金融体系和经济中，保证国民经济的稳定健康运行。

回购交易分为正回购和逆回购两种。正回购是中央银行向交易对手卖出有价证券收回市场流动性，并约定在未来特定日期买回有价证券的交易行为。正回购到期时，中央银行再向市场投放流动性。逆回购为中央银行向交易对手购买有价证券向市场上投放流动性，并约定在未来特定日期将有价证券卖给交易对手的交易行为。逆回购到期时，中央银行再从市场收回流动性。现券交易分为现券买断和现券卖断两种。现券买断为央行直接从交易对手处买入有价证券，一次性投放基础货币；现券卖断为央行直接向交易对手卖出有价证券，一次性回笼基础货币。

中央银行在公开市场上实施证券回购、现券卖断与发行中央银行票据，都是回笼基础货币来调整商业银行的超额准备金。但相比较而言，发行中央银行债券有其天然的优势，中央银行发行债券是在自身的负债方内调整负债结构，主动性强于通过减少资产来调低负债规模的证券回购、现券卖断。这主要是因为，证券正回购、现券卖断实施的前提是中央银行必须持有一定数额的证券资产，但在实际操作中，中央银行完全有可能面临需要大量回收流动性而现券却不足的环境。

中国人民银行于1998年5月恢复人民币公开市场业务时，就推出了有价证券的正逆回购交易和买卖现券交易，并于2002年9月将未到期的正回购转为中央银行票据。中央银行票据即中国人民银行发行的短期债券。目前，我国公开市场业务基础货币回笼和投放情况的统计，就包括了有价证券的买进和卖出、中央银行债券发行和到期两部分。其中：

累计回笼量=正回购量+现券卖断量+中央银行债券发行量

累计投放量=逆回购量+现券买断量+中央银行债券到期量

除此之外，中国人民银行也逐步丰富了证券交易的期限品种。目前有7天、14天、28天、91天、182天和365天6个期限品种，操作中，将根据商业银行流动性变化对各档次期限品种予以相机选择，实际操作以7天、14天的居多。值得一提的是，自2010年以来，中国人民银行实施了对公开市场操作工具的优化组合。在对各阶段市场环境和流动性供求情况科学分析的基础上，不断丰富和优化公开市场操作工具组合。为保持基础货币平稳增长和货币市场利率基本稳定，2013年6月20日中国人民银行发行了2013年第十一期中央银行票据。第十一期中央银行票据期限3个月（91天），发行量20亿元，缴款日为2013年6月21日，起息日2013年6月21日，到期日为2013年9月20日。该期中央银行票据以贴现方式发行，向全部公开市场业务一级交易商进行价格招标，到期按面值100元兑付，到期日遇节假日顺延。

（四）中央银行买卖证券的交易方式

中央银行买卖证券的交易方式包括数量招标和价格招标。中国人民银行在历次正逆回购及现券买卖交易中，根据不同阶段的操作意图，适时选择不同的招标方式开展操作，调控基础货币，调节金融机构流动性，引导货币市场利率，从中也充分体现了公开市场操作的灵活性。中国人民银行已经初步积累了一些操作经验，比如在逆回购投放基础货币时，主要采取数量招标方式，从金融机构的预期数量来获取各个金融机构的流动性信息；而在正回购回笼基础货币时主要采取利率招标方式，从金融机构的预期收益率获取整个货币市场的预期利率信息。

（五）中央银行买卖证券的规模

中央银行在公开市场上买卖有价证券，需要有一个完善的证券市场。在西方发达国家，中央银行对货币供应的调节，公开市场操作已成为最经常使用的手段。

就我国情况而言，随着公开市场业务逐步成为重要的货币政策操作工具之一，中国人民银行的证券买卖业务在回购成交和现券成交两方面都随之呈现出增长态势。1998 年，全国银行间债券市场的成交量为 1 051 亿元，其中回购成交 1 021 亿元，现券成交 30 亿元。2000 年，随着公开市场业务的稳步发展，全国银行间债券市场的债券交易日趋活跃，全年成交量达到 16 465 亿元，其中回购成交 15 782 亿元，现券成交 683 亿元。中国人民银行在积极开展回购交易的同时，于 1999 年 9 月之后，逐步在公开市场业务中加大了对市场化发行的国债和政策性金融债券的现券买入力度。到 2000 年年底，中国人民银行通过公开市场业务投放的基础货币为 1 804 亿元，占当年中国人民银行新增基础货币的 63%。

至此，公开市场业务在货币政策操作中的地位逐渐提升，成为了中国人民银行主要的货币政策操作工具之一。近年来，公开市场操作更加灵活，与其他货币政策工具的配合也更加协调：2010 年以来，中国人民银行按照货币调控的要求灵活开展公开市场操作，不断优化操作工具组合，促进银行体系流动性总体适度。与存款准备金政策相配合，灵活开展公开市场操作，进一步加大了流动性回收力度。2013 年内发行中央银行票据 5 362 亿元，开展正回购回笼资金 7 650 亿元。

【专栏 5-3】

我国中国银行公开市场操作工具格局

我国中央银行自 1996 年实施公开市场操作至今，使用过的操作工具主要有：国债、政策性金融债券和中央银行票据。国债尤其是短期国债因具有较高的信誉和易于变现等优良特征，已成为各国中央银行进行公开市场操作的主要工具。一般中央银行国债持有量占总资产的比重为 50%—60%，而美国联邦储备银行的这一比重达 80% 以上。政策性金融债券因其发行目的难以与货币政策目标保持一致，且发行期限偏向长期，影响了公开市场操作的效果。中央银行票据作为我国对冲工具缺位下的后补工具，2007 年的发行量达 40 721.28 亿元，其大量发行缓解了一定时期内的流动性压力。但随着金融危机造成的银行体系流动性不足问题的出现，在 2008 年 7 月以后，中央银行逐步减少了央行票据的发行规模和频率。中央银行票据的发行为我国中央银行的公开市场操作提供了更大的灵活性和准确性，但其局限性也逐渐凸显：操作空间小、操作成本高、操作缺乏有效性、持有者范围窄。基于此，改变目前以中央银行票据为主，国债和政策性金融债券为辅的格局十分必要。

资料来源：陈明艺等，以国债为我国公开市场操作主要工具的实证分析，企业经济，2011 年第 8 期。

第三节　中央银行的黄金外汇储备业务

一、中央银行保管和经营黄金外汇储备的目的及意义

（一）保管和经营黄金外汇储备的目的

当今世界各国之间的经济往来是十分频繁的，它包括商品和劳务的进出口、资金借贷、

各种赠与和援助等，由此产生了国与国之间的债权、债务关系。这种债权和债务在一定时期内就需要用国际通用货币进行清算，债务国支出货币，债权国收入货币，因而形成国际间的货币收支，简称国际收支，这种清算国际债权债务的手段是黄金和外汇。

由于黄金和外汇是国际间进行清算的支付手段，各国都把它们作为储备资产，一般由中央银行保管和经营，以便在国际收支发生逆差时，用来清偿债务。

（二）中央银行保管和经营黄金外汇储备的意义

1. 稳定币值

稳定币值是中央银行最重要的货币政策目标之一，很多国家为了稳定币值必须要保留一定数量的国家黄金外汇准备金。这样就可以在国内出现通货膨胀时，利用手中的黄金外汇储备从国外进口商品，以抑制物价上涨。

2. 稳定汇率

在实行浮动汇率制度的条件下，一国货币的对外价值会经常发生变动。汇率的变动，对该国的国际收支乃至经济发展产生重大影响。因此，中央银行通过买进或抛售国际通货，使汇率保持在合理的水平上，以稳定本国货币的对外价值。另外，中央银行如果持有足量的黄金外汇储备，就表明该国维持汇率稳定的能力强，国际社会对该国货币的币值与购买力也充满信心，愿意持有该国货币，因此有利于汇率稳定。

3. 灵活调节国际收支

当国际收支发生逆差时，就可以动用黄金外汇储备补充所需外汇的不足，以保持国际收支的平衡。从结构看，当国际收支经常项目出现顺差，黄金外汇储备充足有余时，中央银行则可以用其清偿外债，减少外国资本流入。

【专栏5-4】

我国外汇储备变动情况

我国的强制结售汇制度是在 1994 年外汇储备管理体制改革时形成的，该制度要求企业和个人手中的外汇都必须卖给外汇指定银行，而外汇指定银行必须把高于国家外汇管理局规定头寸以上的外汇在市场上卖出。2007 年后，我国取消了经常项目下的强制结售汇制度，但资本项目未开放，涉及资本转移的外汇仍然需要结汇。这样，中央银行作为外汇市场的接盘者，需买入外汇积累成国家外汇储备。另外，我国汇率弹性还非常有限，为维持汇率稳定，央行必须保持外汇市场出清，被迫吸收经常项目和资本项目长期顺差所带来的美元以维持外汇市场供求平衡，因此中央银行外汇资产余额呈持续、大幅增长趋势。2003 年年末，中国人民银行外汇资产余额为 29 842 亿元人民币，2012 年年底，达到 236 669 亿元人民币，比 2003年增长了 7.9 倍。如果制度不变，上述外汇资产攀升的过程还将持续，因为较为稳定的汇率消除了汇率风险，促进了出口贸易而增加贸易顺差；由于稳定的预期投资收益吸引大量外资涌入，资本项目顺差增加。

外汇资产占中国人民银行总资产比重持续攀升，从 2003 年的 48%上升为 2011 年的83%，2012 年为 80%。外汇已经成为我国中央银行总资产中比重最大的资产，而对政府债权、对金融和非金融机构债权占中国人民银行总资产比重近年来下降趋势明显。

资料来源：杨艳等，外汇储备变动对中央银行资产负债表的影响，四川大学学报，2014年第 2 期。

二、国际储备的种类构成

国际储备的构成主要有 4 种形式：黄金储备、外汇储备、在国际货币基金组织（IMF）的储备头寸及 IMF 创设的特别提款权（SDRs）。一国在保有上述国际储备时一般都需要考虑它们构成的比例问题。因为国家保有国际储备的最终目的是在必须使用时作为国际支付手段，这就要求国际储备必须具备安全性、收益性和灵活兑现性。下面分别考察一下黄金、外汇和特别提款权这三者的特点。

尽管黄金价格经常出现波动，但黄金仍然是保值的较好手段，从这一点来说，它具备安全可靠的特点。但是，黄金不如外汇和特别提款权便于支付使用。同时，保存黄金也没有收益，管理成本亦高。因此，各国的国际储备中，黄金所占的比重趋于下降。

外汇资产的灵活兑现性是无可置疑的，而且管理成本低廉，有收益。但其风险性较其他两种国际储备资产更大，因为汇率的波动变幻莫测，汇率的变动，可能带来外汇贬值的损失，从而降低储备资产的实际价值，削弱本国的支付能力。因此，通常采用外汇资产的多元化组合来相对分散风险。

在 IMF 的储备头寸以及特别提款权，与黄金、外汇资产相比是比较完美的，既安全可靠又灵活兑现。但不足的是，目前各国还不能随意购入，不能成为主要国际储备资产。

上述分析表明，3 种国际储备资产各有优缺点。各国中央银行在保有国际储备时，必须从安全性、收益性、可兑现性这 3 个方面考虑其构成比例问题，以实现储备资产的最优配置。其中，灵活兑现性问题最为重要。为了合理解决构成问题，目前各国中央银行普遍注重实现外汇资产的多样化，以争取分散风险，增加收益，同时获得最大的灵活兑现性。

三、保管和经营黄金外汇储备应注意的问题

中央银行保管和经营黄金外汇储备，应主要注意以下问题。

1. 确定合理规模

国际储备过多是对资源的浪费，过少则将面临丧失国家支付能力的可能，因此，确定合理持有水平，是一个十分重要的问题。保有多少国际储备，并没有统一的固定不变的标准，需要根据本国的国际收支状况和国内的经济政策确定。

一般来说，首先，要从国家支付债务和商品进口方面考虑，满足其周转需要，防止出现支付困难的情况。目前，多数国家只把外汇储备作为周转性手段，而把黄金储备作为保值手段。外汇储备的数量，在发展中国家一般相当于 2～3 个月的进口额。同时，也要考虑债务偿还问题。长期债务构成比重大，外汇储备可偏低一些；如果短期债务多，则需保有较多的外汇储备。

其次，还要从货币政策方面考虑。国际储备在许多国家也是货币发行准备金，它对于调节货币发行、稳定对内对外币值有着重要作用。如美国、日本等国的货币，是其他国家国际

储备货币的主要来源。因此，这些国家的国际储备一方面要用于支付进口和偿还债务；另一方面还要根据货币政策的需要，干预外汇市场。从这个方面看，它们需要保有较多的国际储备才行。但由于它们本身就是储备货币发行国，国际储备的弹性很大，所以，对这些国家来说，事实上，又没必要保持过多的国际储备，与数量相比更重要的是国际储备的结构，一般来说，外汇储备水平可以低一些，而黄金储备水平则需高一些。

2．保持合理构成

一般情况下，应从安全性、收益性、可兑现性这 3 个方面考虑其构成比例。在黄金与外汇储备比例为一定的条件下，目前各国在外汇储备上也是从外汇资产多元化入手，争取分散风险，增加收益，获得最大的灵活性，通过一篮子货币来解决外汇资产多元化问题。

3．实行风险管理

在外汇储备经营中，主要注意规避三种风险：（1）主权风险。要避免因国家间关系恶化或对方国发生政治经济混乱而冻结我方资产，或使我方资产难以调回；（2）商业信用风险。根据储备币种情况，选择主要发达国家中的信用等级在 A 级以上的跨国银行和国际清算银行作代理行，投资国际市场上 AA 级以上的金融工具，防止因商业银行经营不善或倒闭可能带来的风险；（3）市场风险。为防范市场风险，应根据实际经济发展状况和国际金融市场的变化情况调整储备币种结构、储备资产结构和储备期限结构。

四、我国的国际储备管理

（一）我国国际储备的构成及管理概况

1．我国国际储备的构成

一般来说，在一国的国际储备中，黄金、在 IMF 的储备头寸和 SDRs 在一定时期是较为稳定的。1980—2001 年，我国的黄金储备一直都是 1 267 万盎司（折合人民币 256 亿元），2002 年 12 月我国将黄金储备进一步增加到 1 929 万盎司（折合人民币 337.24 亿元）。这一黄金储备规模一直保持到 2009 年 3 月底。2009 年 4 月，中国人民银行再次对黄金储备进行调整，增加至 3 831 万盎司（折合人民币 669.84 亿元）。直至 2014 年年末，一直保持这一黄金储备水平。而我国在 IMF 的储备头寸和 SDRs 合计只有 10 多亿美元，数额甚小。因此，对国际储备的管理主要表现在中央银行对外汇储备的管理方面。

在 1992 年以前，我国的外汇储备由两个方面组成，即国家外汇库存和中国银行的外汇结存。当时把中国银行的外汇结存列入国家外汇储备，主要考虑中国银行是国家银行，其外汇资产也是国家资产。但严格说来，外汇储备应是一国政府拥有的能够随时动用的外汇资产，把中国银行的外汇结存列为国家外汇储备是不适宜的，混淆了国家外汇储备和银行营运资金的概念。为此，从 1993 年起，参照国际上通行的做法，经国务院批准后，国家外汇储备不再包括中国银行的外汇结存，其范围只有国家外汇实际库存。

2．我国外汇储备管理现状

自 20 世纪 70 年代末实行改革开放政策以来，中国人民银行有步骤地推进外汇体制改革，自 1994 年起实行新的外汇管理体制，与此同时，建立了中国人民银行集中管理外汇储备的新型体系，取消了外汇移存业务，中国人民银行直接在外汇交易市场上吞吐外汇，并购买了大量的外汇资金进入储备。

（1）外汇储备的职能发生变化。过去其职能主要是单一地进行经常项目下和部分资本项下的日常支付，现在外汇储备在稳定人民汇率方面起重要作用。

（2）国家外汇管理局作为中国人民银行管理的国家局，依法进行外汇管理；国家外汇管理局下设外汇储备司，具体实施外汇储备的管理和经营；同时对部分储备资金实行委托管理。

3. 我国外汇储备的主要来源

我国的外汇储备主要来源于外币公开市场业务。这是由我国现行的外汇管理体制所决定的。我国自 1994 年起开始实行以市场供求为基础的、单一的、有管理的浮动汇率制，虽然 2005 年人民币汇率制度进行重大改革，不再盯住单一美元，而开始实行以市场供求为基础、参考一篮子货币进行调节、有管理的浮动汇率制度。但我国仍然实行的是强制性结售汇制度，银行柜台实施强制结、售汇，同时对银行核定外汇头寸限额，因此，柜面场外市场和银行间外汇市场上，外汇供求呈刚性。外汇的流入流出刚性地传导到央行的外币公开市场操作上，直接表现为基础货币的投放与回笼，银行超额储备的增加与减少。

自 2000 年起，我国外汇储备呈高速增长势头。到 2005 年年底，达到 8 189 亿美元，居全球第二位，仅次于日本。2006 年 2 月底，外汇储备攀升至 8 536 亿美元，首次超过日本，跃居世界第一。2010 年年末外汇储备余额上升到 28 473.38 亿美元，同比增长 4 481.86 亿美元，全年中国人民银行通过外汇占款投放了基础货币超过了 3 万亿元。截至 2011 年 3 月末，国家外汇储备余额为 30 447 亿美元，同比增长 24.4%，首次突破 3 万亿美元。2014 年 3 月底为止我国外汇储备余额为 3.95 万亿美元。我国企业和居民外汇收入持续增加，使得中国人民银行从外汇公开市场上收回了大量的外汇储备并投放了相应的基础货币。面对这种情况，中国人民银行只有通过主动性较强的本币公开市场业务操作，对冲较被动的外币公开市场操作带来的外汇占款，以达到调控超额储备、基础货币和货币市场利率水平的目标。

通过外币公开市场投放基础货币，是我国特定的资本和汇率管理体制与货币政策调控内在矛盾的集中体现，是"三元悖论"理论中货币政策相对被动模型的一个实例[①]。由于外汇收入者不是我国宏观经济调控的全部客体，因此通过外币公开市场投放基础货币虽然在总量上可以实现基础货币投放的目标，但存在其结构局限性，不利于宏观经济的全面调控。

（二）我国外汇储备的规模管理

确定外汇储备的适度水平是储备管理的一项重要内容。国际上一般认为，一国外汇储备持有量应该保持在该国 3～4 个月的进口用汇水平上，并且不少于该国外债余额的 30%。我国习惯上也经常采用此标准来维持储备规模。但在实际操作中，需要对不同时期的经济目标和经济发展状况进行分析和研究，具体来讲包括以下几方面因素。

1. 国际收支对外汇储备的影响

若经常项目中贸易外汇及非贸易外汇出现逆差，就需要通过外汇储备进行弥补。

---

① 克鲁格曼提出的"三元悖论"原则指出，一国不可能同时实现货币政策独立性、汇率稳定以及资本自由流动三大金融目标，只能同时选择其中的两个。

在我国，1984—1993 年的 10 年期间，经常项目有 5 年为顺差；1994—1998 年，经常项目均为顺差。经常项目的顺差减轻了此前多年来外汇储备过低的压力。从资本项目和金融项目看，改革开放以来，我国长期保持资本净流入的势头。进入 20 世纪 90 年代后，我国已经开始步入偿债高峰时期，偿还外债将会对我国外汇储备产生更大的需求。此外，1994 年外汇管理体制改革以后，人民币汇率持续坚挺，只要人民币利率与美元利率的利差扩大，一些外来资金就会通过银行间外汇市场流入国家外汇储备，套取人民币利差，这部分外汇资金虽已流入储备，但流动性很大，如遇国内经济情况变化，人民币汇率贬值或利差缩小，则很有可能流出，使外汇储备减少，导致国际收支失衡，威胁人民币汇率的稳定。因此，除加强必要的市场监测和管理外，我国需要积累充足的外汇储备资金。

2．人民币实现可兑换对外汇储备的要求

人民币从 1994 年起实现了经常项目下有条件的可兑换，1996 年 12 月，实现了人民币经常项目可兑换，达到了《IMF 协定》第 8 条款的要求，在一定程度上放松了对外汇使用方面的管制。与此同时，我国还把实现人民币资本项目可兑换作为下一个目标。这就要求我国必须有充足的外汇储备，以便在外汇供求不能自行平衡时进行必要的弥补。因此，我国需要保持一个中等偏高的外汇储备规模，以保证国家经济持续、快速、健康地发展。

改革开放以前，我国的外汇储备仅数亿美元，1981 年增加到 27.08 亿美元，1982—1993 年，外汇储备总的趋势是不断增长的，但其间也有几次波动。1993 年年底，外汇储备仅为 212 亿美元，而在 1994—1998 年 5 年间，我国外汇储备有了较大规模的增长，1998 年底外汇储备达到 1 451 亿美元。而自 2000 年起，外汇储备又呈现出迅猛增长的态势。我国外汇储备规模不断扩大，提高了我国预防风险和紧急支付的能力，增强了维护我国经济金融稳定的信心，其投资盈利也增加了国家财富。同时外汇储备规模的扩大，已成为近年来我国货币供给量增加的重要渠道。

（三）我国外汇储备资产的经营管理

外汇储备政策确定后，需要有一个有效的储备资产管理和经营体制。

目前，国家外汇管理局在中国人民银行领导下，在国际市场上直接经营其掌握的国家外汇储备。对外汇储备资产的经营遵循安全性、流动性、增值性的原则，以安全为第一要求，在保证外汇资金安全和流动性的基础上，达到有所增值。管理外汇储备资产，要根据我国国民经济发展的实际需要和对外经济发展的具体情况，合理安排外汇储备资产的各种结构关系，适时调整货币结构和外汇投资结构，规避外汇资产风险，使之达到最优组合，以体现储备经营的原则。

我国外汇储备经营的具体目标是：

（1）采取科学的管理和经营手段，保证中国人民银行调整外汇供求，平衡外汇市场等宏观控制目标的实现；

（2）加强风险防范，确保外汇资金安全，保证外汇资金的及时调拨和运用；

（3）建立科学的储备资产结构，提高储备经营水平，增加资产回报；

（4）合理安排投资，有重点地支持国内建设项目；

外汇储备的经营管理必须从谨慎和稳健的指导原则出发，实行专业化管理，考虑整体资产结构和货币结构问题。外汇储备经营的具体目标不同，其资产构成和货币构成也将不同。资产结构的确定重在风险和收益之间的均衡，在可承受的风险范围内决定所持资产的种类、期限、规模等；货币结构的确定重在兼顾满足支付和金融投资双重目标，在储备保持相当规模并基本稳定的条件下，将储备的币种结构从满足进口等支付性需要，调整为以满足支付和金融投资并举。

我国正处于经济高速发展的转型时期，在储备经营中应采取符合现阶段发展情况的经营模式，将实际储备分为经常性和战略性两个组成部分。经常性储备用于干预外汇市场，稳定人民币汇率，保持必要的对外支付能力，在经营方式上可采取短期性运用和投资的做法；战略性储备则主要用于满足国家较长期限的资金要求。为了提高储备资产收益，可用于进行中长期资产投资，在必要时经政府特批也可以动用一部分战略性储备用于国家重点建设项目。建立经常性储备和战略性储备要注意以下两个问题：一是要合理划分二者的比例，在保证经常性外汇储备充足的基础上安排战略性储备。二是战略性储备用于国内重点建设项目部分应建立严格审批制度，不能轻易动用，在建设项目投产后应尽快收回所投外汇资金并退还于储备。

【专栏5-5】
解决我国中央银行资产负债失衡问题的对策
——将外汇储备用于各项民生领域支出

外汇储备是一国拥有的特殊债权，主要包括国际收支经常项目净流入和资本与金融项目净流入两个部分。前者大约占到2.4万亿美元的一半，主要由贸易和非贸易盈余形成，属于国家债权型的外汇储备，其性质相对稳定（当然，"潜行"于其中的国际热钱除外）；后者指外国直接投资（FDI）、证券投资、国际借贷等项目所形成的盈余。这部分盈余属于最终必须归还的资金，只不过付息方式和还款期限有所不同，其性质不稳定且风险较大。因此，中央银行首先必须保证外汇储备的安全性和流动性。

但是，目前人民币汇率升值压力增加，我国外汇储备面临价值缩水，事实上也已造成不必要的资源浪费。与其任之贬值和浪费，不如及时地把钱花掉。在充分保证国际贸易结算和应对资本外逃突发事件的前提下，可以将部分外汇储备用于海外资源的战略性收购，例如加大对海外石油、铁矿石和其他重要原材料行业的企业股权收购等。近年来，我国在这方面已进行了很多有益的实践探索，但是力度不够，需要制定一系列政策鼓励国内企业扬帆出海。

另一个思路，就是"外储内用"。有人担心这将造成"汇兑资金循环"和增加外汇储备、进而增加国内通胀压力的问题，其实问题远没有一些人想象的那样复杂，关键是外汇必须到国外使用，而不是兑换成人民币在国内消费。我国应该适当地增加进口，并将部分外汇储备用于科、教、文、卫和改善民生等领域，特别是大量增加我国公派留学人员数量，显著提升我国高等教育国际化的水平。此举不仅提高了我国资源配置效率，也促进了世界经济恢复，最终将有利于我国经济发展。

资料来源：杨娉，关于我国中央银行资产负债表健康化的思考，黑龙江金融，2013 年 11 期。

第四节　中央银行资产结构

　　中央银行的"资产"业务代表的是中央银行对资金的运用，其由中央银行资产负债表中的各资产项目予以反映。这些资产项目记录着由负债业务所获得的资金来源，其使用的去向和配置格局。各资产项目反映的是中央银行通过用货币资金收购资产或放贷的方式来行使债权，以此调控金融机构、市场的货币数量，以贯彻货币政策的意图。以下试通过分析 2002—2014 年中国人民银行公布的货币当局资产负债表中资产方项目、规模与结构的变化，来反映近年来中国人民银行在资产业务方面有哪些改变。

一、中国人民银行资产负债表中资产方项目的变化

　　一直以来，中国人民银行资产项目的设立与构成十分稳定，主要由国外资产（包括外汇、货币黄金和其他国外资产）、对政府债权、对其他存款性公司债权、对非金融性公司债权和其他资产 6 个一级项目组成。2006 年删除了两个一级资产项目，分别是"对存款货币银行债权""对特定存款机构债权"，并增加了一个一级项目"对其他存款性公司债权"；同时，将原有的"对其他金融机构债权"、"对非金融机构债权"分别更名为"对其他金融性公司债权"和"对非金融性公司债权"（见表 5-3）。

表 5-3　中国货币当局资产方项目的构成变化

2006 年之前的资产方项目	2006 年之后的资产方项目
1.国外资产	1.国外资产
1.1 外汇	1.1 外汇
1.2 货币黄金	1.2 货币黄金
1.3 其他国外资产	1.3 其他国外资产
2.对政府债权	2.对政府债权
3.对存款货币银行债权	3.对其他存款性公司债权
4.对特定存款机构债权	4.对其他金融性公司债权
5.对其他金融机构债权	5.对非金融性公司债权
6.对非金融机构债权	6.其他资产
7.其他资产	

资料来源：中国人民银行官方网站（www.pbc.gov.cn）。

二、中国人民银行资产负债表中资产规模与结构的变化

　　从 2002 年到 2014 年，中国人民银行总资产规模从 51 107.58 亿元，增长到 330 634.21 亿元，增长率高达 546.94%。以下从各项资产项目入手，考察其规模和结构的变化（见表 5-4），以此分析中国人民银行货币政策操作的选择与意图。

表 5-4　中国人民银行资产方项目规模与结构变化

年份 项目 负债方项目	2008		2009		2010		2011		2012		2013		2014	
	规模 （亿元）	占比 （%）	规模 （亿元）	占比 （%）	规模 （亿元）	占比 （%）	规模 （亿元）	占比 （%）	规模 （亿元）	占比 （%）	规模 （亿元）	占比 （%）	规模 （亿元）	占比 （%）
储备货币	162 543.52	78.48	185 333.00	81.45	215 419.60	83.09	237 898.06	84.67	241 416.90	81.96	272 233.53	85.80	280 184.03	84.74
货币发行	149 624.26	72.25	175 154.59	76.98	206 766.71	79.75	232 388.73	79.75	236 669.93	80.35	264 270.04	83.29	272 151.84	82.31
金融性公司存款	337.24	0.16	669.84	0.29	669.84	0.26	669.84	0.26	669.84	0.23	669.84	0.21	669.84	0.20
不计入储备货币的金融性公司存款	12 582.02	6.08	9 508.57	4.18	7 983.06	3.08	4 839.49	3.08	4 077.13	1.38	7 293.66	2.30	7 362.35	2.23
发行债券	16 195.99	7.82	15 661.97	6.88	15 421.11	5.95	15 399.73	5.95	15 313.69	5.20	15 312.73	4.83	15 312.73	4.63
国外负债	8 432.50	4.07	7 161.92	3.15	9 485.70	3.66	10 247.54	3.66	16 701.08	5.67	13 147.90	4.14	15 455.89	4.67
政府存款	11 852.66	5.72	11 530.15	5.07	11 325.81	4.37	10 643.97	4.37	10 038.62	3.41	8 907.36	2.81	8 787.71	2.66
自有资金	44.12	0.02	43.96	0.01	24.99	0.01	24.99	0.01	24.99	0.01	24.99	0.01	25.32	0.01
其他负债	8 027.20	3.88	7 804.03	343	7 597.67	2.93	6 763.31	2.41	11 041.91	3.75	7 652.04	2.41	10 868.54	3.29
总负债	207 095.99	100.00	227 535.02	100.00	259 274.89	100.00	280 977.60	100.00	294 537.19	100.00	317 278.55	100.00	330 634.21	100.00

数据来源：中国人民银行官方网站（www.pbc.gov.cn）。

（一）"国外资产"的规模与结构变化

中国货币当局"国外资产"规模由 2002 年的 23 242.85 亿元增长至 2014 年的 280 184.03 亿元，增长率 1 105.46%，高于货币当局资产的总体扩张规模。其在总资产中所占比重从 2002 年的 45.48%逐年上升至 2014 年的 84.74%。

"国外资产"构成项目的规模与结构近年来也发生了显著的变化：

（1）"外汇"规模大幅增长，由 2002 年的 22 107.39 亿元增长至 272 151.84 亿元，增长率为 1131.04%，高于货币当局资产的总体扩张规模。其在总资产中所占比重从 2002 年的 43.26%增至 2014 年的 97.13%，成为中国人民银行最主要的资产配置。

（2）"货币黄金"规模一直以来保持在 337.24 亿元，直至 2009 年才得以突破，规模几乎翻番，达到了 669.84 亿元。

（3）"其他国外资产"主要是在 IMF 的特别提款权。虽然其自 2002 年来经历了"先降后增再降"的反复波动过程，但其规模仍得到了大幅增长，由 2002 年的 798.22 亿元增长至 2014 年的 7 362.35 亿元，增长率达 822.35%。值得注意的一点是，该项目规模在 2007 年出现急升——由 2006 年的 1 074.59 亿元，迅速升至 2007 年的 9 319.23 亿元。其主要原因是，为缓解外汇兑付导致流动性过剩的压力，2007 年 8 月，中国人民银行要求商业银行以外汇缴存本币存款准备金，而这部分缴存的外汇资金是在"其他国外资产"这一二级资产项目中予以核算的，从而导致该项目金额的大幅增加。

（二）"对政府债权"的规模与结构变化

"对政府债权"规模一直具有相对平稳的态势，2002 年规模为 2 863.79 亿元，而直到 2006 年，规模仍然只有 2 856.41 亿元。然而，其规模在 2007 年陡然增加，由 2006 年的 2 856.41 亿元上涨至 2007 年的 16 316.71 亿元，在总资产规模中的占比也由 206 年的 2.22%增长至 2007 年的 9.65%。而之后规模和占比均呈现逐年缓慢下降态势，降至 2014 年的 15 312.73 亿元，占 4.63%。2007 年该项目规模陡增的原因是，财政部在 2007 年发行了 1.55 万亿特别国债，由此筹集的资金大部分向中国人民银行购买外汇以作为中国投资有限责任公司的资本金，而这一行为直接反映在货币当局资产负债表上的变化就是"外汇"项目的金额转移到"对政府债权"项目的相应金额上。

（三）"对其他存款性公司债权"的规模与结构变化

再贷款和再贴现曾经是中国人民银行主要的货币政策工具，然而，在过去几年中，其作用逐步降低，从而逐渐淡出了中国人民银行的货币政策操作的范围。自 2006 年设立该一级资产项目以来，其规模由 6 516.71 亿元缓慢上升至 2014 年的 15 455.89 亿元，增长率为 137.17%，远低于总资产的增长率，并且其占总资产的比例也由 2006 年的 5.07%逐年下降至 2010 年的 3.66%，但在 2014 年又回升至 4.67%。这一数据直接反映了通过再贴现、再贷款等机制来调控商业银行等存贷金融机构的资金余缺，其效力及其在中国人民银行货币政策中的地位已大为降低。

（四）"对其他金融性公司债权"的规模与结构变化

"对其他金融性公司债权"包括中国人民银行对信托投资公司、资产管理公司等其他金融机构发放的再贷款与债券回购。1999—2005 年间，中国人民银行向中国信达、中国华融、中国东方、中国长城资产管理公司发放的再贷款超过 1.2 万亿元，目的是以此收购国有商业银行的不良资产。中国人民银行以再贷款形式对四大资产管理公司实施的货币政策，导致了该以及资产项目规模在这一时期的大幅上升。由 2002 年的 7 240.27 亿元迅速攀升至 2006 年的 21 949.75 亿元，在总资产中的占比也从 14.17% 升至 17.07%。而后，自 2007 年起，该项目规模又开始回落，比重也逐年下降至 2014 年末的 2.66%，余额为 8 787.71 亿元。这一下降趋势，从侧面反映出了中国人民银行对资产管理公司等非存贷款金融机构的资金数量调控力度在逐年减弱。

（五）"对非金融性公司债权"的规模与结构变化

2002—2010 年间"对非金融性公司债权"规模与占比呈现逐年下降趋势，从 2002 年的 206.74 亿元，逐年缓慢下降致 2014 年的 24.99 亿元，占比也从 0.40% 下降至 0.01%。这体现出该项目在资产业务中的地位在逐年下滑。

（六）"其他资产"的规模与结构变化

"其他资产"反映的是央行资产负债表中未做分类的资产项目，主要反映的是中国人民银行持有的货币资产的数额。其规模虽从 2002 年的 5 266.29 亿元增加到 2014 年的 10 868.54 亿元，增长率达 106.38%，但它占总资产的比重却从 10.30% 下降到 3.29%。其规模变动经历了"先升后降再升再降再升"的五个阶段：2002—2005 年的逐年上升阶段，2006—2007 年下降阶段，2007—2008 年上升阶段，2009—2011 年下降阶段，2012—2014 年上升阶段。该项目和"对政府债权"一起可以综合反映中国人民银行公开市场业务规模的变化，两者总金额在近年来的扩张，表明了公开市场业务操作在中国人民银行货币政策宏观调控中使用频率和地位的显著上升。这说明，中国人民银行的调控方式已更多地从直接调控金融机构的资金数量，转向了通过金融市场的交易来间接调控金融机构的资金数量。

【专栏 5-6】

2007—2010 年美联储资产类项目变化情况

一方面，在危机初期，美联储主要采用常规货币政策工具，如利率工具，公开市场操作等。随着危机的演进，由于常规政策手段已经无法达到控制危机的目的，美联储转而采用非常规货币政策工具。从 2009 年 1 月起，美联储已停止了回购操作，美联储资产负债表项目中回购操作项目发生额为零。

另一方面，2008 年 11 月 25 日，美联储推出了第一轮量化宽松政策（QE1）后，开启了非常规货币政策工具。资产负债表变动幅度最大的资产项目为财政部债券，2007 年年底，该项目占资产总额比重为 81.51%，随着对国库券的减持，该比例 2008 年下降至 22.36%，其后启动的量化宽松政策加大对国债的购买力度，该比例又恢复至 43.95%。2009 年起，"定期资产支持证券贷款便利"、"AIG 贷款净值"、"政府支持企业贷款债券净值"以及"联邦机构和政府支持企业抵押担保债券净值"等项目成为美联储资产负债表重要的二级资产类项目。其中"联邦机构和政府支持企业抵押担保债券净值"是占比最高的资产项目，从 2 月中旬的 652.9 亿美元增至 2009 年 12 月 31 日的 9 189 亿美元，增长了 14 倍，已成为美联储应对危机后期最主要的措施之一。

资料来源：俞亚光等，主要国家央行资产负债表规模与结构比较研究，会计研究，2013年第5期。

三、中国人民银行资产业务的主要问题

由"国外资产"规模与结构的变化，不难看出，目前资产业务模式存在的主要问题有以下几个方面。

（一）外汇储备规模不断扩张是否具有效率和可持续性

近年来，外汇储备急速攀升，迅速扩张的外汇储备主要购买美国国债。然而由于目前美国国债较低的收益率，使得外汇储备投资收益低于资金成本，这从长期来看，是不具备可持续性的。

（二）外汇储备扩张导致本币被动超发，加大国内通胀压力

外汇储备迅速增长导致外汇占款激增已经严重改变了我国的货币供应结构。1994 年外汇管理体制改革以前，我国基本上通过"国内信贷"来投放基础货币，因外汇储备被动投放的基础货币（即所谓的"外汇占款"）仅占很小的一部分，约为 26.4%。然而，随着外汇储备的持续增长以及央行实施的"冲销干预"政策，使得我国外汇占款大幅飙升，从 2002 年年末到2014 年，外汇占款由 2.21 万亿元增加到 27.2 万亿元，增长 11.3 倍；外汇占款量占中国人民银行基础货币的增量比例也越来越高。巨额外汇储备引发的货币超发，不仅严重削弱了日央行货币政策的自主性，也不断地给中国人民银行带来了巨额的冲销成本，冲销的压力越来越大。同时，也给国内带来了通胀率上行的巨大压力。因此，未来需要脱离冲销成本日益加大的对冲销操作模式，这就要求从根本上改变外汇储备管理机制，从"藏汇于国"向"藏汇于民"转变，分散过度集中的储备资源，阻断外汇储备通过外汇占款渠道与货币供给的连带关系，真正掌控中国货币政策的自主性。

（三）资产结构反映出中国人民银行调控能力问题

我国货币当局资产结构中，占比最大的是不具有可控性的"外汇资产"，而并非是对存贷型和非存贷型金融机构的债权。而近年来，外汇资产的迅速攀升，外汇资产成为了规模最大、占比最高的央行资产，直接导致了中国人民银行对金融机构债权在总资产中占比的下降，这种下降态势说明，中国人民银行对国内商业银行等金融机构的调控能力有显著减弱的趋势，加之，外汇银行结售汇制度下，外汇资产增长的被动性，这一切均对中国人民银行的货币政策调控能力提出了严重挑战。

补充阅读

优化资产负债结构以改善宏观调控的途径

从美联储等中央银行通过资产负债表实施宽松货币政策的效果看，优化人民银行资产负债结构、提高宏观调控有效性还有很大的操作空间。

通过改革逐步降低外汇资产占总资产中的比例

在国际收支大量顺差的背景下，外汇资金大量进入中国是客观事实，而且这种趋势中长期并不会改变。受限于体制约束，这必然导致人民银行资产不断向外汇占款集中。缓解央行外汇资产的继续增加及占比提高，主要是通过改革，加快推进企业和金融机构的"走出去"战略步伐，将外汇资金转变为中资机构的对外借贷资金和投资，缓解外汇资金流入境内所形成的种种压力，减少人民银行资产配置中的外汇资产占款；同时，还需要改变外汇资产集中于国家的政策思路，实施藏汇于民。

细化资产科目，提高人民银行宏观调控的透明度

中央银行货币政策调控在国内的资产表现主要反映在对国内金融机构和金融产品的持有数量和比例上。过去十年年间，我国经济和金融的规模和运行状况发生了一系列重大变化，但人民银行资产负债表中"对其他存款性公司债权"和"对其他金融性公司债权"两大科目并没有出现大幅度增长，这主要是因为剔除了国有商业银行不良资产剥离等因素，并不能够真实反映人民银行的宏观调控和金融改革政策。要真实反映人民银行对金融机构的调控，要细化这两大科目，清晰展示人民银行与金融机构之间的金融交易状况，提高人民银行的宏观调控的真实性和透明度。

优化负债结构，提高货币政策的主动性

货币发行是中央银行各项资金来源中成本最低、主动性最高、可操作性最强的科目。人民银行发行货币的增长率长期严重低于信贷增长率说明人民银行货币发行不足以满足经济和金融运行需要，而存贷款金融机构将通过信贷机制加大了派生货币的创造。因此，即便人民银行不加大发行货币的数量，也可能发生通货膨胀和资产价格泡沫。优化负债结构，加大人民银行资产结构中发行货币的比重，能够有效提高人民银行货币政策操作主动程度的同时降低存贷款金融机构创造派生货币的能力，从而提高人民银行调控宏观金融、抑制通胀和资产价格上行的能力。

深化财政体制改革，提高宏观调控政策的协调性

在财政体制不完善以及国债发行体制改革滞后的背景下，财政支付的波动引起政府存款季节性巨幅波动，制约了货币政策的宏观调控。完善财政体制改革，特别是提高财政预算的准确性和科学性，实现对财政超收的科学管理，提高预算执行的平稳性，缓解财政存款的巨额变动对储备货币的不利冲击，对于提高货币政策有效性、完善财政政策与货币政策的协调性至关重要。

完善金融市场，提高货币政策有效性

在此次金融危机中，得力于金融市场的发达，美联储等中央银行非常规政策的运用空间相当广阔，中央银行不仅可以有效解决金融市场面临流动性等问题，而且在解决系统性风险问题以及问题机构的救助方面也可以发挥重要作用。而人民银行应对措施仍集中于存款准备金、再贴现和公开市场操作等一般性货币政策工具。展望未来，推动金融改革，人民银行通过资产负债表实施宏观调控的政策空间也很大。而且更加市场化的方式也有利于提升货币政策宏观调控的效果。

资料来源：刘华等，从中央银行资产负债表看宏观调控，区域经济研究，2011 年第 1 期。

读后讨论

1. 你如何理解"货币政策的主动性"？
2. 简述"透明度"对央行宏观调控的好处。
3. 你认为结合中国人民银行资产负债结构整体实际情况应如何给出具体建议。

本章小结

1. "贴现"是指个人或企业在需要资金时，将未到期票据转让给商业银行以融通资金的行为；"转贴现"是指将未到期的已贴现票据由贴现银行再次转让给其他商业银行或金融机构的行为。而"再贴现"是指商业银行委屈的资金，将尚未到期的已贴现商业票据提交中央银行以融通资金的票据行为。

2. 中央银行的贷款业务是指中央银行向商业银行、政府及其他部门进行放款的行为。

3. 中央银行公开市场业务也叫做证券买卖业务，是指中央银行作为市场主体，在公开金融市场上进行证券买卖。

4. 中央银行保管和经营黄金外汇储备的意义有：稳定币值、稳定汇率和灵活调节国际收支。

重要概念

资产　贴现　转贴现　再贴现　贷款对象特殊性　公开市场业务　回购交易　现券交易　正回购　逆回购　外汇储备　资产项目结构

练习题

1. 请举例说明贴现、转贴现及再贴现的含义。
2. 央行买卖证券的交易品种有哪些？
3. 简述贷款业务和买卖证券业务的异同。
4. 谈谈你对我国外汇储备及整个资产项目结构的看法并根据时事提出意见。

第6章 中央银行的支付清算业务

学习目标

1. 熟悉和了解中央银行支付清算业务的主要内容。
2. 理解和掌握中央银行支付清算体系的构成及其作用。
3. 了解中央银行清算支付系统的种类及风险管理。
4. 了解跨国支付清算及主要的国际支付系统。
5. 熟悉中国支付体系的建设与发展。

开篇案例

我国近年支付系统运行状况

近年来，我国支付系统整体运行安全稳定，支付系统业务处理规模持续扩大，业务量保持快速增长态势。

由中国人民银行直接管辖的支付系统包括：大额实时支付系统、小额批量支付系统、网上支付跨行清算系统、同城票据清算系统、境内外币支付系统和全国支票影像交换系统。

2014年第三季度，中国人民银行支付系统共处理支付业务11.17亿笔，金额664.60万亿元，同比分别增长48.30%和21.81%，分别占支付系统业务笔数和金额的13.93%和73.66%。日均处理业务1 334.95万笔，金额100 246.30亿元。

资料来源：中国人民银行网站。

案例导读

中央银行支付清算业务与金融业的支付、结算、清算等基础业务活动密切相关，在中央银行的职责体系中占有重要地位。建立完善的中央银行支付体系，是中央银行有效实施支付清算职能，保证金融和经济顺利运行的重要基础。

第一节 支付清算业务与中央银行

一、支付清算业务

（一）支付、结算与清算

经济社会中的商品交易、消费行为和金融活动等都会引起债权债务关系，债权债务的清偿通常通过货币所有权的转移实现。"支付""结算"和"清算"是经济社会中实现债权债务清偿和资金转移的 3 种基本方式。

1. 支付

支付（payment）是指付款人对收款人进行的，当事人可以接受的货币债权转让。现金和在金融机构（包括中央银行）的存款余额为货币债权的两种基本存在形式。

2. 结算

结算（settlement）是指与支付相关的货币资产的转移，即为实现商品（服务）交易、投资、消费等活动引发的债权债务清偿及资金转移而发生的货币收付。根据货币债权形式的不同，结算可分为现金结算和非现金结算。

现金结算是交易者之间以现金转移为内容，无需支付中介的服务，实现钱货两讫的交易模式，一般用于小额结算；非现金结算亦称转账结算，是以存款余额划转为内容，以金融机构为服务中介，实现债权债务清偿的交易模式。一般而言，一个国家的经济和金融产业越发达，其现金结算的比重越低，转账结算的比重越高、范围越广。

3. 清算

清算（clearing）亦称银行间清算，是指通过一定的支付服务组织和支付系统，实施支付指令的发送与接收、对账与确认、收付金额的统计轧差、全额或净额清偿的一系列专业程序。清算起源于结算，但内涵更丰富，它不仅包括货币收付行为本身，还包括为完成货币收付而专门设置的清算组织、清算系统以及各种程序与制度。在社会生活中，结算具有广泛的社会性，而清算更具专业性，参与者主要是金融机构以及提供支付服务的其他中介组织。

（二）中央银行的支付清算业务

中央银行的支付清算业务是指中央银行作为一国支付清算体系的参与者和管理者，通过一定的方式、途径，使金融机构之间的债权债务清偿及资金转移顺利完成，并维护支付系统的平稳运行，从而保证经济活动和社会活动的正常进行。

现代经济条件下，银行间债权债务关系错综交织，结算和清算业务纷繁复杂，行间结算和清算金额巨大，仅依靠银行间自身的双边或多边清算安排已无法实现巨额资金的划转。中央银行作为银行的银行，在行间清算中具有明显的效率优势。各国中央银行不仅直接提供行间清算服务，还被赋予组织、监督、管理行间清算的职责，主持制定行间清算制度、设计行间支付安排、审核支付系统操作规程等。

二、中央银行支付清算业务的主要内容及运营

（一）组织同城票据交换和清算

票据是各国普遍采用的信用支付工具，主要分为支票、本票和汇票三种类型。票据交换是各银行间进行债权债务和资金清算的最基本手段之一。有些国家的票据交换由中央银行负责组织和管理，有些国家由私营清算所或是金融机构联合主办，但是票据交换的资金清算一般通过各银行或清算机构在中央银行开立的账户完成。

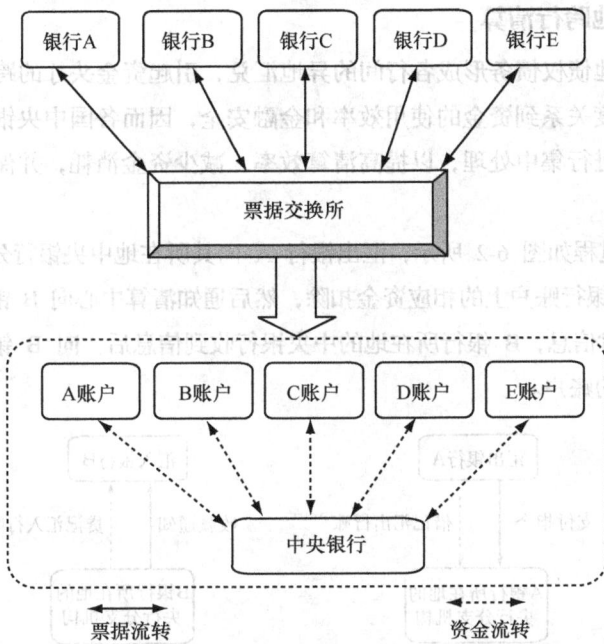

图 6-1 票据交换示意图

同城票据交换和清算如图所示，银行 A、B、C、D、E 将应收和应付的票据提供给票据交换所，票据交换所收集所有票据后，按照应付行和应收行分类处理。

【专栏 6-1】

支付、金融稳定与中央银行

从历史上看，最后贷款人的角色并不总是理所当然地由已设立的结算机构承担。比如，英格兰银行在 18 世纪末成为了最终结算资产供给者，而当时英格兰银行还仅仅只是一个由私人股东构成、为私营公司和政府提供银行服务的私人银行。整个 19 世纪，英格兰银行多次被要求去支持其他银行，尤其是当金融危机威胁到伦敦金融系统稳定的时候。由此产生的利益冲突使英格兰银行无法完全行使现代中央银行所具备的公共职能。

对比纽约和芝加哥在 1907 年"银行家恐慌"危机期间的不同结果，可以得出有意义的结论。两者的差异在很大程度上可以由当地清算所的反应来解释。在纽约，清算所的会员大部分只限于全国性银行和州立银行。托拉斯被认为是银行在当地的强劲竞争对手，因而基本上都被清算所拒绝接纳。而在芝加哥，托拉斯和全国性的银行一样都是清算所的

直接会员。在危机期间两地的清算所都随时准备提供紧急贷款援助，但普遍偏好直接会员。在纽约，托拉斯的竞争威胁所导致的利益冲突，成为清算所贷款决定时需要额外考虑的因素。

只有让中央银行成为公共部门机构，才能最终克服这些冲突。1913 年美联储的成立，在某种程度上是对 1907 年"银行家恐慌"的反应结果。

资料来源：Mark Manning，ErlendNier，JochenSchanz.大额支付结算的经济学分析：中央银行视角的理论与政策[M]. 田海山等译，北京：中国金融出版社，2013.

（二）办理异地跨行清算

银行之间的异地债权债务形成各行间的异地汇兑，引起资金头寸的跨行、跨地区划转，划转的速度及准确度关系到资金的使用效率和金融安全，因而各国中央银行通过各种方式和途径，对清算账户进行集中处理，以提高清算效率，减少资金消耗，并保证异地跨行清算的顺利进行。

异地跨行清算过程如图 6-2 所示，汇出银行 A 向其所在地中央银行分支机构发出支付指令，中央银行将 A 银行账户上的相应资金扣除，然后通知清算中心向 B 银行所在地的中央银行分支机构发出支付信息，B 银行所在地的中央银行收到信息后，向 B 银行发出收款通知，将资金划入 B 银行的账户。

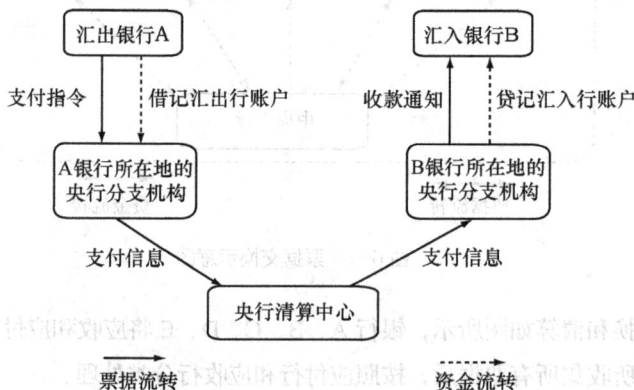

图 6-2　异地跨行清算示意图

（三）提供证券和金融衍生工具交易清算服务

证券和金融衍生工具交易的主要程序包括：一是交易执行，根据不同的市场类型（公开报价或电话报价市场），可以采取不同的形式进行交易；二是交易撮合，保证交易双方在价格、数量等相关条件约束下达成一致；三是交易清算，交易双方进行支付的计算过程；四是转账指令，证券和资金的交割指令必须发送到清算系统；五是清算，包括证券与资金的双向交割。

近年来，越来越多的交割通过中央银行簿记系统进行，即不再进行证券实物交割，而是把所有的票券保留在中央银行证券托管机构（主要指政府债券），中央银行证券托管机构一般包括资金转账系统，并直接连接支付系统。

证券及金融衍生工具的交易不同于其他经济活动所产生的债权债务清算。许多发达国家都设立了专门为证券和金融衍生工具交易提供结算服务的支付系统。有些中央银行甚至直接参与其支付清算活动，例如，美联储提供 Fedwire 簿记证券系统完成政府证券交易资金的最后结算；英格兰银行提供中央金边证券系统（CGO）和中央货币市场系统（CMO）的结算服务；日本银行的日银网络系统中的日本政府债券服务系统，专门用于日本政府债券的交割和结算。

（四）提供跨国支付清算服务

跨国支付清算又称为国际结算，是按照一定规则和程序并借助结算工具及清算系统，清偿国际间的债权债务和实现资金跨国转移的行为。跨国支付清算比国内支付清算更为复杂，具有国际性、涉及多种货币、多种支付清算安排及需要借助跨国支付系统和银行账户实现跨国行间清算等特征。

第二节　中央银行支付清算体系的构成及作用

一、中央银行支付清算体系的构成

中央银行的支付清算体系是指中央银行作为一国支付清算体系的参与者和管理者，通过规定支付清算方式、程序等组织与制度安排，使金融机构之间的债权债务清偿及资金转移顺利完成，并维护支付系统的平稳运行，保证经济活动和社会生活的正常进行。

中央银行支付清算体系的主要构成如下。

（一）支付服务组织

中央银行的支付清算体系是金融体系的重要组成部分，是中央银行向金融机构及社会经济活动提供资金清算服务的综合安排。支付服务组织是参与支付清算体系运行、服务、管理的专门机构，在支付清算体系中具有重要的基础作用。

1．中央银行

作为一国（地区）支付清算体系的核心机构，中央银行既是支付清算体系的组织者、规划者、监督者，也是跨行支付清算服务的提供者。中央银行支付政策是中央银行履行支付清算职责的基本依据，是中央银行政策体系的重要组成部分，对于中央银行的整体职能及政策效应具有重要影响。构建一个高效、可靠的支付体系，是中央银行支付政策的核心目标。

2．银行业金融机构

以商业银行为主体的金融机构是提供非现金结算和支付服务的骨干力量，具有不可替代的功能地位。商业银行利用吸收存款的基础功能，以专业化的支付服务将分散的债权债务清讫活动聚拢起来，形成了以商业银行为基础的支付结算安排。因此，银行业金融机构的服务最具广泛性和社会性，既为机构客户办理支付结算，又面向广大社会公众提供多种形式的零售性服务。

3．清算机构

清算机构是为金融机构提供专业资金清算服务的中介机构，在支付清算体系中占有重要地位。支付清算机构的主要形式：票据交换所、票据清算中心、票据清算协会等。其中，票据交换所是最传统和最典型的支付清算机构。随着现代科技在金融领域的广泛应用，很多国家的票据交换所已经实现了票据交换的电子化和自动化。

从所有权性质来看，清算机构有私营的，也有政府或货币金融当局组建并经营的。从业务地域范围来看，清算机构有地方性的，全国范围性的，也有国际性的。在很多国家（地区），中央银行通常作为清算机构的主要成员，直接参与支付清算活动；也有另一些国家（地区），中央银行不直接加入清算机构，但对其实行监督和管理，并为金融机构提供清算服务。

（二）支付工具

支付工具可以分为现金和非现金两种类型。非现金支付工具是通过支付系统传载的，用以实现债务清讫和货币价值转移的载体。随着金融发展和支付文化的进步，非现金支付工具得到了越来越广泛的应用。

1．票据

票据是一种历史悠久的非现金支付工具。它的主要特征：第一，票据不是法定货币，发行者可以是信用机构、工商企业及个人；第二，许多国家对票据实行立法，一些国际组织也制定和颁布了有关票据的国际公约和规则；第三，票据是信用交易的产物，票据的债务人与债权人之间需要借助信用机构的中介服务，才能通过票据的直接交付实现债务清讫或票据价值的转移。

2．银行卡

银行卡的普及应用，为资源配置提供了高效率的支付手段，使得经济、金融、消费活动变得更加快捷。在科技的强力支持下，银行卡产品层出不穷，通用性越来越强，网络化、电子化、国际化程度越来越高。如今，银行卡已经从单纯的银行业务演化为具有产业特征的品牌服务。

当今，EMV 标准（由国际三大银行卡组织——Europay（欧陆卡，已被万事达收购）、MasterCard（万事达卡）和 Visa（维萨）共同发起制定的银行卡从磁条卡向智能 IC 卡转移的技术标准，是基于 IC 卡的金融支付标准，已成为全球统一标准）迁移已掀起全球银行卡由磁条卡向 IC 卡（智能卡，Integrated Circuit Card）过渡的银行卡革命。

IC 卡由一个或多个集成电芯片组成，封装于卡片之内，具有暂时或永久的数据存储功能，具有可靠性高、功能强、数据容量大、成本低、对网络依赖程度低、一卡多用等突出优势。

3．电子支付

电子支付是指单位、个人（简称客户）直接或授权他人通过电子终端发出支付指令，实现货币支付与资金转移的行为。电子支付的类型按电子支付指令发起方式分为网上支付、电话支付、移动支付、销售点终端交易、自动柜员机交易和其他电子支付。随着 IT 技术和电子商务的快速发展，电子支付功能优势更加突出。

4．其他支付工具

其他支付工具包括：汇兑、委托收款和托收承付等转账类产品，通常与结算方式融为一体，是商业银行提供支付服务的基础工具。

（三）支付清算系统

支付清算系统的主要内容详见本章第三节。

（四）支付清算制度

支付清算制度是关于清算活动的规章政策、操作程序、实施规范等的规定与安排。中央银行作为国家的货币权力机构，有义务根据国家经济发展状况、金融体系构成及银行业务能力，同有关部门共同制定支付清算制度。中央银行担负清算监督职责，并根据经济与社会发展需要，改革支付清算制度。

二、中央银行支付清算体系的重要性

（一）支付体系保障着社会经济生活的正常运转

由于各国商业银行都在中央银行开设账户，中央银行为各银行之间应收应付款项进行资金划转提供了便利。同城、异地及跨国交易所产生的债权债务均可通过中央银行得以清偿，促进了资源优化配置，保障了经济高效运转。此外通过形成覆盖整个社会不同领域、不同主体的支付网络体系，实现国民经济各部门、企业与公众之间的资金流转，从而维系社会生活的正常运行。

（二）支付体系对货币政策实施具有重要影响

1．增强货币政策效果

中央银行通过提供支付清算服务，掌握全社会的金融状况和资金运动趋势，有助于正确制定货币政策，增强货币政策实施效果。

2．强化公开市场操作

只有拥有灵活、高效的支付体系和清算机制，中央银行才能有效地进行公开市场操作，完成有关资金收付，及时调节货币供应量，从而达到预期的政策效果。大额支付系统已经成为中央银行货币政策传导机制的重要保障设施。

3．增强货币市场流动性

灵活、高效的清算体系有助于货币市场运作，增强货币市场资金的流动性，从而减少商业银行对中央银行货币需求的依赖性，使中央银行更直接、准确地进行货币操作，有利于中央银行更灵活、有效地实施货币政策。

4．提高货币政策准确性

当支付清算过程中支付指令的传送和支付资金的清算转移不同步时，产生在途资金，增加了银行流动性管理难度，影响了中央银行对准备金需求的准确把握。中央银行可通过提供高效率的清算服务，减少在途资金，从而提高货币政策制定的准确性。

（三）支付体系是维护金融稳定的基础

支付体系运行关系到金融机构运作的稳定性和金融市场运行的稳定性。一个不完善的支付体系，必然降低资金转移的效率，影响金融机构的运作，并将危及整个金融市场的稳健运行。此外，支付体系风险是形成系统性支付风险的重要原因之一。因此，对支付体系进行监督管理，是支付体系健康发展的基础，更是维护金融稳定的基础。

（四）支付体系的发展满足公众多样化的支付需求

为社会公众提供便利、快捷、安全的支付服务是支付体系的重要职责。在现代社会中，非现金结算居于主体地位。银行通过专业化的支付体系，利用银行卡、电子支付、票据等多样化的支付工具和支付服务，轻而易举地实现货币资金的转移划拨。有利于交易款项的结算、各种费用的缴付、工资及养老金等的发放，从而满足了社会公众多样化的支付需求。

（五）支付体系的发展推动金融创新

安全高效的支付清算体系是支持和推动金融创新的重要基础。中央银行通过建设并不断完善支付清算体系，一方面可以提升银行等金融机构的业务处理能力，为其进行产品和服务创新提供公共平台，进一步提高其市场竞争力；另一方面可以带动非现金支付工具的发展与创新，拓展银行等金融机构的金融服务对象，延伸其金融服务领域，丰富其金融服务产品，提高其中间业务收入。同时，高效的支付清算体系还将银行与其他金融机构紧密联系在一起，有利于促进竞争和合作，有利于金融体系整体优势的发挥，从而推动金融创新。

第三节　中央银行支付清算系统

一、中央银行支付清算系统的种类及其运营

（一）按经营主体划分

按经营主体的不同，支付清算系统可以分为由中央银行所有并经营的支付系统、由银行业金融机构所有并经营的支付系统与私营支付清算系统。

1．中央银行支付清算系统

中央银行支付清算系统是指中央银行根据国家法律赋予的职权，直接拥有并经营的国家主要的大额支付系统，同时直接参与跨行支付清算的组织系统。

鉴于支付系统对经济金融及社会生活的重要影响，各国（地区）高度重视对支付系统的建设与运营。很多国家（地区）的中央银行直接拥有并运营支付系统，积极参与支付清算活动并附有监管职责。如美联储的电子资金转账系统（Fedwire）、欧洲中央银行的实时全额自动清算系统（TARGET）、日本中央银行的日银网络系统（BOJ-NET）、中国人民银行的现代化支付系统（CNAPS）等。

【专栏 6-2】

美联储 Fedwire 的产生

在美联储电子资金转账系统（Fedwire）之前，美联储的清算主要依靠两个系统，一个是以支票为清算工具的美联储通汇系统，它是银行间交易的基本系统，每天的汇款大约有 15 兆美元；另一个是通过全球银行间金融电讯协会系统（SWIFT）传送付款相关信息给账户，其信息涵盖的汇款金额大约是 25 兆美元。

1996 年美国政府和国会就预算问题发生争执，为了让政府重新运作，双方达成协议。其中一条规定，国会要通过一项法律：规定从 1999 年 1 月 1 日起，联邦政府的所有支付必须采用电子转账，不得再用支票付款。电子支付不容易发生遗失、失窃或受损。此外，和支票相比，电子支付遭到伪造、篡改的情形少很多。在政府的推动与法律的规范下，美联储电子资金转账系统于规定时间启动运作。

美联储运行的联邦资金转账系统（Fedwire）启运于 1918 年，是美联储履行中央银行支付清算职责的重要工具。根据 1913 年美国《联邦银行法》的授权，美联储通过 Fedwire 提供全国性的支付服务。Fedwire 是美联储银行直接经营与管理的实时全额支付系统，该系统由资金转移系统和簿记证券系统两部分组成，资金清算和证券交易可以同步进行，具有极高的业务处理效率和运行效率。Fedwire 不仅在美国支付体系中发挥着核心作用，而且对美联储实施货币政策、维护金融稳定具有至关重要的影响。

资料来源：[美]马丁·迈耶，美联储——格林斯潘的舞台，北京：中信出版社，2002。

2. 银行业金融机构支付清算系统

银行业金融机构支付清算系统是指由商业银行等金融机构所有并经营的支付清算系统。商业银行等金融机构为处理行内汇兑往来和资金清算，通常建有行内支付系统。行内支付系统是银行业金融机构综合业务处理系统的重要组成部分，是其内部资金往来与清算的基础渠道，是其提供支付服务、拓展金融市场业务的重要设施，在支付系统中居于基础地位。

3. 私营支付清算系统

私营支付清算系统是指由私营清算机构拥有并经营的支付清算系统，中央银行不直接参与私营清算系统的运行，但各系统的资金最终清算必须通过中央银行账户进行，中央银行有权运用各种手段对私营清算系统的运行实行监督、审计。

国际上一些著名的私营支付系统，如纽约清算所银行间支付系统（CHIPS）、英国支付清算服务协会设置的清算所自动化支付清算系统（CHAPS）、欧洲银行协会的清算系统（EBA）、日本东京银行家协会的全银数据通信系统（ZENGIN）、中国银联受理的银行卡网络系统等。

（二）按支付清算金额划分

按支付清算金额的不同，当今各国（地区）的支付清算系统可以分为大额支付系统和小额支付系统。

1. 大额支付系统

大额支付系统（High Value Payment System，HVPS）主要处理在限定起点以上的大额支付业务。它处理着一国绝大部分支付交易金额，对金融效率与金融稳定具有重大影响。具体表现在以下几方面。

第一，大额支付系统主要处理行间往来、证券和金融衍生工具交易、黄金和外汇交易、货币市场交易及跨国交易等大额资金转账业务。

第二，大额支付系统是控制国家支付系统的"主动脉"，中央银行对大额支付系统的建设、运行、监管予以高度重视。中央银行不仅直接运营大额支付系统，并与制定和执行货币政策，实施金融监管，提供金融服务等职责紧密结合；对私营大额支付系统，中央银行则提供最终清算服务，并实施有效监管。

第三，大额支付系统的结算通常以中央银行货币进行，中央银行提供结算账户并作为流动性来源。

第四，大额支付系统通常与中央银行公开市场操作系统相连接，直接影响金融机构的超额储备，其高效、稳定运行直接影响中央银行货币政策效果。

第五，美元、欧元、日元、英镑等主要国际货币的跨国支付系统，均为大额支付系统。因此，大额支付系统的运行效率直接关系到国际经济与金融活动的顺利进行。

2．小额支付系统

小额支付系统亦称零售支付系统，主要处理大量的金额相对较小的支付指令，其服务对象主要是工商企业、个人消费者和其他小型经济交易的参与者。小额支付系统的特点：一是服务对象数目众多，支付处理业务量大，但是每笔交易金额较小，支付比较分散，拥有广阔的服务市场，因此小额支付系统必须具有较强的支付能力；二是小额支付系统采用的支付媒介较多，现金、银行卡以及其他各种卡类、票据等都可以在这一系统中使用；三是小额支付系统一般由各个银行或私营清算机构经营，如美国的自动清算所系统（ACH），信用卡网络、ATM（自动柜员机）网络、POS（销售终端机）网络、小额终端和家庭银行等；四是由于支付金额较小但业务频繁，小额支付系统大多采用批量处理和差额结算方式。

（三）按转账资金的不同处理方式划分

按照转账资金的不同处理方式，实现行间资金清算可以净额（差额）结算或全额结算两种基本途径来实现。

1．净额结算系统

在净额结算模式下，支付系统并不是实时地对每一笔支付业务实施转账结算，而是在清算周期的特定时刻（通常为营业日内的指定时点），将在清算周期内收到的转账金额总数和发出的转账金额总数进行总计轧差，得出净余额（贷方或借方），即净结算头寸。再通过中央银行（或其他清算机构）提供的支付清算服务实现净结算头寸在付款银行和收款银行之间的账户划转。

相对于全额结算，净额结算具有节约流动性的优势。著名的美国大额美元支付系统（Clearing House Interbank Payment System，CHIPS）就采用净额结算。但是，由于净额结算只在规定时点处理资金的转账划拨，因此降低了资金流转的速度。此外，若净债务银行在清算时刻没有足够的资金清偿债务，结算则无法完成，将可能导致支付系统风险发生。

2．实时全额结算系统

根据全额结算的原理，支付系统对参加者的每笔转账业务进行一一对应结算，而不是在指定时点进行净额结算。全额结算分为两种模式：一是定时（延迟）结算，即结算集中在营业日内系统运行期间的指定时刻；二是连续（实时）结算，即资金转账处理和资金结算同步、连续进行的实时全额结算（Real Time Gross Settlement，RTGS）。

总体上，RTGS 较净额结算更有效率，更利于规避支付风险。第一，RTGS 的显著特征在于"实时"（Real Time）和"全额"（Gross）。"实时"即结算在营业日内非间断、非定期地连续进行；"全额"即每笔业务单独进行、全额结算，支付信息"随到随处理"，明确清晰。第二，RTGS 采取实时转账，从而根本性地缩短了结算时隔，提高了支付效率，降低了支付系统风险。第三，RTGS 通常设有支付指令排序安排，在系统运行过程中，若支付指令发出方的资金头寸不足以完成支付，队列排序将发生作用，以保障支付系统的正常运行。第四，RTGS 处理的所有支付业务均是不可撤销、不可变更的，所以对支付系统参加者的流动性要求较高，有助于促进支付系统参加者的流动性管理。

（四）按支付系统服务的地区范围划分

按支付系统服务的地区范围划分，现存的支付清算系统可以分为境内支付系统和国际性支付系统两大类型。

1．境内支付系统

境内支付系统主要处理一国境内的各种经济和消费活动所产生的本币支付和清算。境内支付系统对一国经济和金融活动效率具有重大的影响，既有中央银行运行的，也有私营清算机构或商业银行运行的；既包括大额支付系统，也有小额支付系统。

2．国际性支付系统

国际性支付系统主要处理国际间各种往来所产生的债权债务清偿及资金转移，大致上有两种类型：一种是由某国清算机构建立并运行，鉴于该国金融和货币在世界经济中占有重要地位，逐渐被沿用到国际清算领域，如美国的 CHIPS、英国的 CHAPS 及日本的外汇日元清算系统等；另一种则是由不同的国家共同组建的跨国支付系统，如由欧洲中央银行建立的"欧元区实时全额自动清算系统（TARGET）"，即负责欧元区国家间大额欧元交易的支付清算。

二、中央银行支付清算系统的风险管理

（一）支付清算系统的风险类型

支付清算系统可能面临的主要风险为：信用风险、流动性风险、系统风险、法律风险、操作风险和非法风险。

1．信用风险

信用风险也称违约风险，是指在支付清算过程中，因一方拒绝或无法清偿债务而使另一方或其他当事者蒙受损失所构成的风险。信用风险的发生源于支付清算过程的一方陷入清偿力危机，即资不抵债。因此，无论是差额清算系统还是全额清算系统，信用风险都有可能发生。也就是说，信用风险可发生在交易或支付过程中的任何环节。由此可见，信用风险是支

付清算过程中最普遍、最常见的风险，它几乎是产生其他风险的基础。一般来说，支付清算系统中支付指令的传送与资金实际交割的时间越长，潜在的信用风险越大。

2．流动性风险

流动性风险是指资金拖欠方并未发生实质上的清偿危机，只是由于资金不能如期到位而造成不能按期履约支付，致使对方无法如期收到应收款项而引起的风险。随着信用经济的发展，延期支付成了一种普遍的现象，并构成一个相互联系、相互制约的社会延期支付链，每一个延期支付行为能否顺利完成，都关系到社会支付体系的安全与否，流动性风险对支付系统运行产生的严重干扰也正在于此。

3．系统风险

系统性风险是指由于系统某个参与者不能清偿其债务或者系统本身遭到破坏，可能导致其他参与者或者金融系统中其他相关机构不能按时清偿其债务所构成的风险。这种风险会将资金矛盾转化为清算矛盾，造成一个城市（区域）的同城票据交换资金清算和支付系统转账业务难以正常进行，严重的会导致广泛的流动性问题和信用问题，可能威胁到金融稳定。另外，当自然灾害等突发事件发生或者人为造成网络中断、电路阻截、水灾、火灾等造成系统瘫痪也会引发系统性风险。

4．法律风险

法律风险是指由于法律制度的缺陷和不同国家或地区法律制度的差异所引发的支付清算风险。随着科技在金融领域的广泛应用，支付清算系统的现代化建设进展迅速，使法律建设面临巨大的挑战，并引发了一系列的问题，如电子支付和电子凭证的有效性、密码技术及数字签名的合法性等，都需要立法和进行法律的修订。另外，随着经济全球化的发展，跨国交易和跨国支付迅猛增加，由于系统的运行覆盖不同的国家，因此建立共同的法规解决法律冲突也是一个很重要的问题。

5．操作风险

操作风险是指由于现代支付清算系统运用的数据处理设备及通信系统出现技术性故障，而使整个支付清算系统陷入瘫痪的风险。这是信息技术在支付清算系统中应用必然伴随的一种风险，因为在信息技术影响力日益强劲的大趋势下，支付系统的技术结构、信息处理能力、安全能力、信息传送和通信设施的有效性等，对支付系统的稳定性越来越具有关键的影响力，支付系统的安全面临着巨大的挑战，一旦发生技术故障，势必引发系统的瘫痪。

6．非法风险

非法风险指人为的非法活动，如假冒、伪造、偷窃、非法发送命令、窃取数据等对支付清算系统所造成的风险。支付清算系统作为社会资金运转的枢纽和桥梁历来是犯罪实施的重点目标，尤其是随着银行卡、网上银行等新型金融服务的广泛推广，支付清算系统对公共通信设施等外部资源的依赖程度越来越高，因而其面临的非法攻击的可能性也就越来越大。

（二）支付清算系统的风险管理

在实践中，中央银行常常采取如下措施对支付清算系统风险予以防范和控制。

1．限制大额支付系统透支

为了保证大额支付系统的稳定运行，中央银行往往为大额支付系统的用户提供透支便利，以保持其流动性水平。但透支用户在规定期内可能无法补足其透支头寸，从而使中央银行蒙受信用风险。为强化大额支付系统透支风险控制，一些中央银行采取了相应的限制措施，如规定最大透支额度、对平均每日透支金额收取费用、对经营不善或没有遵守风险管理政策的金融机构不提供透支便利，以及要求对超过透支额度的部分提供透支抵押担保，否则就不给予透支便利等。

2．监控私营大额支付系统

在许多国家，一些重要的大额支付系统由私营清算机构所有并运行，中央银行对其负有监督责任。中央银行要求私营大额清算机构必须建立风险防范与控制机制，并采取具体措施保证清算参加者的差额头寸可以在规定时间内完成清算。同时，中央银行对私营大额清算机构的经营者及系统的运营状况实行审计、监督，对系统用户加强监管，以及时发现和解决问题，保证系统安全、有效运行。

3．监控小额支付清算系统

小额支付清算系统的运行质量关系到支付安排的整体效率，其运行风险对银行信誉和社会稳定构成威胁。如在小额支付清算系统中，卡类支付系统占据重要的位置，银行卡欺诈对持卡人、发卡机构及整个支付系统构成严重威胁。因此，中央银行应全面加强对银行卡业务的风险管理与监控，督促各银行采用安全支付标准、安全认证体系等技术防范措施，维护银行卡系统的稳定运行。

4．引用实时全额清算系统

实时全额清算系统（即 RTGS 系统）通过针对性的设计减少了清算时隔，降低了风险，有效地规避信用风险，有助于降低支付系统的系统风险参数。20 世纪 90 年代以来，越来越多的国家和地区的中央银行（如澳大利亚中央银行、欧洲中央银行等）都使用了 RTGS 系统。同时，一些私营大额支付系统（如英国的 CHAPS）也采用了 RTGS 运行原理。

5．加强支付清算领域的法规建设

为防范和控制支付系统风险，许多国家通过法律手段强化对国内支付系统建设及运营的监管，解决金融科技应用于支付系统所带来的法律问题。在实践方面，各国中央银行纷纷加强对清算机构的建立、规章制度及支付系统操作规则的审批、管理及监督工作，促进支付清算工作的有序开展与合作。

6．加强支付系统现代化建设与改造

完备的硬软件设施和技术保障是防范支付系统风险的重要基础，各国对支付系统的现代化建设予以很高的投入，中央银行通常直接干预国家主要支付系统的设计与运行，加强与科技及相关部门之间的合作，以提高支付系统的整体运行能力和安全系数。

【专栏 6-3】

Fedwire 与 CHIPS 信用风险管理措施

美联储银行向 Fedwire 的参与者提供日间信贷，使参与者面临的风险转移给了美联储银

行。为了控制金融机构在美联储账户上的当日透支，从 1994 年 4 月开始，美联储对金融机构平均每日透支进行收费。包括由 Fedwire 资金转移及记账证券转移两部分产生的合并透支额。透支上限的制定一般以信用度为基础，金融机构必须每年对自己的账务状况和经营环境做出详细准确的评估，此外，金融机构本身还必须监督和控制其客户对日间透支的使用。一般信用度越高，透支上限也就越高，信用度较差的金融机构一般得不到日间透支。

CHIPS 要求参与者在每天交易开始前存储一定数量的资金。在系统运行时间内，只有参与者当前的资金头寸足以完成借记 CHIPS 才释放支付指令，而且任何参与者当前的资金头寸都不得小于零。为保证 CHIPS 参与者可以获得信贷来源，并有足够的流动性以迅速应对每日初始和最终的资金头寸要求，CHIPS 为参与者提供了信贷限额。此外，它还需接受 CHIPS 的信用评估。CHIPS 参与者也需要向 CHIPS 董事会提交财务情况方面的文件，接受董事会定期问询。通过这些措施，保证了对交易风险的控制。

资料来源：根据 Fedwire 网站和 CHIPS 网站相关资料整理。

第四节　跨国支付清算

一、跨国支付清算

按照一定的规则、程序并借助结算工具和支付系统，清偿国际间债权债务和实现资金跨国转移的行为就是跨国支付清算。跨国支付既是一项银行业务，也是一种跨国经济行为，在世界经济活动中占有重要位置。通过跨国支付与清算，使国际间的资金流动得以顺利进行，债权债务得以按期清偿，货币收付得以及时实现，从而保证各国对外交往的正常开展及国际社会的正常运转。尤其是在世界经济一体化的发展进程中，跨国支付清算的重要作用将愈加突出。

二、中央银行在跨国支付清算活动中的重要地位

作为政府的银行，中央银行负有代表国家发展对外金融关系、参与国际金融活动、管理官方储备、监督外汇收支与资本流动等重要职责。中央银行上述职责的履行必然涉及跨国支付清算，中央银行以其特有身份对跨国支付清算活动施加重要影响。另外，鉴于一国的对外支付是其全部支付清算活动的重要构成，事关国家的国际地位与国际信誉，因此，中央银行往往通过直接或间接方式介入或进行干预。再有，一些区域内国家为了实现市场、货币的统一，需首先解决国家间的支付清算问题，如欧洲间实时全额自动清算系统（Trans-European Automated Real Time Gross Settlement Express Transfer System，TARGET）的成功运行，就是欧元区各国中央银行在跨国支付清算领域积极合作的突出事例。

三、主要的国际性支付系统

（一）欧洲支付系统——TARGET

1999 年 1 月 1 日，欧洲中央银行建设的大额欧洲支付系统 TARGET 正式投入运营。

TARGET 系统的成员为欧元区内各国的中央银行，任何一家金融机构只要在欧元区内所在国家的中央银行开立汇划账户，即可通过其所在国中央银行运行的本国实时全额清算系统与 TARGET 相连接，进行欧元的跨国清算。欧洲中央银行及参与国中央银行将监督 TARGET 的运营状况，并作为清算代理人直接参与 TARGET 运行，各国原有的中央银行清算系统并不取消。

TARGET 系统保证了欧元清算的及时有效，其运行效率远高于原有的跨国资金调拨系统，资金可以实时、全额地从欧盟一国银行划拨到另一国银行。从而减少了资金占用，提高了效率和安全系数，对欧洲中央银行实施货币政策具有重要作用。TARGET 的业务范围包括：与贯彻欧洲中央银行统一货币政策有关的业务、银行间的大额欧元清算、银行客户间的欧元收付款结算等。

（二）纽约清算所同业银行支付系统——CHIPS

1970 年，一个著名的跨国大额美元支付系统——美国纽约清算所同业银行支付系统（Clearing House Interbank Payment System，CHIPS）正式运营。CHIPS 是世界上最大的私营支付清算系统，属于纽约清算所协会所有并经营。纽约清算所是美国最大、历史最悠久的私营清算组织，参加成员可以是纽约清算所协会会员、纽约市的商业银行、外国银行在纽约的分支机构、符合纽约州银行法规定的投资公司等，非 CHIPS 成员可通过 CHIPS 成员的代理通过 CHIPS 转账。

CHIPS 提供的服务包括：国际贸易、外汇买卖、国际信贷、欧洲美元交易、欧洲证券交易、短期金融工具交易等引起的美元资金支付与清算。此外，CHIPS 成员还可通过该系统进行美国国内贸易及证券交易资金清算、代理行间的资金划转、对美国其他支付系统的头寸调拨等。

（三）清算所自动支付系统——CHAPS

清算所自动支付系统（Clearing House Automated Payment System，CHAPS）是英国的大额英镑清算系统，属于英国支付清算服务协会（Association for Payment Clearing Services，APACS）所有，于 1984 年投入运行，是英国最权威、最高级别的支付服务组织。CHAPS 目前有包括英格兰银行在内的 14 家成员银行，成员之间通过分组交换服务发送和接受 CHAPS 支付指令。成员银行在英国共有上万个分支机构，都可利用 CHAPS 服务。

CHAPS 以电子信息技术作为系统运行基础，1995 年年底以前采用净额结算方式，即在每日 15：30 系统关闭之后，所有成员银行需向英格兰银行报告与其他成员银行当日收付交换的全额数目，英格兰银行在核对并确认后，以净额结算方式进行最后清算。国际上的大额英镑交易支付清算绝大部分通过 CHAPS 进行。

第五节　中国支付清算体系的建设与发展

一、支付服务组织的多元化发展

目前，我国已形成中央银行、银行业金融机构、支付清算组织、证券结算机构等各有侧重、功能互补的支付服务体系，支付服务水平不断提升，服务的专业化、市场化程度持续提高，风险防范能力不断增强。

（一）中国人民银行的主导地位

中国人民银行积极参与我国的支付清算活动，组织协调各金融机构之间的资金转移安排，维系支付体系的高效、稳定运行。在社会主义市场经济体制下，中国人民银行在国家支付体系中核心地位的基础是中央银行制度安排以及法律赋予的职责权力。第一，社会主义市场经济制度的确立推动了金融体制改革的逐步深化，引发了金融市场、金融机构、金融运行机制的全方位变革，要求构建以中央银行为核心的支付体系。第二，中央银行制度的逐步完善坚实了中国人民银行在国家支付体系中核心地位的制度基础。第三，《中华人民共和国中国人民银行法》对中央银行基本职责做出了界定，强化了中央银行支付清算职责的法律基础。

（二）银行业金融机构的基础作用

作为支付服务组织的基础力量，银行业金融机构是向公众提供零售支付服务的传统支付机构。银行业金融机构拥有完善的结算账户体系、精良的基础设施、广泛的客户认知等资源优势，奠定了提供支付服务的社会基础。银行业金融机构提供的支付服务品种多，规模大，覆盖面广泛，服务方式多样化，成为实现社会资金流转的纽带。

（三）支付清算组织的广泛参与

支付清算组织为金融同业和社会公众提供银行卡等专项化的支付清算服务，丰富了支付市场结构，促进了支付服务分工的细化，是我国支付服务组织的重要补充力量。对于提高支付服务品质、推动支付文化进步发挥了重要作用。目前，经中国人民银行批准从事支付清算服务的机构有中国银联股份有限公司、城市商业银行资金清算中心、农信银资金清算中心、银行间市场清算所股份有限公司等。

（四）证券结算机构的逐步完善

我国的证券结算机构包括中央国债登记结算有限责任公司和中国证券登记结算有限公司。中央国债登记结算有限责任公司（中央结算）成立于 1996 年，现为中国人民银行大额支付系统特许参与者。中国证券登记结算有限公司（中国结算）成立于 2001 年，其通过建设和运营证券结算登记系统，为我国证券市场提供证券登记服务，包括证券账户管理、证券存管和登记、证券交易的清算和结算服务等。

【专栏 6-4】

中国银联股份有限公司

中国银联全称中国银联股份有限公司（China UnionPay Co.Ltd.）是经中国人民银行批准，在合并全国银行卡信息交换总中心和 18 个城市银行卡中心的基础上，由中国工商银行、中国农业银行、中国银行、中国建设银行、交通银行等八十多家国内金融机构共同发起设立的股份制金融机构。2002 年 3 月 26 日成立，总部设在上海。

中国银联的成立，极大的改善了我国的支付清算系统，对于中国支付清算系统的现代化建设具有里程碑意义：

第一，发行银联标准卡，创建民族银行卡品牌。有利于维护国家金融信息安全，维护国内成员机构在我国银行卡产业发展过程中的话语权。掌握产业发展过程中制定标准、规范的自主权力，保障国内各成员机构的长远利益和持卡人利益。

第二，发行银联标准卡既可保证在国内的通用，同时将随着人民币银行卡网络的国际化而实现全球通用。相对其他品牌银行卡，银联标准卡由于直接使用人民币结算而减少货币兑换的麻烦，同时使持卡人减少刷卡交易额 1%左右的货币兑换损失。

资料来源：中国银联网站。

二、中国支付系统的现代化建设

支付系统是支付体系的核心基础设施，对于社会资金高效、安全流动具有举足轻重的影响。目前，我国已经形成了以中国人民银行大、小额支付系统为核心，银行业金融机构行内支付系统为基础，其他支付系统共同组成的支付清算系统体系。

（一）中国人民银行大、小额支付系统

从 1991 年起，中国人民银行开始规划建设我国重要的金融基础设施——中国现代化支付系统（CNAPS）。中国现代化支付系统是中国人民银行按照我国支付清算需要，利用现代计算机技术和通信网络自主开发建设的，能够高效、安全的处理金融机构资金清算的应用系统。中国现代化支付系统由大额实时支付系统和小额批量支付系统两个主要业务应用系统组成。

1．大额实时支付系统（HVPS）

大额实时支付系统主要处理同城和异地的金额在规定起点以上的大额贷记支付业务、紧急的小额贷记支付业务，以及中国人民银行系统的贷记支付业务。2002 年 10 月，大额实时支付系统正式投入试运行，并于 2005 年 6 月覆盖至全国。

大额实时支付系统具有高效的自动化支付清算功能，采用 RTGS 模式，1 分钟之内即可完成单笔支付业务，极大地加快了社会资金周转，提高了资金应用效率。2013 年，大额实时支付系统处理业务 5.95 亿笔，金额 2060.76 万亿元，同比分别增长 26.33%和 16.30%，业务金额是全年全国 GDP 总量的 36.02 倍。

2．小额批量支付系统（HEPS）

小额批量支付系统负责批量处理异地及同城的商业银行（其他金融机构）之间纸质凭证截流的借记支付业务，以及单笔支付金额在规定起点以下的小额贷记支付业务。与大额实时支付系统不同的是，小额批量支付系统定时批量或实时发送支付指令，对多笔支付业务进行轧差，净额结算资金。

小额支付系统已于 2006 年 6 月底覆盖至全国。作为我国重要的零售支付系统，小额支付系统的主要任务是有效处理单笔业务金额较小，但业务量大的各类支付业务。小额支付系统为社会提供了种类齐全的支付服务，特别是与公众关系密切的工资发放、公用事业收费、税款缴纳、同域通兑等零售性支付业务，便利了社会公众的日常支付。2013 年，小额批量支付

系统办理业务 10.4 亿笔，金额 20.32 万亿元，同比增长 37.78% 和 9.52%。

（二）全国支票影像交换系统

2007 年 6 月 25 日，中国人民银行负责建设的全国支票影像交换系统完成了全国范围内的推广使用。该系统运用计算机影像技术将实物支票转换为支票影像信息，可以处理银行机构跨行和行内的支票影像信息交换和支票截留。其资金清算通过小额支付系统处理，实现了资金实时清算、资金全国兑付及支票全国通用。全国支票影像交换系统是中国人民银行继大、小额支付系统建成后的又一重要金融基础设施。

（三）同城票据清算系统

同城票据清算系统是对同城范围的票据和结算凭证进行集中交换、清分、轧差的跨行支付清算系统，主要为地方金融经济发展提供支付清算服务。同城票据交换由中国人民银行负责安排，并对参与清算成员提供票据交换和资金结算服务和监管。2013 年，同城票据清算系统共处理业务 4.19 亿笔，金额 68.29 万亿元。

（四）银行业金融机构行内支付系统

银行业金融机构行内支付系统是银行业金融机构处理内部资金往来与清算的基础渠道，是其提供支付服务、拓展金融市场业务的重要设施。2013 年，银行业金融机构行内支付系统共处理业务 107.59 亿笔，金额 745.22 万亿元。其中，国有商业银行支付服务市场竞争力保持较高水平，农村商业银行和外资银行行内支付系统业务量增长迅速。

（五）中国银联银行卡跨行交易清算系统

中国银联运行的银行卡跨行交易清算系统负责对银行卡快速交易进行信息转接和清算数据处理，主要包括 ATM 和 POS 跨行信息转接和数据处理。2013 年，银行卡跨行交易业务迅猛增长，共处理业务 151.39 亿笔，金额 32.30 万亿元。

（六）境内外币支付系统

2008 年 4 月 28 日，境内外币支付系统成功上线运行。境内外币支付系统是我国第一个支持多币种运行的全国性银行间外币实时全额结算系统。为我国境内的银行业金融机构和外币清算机构提供外币支付服务。其运行以来，外币支付业务量增长迅猛。2013 年，外币支付系统处理支付业务 139.44 万笔，金额 44 294.86 亿元。

三、非现金支付工具应用广泛

伴随着金融业的发展和支付体系的现代化建设，我国已形成了包括票据、银行卡、电子支付以及其他支付工具的非现金支付工具体系。非现金支付工具应用日益广泛，非现金支付业务发展迅速。

（一）票据

根据《中华人民共和国票据法》的规定，票据包括汇票、本票和支票三种类型。2009 年 10 月 28 日，由中国人民银行建设并管理的电子商业汇票系统正式建成运行，我国票据市场迈入电子化时代。电子商业汇票系统为金融机构统一管理票据业务提供了基础平台和技术手段，有利于提高商业汇票业务的透明度和时效性，节省交易成本；有利于强化企业信用，拓宽企业融资渠道，缓解中小企业融资难问题。

（二）银行卡

银行卡已成为中国居民使用最为广泛的非现金支付工具，在便民惠民、刺激消费、促进实体经济发展等方面发挥了重要作用。2013 年全国累计发行银行卡 42.14 亿张，较上年年末增长 19.23%，其中金融 IC 卡 5.93 亿张。2013 年银行卡渗透率已达 47.45%。可以预见，我国银行卡将步入高层次、高质量、高效率的发展阶段。

近年来，我国稳步推进银行卡的国际化发展。一是人民币受理网络的海外拓展。2005 年 1 月 10 日 "银联" 人民币卡首次走出国门，开办了新加坡、韩国、泰国的受理业务。二是树立银行卡的国际品牌形象。创建和保护自主银行卡品牌，提升人民币国际地位，维护金融安全。

（三）电子支付

伴随着互联网和科学技术的快速发展，网上支付、电话支付、移动支付，销售点终端交易等电子支付的应用越来越普遍，成为推动支付文化进步的重要力量。2010 年 10 月 15 日，中国人民银行第二代网上支付跨行清算系统正式建成运营，为网上支付提供了一个高效、安全的跨行清算平台。2013 年，网上支付达 236.74 亿笔，金额 1 060.78 万亿元，同比分别增长 23.06%和 28.89%。

（四）其他支付工具

汇兑、托收承付、委托收款等既是非现金支付工具，又是银行的转账结算方式。这些支付工具或结算方式传承了银行支付结算服务的基础功能，即便是在新型支付工作纷纷涌现的大趋势下，依然在我国非现金支付工具体系中占有相当重要的地位。

补充阅读

第二代支付系统成功上线运行

2009 年以来，为满足银行机构、金融市场及人民群众日益增长的、多样化的跨行支付需求，我国引入先进的支付清算管理理念和技术，稳步开展第二代支付系统的组织建设。2013 年 10 月第二代支付系统成功上线运行。

第二代支付系统在设计上充分考虑了中国支付体系发展的实际情况，并借鉴国际先进经验，主要有以下改进：

支持商业银行以法人为单位一点集中接入

商业银行总行及其分支机构的支付业务可以集中通过一个账户完成处理。第二代支付系统有利于提高业务处理效率，也有利于节约商业银行的流动性，提高资金使用效率。各商业银行总行的资金管理部门可以方便地监测全行的流动性使用情况，更加灵活地调度资金。

提供更加丰富的流动性管理功能

流动性风险是支付系统面临的主要风险，一家机构不能及时支付，可能连锁影响其他机构的正常支付。第二代支付系统新增了大额支付系统排队业务撮合、"资金池"管理、"一揽子"流动性实时查询等功能，清算效率提高。

支持在线支付业务的跨行处理

客户通过开户银行的网上银行或自助服务终端发起跨行支付业务后，一般在 10 秒钟之内就可以了解资金到账情况，有助于改进客户网上支付体验，促进电子商务发展。

系统运行维护更加高效

第二代支付系统的风险预警能力和运行监控效率都有很大提高，系统运行更加安全、稳定。

系统备份功能更加健全

第二代支付系统以生产中心、远程备份中心和同城数据备份中心为架构，具有健全的生产恢复能力，确保突发事件发生时支付业务的连续处理及信息数据的安全完整。

采用国际通用的报文标准

第二代支付系统的报文标准采用国际通用的 ISO 20022 报文规范，有利于各系统之间的互联互通，如计划通过第二代支付系统与有关外币清算系统对接，实现本外币交易的 PVP（同步收付）结算，提高本外币交易的结算效率，防范结算风险。

资料来源：2013 年中国人民银行年报。

读后讨论

1. 第二代支付系统还有哪些其他的优点？
2. 第三代支付系统将在哪些方面有所改进？
3. 如何进一步提高第二代支付系统的清算效率？

本章小结

1. 中央银行支付清算体系保障着社会经济生活的正常运转，对货币政策实施具有重要影响，是维护金融稳定的基础，支付体系的发展不仅满足了社会公众多样化的支付需求，并且推动着金融创新。

2. 中央银行支付清算业务主要包括：组织同城票据交换和清算、办理异地跨行清算、提供证券和金融衍生工具交易清算服务、提供跨国支付清算服务。

3. 支付清算体系是中央银行向金融机构及社会经济活动提供资金清算服务的综合安排，包括支付服务组织、支付工具、支付清算系统、支付清算制度。

4. 跨国支付既是一项银行业务，也是一种跨国经济行为。由于中央银行负有代表国家发展对外金融关系、参与国际金融活动等重要职责，在跨国支付清算活动中扮演者重要的角色。

5. 目前我国已经形成了以中国人民银行大、小额支付系统为核心，银行业金融机构行内支付系统为基础，其他支付系统共同组成的支付清算系统体系。

重要概念

中央银行支付清算业务　　票据交换　　支付系统　　净额结算系统　　实时全额清算系统　　大额支付系统　　小额支付系统　　跨国支付系统

练习题

1. 中央银行的支付清算体系的主要内容有哪些？
2. 中央银行的支付清算体系的作用如何？
3. 大额支付系统和小额支付系统有哪些差异？
4. 支付系统的风险有哪些？如何控制风险？
5. 跨国支付清算的含义及地位是什么？
6. 简述第二代支付系统的优点。

第7章 中央银行的其他主要业务

1. 了解中央银行国库制度的类型、作用及意义。
2. 了解中央银行会计业务和会计报表。
3. 熟悉中央银行统计业务对象、原则及内容。
4. 了解中央银行征信管理业务和反洗钱业务。

开篇案例

英格兰银行的代理国库业务

英格兰银行作为英国的中央银行，执行政府银行的职能，代理国库。英格兰银行主要从以下方面发挥代理国库的作用。

（1）为政府开设专门账户，建立国家信贷基金。英格兰银行为政府开设了专门账户，包括各种收入和支出账户等。1968年，国家信贷基金设立。国内税收账户、支付年金账户、森林开发账户、海外援助基金账户等结转后都转入国家信贷基金。

（2）代理政府发行金边债券①。英格兰银行代理政府发行金边债券，此外，还代理发行国库券、地方政府债券、存款单等。

（3）分析和预测国库资金变化。国库部门每天编制一张国库白皮表，并对今后13个星期的工作进行安排，对国库资金的变化做出预测。

资料来源：张水杰，借鉴英格兰银行代理国库的经验，国际金融研究，1991年第1期

案例导读

资产、负债与支付清算业务是中央银行的三大基本业务，随着经济和金融的发展，在三大业务的基础上，中央银行还延伸和拓展了其他的重要业务活动。如中央银行的经理国库业务、会计业务、调查统计业务、征信管理业务及反洗钱业务。这些业务是中央银行行使职能的具体体现，在中央银行业务活动中占有重要地位。

---

① 金边债券是政府筹集资金和弥补赤字的一项重要手段。金边债券的四边是以金丝镶嵌的，表示政府债券以黄金作担保，信誉极高。

第一节　中央银行的经理国库业务

一、国库业务

（一）国库的含义

国库是国家金库的简称，现代意义上的国库是指国家在预算编制和执行过程中，在单一账户制度基础上，对财政资金收支及政府相关财务行为进行管理和控制的一系列经济活动的总称。

国库是负责办理国家财政预算收支的部门，担负着国家预算资金的收纳和库款的支拨、代理政府债券的发行与兑付、反映国家预算执行情况等重任。国家预算是国家的基本财政计划，是国家筹集和分配财政资金的重要工具，是调节、控制、管理社会经济的重要杠杆。国家的全部预算收入须由国库收纳入库，一切预算支出须由国库拨付。

国库是国家为了行使社会管理职能，需要授权职能机构进行专门管理，从而产生的财政及国家金库的雏形。随着社会的进步、国家职能的完善、财政和金融体制的发展，原始形态的国库逐步演化为现代社会中办理国家财政预算收支及相关事项的国家金库。

（二）国库业务的含义

中央银行经理国库业务就是接受政府委托，代表国家管理财政的收入和支付。经理国库业务是国家预算执行工作的重要组成部分以及预算执行的基础。

中央银行通过经理国库，确保国家预算资金的及时收付、准确核算及库款安全，对于国家财政灵活调度资金、实现财政收支平衡、沟通财政和金融之间的联系、促进财政政策和货币政策的协调配合等方面具有重要意义。

二、国库制度

（一）国库制度的含义

国库制度是指国家预算收支的收纳、拨付制度。在预算的执行过程中，预算资金的收纳、划分、留解和拨付业务，由国库负责办理。一般而言，国家根据其财政预算管理体制和金融体制，确立和实施相应的国库制度。

（二）国库制度的基本类型

从世界各国国家财政预算收支的组织管理及业务实施情况来看，可大致分为独立国库制和委托国库制。

1．独立国库制

独立国库制是指政府自行设立国库机构，专门负责国家财政预算收支的出纳、保管和划拨等事项的一种国库制度。

（1）独立国库制的优点。独立国库制能对政府预算的编制和执行进行高度统一的管理，使国家财力高度集中；能有效防范预算资金的分散和浪费，减少中间环节和不同机构的多头制约；能对预算执行严格的控制和监督管理，保证财政资金使用的外部效率。

（2）独立国库制的缺点。独立国库制需单独设置银行外网络和清算核算渠道，这将给原本就紧张的财政支出加重负担；独立国库制下财政资金的收付由独立的国库部门运行和管理，隔绝国库与财政、中央银行的联系，影响财政、中央银行等宏观调控部门对经济进行宏观调控的目标制定和执行。

美国曾实行过独立国库制，但运行结果表明这种管理模式效果并不理想。目前世界上很少有国家采用独立国库制。

2．委托国库制

委托国库制（也称银行经理制或代理制）是指国家政府不独立设置国库机构，而委托银行主要是央行代理国库业务，负责财政收支的出纳、保管和划拨等工作的国库制度。即将财政收入的收纳、划分、报解和财政支出的拨付等业务一律委托银行办理，财政不设国库机构，只是通过各级财政总预算会计，同银行的国库发生存款和信息的业务联系，以掌握财政资金的收、支和库存动态。

（1）委托国库制的优点。委托国库制不仅可以充分利用银行分布广泛的网点、业务熟练的人员和相关的清算核算渠道，保证国库业务的顺利执行，节约人力物力，而且能充分利用财政管理部门的权威和专业优势，监督管理资金的收支和控制。

（2）委托国库制的缺点。委托国库制最大的缺点是国库管理难度较大，国库业务常常得不到重视，效率较低下。这些在我国表现得较为明显。

目前多数国家实行委托国库制，尤其是实行中央银行制度的国家，例如美国、英国和我国，都是实行委托国库制。

三、我国央行代理国库的职责与权限

国家通常以颁布法令、条例的形式规定国库的职责与权限。履行国库职责和在权限范围内行使权力，是做好国库经理业务的重要保障。

（一）国库职责

国库必须根据国家关于国库管理的法规、条例，恪尽职责。根据《中华人民共和国国家金库条例》的规定，国库职责主要包括以下内容。

（1）准确、及时地收纳国家各项预算收入。国库须依照国家财政管理体制、税务部门及国库制度规定的缴纳办法，准确、及时地办理税款的缴库及各级库款的划分和留解，以保证各级财政预算资金的运用。

（2）为各级财政机关开立账户，审查并办理国家预算支出的拨付。按照国家财政制度规定及银行开户管理办法，各级财政应在同级国库开立账户；各级国库根据有权支配库款的财政机关填发的付款凭证，并对其进行严格审查后，办理同级财政库款的支拨。对于违反国家财政制度的库款支拨要求，国库应予以拒绝，应监督财政资金的合理使用，保护国库资金安全。

（3）对各级财政库款和预算收入进行会计账务核算，正确反映财政收支执行情况。预算收支的执行数据是检查分析预算执行情况、实行预算监督、进行宏观决策的重要依据。各级国库须按期向上级国库和同级财政部门提供国库收支情况，并定期与上述部门进行对账，以确保双方数字准确一致。

（4）协助财政税务部门组织预算收入及时缴库，按照国家财政制度规定办理库款退付。对屡催不缴预算收入的单位，国库有义务协助财税机关扣收其应缴预算收入。另外，由于预算收入属于国家所有，应由国家统一支配，任何单位、个人都不得任意冲退；对于有正当理由需要退还的预算收入，国库须按照国家财政制度规定办理库款的退付。

（5）组织、管理和指导下级国库和国库经收处的工作。各级国库应经常开展对下级国库的定期、不定期检查及工作指导，督促其履行规定职责，及时解决工作中的问题。

（6）办理国家交办的与国库有关的其他工作。办理国家交办的与国库有关的其他工作，如代理国家进行国库券的发行与兑付。

（二）国库权限

根据《中华人民共和国国家金库条例》的规定，国库权限主要包括以下内容。

（1）各级国库有权监督、检查征收部门所收款项是否按规定及时全部纳入国库，发现拖延或违法不缴的，应及时查究处理。

（2）各级财政机关要正确执行国家财政管理体制规定的预算收入划分范围和分成留解比例；对于擅自变更以及随意调整库款账户之间存款余额的情况，国库有权拒绝执行。

（3）各级财政、征收机关应按国家统一规定的退库范围、项目和审批程序办理退库，对不符合国家规定要求办理退库的情况，国库有权拒绝执行。

（4）监督财政存款的开户和财政库款的支拨，对违反财政制度规定的任何开户和库款支拨，国库有权拒绝执行。

（5）国库对任何单位和个人强令办理违反国家规定的事项，有权拒绝执行，并及时向上级报告。

（6）国库的各种缴库、退库凭证，须按国库条例实施细则和银行会计基本制度规定办理。未经国库、财政及征收机关协商同意的凭证，均为不符合规定的凭证，不能使用。国库有权拒绝受理不合规定的凭证。

2013 年，国库系统共组织发行 4 期凭证式国债和 10 期储蓄国债（电子式）共计 3355.51 亿元，兑付凭证式国债、无记名国债 1270.03 亿元；开展中央国库现金管理商业银行定期存款招标操作 10 期，累计招标金额 4300 亿元，收回操作 13 期，累计收回金额 6200 亿元。

【专栏 7-1】

我国国库信息系统建设

"3T"系统是指国库会计数据集中系统（TCBS）、国库信息处理系统（TIPS）和国库管理信息系统(TMIS)三大系统。"3T"系统积极稳妥的建设，为进一步提高国库管理效率提供了有力的技术支撑。2013 年，我国国库信息系统建设取得突破性进展，主要表现在 3 个方面：

国库会计数据集中系统（TCBS）推广进度加快

全年安排 12 个省（区、市）国库上线运行 TCBS，实现了 TCBS 在全国推广上线的目标。同时，确定以国库会计核算系统（TBS）作为 TCBS 的应急备用系统，及时完成系统改造并制定相关业务处理方案，以确保系统运行安全。

国库信息处理系统（TIPS）推广成效显著

分两批在 22 个省（区、市）扩大 TIPS 上线范围，共通过 TIPS 成功办理各类业务 2.08 亿笔，金额 136911.25 亿元，同比分别增长 24.6%和 78.7%；在 6 个省（区、市）实现财政支出联网，退库、更正业务无纸化在 2 个省（区、市）成功试点；明确与海关的联网模式；配合税务总局完成金税三期有关工作；启动第二代 TIPS 业务需求论证工作。

稳步推进国库管理信息系统（TMIS）相关业务模块建设

完成国库管理基础信息系统开发；加强国库统计分析系统运行监测；进一步完善中央国库现金管理业务系统功能，完成美国式招标模式下系统升级改造。TMIS 相关业务模块建设稳步推进，2013 年 11 月，国库管理基础信息模块在全国正式上线，国债管理模块与 38 家储蓄国债承销机构正式联通。

资料来源：2013 年中国人民银行年报。

第二节　中央银行的会计业务

一、中央银行会计业务的含义

中央银行会计业务是针对中央银行的职能特点及业务范围，按照会计的基本原则制定核算形式和核算方法，体现和反映中央银行职能，监督、管理、核算财务的会计业务。中央银行会计业务是金融系统会计的重要组成部分，是由中央银行的特有地位和职能所决定的一种专业会计。

二、中央银行会计的对象与特点

（一）中央银行会计的对象

中央银行的会计对象是经济活动中的资金和资金运动。即中央银行行使职能、办理各项业务、进行金融宏观调控等活动所引起的资金变化与运动的过程和结果。

（二）中央银行会计的特点

中央银行会计具有特殊性，它是体现和反映中央银行履行职能和业务活动的会计，是中央银行反映经济情况、监督经济活动、预测经济前景、参与经济决策的重要工具。中央银行会计的特点体现在以下几个方面。

1. 中央银行会计体现着自身职能和业务活动的会计核算、分析和检查

作为国家的金融权力机关，中央银行除负有制定和执行货币政策、维护金融稳定等职能以外，还要为政府和商业银行等金融机构提供各种服务，诸如支付清算、经理国库、代理国家发行和兑付国债、金融统计与分析等。由此而产生的资金变化和财务活动，需要由适应中央银行职能和业务特征的中央银行会计核算形式与核算方法进行连续、系统、全面地反映和监督。

2．中央银行会计体现着金融宏观管理的职能特征

中央银行的货币发行与回笼、存贷款的增减变化以及其他资金变动，均必须通过会计核算加以完成，包括：货币政策实施业务的核算、联行往来及联行资金清算核算、货币发行与现金出纳业务核算、金银业务核算、外汇业务核算、经理国家金库及代理发行和兑付国家债券业务核算、内部资金和损益核算等。

因此，中央银行会计从核算内容、核算方法到会计科目、会计报表乃至会计凭证的设置，均不同于金融企业会计。

3．中央银行会计担负提供金融会计服务、协调银行业会计事务的职责

中央银行除承担自身会计核算任务以外，还担负着指导、管理、监督商业银行及其他金融机构会计核算的职责。因此，需要按照金融宏观调控和金融监管的需要，建立体现中央银行职能的会计体系。

三、中央银行会计的任务与职能

（一）中央银行会计的任务

会计任务是指会计在经济管理中所具有的功能。中央银行的会计工作，是其行使中央银行职能的重要工具和手段，既具有核算作用，又有管理职能。根据《中国人民银行会计制度》，中国人民银行会计的主要任务是：

（1）组织会计核算，真实、完善、及时地记录和反映各项业务活动情况和财政收支状况；

（2）实施会计管理和会计监督，维护财产和资金的安全；

（3）开展会计分析，披露会计信息；

（4）提供金融会计服务，协调银行业的会计事务。

（二）中央银行会计的职能

中央银行会计职能是指会计工作在中央银行行使职能、加强金融管理活动中所发挥的功能和作用。包括以下几点。

1．反映职能

中央银行的各项业务最终都要表现为货币资金收付，而一切货币资金收付又必须通过会计核算才能实现。中央银行会计部门通过对会计科目的运用和设置，对会计报表的制作与分析，为金融机构和政府财政部门开立账户，办理资金的划拨与清算等会计活动。

因此，中央银行的会计职能综合反映了金融机构存贷款规模、货币流通状况、经济金融动态、国家财政收支及预算的执行情况，并为调整、制定货币政策和金融监管政策提供了重要依据。

2．监督职能

中央银行会计的监督职能是指通过会计核算、分析和检查的综合运用，监督中央银行系统内部的财务收支和预算执行情况，监督金融机构的经营和资金活动，保证国家金融政策与调度的贯彻执行，保证中央银行资产安全。总之，发挥中央银行会计的监督职能，对维护国家经济与金融安全具有特殊意义。

3．管理职能

（1）负责建立中央银行会计核算体系，管理中央银行系统内的会计工作。中央银行制定统一会计制度和政策、设计统一的会计科目、健全内部控制机制、建立会计电算化系统等，以确保会计信息及时、准确、客观地反映中央银行的业务活动。

（2）管理金融机构的会计活动。根据国家的会计立法，制定金融会计准则、规范金融会计工作、审批和修改金融机构的会计制度和会计科目。

4．分析职能

中央银行通过会计分析，将各类业务数据转化为充分反映金融体系和全社会资金运动状况的会计信息资料，有助于中央银行掌握宏观经济和金融动态，强化中央银行职能。根据《中国人民银行会计基本制度》，会计分析的主要内容：

（1）资产、负债及所有者权益的结构及其变化情况；

（2）基础货币的投放回笼及其流向和流量情况；

（3）储备资产营运情况；

（4）金融机构准备金头寸情况；

（5）公开市场业务开展情况；

（6）联行在途资金情况；

（7）现金投放与回笼情况；

（8）经理国库资金情况；

（9）固定资产的增减变化及构成情况；

（10）财务收支情况；

（11）表外重要事项。

四、中央银行的会计报表

中央银行的会计报表是定期对会计核算资料进行归类、整理和汇总，综合反映中央银行各项业务、财务收支和各项计划执行情况的数据信息报表。

（一）中央银行会计报表的作用

1．综合反映中央银行的业务活动

中央银行会计报表是在既定日期，根据各种会计数据的归类、整理、汇总而成，集中反映了中央银行资产负债及财务收支的变化，对评价与分析中央银行的业务活动具有重要的参考意义。

2．对中央银行制定货币政策、加强金融宏观调控有积极意义

中央银行的会计报表综合、全面地揭示了国民经济及其资金活动情况。因此，可以为中央银行调整和制定货币政策提供重要帮助。

3．为考核金融机构各项业务活动提供重要资料

为检查和考核金融机构各项业务活动是否符合国家金融政策、法规，财务收支状况是否合理等提供了重要的数据资料。

4．有助于决策者对未来进行预测与决策

中央银行会计报表根据一定时期的会计资料编制而成，反映了中央银行业务和财务现状，有助于决策者对未来进行预测与决策。而且以前不同时期的会计报表数据，也可成为富有价值的历史资料。

（二）中央银行会计报表的编制原则

1．真实性原则

真实、正确地反映业务和财务活动，是编制会计报表的基本要求和保证会计报表客观、公正的基础。因此，在编制报表之前，须认真核对账务，做到账、表一致；在完成报表编制以后，还须将各种报表间的数字进行核对、检查，保证数字一致。

2．完整性原则

会计报表具有科学、完整的指标体系，每个报表之间的相互关系均有严密的结构设计。因此，会计报表的填制必须做到内容完整、准确，不得漏编、漏报或任意更改。

3．及时性原则

会计报表反映了既定时期内的会计信息，有助于报表的使用者对相关事项进行分析、评价和预测。所以，会计报表具有严格的时间性，必须按时编报。

目前，中国人民银行使用的会计报表主要有：会计年终决算报表、日计表、月计表、资产负债表、业务状况表、损益表、临时性报表等。

第三节　中央银行的调查统计业务

一、中央银行的调查统计业务

中央银行的调查统计业务是中央银行获取经济金融信息的基本渠道，在中央银行的职能行使及业务活动中发挥着不可或缺的信息支撑功能，是国民经济统计核算体系的重要组成部分。

在中央银行的调查统计中，主要包括金融统计和经济调查统计。其中，金融统计处于核心位置，是中央银行调查统计业务的最主要内容。

二、金融统计

（一）金融统计的含义与内容

金融统计是按照规定的统计制度、根据一般的统计原理、运用科学的统计方法，对金融活动的数量信息进行收集、整理、分析，从而为经济和金融决策提供依据及建议的过程。

金融统计是对金融活动及相关事项进行系统的纪录与整理，包括：

（1）各级金融机构根据统一规则定期进行的金融统计；

（2）各级金融机构就金融活动的某一领域进行的专项调查；

（3）各级金融机构逐级上报的有关金融运行中的突出事件及动态反映等。

通过金融统计，对原始信息资料进行处理，揭示了微观与宏观金融运行的规律、特征及存在的问题，从而为经济金融决策、金融管理提供科学依据，为中央银行实现稳定金融的目标提供信息保障。

（二）金融统计的对象

金融统计对象是以货币和资金运动为核心的金融活动，是货币流通和以银行信用为主的金融行为。包括金融机构、金融业务和金融市场 3 个方面。

1. 金融机构

金融机构是专门从事各种金融活动的组织，是金融活动的主体。在不同国家及不同金融体制下，金融机构体系的构成有所不同。

2. 金融业务

金融业务是由金融活动的主体——金融机构所从事的活动内容。在不同的金融体制、金融机构体系和金融市场条件下，金融业务范围与内容有所差异。

3. 金融市场

金融市场是进行资金融通的场所，可依据不同的划分标准进行分类。可分为货币市场、资本市场；外汇、黄金、保险市场、期货市场；国内金融市场、国际金融市场等。

三、金融统计的基本原则

（一）客观性原则

统计数据资料的真实、正确是统计的根本所在。金融统计人员在统计调查过程中，必须尊重客观事实，不受外力影响和制约，如实准确地反映实际情况。

（二）科学性原则

金融统计是对金融活动的反映与揭示，是制定政策、考核业绩、揭露矛盾的重要依据。因此，金融统计活动必须坚持科学性原则。

（三）统一性原则

金融统计工作涉及各个层面的统计对象及金融信息，为保证金融统计的准确性与权威性，必须坚持统一性原则。各级金融统计部门须按照统一的统计指标、统计方法、统计口径及统计时间实施统计程序，以保证金融统计数据资料的完整性与统一性。

（四）及时性原则

金融统计的目的主要是为了向金融部门和政策制定部门提供金融活动的实际情况与相关数据，以便及时采取对策，因而具有很强的实效性。因此，金融统计工作须坚持及时性原则。

（五）保密性原则

金融统计数据涉及宏观经济的重要信息及商业性金融机构的商业机密，事关重大，故须遵循保密性原则。统计部门及统计工作人员须严格遵守保密原则，不得随意对外披露，或在正式公布前私自泄露信息。

四、金融统计的业务程序

（一）统计设计

统计设计是根据金融统计对象的性质与研究目的，对统计过程的全面考虑与安排。核心是指标体系的正确设计，主要包括：

（1）确定统计目的和任务；

（2）设计统计指标及体系、调查方法、统计资料整理程序、数据处理及分析软件；

（3）确定各阶段、各环节的工作进度。

根据不同的统计对象、目的及阶段要求，统计设计可分为：整体设计和专项设计；全阶段设计和单阶段设计。

（二）统计调查

统计调查是根据金融统计对象、研究目的及统计设计的要求，有组织、有计划地收集各类金融活动数据资料的过程。准确、及时、完整地收集统计资料，是科学地整理、分析与研究统计资料的前提条件。

统计调查的资料收集可采取两种形式：一是原始资料理搜集，即直接调查与记录调查对象的状况；二是对调查单位已加工资料的搜集。统计调查一般采用前者。统计调查的方式可分为：统计报表和专门调查；全面调查和非全面调查；经常性调查和一次性调查等。

（三）统计整理

统计整理是根据金融统计调研的目的及需要，将统计调查所获得的大量原始资料进行分类、汇总，制成条理化、系统化的统计报表。统计整理是从对金融个体现象的观察到对总体经济金融现象的认识的一个连接点，在金融统计中具有承上启下的重要功能。

（四）统计分析

统计分析是对统计报表数据进行研究、分析的过程，是实现统计目的的重要环节。金融统计分析应根据统计研究的需要，对统计数据进行定性、定量分析，揭示出经济、金融运行的总体特征及动态趋势，从而提出有助于决策、规划的政策建议。

【专栏7-2】

统计、调查和分析研究3个中心建设

围绕统计、调查和分析研究 3 个中心建设工作，努力实现"统计准确无误，调查严谨科学，分析及时深入"的目标。

统计方面

统计方面，始终保持统计数据的准确性和及时性，保障货币供应量和社会融资规模等重

要金融数据的及时编制。有效组织中国人民银行系统每月 12 万张报表的加工核对。完善企业债券统计、银行间同业和债券市场机构分类，编制新版《金融市场统计月报》。

调查方面

在调查方面，修订企业家季度调查问卷，整合优化调查内容，调整部分调查样本。开发企业民间融资调查系统，简化分支行数据上报程序，提高了分析工作的效率。深度挖掘调查数据，尝试编制中国人民银行消费者信心指数和汇率承受力指数。2013 年更新了 3000 余条规格品，占全部样本的 15%。

分析研究方面

在分析研究方面，发挥自身优势，强化实地调查研究，加强经济形势的分析、预研和预判。按月向国务院领导报送金融运行情况，分析货币信贷、社会融资规模运行情况，金融市场价格波动及金融机构表内外业务发展变化。

资料来源：2013 年中国人民银行年报。

五、金融统计的主要内容

金融统计的内容反映了经济和金融体制的状况。金融统计的最主要任务是通过提供反映信贷计划和现金收支计划执行情况的统计资料，反映国民经济资金运行和计划执行情况。

（一）货币统计

货币统计反映货币供应量的规模、结构及形成过程，是中央银行制定货币政策的重要依据。自 2002 年起，中国人民银行按照国际货币基金组织《货币与金融统计手册》对货币概览进行调整，扩大统计范围，纳入在华外资银行、境内金融机构的外汇业务数据等。

（二）信贷收支统计

信贷收支统计是对金融机构以信用方式集中和调剂的资金进行统计，综合反映金融机构的全部资产、负债状况。信贷收支统计全面、综合地反映了宏观经济运行中金融机构信贷资金的来源、性质、分布及投向，是中央银行和金融机构了解金融信息的主要渠道。对分析货币政策、反映货币流通状况、进行金融宏观调控与监测具有重要价值。

目前，我国的信贷收支统计报表包括：全部金融机构信贷收支表、中央银行信贷收支表、国家银行信贷收支表、其他银行信贷收支表等。

（三）现金收支统计

现金收支统计是商业银行根据中央银行规定的项目归属指标，对通过银行的一切现金收支数量进行的业务统计。现金收支统计也对中央银行分析现金流通状况具有重要的信息价值。现金收支统计通过定期编制统计报表取得统计资料，现金收支统计表由中国人民银行统一制定，所有发生现金收支的银行，须对所有现金收支业务进行统计，并逐级汇总上报至中国人民银行总行。

（四）对外金融统计

对外金融统计是对与涉外金融活动有关的信息进行收集、整理、分析，并做出判断与结论的过程。目前，对外金融统计包括：银行外汇信贷业务统计、国家外汇收支统计、国家对外借款统计和国际收支统计。

（五）金融市场统计

金融市场统计是对金融市场上交易主体在不同市场上的交易对象、工具、方式、价格及其规模等情况的记录、整理和分析过程。不同类型的金融市场的统计组织和方法各不相同。因此，根据金融市场类型划分统计范围，主要包括以下几点。

1．货币市场统计

货币市场统计是对货币市场主体、金融工具交易规模、资金流向、利率水平等信息进行收集、整理和分析。主要包括银行同业拆借市场统计、票据承兑贴现市场统计等。

2．资本市场统计

资本市场统计是对股票、债券等有价证券的发行、交易规模及相关市场活动进行数据统计。它可以对利息和收益率水平以及资金的供求状况进行数据统计，用来分析长期投资的规模和结构变动。

3．外汇市场统计

外汇市场统计是对外汇市场活动状况及相关信息进行收集、整理及汇总的过程，尤其是外汇市场的交易主体、交易规模及交易价格(汇率)的相关信息。外汇市场统计数据是国家对外汇市场进行调控的重要依据。

（六）资金流量统计

资金流量统计也称为资金流量循环账户，是从收入和分配社会资金运动的角度描绘国民经济各类交易活动的一种统计核算方法。资金流量统计分为两个层次。

1．实物交易部分

实物交易部分主要反映国民经济及其各机构部门的国民收入分配、使用（包括投资和消费），以及储蓄投资差（净金融投资）。这部分的统计工作一般由各国的国家统计局来完成。

2．金融交易部分

金融交易部分主要反映国民经济各机构部门之间、国内与国外之间发生的各种金融交易。一般由各国中央银行来承担。

六、中央银行的经济统计调查

为了及时、准确地反映国民经济发展态势，为制定货币政策、调节宏观经济提供更加综合、全面的信息依据，中国人民银行于 1986 年起逐步建立和完善了反映经济景气变化的景气调查制度，对于完善中央银行的统计信息体系具有重要意义。

（一）工业景气调查

工业景气调查是指按照一定的组织形式对工业企业的生产经营情况等有关统计指标进行搜集、汇总的一种专项调查。从 1986 年开始中国人民银行建立了国营工业生产企业流动资金及主要经济活动情况定期调查制度，调查内容包括企业主要经济指标和企业经济情况分析。

1991 年起建立了 5000 户工业企业经营资金状况调查月报制度；1992 年建立 5000 户工业企业季度问卷调查制度。这些调查制度的建立为中央银行判断、分析和预测经济运行情况提供了有力支持。

（二）城乡居民储蓄问卷调查

中国人民银行于 1988 年建立该项制度，旨在及时了解居民储蓄的心理预期变动，对储蓄存款的稳定性、阶层分布和动态趋势作出准确判断，为货币政策的适时调整提供可靠依据。

【专栏 7-3】

2014 年第二季度城镇储户问卷调查报告

2014 年第二季度，中国人民银行在全国 50 个城市进行了 2 万户城镇储户问卷调查，结果显示如下。

物价感受指数

当期物价满意指数为 23.2%，较上季度 0.4 个百分点。其中 56.5% 的居民认为物价"高，难以接受"，较上季上升 0.7 个百分点。居民对未来物价上涨预期继续回落，未来物价预期指数为 63.8%，低于上季 0.1 个百分点。其中，预测下季物价上涨的居民比例为 31.6%，预测基本不变的为 50.1%，预测下降的为 7.1%，11.2% 的居民不确定。

收入感受指数

居民当期收入感受指数为 48.3%，较上季下降 2.4 个百分点，低于去年同期 2.4 个百分点。其中，83.3% 的居民认为收入"增加"或"基本不变"，低于上季 2.6 个百分点，低于去年同期 2 个百分点。未来收入信心指数为 51.6%，较上季下降 1.4 个百分点，低于去年同期 2.2 个百分点。

就业感受指数

当期就业感受指数为 38.6%，较上季下降 2 个百分点。其中，12.5% 的居民认为"形势较好，就业容易"，43.7% 的居民认为"一般"，43.8% 的居民认为"形势严峻，就业难"或"看不准"。未来就业预期指数为 47.8%，较上季下降 2.1 个百分点，低于去年同期 0.4 个百分点。

储蓄、投资、消费意愿

倾向于"更多储蓄"的居民占 47.6%，较上季上升 3.4 个百分点；倾向于"更多消费"的居民占 18.4%，较上季上升 0.8 个百分点；倾向于"更多投资"的居民占 34%，较上季下降 4.2 个百分点。居民偏爱的前三位投资方式依次为："基金及理财产品"、"购买债券"和"房地产投资"，选择这三种投资方式的居民占比分别为 30.9%、16.4% 和 14%。居民未来 3 个月购车意愿为 15.9%，较上季下降 0.4 个百分点；居民未来 3 个月购买大件商品（电器、家具及高档商品等）的消费意愿为 24.8%，较上季下降 0.8 个百分点；居民未来 3 个月旅游意愿为 30.3%，分别高于上季和去年同期 4 个和 1.2 个百分点。

对房价预期和购房意愿

63% 的居民认为目前房价"高，难以接受"，比上季降低 1.3 个百分点，34.2% 的居民认为目前房价"可以接受"，2.8% 的居民认为"令人满意"。对下季房价，21.2% 的居民预期"上涨"，50.3% 的居民预期"基本不变"，15.1% 的居民预期"下降"，13.4% 的居民"看不准"。未来 3 个月内准备出手购房的居民占比为 14.4%，低于上季 0.6 个百分点，高于去年同期 0.4 个百分点。

资料来源：中国人民银行官网，调查统计司，2014 年 6 月 25 日。

（三）物价统计调查

中国人民银行的物价调查统计工作开始于 20 世纪 80 年代，旨在观察和分析社会总供求平衡状况和物价的变化。由于物价统计调查的采价环节靠前，指标信息时效性强，滞后经济周期时间短，它已经成为中央银行判断宏观经济趋势、度量通货膨胀水平的核心指标之一。

（四）银行家问卷调查

银行家问卷调查制度由中国人民银行与国家统计局在 2004 年联合建立，具体调查由中国人民银行具体组织实施，其主要目的是为了把握银行业的景气状况和评价政策效果，以便更好地为制定货币政策和宏观决策服务。

【专栏 7-4】

2014 年第一季度北京市银行家问卷调查结果

2014 年第一季度，北京市银行家问卷调查显示：银行家宏观经济热度指数下降；整体贷款需求指数稳中有升，制造业贷款需求指数有所回落。

银行家宏观经济热度指数

本季，银行家宏观经济热度指数为 38.8，较上季下降 7.2 点。其中，77.6% 的银行家认为宏观经济"正常"，22.4% 的银行家认为宏观经济"偏冷"。对于下季，75% 的银行家预期宏观经济"正常"，25% 的银行家预期"偏冷"。

银行业景气指数

本季，银行业景气指数为 71.7，较上季下降 5.6 点；银行业营业收入指数为 70.4，较上季下降 2.3 点。

贷款需求指数

本季，贷款总体需求指数为 75，为 2012 年 2 季度以来最高。分行业看，制造业贷款需求指数为 57.2，较上季下降 2.8 点；非制造业贷款需求指数为 69.1，较上季提高 1.8 点；农业贷款需求指数为 61.2，较上季提高 4.5 点。分企业规模看，大型企业贷款需求指数为 62.5，较上季提高 1.2 点；中型企业贷款需求指数为 71.1，较上季提高 5.8 点；小型企业贷款需求指数为 75，较上季提高 3.7 点。分贷款用途看，固定资产贷款需求指数为 65.8，较上季提高 7.8 点；经营周转贷款需求指数为 71.7 点，较上季下降 0.3 点；个人贷款需求指数为 69.5，较上季提高 5.5 点，其中，个人购房贷款需求指数为 57.1，较上季下降 2 点。

货币政策感受指数

本季，银行家货币政策感受指数（选择货币政策"适度"的银行家占比×100）为 71.1，较上季有所下降。对于下季，货币政策预期感受指数仍为 71.1。

资料来源：中国人民银行官网。

第四节　中央银行的征信管理业务

一、征信的概述

（一）征信的含义

征信（Credit Checking）是专业化的、独立的第三方机构为个人建立信用档案，依法采集、客观记录其信用信息，并依法对外提供信用信息服务的一种活动。征信活动的产生源于信用交易的产生和发展。

（二）征信的分类

1. 按业务模式可分为企业和个人征信两类

企业征信主要是收集企业信用信息、生产企业信用产品的机构；个人征信主要是收集个人信用信息、生产个人信用产品的机构。有些国家这两种业务类型由一个机构完成，也有的国家是由两个或两个以上机构分别完成，或者在一个国家内既有单独从事个人征信的机构，也有从事个人和企业两种征信业务类型的机构。一般由征信机构根据实际情况自主决定。

2. 按服务对象可分为信贷征信、商业征信、雇佣征信以及其他征信

信贷征信主要服务对象是金融机构，为信贷决策提供支持；商业征信主要服务对象是批发商或零售商，为赊销决策提供支持；雇佣征信主要服务对象是雇主，为雇主用人决策提供支持；另外，还有其他一些征信活动，诸如市场调查，债权处理，动产、不动产鉴定等。

3. 按征信范围可分为区域征信、国内征信、跨国征信

区域征信一般规模较小，只在某一特定区域内提供征信服务。这种模式一般在征信业刚起步的国家存在较多，征信业发展到一定阶段后，区域征信随之逐步消失；国内征信是目前世界范围内最多的机构形式之一，尤其是近年来开设征信机构的国家普遍采取这种形式；跨国征信在近年快速发展，主要有两方面原因：一是西方国家一些老牌征信机构为了拓展自己的业务，采用多种形式（如设立子公司、合作、参股、提供技术支持、设立办事处等）向其他国家渗透；二是由于世界经济一体化进程的加快，跨国经济实体越来越多，跨国征信业务的需求也越来越多。因此，跨国征信机构形式也必然越来越多。

（三）征信的特征

1. 独立性

征信机构是独立于信用交易之外的，这种独立性能够确保征信活动的公平与公正。

2. 信息性

征信活动以信用信息为原料，它源于信用信息也止于信用信息，不参与具体的经济活动，只参与价值的分配过程。

3. 公正性和客观性

征信活动涉及企业的商业机密和个人隐私。因此，信用信息的加工和出售都必须基于客观公正的立场，依据真实的材料，按照规范的程序，提供可观的产品和服务。

4．时效性

由于征信对象的信用状况处于不断地变化中，征信的结果反映的只是一定时期内的情况，只在一定时期内有效。因此，征信数据必须时时更新，以确保征信结果的时效性。

二、征信在经济中的作用

（一）降低信用交易的风险

征信最基本的功能是了解、验证他人的信用信息，并通过信用信息的传播来改善交易双方信息的不对称，起到约束交易双方行为的作用。因此，征信最基本的作用就是降低信用交易的风险，节约社会资源。

（二）解决信息不对称市场中的逆选择问题

征信结果的共享和传播，能最大限度地发挥失信惩罚机制的使用，使受信人认识到守信的重要性。因此，征信活动可以解决信息不对称市场中的逆向选择问题，维持正常的市场秩序。

（三）征信可以起到无形的导向作用

征信使得信用变成了经济物品，信用报告可以成为企业或个人的"经济身份证"，是其进入信用社会、从事契约活动的信用证明。因此，征信对受信人的行为起到长期的约束和规范作用，从而提高全社会的信用观念和信用水平。

三、我国的征信管理业务

（一）中国人民银行管理征信业的职责

目前，我国征信业的法律基础和标准化体系逐步建成，中国人民银行成为我国征信业的主要管理者。根据《中国人民银行主要职责内设机构和人员编著规定》（简称三定），中国人民银行负责"管理征信业，推动建立社会信用体系"。具体职责包括：

（1）承办征信业管理工作；

（2）组织推动社会信用体系建设；

（3）组织拟订征信业发展规划，规章制度及行业标准；

（4）拟订征信机构、征信业务管理办法及有关信用风险评价准则；

（5）承办征信及有关金融知识的宣传教育培训工作；

（6）受理征信业务投诉；

（7）承办社会信用体系部际联席会议办公室的日常工作。

（二）我国征信系统现状

中国人民银行建设的全国统一的征信系统已经初步建成，并向全社会提供服务，形成了具有中国特色的金融征信模式。截至 2014 年 4 月底，征信系统收录自然人 8.4 亿多，收录企业及其他组织近 2000 万户。征信系统全面收集企业和个人的信息。其中，以银行信贷信息为核心，还包括社保、公积金、环保、欠税、民事裁决与执行等公共信息。接入了商业银行、农村信用社、信托公司、财务公司、小额贷款公司等各类放贷机构；征信系统的信息查询端口遍布全国各地的金融机构网点，信用信息服务网络覆盖全国。

【专栏7-5】

主要征信系统模式

纵观全球各国征信系统，有3种发展模式：公共征信系统、私营征信系统以及会员制系统。

公共征信系统是指一个旨在向商业银行、中央银行以及其他银行监管当局提供有关公司及个人对整个银行体系的负债情况的信息系统。德国、法国、比利时等国是公共征信系统的代表。它以中央银行建立的银行信贷登记系统为主体，使用政府资金建立中央信贷登记系统及全国数据库。

私营征信机构主要由私人和法人投资，各国政府通过立法对征信机构进行管理。征信企业或公司可依法自由经营信用调查和信用管理业务，以营利为目的，按市场化方式运作。私营征信系统的数据来源主要依靠数据提供机构自愿提供，征信机构收集、加工和分发放款机构提供的有关借款人信用情况数据。

会员制征信系统主要由银行协会牵头建立征信机构，负责对消费者个人或企业进行征信。会员制征信机构在收集与提供信息服务时通常会收费，是否营利由发起方确定，一般不以营利为目的，征信产品定价采取浮动制，以支定收。

资料来源：黄余送，全球视野下征信行业发展模式比较及启示，经济社会体质比较，2013。

（三）中国人民银行征信系统

中国人民银行征信系统包括企业信用信息基础数据库和个人信用信息基础数据库。2006年7月企业信用信息基础数据库实现全国联网查询，2006年1月个人信用信息基础数据库正式运行。

目前企业和个人信用信息基础数据库的主要使用者是金融机构。企业和个人信用信息基础数据库功能包括：

（1）帮助商业银行等金融机构核实客户身份，杜绝信贷欺诈、保证信贷交易的合法性；

（2）全面反映企业和个人的信用状况，通过获得信贷的难易程度、金额大小、利率高低等因素的不同，奖励守信者，惩戒失信者；

（3）利用企业和个人征信系统遍布全国各地的网络及其对企业和个人信贷交易等重大经济活动的影响，提高法院、环保、税务、工商等政府部门的行政执法力度；

（4）通过企业和个人征信系统的约束性和影响力，培养和提高企业和个人遵守法律、尊重规则、尊重合同、恪守信用的意识，提高社会诚信水平。

第五节　中央银行的反洗钱业务

一、洗钱

（一）洗钱的含义

洗钱是指通过金融或其他机构将毒品交易、走私、黑社会组织犯罪、恐怖活动、贪污腐败、偷税漏税等犯罪行为的非法所得转变为"合法财产"的过程。

（二）洗钱的常用方式

1．走私货币

洗钱者将犯罪所得黑钱从有严格的银行现金交易申报制度的国家走私至避税或洗钱天堂的国家。

2．利用赌博等娱乐场所

洗钱者用大量小额现钞的黑钱购买赌博筹码，在小赌一番后立即将筹码兑换成大钞，或者将黑钱存入赌场账户内，离开时要求赌场开立支票，随后再兑换成其他货币。

3．利用各种奖券

洗钱者用黑钱支付给中奖者同额或更多的现金将中奖彩券买过来，而后去领取奖金。

4．利用银行系统

洗钱者将来源非法的小额现钞兑换成大额现钞，将黑钱以假名存入银行账户，利用银行保险箱、银行转账转移黑钱。

二、洗钱的危害与反洗钱的意义

洗钱犯罪的危害在于：扭曲社会资源配置，扰乱正常的经济及金融秩序；腐蚀公共道德，滋生败坏；严重损害社会公共利益，影响社会安定；干扰金融运行，损坏金融业的公信力；严重威胁国际政治经济体系安全等。

反洗钱是指为了预防通过各种方式掩饰隐瞒毒品犯罪、黑社会性质的组织犯罪、走私犯罪、金融诈骗犯罪等犯罪所得及其收益的来源和性质的洗钱活动，依照法律规定采取相关措施的行为。

反洗钱的意义：反洗钱有利于打击走私、贩毒、腐败、黑社会等经济、刑事犯罪，保障社会的稳定与安全；有利于维护国家的经济金融秩序，保障经济金融安全；有利于各国银行进入国际金融市场，平等参与国际金融竞争与合作。

【专栏 7-6】

苏格兰皇家银行反洗钱违规罚款

2010 年 5 月，美国哥伦比亚地区法官宣布，苏格兰皇家银行（前 ABN AMRO 银行）同意支付 5 亿美元的延期罚款。2005 年，ABN AMRO 银行由于违反《国际紧急经济权限法》、《禁止与敌国贸易法》和《银行保密法》，该行被外国资产管理办公室、美国联邦储备委员会、纽约州银行委员会以及金融犯罪执法网络（FinCEN）联合处以罚款。据调查显示：该行及其分支行没有建立起有效的反洗钱体系，缺乏对在职人员的反洗钱培训；在交易过程中，该行隐藏了部分客户信息，未切实开展客户尽职调查，致使大量非法资金在美国金融系统中流动；在近 20 年间，该金融机构利用法律漏洞与那些被美国列入制裁名单的国家或机构开展了资金交易，金额高达数亿美元。鉴于该金融机构在调查过程中与执法部门积极合作并采取了有效的补救措施，当时法官判决其可延期缴纳罚款。

资料来源：根据中国人民银行和中国反洗钱监测分析中心网站有关资料整理。

三、中央银行的反洗钱业务

当今，国际洗钱犯罪日益猖獗，已成为世界性公害。洗钱为犯罪集团介入合法企业提供了资金，使其能够"以合法掩饰非法"，不断扩大犯罪势力。因此，加强反洗钱力度、打击洗钱犯罪已成为各国政府及国际社会的共同责任。

中央银行作为国家支付体系的核心机构，具有监测社会资金流动、甄别可疑支付信息的职能责任与专业优势。因此，中央银行通常是各国打击洗钱犯罪体系的重要成员。

近年来，我国持续性地加大反洗钱力度和打击洗钱犯罪的国际合作，逐步建立健全反洗钱机制，包括完善金融业反洗钱监管协调合作机制、中国人民银行与公安部反洗钱会商机制、海关与中国人民银行反洗钱信息通报机制等。反洗钱的监测范围已经覆盖到银行业、保险业、证券期货业、信托公司、金融资产管理公司、财务公司、金融租赁公司、汽车金融公司和货币经济公司。

四、中国人民银行的反洗钱措施

（一）积极探索"法人监管"工作模式

积极探索"法人监管"工作模式，研究加强对金融机构法人反洗钱内控制度和系统建设的监管，合理配置反洗钱监管资源。选择华夏银行作为试点，中国人民银行总行会同 25 家省级分支机构采用"法人监管"模式同步对华夏银行各级机构进行现场检查，尝试运用风险评估体系评估其整体洗钱风险状况。

（二）组织开展反洗钱风险动态管理试点

针对金融机构反洗钱风险评价的难点问题，研究建立金融机构反洗钱风险评估指标体系，通过对金融机构所面临的环境、产品、客户、控制、沟通和调整 5 个维度的统计，综合评价金融机构反洗钱内控机制健全性、产品和客户风险识别有效性、合规风险管理架构完整性以及损害自我修复能力。

（三）将支付机构纳入反洗钱监管范围

针对支付机构反洗钱风险状况，起草并发布《支付机构反洗钱和反恐融资管理办法》，将支付机构纳入反洗钱监管范围。组织上海、深圳等 5 地开展支付机构反洗钱现场检查，全面了解支付机构洗钱风险，提示支付机构关注反洗钱合规管理问题。中国人民银行系统 2012 年共对 1 167 家金融机构和 6 家支付机构进行了反洗钱现场检查，对 83 家违规金融机构和 32 名违规金融从业人员进行了处罚。

【专栏 7-7】

继续加强交易线索转化力度，提高案件调查与协查成效

2013 年，反洗钱监测范围继续扩大，中国银联与各资金清算中心被纳入了反洗钱大额和可疑交易报告范围。中国反洗钱监测分析中心全年接收大额交易报告 38143.35 万份，可疑交易报告 2453.10 万份，主动移送可疑交易线索和通报信息 204 份，受理各部门协查 989

件，主动移送和协查反馈数量大幅增长。各级反洗钱部门接收可疑交易线索 4854 份，开展调查 3832 次，向侦查机关报案 474 起，其 168 宗报案进入侦查机关立案调查阶段，立案率达到 35.44%，较上年提高 8.2 个百分点，协助侦查机关调查涉嫌洗钱案件 618 起，破获案件 225 起。

中国人民银行积极配合公安、国安、检察、海关、税务等部门案件调查工作，在多起重大案件、涉恐案件的调查中发挥重要作用。在工商总局联合多部门开展的全国打击传销违法犯罪专项活动中，各级反洗钱部门主动发现或协助破获多起涉及全国多个省市的非法传销案件。

资料来源：2013 年中国人民银行年报。

第六节 中央银行的宏观经济分析业务

一、宏观经济分析的含义与意义

宏观经济分析是指通过对与社会总体的经济活动相关的所有经济变量，如产出、就业、价格水平、利率水平、国际收支等的考察，剖析这些变量在一定时期内的变动情况及其相互关系的行为。

中央银行的宏观经济分析业务具有十分重要的意义。表现在：第一，从中央银行的地位看，中央银行是一国重要的宏观经济调控和管理部门，只有从宏观上把握经济运行的趋势，才能及时、正确地制定与实施货币政策；第二，从中央银行的职能看，中央银行只有从整个宏观经济全局出发，才能最终有效地控制货币；第三，从中央银行的货币政策工具运用看，只有及时把握宏观经济运行的态势，才能正确运用货币政策工具，如存款准备金率、再贴现率、利率、汇率等。

二、中央银行宏观经济分析的基本内容

（一）金融分析

1. 货币供应量分析

货币供应量分析简称货币分析，可细分为货币总量分析和货币结构分析。前者是对不同货币部门的资产负债表的汇总的分析，后者指对不同层次货币之间的比例结构的分析。

2. 信贷收支分析

信贷收支分析主要是对全部金融机构存贷款的变动情况进行分析。在我国，中国人民银行信贷收支分析的具体内容包括：信贷资金来源与运用的变动情况分析、信贷资金调剂方面的情况分析、商业银行资金运作状况分析、信贷资产质量状况分析、金融业的资产负债分析等。

3．居民储蓄存款分析

居民储蓄存款是金融机构重要的资金来源，并且反映着社会的潜在购买力。居民储蓄存款的变化对国内消费需求的扩大有着重要的影响。

（二）经济分析

1．消费需求分析

中央银行的消费需求分析主要集中在 3 个方面：一是通过结合居民家庭收入、储蓄和投资变动分析消费需求变化；二是通过结合消费结构的变动分析消费需求的变化；三是分析影响消费需求的各类因素。

2．投资分析

投资的变化直接影响再生产的进行，影响投资需求进而影响经济增长，因此，投资分析在中央银行宏观经济分析中是不可或缺的。投资分析包括固定资产投资分析和流动资产投资分析两种。

3．市场和物价分析

市场分析包括国内和国际市场分析。在中央银行宏观经济分析中，要联系国际市场分析国内市场。物价分析的核心是分析影响近期物价水平变动的主要因素，进而提出有效的宏观调控措施。

4．企业收支分析

企业收支分析主要包括：企业货币资金占用状况、企业生产形势、企业生产规模以及企业生产经营情况等的变动因素。企业收支分析能为货币政策制定和宏观经济调控提供信息依据。

5．财政收支分析

财政收支分析主要包括：财政动用历年结余、财政发行政府债券、向中央银行透支和借款对货币供应量的影响等。

6．国际收支分析

国际收支分析主要包括：贸易收支变动分析、资本往来分析和国际储备变动分析等。

补充阅读

民间借贷纳入中央银行征信管理

我国民间借贷日益活跃而监管相对滞后，这种背离已对局部地区经济建设和金融稳定产生严重冲击。征信是金融管理的必然方向，民间借贷征信管理势在必行。

民间借贷征信存在的主要问题及解决思路如下：

第一，民间借贷征信工作开展缺乏法律依据。民间借贷征信管理制度具有随从性、滞后性和相对独立性。民间借贷征信管理要打破这种"立法难→征信难"工作僵局和传统观念，应执行"先试点、后立法"和"先实践、后立法"的做法。

第二，民间借贷征信工作量过大、成本偏高。要解决此问题，应遵循以下工作步骤和原则：一是"先机构征信，后个人征信"原则；二是"先大额，后小额"原则；三是"先信息采集，后开通查询"原则；四是"先高息、后低息"原则；五是"先长期，后短期"原则；六是"因地制宜弹性管理"原则。

第三，民间借贷征信管理发挥什么功能及如何定位。民间借贷征信要正确定位并发挥以下功能：一是提供纯公共产品，民间借贷纳入央行征信管理应立足降低民间借贷交易成本和促进交易，增厚经济社会福利；二是具有秩序、正义的经济社会价值；民间借贷纳入央行征信管理要能够规范民间借贷秩序，促进交易正义，要既具备界定合法性（包括肯定性、鼓励性）行为和非法性（包括否定性、警示性）行为。

资料来源：民间借贷纳入中央银行征信管理问题研究，南方金融，杨海林，2013。

读后讨论

1. 为什么民间借贷要纳入我国征信管理系统？
2. 解释民间借贷纳入我国征信系统的必要性。
3. 民间借贷征信还存在哪些问题？

本章小结

1. 经理国库业务、会计业务和调查统计业务在中央银行的业务活动中占有重要位置，是中央银行行使职能的具体体现。

2. 国库制度是对国家预算资金的保管、出纳及相关事项的组织管理及业务程序的安排，从世界各国的实践情况来看，主要有独立国库制和委托国库制两种形式，目前多数国家实行委托国库制。

3. 中央银行会计的对象是中央银行办理各项业务、进行金融宏观调控等活动所引起的资金变化的过程和结果。

4. 中央银行会计的职能是指会计工作在中央银行职能行使中所发挥的功能和作用，包括反映职能、监督职能、管理职能和分析职能。

5. 金融统计是对金融活动现象的数量信息进行收集、整理、分析，为经济和金融决策提供依据及政策建议的过程。

6. 金融统计的对象即是以货币和资金运动为核心的金融活动，通常包括金融机构、金融业务、金融市场 3 个方面。

7. 征信按业务模式可分为企业和个人征信；按服务对象可分为信贷征信、商业征信、雇佣征信以及其他征信；按征信范围可分为区域征信、国内征信、跨国征信。

8. 征信的特征包括独立性、信息性、时效性、公正性和客观性。

9. 洗钱的常用方式包括：走私货币，利用赌博等娱乐场所，利用各种奖券，利用银行系统。

重要概念

国库　国库制度　独立国库制　委托国库制　中央银行会计业务　中央银行会计报表金融统计　货币统计　信贷收支统计　现金收支统计　征信　洗钱　反洗钱

练习题

1. 简述国库制度的基本类型及优缺点。
2. 金融统计的基本原则是什么?
3. 简述金融统计的业务流程和主要内容。
4. 征信的分类及特征是什么?
5. 简述洗钱的危害与反洗钱的意义。
6. 中国人民银行反洗钱措施有哪些?

第三部分

中央银行与货币政策

　　随着各国经济的不断发展和中央银行地位的不断上升，中央银行的货币政策职能对宏观经济运行的作用日益加大。各个国家都采取了不同措施，在不同程度上强化了中央银行制定与实施货币政策的职责。货币政策的制定与实施是一项非常重要但又非常复杂的任务，中央银行要想正确制定和实施货币政策并取得良好效果，需对宏观经济进行准确的分析，制定正确的货币政策目标，并采用合理的操作工具。

第8章 中央银行的宏观经济分析

1．了解国民账户、国际收支账户和财政账户的基本内容及分析框架。

2．掌握货币账户与宏观经济账户其他三大账户的关系。

3．重点掌握宏观经济账户之间关系的分析以及货币账户的分析方法。

4．理解货币总量分析、货币结构分析和综合因素分析等方法。

开篇案例

2013 年我国宏观形势

2013 年中国经济增长相对平稳，GDP 达到 56.88 万亿元，同比增长 7.7%，增速与去年持平。财政收支增长放缓，支出结构优化。全年全国财政收入 12.91 万亿元，比去年增加 1.19 万亿元，增长 10.1%，增速比去年回落 2.7 个百分点。财政支出 13.97 万亿元，比去年增加 1.38 万亿元，增长 10.9%，增速比去年回落 4.2 个百分点。从支出结构看，科学技术、医疗卫生、社会保障和就业、城乡社区事务、节能环保、交通运输等支出增长较快，增速高于整体财政支出。货币供应量向预期目标逐步回归。2013 年年末，广义货币供应量 M2 余额为 110.7 万亿元，同比增长 13.6%，M1 增速为 9.3%，全年现金投放 3 899 亿元，与年初确定的调控目标较为接近。

资料来源：2013 年中国人民银行年报。

案例导读

制定和实施货币政策是一国中央银行的首要任务。货币政策是一国货币当局为解决本国宏观经济问题而采取的宏观调控措施，为此，中央银行必须对本国当时的经济形势和面临的主要宏观经济问题有充分的认识，因而宏观经济分析是中央银行制定和实施货币政策的基础工作。

第一节 宏观经济分析框架

宏观经济分析是把社会总体的经济活动作为研究对象，其分析对象是一系列与经济的总体运行相关的变量——产出、就业、价格水平、利率水平、货币供应量、对外贸易、国际收支、税收、政府支出等，着重分析这一系列变量在一定时期内的变动情况及相互间的变动关系。就中央银行而言，其宏观经济分析框架是以国民经济核算体系为基础，并通过对国民经济的分析来揭示经济发展的状况和趋势，因此研究这些经济变量在目前经济体制下的传导机制、分析经济发展现状的成因，可以为中央银行宏观金融调控的决策和货币政策实施效果的评价提供正确的依据。宏观经济的分析框架以现代宏观经济理论中产品市场的国民收入决定方程和货币市场的货币需求决定方程为基础：

$$\begin{cases} Y = C + I + G + (X - M) \\ M = L_1(y) + L_2(i) \end{cases}$$

该模型涉及国民收入与产品、国际收支、政府财政和货币四大宏观账户。

一、国民账户

（一）国民账户的基本内容

宏观经济活动产生于商品和劳务的出售，因此可以通过对参与经济交易三方的任何一方进行计量考核：（1）产品生产部门的产量；（2）提供生产要素所获得的收入；（3）为获得产品而形成的支出。对应这三方，也有 3 种统计方法，即生产法或增值法、收入法、支出法。这 3 种统计方法分别反映了分析总产量的 3 种统计途径，其中支出法又称最终使用法，它是从需求面分析出发，体现私人部门、公共部门等的收入去向，是中央银行综合其他三大账户考察宏观经济问题的主要分析工具（见表 8-1）。支出法着重于研究总需求的形成及不同部门之间的需求结构，为利用财政政策和货币政策调节社会需求找到着眼点，编制及分析时需明确这样一些基本概念。

1. 经济体中居民与非居民

一个经济体的居民包括本国中央和地方政府、在本国经济领土内居住的个人、服务于个人的非营利性机构以及本国领土内的工商企业。不符合上述条件者视为该经济体的非居民。鉴于国民账户的核算目的，对于在国外工作与居住超过一年的国民（不包括本国政府驻外人员），作为非居民处理。

2. 国内总量与国民总量

国内总量是按国土原则衡量生产、消费、投资与储蓄等宏观经济活动，是对领土内一切经济活动的考核，而不管所有者的国籍归属；国民总量是按国民原则衡量经济活动，它包括了经济体扣除了对非居民的支付后居民的所有收入。是指一定时期内国民生产总值与来自国外的要素净收入之和。来自国外的要素净收入是指居民在国外所拥有的生产要素所得的收入减去向国内非居民所拥有的生产要素支付的要素收入。

3．流量与存量

存量是表示经济变量在某一时点的数量；流量则是指经济变量在一段时期发生的数量。与资产负债表不同，国民收入与产品账户记录一段时期所发生的经济活动，各变量指标均用流量核算。

4．总值与净值

总值通常作为现期产值的一部分，它包括了生产过程中的资本消耗值（资本消费或折旧补偿）。在生产新产品的过程中，一国的部分资本设备会被消耗，企业从收入中扣除资本消耗，将其作为替换被消耗的那部分资本的基金，这就是所谓的"折旧"。从总值中扣除折旧，即为净值。净值的核算意义在于衡量一国的现存资本储量能否长期维持现有经济增长率。

5．名义值与实际值

名义值是按现期价格计算。在不同时期由于受物价上涨因素的影响，使得要进行时间序列比较、譬如要考核经济增长率，同一经济变量在不同时期失去了可比性，于是就要求将其还原为实际值。实际值是按基期价格或不变价格计算，其免除了物价波动因素的干扰。名义值除以实际值便可得到物价自基期以来波动的综合情况，所得的比率为"平减指数"。

表 8-1 支出法国内生产总值结构

| 年份 | 最终消费支出 | | | | 资本形成总额 | |
| | 绝对数（亿元） | | | | 绝对数（亿元） | |
	居民消费支出	农村居民	城镇居民	政府消费支出	固定资本形成总额	存货变动
2009	123 584.6	29 005.3	94 579.3	45 690.2	156 679.8	7 783.4
2010	140 758.6	31 974.6	108 784.0	53 356.3	183 615.2	9 988.7
2011	168 956.6	38 969.6	129 987.0	63 154.9	215 682.0	12 662.3
2012	190 423.8	42 310.4	148 113.4	71 409.0	241 756.8	11 016.4
2013	212 187.5	47 113.6	165 074.0	79 978.1	269 075.4	11 280.7

资料来源：国家统计局官方网站。

（二）国民账户的分析框架

国民账户可以从国内生产总值（GDP）、国民总收入（GNI）和国民可支配收入（GNDI）3个方面进行分析。它们之间的关系是：

$$GDP = C + I + (X-M) \tag{8-1}$$

$$GNI = GDP + YF = C + I + (X-M+YF) \tag{8-2}$$

$$GNDI = GNI + TR = C + I + (X-M+YF+TR) \tag{8-3}$$

式中，C——私人部门和政府部门的消费支出；

I——私人部门和政府部门的投资支出（包括存货变化）；

X——商品和非要素服务出口；

M——商品和非要素服务进口；

YF——要素净收入；

TR——净转移。

由于国民储蓄（S）等于国民可支配收入减去消费，即 S=GNDI-C，所以公式（8-3）可以表述为：

$$S - I = X - M + YF + TR \qquad (8-4)$$

这个公式表明，任何外部的不平衡，都会反映在内部（国内）的不平衡上。即居民在国内商品或劳务上的支出金额或称消费和投资的金额，大于或是小于国内产量，其差额应该是国外交易的净额。

二、国际收支账户

国际收支账户由 3 个方面构成，其一是涵盖了反映本国居民与非居民之间的商品、服务、收益及无偿转移等交易记录的对外经常账户余额，其二是反映本国居民的国外净资产变化及其他资本流动的资本和金融账户余额，以及与国际储蓄和债务清算有关的官方储备账户的净额。表 8-2 为中国 2013 上半年国际收支平衡表。

表 8-2　　　　中国 2013 上半年国际收支平衡表　　　　单位：亿美元

项目	差额	贷方	借方
一、经常项目	984	12 788	11 804
A.货物和服务	1 024	11 544	10 520
1.货物	1 576	10 577	9 001
2.服务	-551	967	1519
B.收益	-2	991	993
1.职工报酬	78	86	8
2.投资收益	-80	904	984
C.经常转移	-38	254	292
1.各级政府	-15	6	21
2.其他部门	-23	248	271
二、资本和金融项目	1 187	6 877	5 690
A.资本项目	24	27	3
B.金融项目	1 162	6 850	5 687
1.直接投资	775	1 475	699
1.1 我国在外直接投资	-370	147	517
1.2 外国在华直接投资	1 145	1 328	183
2.证券投资	241	454	213
2.1 资产	-78	97	175
2.2 负债	319	357	39
3.其他投资	146	4 921	4 774
3.1 资产	-539	1 069	1 608
3.2 负债	686	3 852	3 166
三、储备资产	-2 036	6	2 041

续表

项目	差额	贷方	借方
1 货币黄金	0	0	0
2 特别提款权	1	1	0
3 在基金组织的储备头寸	5	5	0
4 外汇	-2 041	0	2 041
5 其他债权	0	0	0
四、净误差与遗漏	-135	0	135

资料来源于：国家外汇管理局网站《统计数据与报告》栏目。

可用下列公式表述构成国际收支账户这 3 个方面的关系：

$$CAB + F - \Delta R = 0 \tag{8-5}$$

式中，CAB——经常项目；

　　　F——资本和金融项目；

　　　ΔR——官方净储备。

就定义而言，国际收支的每一笔交易均同时记录在借方和贷方项下，国际收支账户的总和应等于 0。然而，一笔交易中的借方与贷方各记录的资料通常来源于不同的统计渠道。统计资料、记录交易时间及交易计价方法等方面的差异，会出现统计数据的不一致，需要设立一个平衡项目，通常使用"净误差和遗漏"项目来弥补这一差数。

国际收支账户不仅可以反映一定时期一国的贸易和服务的进出口状况、短期和长期的资本收支状况、外汇储备和利率的变化，而且还能为货币政策和国际收支决策提供依据。中央银行分析国际收支账户的最主要目的，就是要判断经济是否存在对外失衡问题，并作出是否需要调整政策来纠正这种失衡的决策。然而，在货币当局及其他宏观经济管理部门的国际收支分析实践中，往往存在多种差额概念。

（一）贸易差额

这是国际收支失衡的最狭义的定义，即以 FOB[①]记录的出口与进口之间的差额。出口大于进口，差额在贷方，为贸易顺差；反之为贸易逆差。

（二）经常项目差额

经常项目的差额反映了一个经济体实际资源交易所引起的金融资产净变化。问题是此项差额是否能够确实体现国际收支的失衡。如发展中国家往往希望引导长期资本流入，向经常项目逆差融资；另一些国家可能希望经常项目顺差，以便对外投资。因此，这里的问题在于经常项目与资本项目的互补关系是否成立、是否体现国家宏观经济决策的主题要求。

（三）基本差额

基本差额把短期内易改变流向的交易放在线下，使除经常项目的所有交易外，仅包括资本项目和金融账户中的直接投资、证券投资而不包括其他投资，试图以此来分析国际收支的

[①] FOB（Free On Board 的首字母缩写），也称"离岸价"，是国际贸易中常用的贸易术语之一。FOB 的全文是 Free On Board（…named port of shipment），即船上交货（……指定装运港），习惯称为装运港船上交货。

长期状况。用此项差额分析时应注意到，稳定或不稳定的假设并非总是有效的。

（四）总差额

是经常账户差额与所有非融资金性的资本和金融交易差额之和。这是一种广泛使用的国际收支差额，也是国际收支状况分析中最有综合意义的差额，而且非常便利，官方储备资产的贷方净额为国际收支逆差，借方净额为国际收支顺差，因而有时也称为"官方结算"差额。这一差额定义的原理是：通过使用或获得储备或其他可替代储备的金融资产来弥补。并且，官方储备资产又是获得数据最可靠的项目。因此，总差额是通常用以衡量国际收支状况的重要统计指标。

三、财政账户

（一）财政账户的基本内容

财政账户体现着政府预算总量、预算资金的来源及去向。为了保持与其他金融统计的一致，以便于国际比较，IMF 的《政府财政统计手册》确定了政府业务及其分类的三种基本规则：（1）政府的确定不是依照法律标准，而是依据其职能；（2）政府财政统计数据应衡量——不是估计或推算——某段时期内政府与世界其他地方的支付流量；（3）交易分类不是依据最终效果，而是根据每笔交易发生时的实际特征而定。依据这些规则，财政账户分为收入、支出和融资三大块（见表 8-3）。

表 8-3　国家财政收支构成表

项目	项目
收入总计	支出总计
A 经常性收入	C 经常性支出
各项税收	D 资本性支出
非税收收入	E 融资支出总计
B 资本性收入	国内外债务还本付息
G 融资收入总计	国债付息
国内公债与国库券	F 结转下年（动用结余）
国外债务余额	

1．收入账户

财政收入包括所有的非偿还收入，分为经常性收入和资本性收入。经常性收入又含有税收收入和非税收收入。税收具有强制性、无偿性、非偿还性；非税收收入则包括财产收入、各种收费及非营利性企业的营业盈余或亏损补贴。资本性收入主要是国有企业及公共部门上缴的利润，亏损补贴也以负号计入本项目。

2．支出账户

财政支出包括所有的非偿还支出，分为经常性支出和资本性支出。经常性支出包括政府为发展科教文卫、巩固国防和执行国家行政管理职能等所进行的支付；资本性支出是政府为生产建设项目的投资。区分经常性支出与资本性支出的意义在于衡量政府的消费与投资的水平。

3．融资账户

政府融资净额等于收入与支出的差额，包括了政府持有的现金与银行存款、发行国债所形成的政府负债等。融资分为居民（国内）融资和非居民（国外）融资，还可以进一步按债权人（银行、非银行等）、债务工具（公债、国库券等）细分。

（二）政府部门的分析框架

财政政策是政府通过对财富的征收、商品和劳务的购买、资源的转移以及政府融资决策等手段，来影响经济活动的水平、收入的分配和资源的配置。而财政政策的扩张与收缩，可以从政府预算总量以及各项预算平衡概念的分析中体现出来。财政分析总是与预算平衡概念相联系的，财政收支是平衡还是盈余或赤字，是财政分析的基本内容。对财政账户的分析，应按上述分类规则，明确这样一些定义。

1．政府的定义

根据规则（1），政府最广义的概念应包括：管辖权覆盖一国全部领土的中央政府，对一国领土有部分管辖权且相对独立于中央政府的地方政府，负有政府管理职能的非营利性机构。但政府所属的金融机构（如政策性银行等）划分在金融部门，它们不包括在政府部门。

2．政府交易的衡量

根据规则（2），政府交易按现金法记录，这可避免估算问题，保证所得出的统计数据与其他金融统计数据基本相符。政府收入与支付按一定时期内交易的总额表示。以表明有关交易的总体影响。政府内部所有单位之间的交易应予以扣除，包括政府各部门之间、地方政府之间及中央政府与地方政府之间的交易。

3．政府交易的分类

根据规则（3）按政府交易的基本特征，可归纳为五个方面。

（1）收入与支付。形成政府部门资金来源的交易为收入，形成政府部门资金运用的交易为支出。适用于所有交易，但资源内流与外流相抵的净额账户除外。

（2）非偿还与应偿还交易。非偿还交易是产生赤字或盈余的交易；应偿还交易是为赤字或盈余融资的交易。

（3）有偿与无偿交易。仅适用于非偿还交易，是对政府交易作经济分类的关键。有偿交易涉及报酬，即收入或支付是对他方提供的商品和劳务、或是对财产所有权或使用权、或是对要素劳务所有权或使用权的回报。无偿交易（或是强制、或是自愿）不涉及对应项目。

（4）经常性与资本性交易。这也仅适用于非偿还交易，是在财政账户中划分政府的消费性交易与投资性交易的基本界限。经常性交易属于政府的当期消费，而资本性交易则与政府投资行为相联系。

（5）金融资产与负债。仅适用于应偿还交易，体现了为弥补财政资产与负债不对称而进行的融资交易。一般情况下，政府总会持有金融资产与负债，而财政账户的金融资产与负债的差额反映着财政的赤字或盈余。

依据上述的分类原则，表8-3的统计项目组合可归纳为两种分析财政状况的方法：总差额与经常性收支差额。

第一种差额是总差额。按会计学定义，预算总是平衡的，预算收入总计应该等于支出总计。因此，总赤字或总盈余必须附有一些平衡项目，这些项目不包括在收入和支出中。从表8-3中看，总差额的公式为：

$$总差额（G-F）=（A+B）-（C+D+E） \tag{8-6}$$

$$总差额（G-E-F）=（A+B）-（C+D） \tag{8-7}$$

上面两式中，总差额负值为赤字，正值为盈余。式（8-6）表示的总差额，反映了历年财政累积下来的赤字或盈余；式（8-7）表示的总差额，体现着当年财政的赤字或盈余。总预算差额经常被作为对财政政策状况作总体衡量的指标：总赤字往往表明扩张性财政政策，总盈余则往往反映收缩性财政政策。

4. 经常性收支账户的赤字或盈余

从表8-3看，这一差额应该等于$A-C$，正值为盈余、负值为赤字。经常性支出反映着政府消费，政府的收入减去消费即为政府储蓄，因而这一差额概念可以用来衡量政府部门的储蓄水平。

【专栏8-1】

2014年世界主要经济体经济形势

2014年，世界经济复苏形势继续向好。美国经济稳定复苏，恶劣天气的短期干扰逐渐消退。欧元区经济微弱复苏，通缩风险上升。日本经济增长放缓，连续21个月出现贸易逆差，财政压力加大。新兴市场经济体经济下行压力加大，部分国家政局不稳，金融市场动荡，风险上升。地缘政治博弈激化成为全球经济的风险之一。可以通过各国具体的数据进行分析和了解。

美国经济稳定复苏。主要受恶劣天气影响，2014年一季度GDP增速（环比折年率）放缓至0.1%。工业生产好转，制造业和服务业扩张加快，供应管理协会（ISM）公布的制造业和非制造业PMI指数3月分别升至53.7和53.1。3月失业率维持在6.7%，通胀维持低位。短期财政风险有所缓解。截至3月末，联邦政府2014财年财政赤字为4133亿美元，较上年同期减少1870亿美元。

欧元区经济继续微弱复苏。2013年全年GDP萎缩0.4%，其中第四季度GDP环比增长0.3%，连续第三个季度正增长。2014年3月，欧元区经济景气指数上升至102.5，创2011年8月以来最高水平；综合PMI达到53.1，连续9个月位于50荣枯线以上。但失业率仍居高不下，通胀依然维持低位。3月，失业率维持在11.8%，综合物价指数（HICP）同比增长0.5%。

日本经济增速减缓，但通缩局面有所改善。2013年全年GDP增长1.5%，其中第四季度增长0.7%，较上半年明显减弱。受消费税调高影响，消费者信心指数2013年11月以来持续下滑，2014年3月降至37.5，为2011年9月以来的最低水平。日元贬值导致进口成本上升，3月贸易逆差1.4万亿日元，已连续21个月出现贸易逆差。1至3月核心CPI同比涨幅均为1.3%，为5年来新高。3月失业率降至3.6%，就业形势稳定。

资料来源：中国人民银行，货币政策执行报告，2014年。

四、货币账户

（一）货币账户的基本内容

一国金融体系中的机构可分为货币当局、商业银行以及其他金融机构三类，因而货币账户也可分为 3 个层次。

第一层是货币当局的账户。货币当局一般指中央银行，中央银行具有发行货币、掌管储备、代理国库和为商业银行等金融机构提供融资支持等职能，全部职能都集中体现在货币当局的资产负债表中（参见第 4 章表 4-2 和第 5 章表 5-5）。

第二层是将货币当局与其他存款性金融机构的数据（即"其他存款性公司资产负债表"，见表 8-4）合并在货币概览（我国现为"存款性公司概览"，见表 8-5）之中，从而得到货币体系中的货币、信贷及对外净资产等金融要素的变动情况。

表 8-4 其他存款性公司资产负债表　　　　单位：亿元

资产			负债和资本项目		
项目	金额		项目	金额	
	2012 年	2013 年		2012 年	2013 年
国外资产	28 798.5	28 814.1	对非金融机构及住户负债	891 427.9	1 012 778.8
储备资产	197 132.5	211 775.6	纳入广义货币存款	861 307.2	978 444.3
准备金存款	191 146.3	205 369.1	单位活期存款	254 004.5	278 716.6
库存现金	5 986.2	6 406.5	单位定期存款	195 940.1	232 696.6
对政府债权	56 123.3	62 341.5	个人存款	411 362.6	467 031.1
其中：中央政府	56 123.3	62 341.5	不纳入广义货币的存款	24 454.1	25 940.3
对中央银行债权	12 709.0	10 301.4	对中央银行负债	13 903.1	11 663.2
对其他存款性公司债权	237 024.6	260 442.0	对其他存款性公司负债	108 636.3	110 398.0
对其他金融性公司债权	50 519.9	72 592.3	对其他金融性公司负债	62 999.2	74 804.7
对非金融机构债权	534 132.7	599 575.2	国外负债	9 900.3	17 973.0
对其他居民部门债权	160 193.8	196 863.6	债券发行	92 318.3	103 672.1
其他资产	60 228.6	82 046.0	实收资本	30 725.3	32 545.8
			其他负债	126 952.6	160 916.0
总资产	1 336 862.8	1 524 751.6	总负债	1 336 862.8	1 524 751.6

表 8-5 存款性公司概览　　　　单位：亿元

资产			负债和资本账户		
项目	金额		项目	金额	
	2012 年	2013 年		2012 年	2013 年
国外净资产	258 850.91	280 986.36	货币和准货币	974 148.80	1 106 524.98
国内信贷	805 593.77	927 007.02	货币	308 664.23	337 291.05
对政府债券	50 683.71	49 043.61	准货币	665 484.57	769 233.93
对非金融部门债权	694 351.52	796 463.77	债券	92 318.27	103 672.07
对其他金融部门债权	60 558.54	81 499.64	实收资本	30 945.02	32 765.57
			其他（净）	-57 421.53	-60 909.58

资料来源：中国人民银行官方网站。

（二）货币部门的分析框架

货币政策是中央银行通过其业务对全国金融业施加影响，并经由商业银行及其他金融机构传导到整个社会经济活动之中。因而货币政策不论是采取扩张还是收缩，都可以从货币账户分析中反映出来。上述两个层次的货币账户就构成货币部门的分析框架。

1. 货币当局资产负债表

货币当局资产负债表分为资产、负债与资本账户两栏。货币当局资产负债表的资产方反映了中央银行投放基础货币的渠道，负债方则体现着中央银行投放的基础货币存量。货币当局资产负债表及时提供了中央银行基础货币供给的变动情况，因而显得特别重要。

2. 存款性公司概览

其他存款性公司资产负债表由资产、负债及所有者权益三部分构成，平衡公式为：资产=负债+所有者权益。将货币当局资产负债表与其他存款性公司资产负债表的相应项目下的数据合并，即为存款性公司概览。并表的原理如下。

（1）对应项目相互冲抵。如货币当局资产负债表中"对其他存款性公司的债权"与其他存款性公司资产负债表中"对中央银行负债"，货币当局资产负债表中储备货币项下的"金融性公司存款""债券（央行票据）"与其他存款性公司资产负债表中储备资产项下的"准备金存款"等。

（2）相同项目数据相加。如货币当局资产负债表和其他存款性公司资产负债表中共有的"对中央政府债权""对其他金融性公司债权""对非金融性公司债权""国外资产"与"国外负债"等。

（3）其他项目分列。货币当局发行的流通在外的货币，与其他存款性公司吸收的各项存款，合并为存款性公司概览的主要负债项目——货币与准货币。货币项目包括中央银行发行的现金货币和银行体系吸收的活期存款，是一国的货币供应量（M_1）；准货币项目包括了定期存款、储蓄存款及银行体系吸收的其他存款，其与货币项目一起，构成一国的广义货币（M_2）。

第二节　经济与金融运行状况分析

国民收入与产品、国际收支、财政和货币这四大主要的宏观经济账户能够为管理当局提供分析框架和决策依据，因此它们是宏观经济分析和决策过程的一个重要组成部分。

一、宏观经济账户之间关系的分析框架

虽然宏观经济的每一个账户说明经济的一个特点方面，但就广义而言，它们的基本概念都相同，构成一个相互联系的体系。

（一）宏观经济账户的共同特征

四大宏观经济账户在确立两个分析要素即确定经济主体和记录经济方面，具有明显的共

同特征。

四大宏观经济账户都涉及由其全体居民组成的经济主体。因此居民与非居民定义的划分，体现了四大宏观经济账户的共同特征。居民是指这样一些经济单位，他们与本国经济领土的联系比与其他任何国家的联系更为密切；非居民的经济单位称为外国人。居民与国民在概念上既有重合，又有交叉。大多数国民是本国居民；但一国的居民可能是另一国的国民，反之，一国的国民也可能成为另一国的居民。有几个具体的界限需要明确。

（1）一国政府视为本国居民。即使其在外国从事政治、经济、文化及其他活动，仍为本国居民。而他国的使领馆及其他行使政府职能的机构及其在这些机构工作的他国国民，则为本国的非居民。

（2）所有在本国领土上运营的企业为本国居民，即使它部分或全部为外国人拥有。本国企业在外国的分公司和子公司被归类为非居民。

（3）永久居住在一个国家的个人，无论属于哪国国籍，均被视为居住国的居民。移民如果在其工作所在过居住了至少一年，便视为该国居民。居住不满一年者视为其原主要居住国居民。

宏观经济账户记录的是各种经济交易。经济交易在大多数情况下是指交换，即商品及劳务与金融资产之间的交换、某种金融资产与其他金融资产之间的交换；但一些商品、劳务和金融资产尽管未发生交换行为，但仍属于经济交易，如税收、赈灾、捐赠等。因此，经济交易包括两个方面的内容：一是商品、劳务和金融资产的流动；二是转移支付或单方面转移。

在国民账户中，经济交易被扩展到某些同一经济单位内部的交易。如某一农民消费自己生产的产品、居住自己提供的住房。这些情况并不存在商品、劳务或金融资产在不同经济单位之间的流动，但为了使生产和消费的国民收入综合指标具有长期意义，也为了便于在国与国之间的比较，有必要在生产和消费两方同时记录这一种经济单位的内部交易。

为了便于分析，我们具体说明不同账户之间具体项目的内在联系，主要考察国民账户与国际收支账户之间的关系、财政账户与国民账户及国际收支账户之间的关系、货币账户与其他宏观经济账户的关系。

（二）国民账户与国际收支账户的关系

国民账户与国际收支账户的联系，较集中地反映出一国在一定时期内储蓄与投资的均衡关系。

在国民收入与产品账户中，储蓄被定义为国民可支配收入减去消费。因此，若投资大于同期储蓄，则超过部分必然体现为对外收支经常项目逆差：

$$S_n = GNDI - C = GNI + TR_f - D - C = C + I + X - M + YF + TR_f - D - C$$

式中，D——折旧；

I——不包括折旧、但包括库存变化的投资；

S_n——不包括折旧在内的净储蓄；

YF——国外生产要素收入净值；

TR_f——国外转移净额；

$GNDI$——国民可支配收入净值，即 $GNI+TR_f-D$；

CAB——国际收支经常项目差额。

根据定义，有经常项目差额 $CAB=X-M+YF+TR_f$，总储蓄 $S=S_n+D$，则有

$$S-I=CAB \tag{8-8}$$

如果把储蓄与投资的差额划分为两部分，一部分代表私人部门，另一部分代表政府部门，则公式（8-8）可表示为：

$$(S-I)_p+(S-I)_g=CAB \tag{8-9}$$

公式（8-9）强调了私人部门与政府部门对总储蓄水平各自作出的贡献，强调了私人部门和政府部门的储蓄减少（增加）和国际收支经常项目逆差（顺差）之间的联系。固然，式（8-9）是一个衡等式，如果无其他条件，从该公式推导不出不平衡是来自国外（等式右端，如贸易恶化），还是国内（等式左端，如扩张的货币政策）。但是，从该公式可以看出私人、政府，以及对外部门之间的联系。

（三）财政账户与国民账户、国际收支账户的关系

就总体而言，财政账户与国民账户的关系主要体现在国民收入与产品账户是用以衡量整个经济体的经济交易量，而财政账户则是用以衡量政府对经济体其他部门的影响。财政账户为记录政府资金来源与运用的数据提供了一个框架，确立这一框架的目的是便于对政府在收入、支出、资本积累和融资等方面的交易进行分析。国民收入账户也以标准形式表示有关政府经济活动的详细数据，并且也有与财政账户相关联的综合指标，如政府消费和投资这两个指标，就反映了财政账户的经常性支出和资本性支出的数据。

政府储蓄在财政账户中是经常性收入减经常性支出，而由于国民账户中的政府消费包括折旧，所以国民账户中的政府储蓄可能小于财政账户的统计，但这只是名义上的差别。因为在财政账户中，折旧作为一个融资来源，与储蓄一起包括在融资项下，这两部分之和代表政府储蓄总额。

在讨论3个账户之间关系时，也要考虑到它们之间的差别，如财政账户与国民账户之间：在记账方式上，其区别在于财政账户用现金支付制记录交易，而国民账户则用权责发生制记录交易。不是本期交易的资金，不包括在财政账户的统计之中，而在国民账户中却有这样的记录，如固定资本消耗等；同时为了强调把政府与金融机构的职能彻底分开，财政账户排除了政府所属金融机构的交易记录，而国民账户则不排除。把这些交易与政府的一般经济交易分离，对于区分和协调财政政策与货币政策来说，是十分必要的。

就财政账户与国际收支账户而言，除了在范围和记录基准方面有较小的差别外，这两种账户制度大体以同样的方式记录交易。

在范围方面，国际收支账户不区别不同层次的政府，并将政府与公共企业（包括政府所属金融机构）归为一类，也不区分超国家当局（国际机构）的对外交易与其他对外交易；而财政账户则刚好相反。

在交易记录方面，财政账户与国际收支账户都衡量流量而不衡量存量的变化。财政账户主要采用现金支付制记录，其只记录支付流量；国际收支账户采用权责发生制记录，其在居

第8章 中央银行的宏观经济分析

173

民与非居民之间发生所有权变化时记录资金流量、支付额和负债。然而，当支付发生在要支付的资金的所有权发生变化时，或发生在单方面转移的到期日时，财政账户与国际收支账户的记录应该是一致的。

（四）货币账户与其他宏观经济账户的关系

货币账户与其他宏观经济账户存在密切联系。货币账户通过对外资产和负债项目与国际收支账户相联系，通过政府在银行系统的头寸与财政账户相联系，但与国民账户没有直接的对应成分，而是通过其与国际收支账户、财政账户的对应成分，间接地同国民账户发生联系。

1．货币账户与财政账户的联系

首先体现在货币账户国内信贷项下的"对政府债权"与财政账户国内融资项下的"银行部门"这一对关联科目上。由于政府资金运用的一个主要结果是由国内银行系统提供融资，因而这两个关联科目应该没有会计差别，是一致的。但由于政府主要是在资本市场上以流通证券的形式进行融资，政府对其负债是按所发行的国债的面额（它最终必须偿还的数额）计值的，而银行通常按买入成本或市场价格计值，因而仍可能会出现差异。

2．货币账户与国际收支账户

它们的联系由两部分构成，分别涉及货币当局和存款货币银行：一是货币账户的"国外资产"项目的关联。货币账户记录的是对外资产净额的存量，而国际收支账户记录的则是对外资产净额的变化。但是，由于货币账户是以本币计值、记录的是银行买进国外资产时的本币价格，而国际收支账户则是按单一货币原则记录，需要多种货币交易时的汇率转换成统一的货币单位。由于汇率的波动，增加了两个账户之间相比较的难度。当然，这一计值因素所造成的仅是这两个关联项目之间表面的而非实际的差异。

需要注意的是，在计量方式上货币账户与宏观经济的其他账户有明显区别：货币账户统计的是存量数据，记录的是在某一时点上的交易结果；而其他三大账户均是统计交易流量，记录的是某一时期内发生的交易数量。

二、资金流量分析

资金流量分析以西方资产阶级的宏观经济学为理论基础。宏观经济学中的国民总产值和国民收入是一对既有区别又有联系的概念。国民总产品按用途分，不是用于消费就是用于投资，所以国民总产值=消费+投资。国民总收入中有一部分用于消费，凡不用消费的就是储蓄，所以，国民收入=消费+储蓄。而按现价计算国民总产值等于国民总收入，经过这样的推导似乎可得出储蓄等于投资的结论。

但上述的结果来自于事后的统计。从事先的角度来看，储蓄不一定能全部转化为投资。如果储蓄大于投资，则国民生产会下降；如果储蓄小于投资，则国民生产虽然可能增加，但物价要上涨。如何使投资和储蓄相适应。就成为这些国家中一个很重要的现实经济问题。

资金流量分析实际上就是为了解决这个问题。它对上述一般的宏观经济分析作了以下修正。

1. 一般宏观理论没有把国民经济分成若干部门进行分析，而资金流量分析则依据经济活动的性质，把国民经济分成若干部门，把消费、投资、储蓄等也作相应的划分，从而能进行部门间的分析。

2. 一般宏观理论没有分析资金的运动，而资金流量分析则指出：储蓄者往往并非真正的储蓄者，一个部门的储蓄往往由另一部门当作投资来使用。从储蓄到投资的过程要靠资金的运动来实现，要以金融活动做媒介。如果储蓄和投资不相协调，资金供求总量不会平衡，而只有资金来源和用途之间达到了平衡，整个国民储蓄和投资才能平衡。

3. 一般宏观分析忽略了国外的因素，而资金流量分析则指出：外资的流入增大了国内资金来源，使投资可以大于储蓄；相反，本国资本的流出使国内投资低于国民储蓄。

（一）对国民经济作部门划分

通常分成五个主要的经济部门，即：政府部门、个人部门、工商公司企业部门、银行金融企业部门、外国。

（二）提出各部门的资金余额或差额的概念

从事后统计的角度来看，国民总产值=国民总收入=消费+投资。考虑进出口贸易，则：国民总收入=消费+投资+出口-进口。以符号表示，Y（国民总收入）$-C$（消费）$-I$（投资）$-X$（出口）$+M$（进口）$=0$，见表8-6。

表8-6 按部门划分后各部门收入、消费、投资状况

部门	收入	消费	投资	进出口	资金余额（＋）或差额（－）
政府部门	Y_1	$-C_1$	$-I_1$		$=F_1$
住户	Y_2	$-C_2$	$-I_2$		$=F_2$
非金融企业部门	Y_3		$-I_3$		$=F_3$
金融企业部门	Y_4		$-I_4$		$=F_4$
外国				$-X+M$	$=F_5$
合计	Y	$-C$	$-I$	$-X+M$	$=0$

把 5 个部门即整个国经济合起来看，资金收支刚刚相抵。但从各个部门看，其资金收支则或有结余额，或有结差额。比如，政府部门和企业部门可能有余额，也可能有差额，即：F_1、F_3、F_4 或正或负，个人部门通常有资金余额，即 F_2 通常是正数。

"外国"作为一个部门，仅仅反映本国对外的贸易金融关系。当本国对外贸易有顺差，则 F_5 是负数，即"外国"部门要从本国占用资金。在这意义上讲，"外国"部门有资金差额。相反，本国贸易有逆差，F_5 是正数，即"外国"部门有资金余额。

合计各部门的资金余额和差额，应该平衡，即：$F_1+F_2+F_3+F_4+F_5=0$

（三）把部门的资金余（差）额同部门间的债权债务关系相联系

一个部门如果有资金差额，必须从其他部门筹措，即增加本部门对其他部门的债务或减少本部门对其他部门的债权，否则该部门就只能减少投资或消费。相反一个部门如果有资金余额，必须要借给其他部门，即增加本部门的债权或减少本部门的债务。例如，本国贸易有

逆差，"外国"部门就有资金余额（即 F_5 是正数），即外国对本国各部门的债权增加，也就是本国各部门对外国的债务增加；本国贸易有顺差，则情况正好相反。

（四）部门的债权债务关系

部门的债权债务关系通过各种金融活动，反映在部门的金融资产或负债的增减上。比如，政府部门的债务有一个净增额，那是政府增发公债、增发纸币、向银行金融企业借款、向国外中央银行借款等活动的综合性结果。但任何一种金融活动至少是双边的，甚至是多边的；一方的金融资产或负债会有增减，对方的金融资产或负债也会有相对应的增减。比如，政府从银行借款，则政府的金融负债增加，银行的金融资产也增加，金额相等。

三、资金流量分析对我国宏观经济管理的作用

宏观经济管理的实质即经济管理部门对资金运行有效调节和控制，对社会资金实行调控的首要条件就是对社会资金流量和流向进行宏观分析。我国宏观经济管理就是要保持总供给和总需求的均衡，同时优化经济结构，促进国民经济持续、快速、健康发展。完成这一任务的手段主要有货币政策、财政政策、收入分配政策、投资政策、产业政策等。资金流量分析与这些政策手段的制定、执行以至效应分析密不可分的。

（一）资金流量分析与货币政策

资金流量分析为货币政策手段的操作提供依据。资金流量表反映了直接信用与间接信用的比例关系和银行信用规模在全社会信用规模中的比重，为灵活运用贷款规模管理提供依据。通过分析直接信用的发育程度，居民、企业和银行的金融资产结构，为启动公开市场操作提供依据。社会信用规模的伸缩与利率变动相互制约，社会信用结构变动与利率结构相互关联，通过分析社会信用规模和结构的变化为利率杠杆操作提供依据。

资金流量表反映了各部门的消费与储蓄状况，也能反映各部门投资资金自给情况和对资金融通需求情况，通过确定总储蓄率与总消费率，使资金供给情况大致确定，通过分析总储蓄率与总投资率，使资金需求情况大致确定。资金供求状况既定时，对社会信用总量和货币供应总量就容易确定。同时，由于可以分析资金需求结构，使调节资金流向和流量成为可能。

（二）资金流量分析与财政政策

资金流量分析把财政的收入支出过程纳入整个收入分配资金循环中，对于财政收支的分析不是仅就其自身，而是着眼于财政收支与全社会资金循环的关系。在资金流量表上，可以清楚地看出财政收入是从哪些部门而来，又流向了哪些部门，预算财政收支的来龙去脉，预算外财政收支的大小多少，财政资金的变化对全社会资金运行的影响如何，这些显然是制定财政政策必不可缺的信息资料。

（三）资金流量分析与投资政策

资金流量分析能明确反映出各部门投资需求的大小，从而能够反映总投资需求的大小，为确定投资规模提供依据。资金流量分析反映机构部门投资活动的变化，使有关部门可以找

到投资规模变化的源头与原因。

资金流量表也反映投资结构的状况。因此，能够反映出投资结构变化的内在动因。同时，这也为从需求角度调节投资活动提供了依据。资金流量表明晰地表明了总投资形成的资金来源和结构，包括自给资金与借入资金的比例关系，借入资金中内部构成等，使通过调节资金供给总量和结构影响投资总量和结构成为可能。

（四）资金流量分析与收入分配政策

收入分配政策是从分配角度影响经济运行，其核心目的是保持公平与效率的统一和收入流量在各部门的均衡。因此，广义上说，收入分配政策包括财政政策、税收政策和工资政策。

资金流量分析以资金流量表的编制为基础，而资金流量表可以依据经济管理需要设置格式。在西方国家，收入分配过程主要是市场机制发挥作用，国家对收入分配过程干预很少，编制资金流量表就把收入分配部分省略了。我国由于微观分配机制还没有能够完善，国家对收入分配需要加以控制，资金流量表就包括了收入分配过程的内容。

近几年来，收入分配领域出现混乱，分配结果与经济运行良性循环的要求相去甚远。这与收入分配政策的作用趋于微弱有关，而其主要原因即在于目前的收入分配政策（主要指工资政策）不是以市场经济下的收入分配状况作为对象，还是采用计划经济的思路和方法，结果收入分配实际上已经失去了控制。要制定出有效的收入分配政策，必须通过资金流量分析取得实际的信息，并为制定工资政策提供了充分的依据。当然，其他部门的收入分配信息也可以反映出来。

四、货币部门的分析和预测

宏观经济账户的确立为中央银行提供了合适的宏观经济分析框架，资金流量分析则是为中央银行的宏观经济分析准备了技术性较强的工具。而作为货币部门，中央银行还必须强调对本部门主要经济变量的分析和预测。这主要包括了货币总量的分析、货币结构的分析以及宏观经济方面的综合因素分析。

（一）货币总量分析

一国调控宏观经济的政策主要有两项：财政政策和货币政策。然而中央银行作为货币政策实施主体，对宏观经济分析重点应置于对宏观金融的考察方面。

1. 货币总量的分析原理

在宏观经济调控方面，国家有一系列政策目标是难以直接控制，如物价上涨率、经济增长率、失业率和国际收支的顺差或逆差等。因此，必须制定某些中介变量指标，通过控制这些中介变量来对国家的目标变量产生影响。作为货币部门的中央银行，其所控制的主要金融变量是货币。而货币总量在决定产量、价格和国际收支方面起着重要作用，这些恰是国家宏观经济政策最终目标的具体反映。因此，中央银行的宏观金融分析应具体落实在对货币总量的分析与预测上。

因此，为了进行正确的分析和预测，必须明确真实货币总量与名义货币总量的区别。真实货币总量即货币需求量，是以不变价格计算的货币总量；名义货币总量则是以可变价格计算的实际货币存量，即银行概览中的货币与准货币数据。固然，货币当局只能影响名义货币供应量。但就货币的需求与供给两方面的关系而言，货币需求是主动方，货币供给总是处于被动地位，货币总是为了满足不断增长的需求而投放到流通的。因此，对货币数量发生影响的绝非中央银行一家，各金融部门乃至非金融部门都可以货币需求方对实际货币存量施加影响。因此，对货币供给总量的分析和预测，必须结合货币供求两方。

2.货币总量的预测技术

货币总量的测量方法有两种：一是以货币需求函数为基础，运用回归技术进行测算；另一种是依据货币流通速度的变化趋势来测算。后一种预测方法技术性较弱，并带有明显的主观意识，因而预测结果也很不可靠，一般不宜单独使用，往往将其用来与前种方法的预测结果进行比较、验证。在这里，我们主要介绍对货币需求函数的回归预测模型。

我们假设：（1）人们持有的实际货币存量由其收入决定，并与收入成正相关；（2）人们持有的实际货币存量的变动受持有货币的机会成本变动影响，并与持有货币的机会成本成负相关。则有

$$M^D/P=a_0+a_1Y/P+a_2\prod \tag{8-10}$$
$$(a_1\geq0,\ a_2\leq0)$$

式中，M^D——名义货币总量；

Y——名义国内生产总值；

P——相应的价格指数；

$\prod$——持有货币的机会成本（一般用利率体现）；

a_0、a_1和a_2模型的参数，通过对历史数据的回归分析获得。

模型（8-10）是建立在货币需求等于货币供给的假设之上的。尽管货币运动内部机制的自发调节，决定着货币供求能够自动保持着均衡状态。然而，事实上由均衡→失衡→均衡有一个调整过程，这一过程并非瞬间能够完成。如果把由失衡回到均衡的时滞考虑进去，需要有一个偏差调节模型。该模型假设在既定时期内的调整有一个对应调整的理想水平 β 值，以 M^D 和 M 分别表示名义货币总量的理想值和现实值：

$$\left[\frac{M}{P}\right]_t-\left[\frac{M}{P}\right]_{t-1}=\beta\left\{\left[\frac{M^D}{P}\right]_t-\left[\frac{M}{P}\right]_{t-1}\right\} \tag{8-11}$$

式（8-11）中的 t 为时期下标。等式的左端为一个调整期内真实货币总量的实际变动值，右端为同期真实货币总量变动的理想值，β 为调整系数，且有 $0\leq\beta\leq1$。令 $b_0=\beta a_0$，$b_1=\beta a_1$，$b_2=\beta a_2$，$b_3=1-\beta$，将式（8-10）代入，有

$$\left[\frac{M}{P}\right]_t=b_0+b_1\left[\frac{Y}{P}\right]+b_2[\prod]_t+b_3\left[\frac{M}{P}\right]_{t-1} \tag{8-12}$$

参数 b_0、b_1、b_2 和 b_3 的值可用历史数据，通过对模型（8-12）进行回归处理估计。然后用参数估计值分别推算出 β、a_0、a_1 和 a_2，再回代入模型（8-10）和模型（8-11），即可预测出反映理想水平的名义货币总量。

【专栏8-2】

2014年第一季度货币总量增速情况

2014年3月末，广义货币供应量 M_2 余额为 116.1 万亿元，同比增长 12.1%。狭义货币供应量 M_1 余额为 32.8 万亿元，同比增长 5.4%。流通中货币 M_0 余额为 5.8 万亿元，同比增长 5.2%。第一季度现金净回笼 242 亿元，同比多回笼 1 043 亿元。

3月末 M_2 增速比上年末低 1.5 个百分点，主要是由于上年同期货币增长过快造成基数较高。2013 年 M_2 增长呈明显的前高后低特征，第一季度末增速达到 15.7%。此外，也与外汇占款同比少增、商业银行同业业务扩张相对有所放缓、金融债券发行量增大有关。2014 年第一季度 M_2 新增 5.4 万亿元，虽然比增长偏快的上年同期有所减少，但按全年增长 13% 的预期目标估算，进度仍快于往年正常水平。

3月末，基础货币余额为 27.5 万亿元，同比增长 8.3%，比年初增加 3 721 亿元。货币乘数为 4.22，比上年末高 0.14。金融机构超额准备金率为 1.8%。其中，农村信用社为 3.6%。

资料来源：中国人民银行.货币政策执行报告，2014。

（二）货币结构分析

分析货币结构，对确定货币政策中介指标、考察货币政策的实施效果等，具有重要意义。对货币的结构分析，主要包括两个方面。

1. 货币对实际经济过程总体作用的分析

在这一方面，各国主要是考察 M_1 和 M_2 两个层次的货币占国内生产总值（GDP）的比重指标。其中，M_2 占名义 GDP 的比重指标，既体现着一国的金融深化程度，又反映出经济体潜在通货膨胀压力的强弱；M_1 占名义 GDP 的比重指标，则反映了货币供应量对实际经济过程的作用程度。因此，这两个指标是判断货币政策调控宏观经济有效性的重要依据之一。

2. 货币的流动性分析

M_1 是指流通中现金和银行活期存款，是主要的购买手段和支付手段，体现着现实的社会购买力。M_2 则除 M_1 以外，还包括了储蓄存款和定期存款等准货币，这部分储蓄性质的准货币表现为潜在的或未来的社会购买力。因此，M_1 占 M_2 比重的高低，体现了货币流动性的强弱。

（三）综合因素分析

经济的运行过程是由多种因素决定并交织在一起，相互之间关系错综复杂，并且还充满着随机性和偶然性。因此，中央银行的宏观经济分析，尽管可以利用技术性较高、科学性相对严密的手段和方法，但实际经济运行过程的各种经济变量之间并非都是直接的函数关系，大多数只存在相关关系，这就给中央银行行使严密的计量分析造成困难。央行需要通过对经济变量之间关系做经验分析，以此来考察各类经济现象，为宏观经济决策提供依据。中央银行的综合因素分析一般包括这样一些内容。

1. 总体经济因素分析

这方面需考察的指标主要有国内生产总值及经济增长率，产业结构、不同产业的产值及其增长率，固定资产投资规模及投资结构，居民收入及其增长率，物价水平及其波动情况，外贸进出口及贸易差额等。这些指标均从不同角度反映国民经济的总体运行状况。

2．金融因素分析

这方面需考察的主要包括货币总量与结构，国际收支状况和国际储备量，各类银行的资产与负债的规模、资产质量及负债结构、同业拆借的交易量及利率，非银行金融机构的经营状况，债券、股票的发行量、交易量及价格，外汇市场的供求状况、外汇交易量及汇率等。这些资料均从不同角度反映金融的运行状况。

综合上述二类因素，进行横向的比较和纵向的分析，中央银行可对经济、金融形势作出较为客观的判断，从而为制定货币政策和评价政策实施效果提供实证依据。

补充阅读

宏观金融指标减速所引发的货币政策松紧之争

2014 年，短暂背离实体经济走势 1 个月的中国制造业采购经理人指数（PMI）开始自我修正。21 日发布的 8 月汇丰中国 PMI 初值结束了此前连续 4 个月的升势，大幅下降到 50.3，为 3 个月来新低。从 7 月宏观、金融指标集体减速，到 8 月头一个经济数据下行，当前中国经济复苏的延续性面临考验，货币政策是否需要进一步放松则引发了市场争论。讨论经济复苏是否仍在延续，一个重要的意义在于探讨下半年需要拿出何种程度的稳增长政策。考虑到财政支出已经在 5 月、6 月发过一轮力，后续空间有限，更多人将目光盯在了货币政策能否继续宽松上。

当前中小企业面临的最大问题不是市场需求不足，而是资金链濒于断裂。他说，现在市场形势不好，企业库存上升，急需融资，但金融机构放款反而更加谨慎。而且现在提倡企业要转型升级，核心要求就是要有资本投入，要有比正常经营情况下更多的资金来支持企业研发和固定资产升级，但是在目前形势下，困难非常大。

货币政策是否需要进一步放松正在经受考验。7 月宏观经济数据中最让人意外的莫过于信贷投放增量过低。究其原因，央行货币政策的略微收紧应该是主要原因。"如果要实现今年7.5%的增长目标，中国需要进一步放松货币政策。"然而，也有众多经济学者反对货币总量放松，采取放松银根增加投资的刺激政策弊大于利，妨碍经济发展模式转型，并使债务进一步积累。

资料来源：新浪财经网。

读后讨论

1. 结合我国目前的国情，讨论中国未来货币政策的实施情况。
2. 中国目前的经济状况如何？未来将如何发展？

本章小结

1. 国民账户是用以衡量一国在一定时期内发生的宏观经济活动的总价值和本国居民在一定时期内经济活动的总体水平的记录。

2. 国际收支账户可以反映一定时期的贸易和服务的进出口状况、短期和长期的资本收支状况、外汇储备和汇率的变化。

3. 财政账户分为收入、支出和融资三大块，财政分析的基本分析内容是财政收支的平衡状况，财政政策直接影响了经济对总资源的使用和总需求的水平。

4. 资金流量分析是在综合四大账户的基础上进行的，它为考察社会资金的来源与用途、流量与去向，提供了技术性较强的工具。

5. 货币总量分析和货币结构分析是货币部门的主要分析内容，能够较完整地反映金融运行的实际情况。

重要概念

宏观经济分析　国际收支账户　流量与存量　贸易差额　经常项目差额　基本差额　总差额　货币账户　财政账户　资金流量分析

练习题

1. 简述中央银行宏观经济分析框架的主要内容。
2. 简要分析宏观经济账户的基本关系。
3. 试分析国民收入与产品、国际收支、财政和货币这四大账户之间的关系。
4. 货币账户与其他经济账户有什么联系与区别？
5. 货币结构分析的重要意义是什么？

第9章 中央银行货币政策目标选择

学习目标

1. 了解货币政策在宏观经济及调控体系中的作用。

2. 理解货币政策的目标选择事项。

3. 熟悉和掌握货币政策的中介目标和操作目标。

开篇案例

共同的命运，相同的目标

20世纪70年代，西方各国出现了持续的严重通胀，通胀率长期高达两位数字，如英国在70年代中期通胀曾高达20％以上。共同的命运使西方各国采取了共同的货币政策目标，即都将稳定货币作为货币政策的主要目标。进入90年代，货币主义逐渐显露其弱点，表现是过严的货币控制使经济停滞不前，因而目前西方各国大都进行了货币政策的新调整，选择以反通胀作为货币政策唯一目标，力求实现没有通胀的经济增长。

资料来源：中国人民银行金融研究所《货币政策有效性研究》课题组，战后西方国家货币政策目标比较，金融研究，1997年第6期。

案例导读

20世纪50—60年代大都以充分就业为目标时，凯恩斯主义是理论依据。该理论的核心是经济大危机和严重失业是有效需求不足造成的，对付它的办法是扩大有效需求，实现充分就业。20世纪70—80年代，西方各国理论依据是弗里德曼的货币主义，货币主义的意思是仅以一定的货币存量作为唯一的手段解决市场经济中面临的问题。联邦德国的货币政策目标依据的是社会市场经济理论：该理论认为没有货币的稳定就不能使市场调节机制得到正常发挥，如果为追求高经济增长而导致通胀，不如在货币稳定下实现较小幅度经济增长。

第一节 货币政策在宏观经济及调控体系中的作用

一、货币政策的内涵

（一）货币政策的定义

货币政策有广义和狭义之分。狭义的货币政策，是指中央银行为实现一定的经济目标，运用各种工具调节和控制货币供应量和利率指标，进而影响宏观经济的方针和措施的总和，包括货币政策目标、货币政策工具、货币政策传导机制以及货币政策效果等。广义的货币政策是指中央银行、政府及其他相关部门所有有关货币方面的规定及其采取的影响货币数量的一切措施。在一般情况下，人们谈论货币政策时往往都是指狭义的货币政策。

（二）货币政策的功能

货币政策包括政策目标、实现目标的政策工具、监测和控制目标实现的各种操作指标和中介指标、政策传递机制和政策效果等基本内容。这些基本内容紧密联系，构成一个国家货币政策的有机整体。在制定和实施货币政策时，必须对这一有机整体进行考虑。货币政策作为国家要的宏观调控工具之一，主要有以下5个方面的功能。

1. 促进社会总供求均衡，保持币值稳定

社会总需求与总供给的均衡是社会经济平稳运行的重要前提。社会总需求是有支付能力的需求，它是由一定时期的货币供给量决定的。中央银行通过货币政策的实施，调节货币供给总量，影响社会总需求，从而促进社会总需求量与总供给的平衡，有利于币值稳定。

2. 促进经济的增长

人类社会是在不断发展的，而它的发展离不开经济增长。由于各种因素的影响，经济增长不可避免地会出现各种波动。剧烈的波动对经济的持续稳定增长是有害的。"逆风向行事"的货币政策具有促进经济稳定增长的功能。在经济过度膨胀时，通过实施紧缩性货币政策，有利于抑制总需求的过度膨胀和价格总水平的急剧上涨，实现社会经济的稳定；在经济衰退和萧条时，通过实施扩张性货币政策，有利于刺激投资和消费，促进经济的增长和资源的充分利用。

3. 促进充分就业，实现社会稳定

非充分就业，既不利于劳动力资源的充分利用，又可能导致社会的不稳定。因而，促进充分就业，实现社会稳定就成为宏观经济调控的重要目标之一。就业水平的高低受经济规模、速度和结构等因素的影响。货币政策通过一般性货币政策工具的运用可对货币供给总量、经济规模和速度产生重要影响，从而对就业水平产生影响；通过选择性货币政策工具的运用可对货币供给结构，经济结构从而对就业水平产生影响。

4. 促进国际收支平衡，保持汇率相对稳定

在经济和金融日益全球化、国际化的宏观环境下，一个国家汇率的相对稳定是保持其国民经济稳定健康发展的必要条件，本币供给的控制，利率和汇率的适时适度调整等，对促进国际收支平衡，保持汇率相对稳定具有重要作用。

5．保持金融稳定，防范金融危机

保持金融稳定是防范金融危机的重要前提。货币政策通过一般性政策工具和选择性政策工具的合理使用，可以调控社会信用总量，有利于抑制金融泡沫和经济泡沫的形成，避免泡沫的突然破裂对国民经济，特别是金融部门的激烈冲击，有利于保持金融稳定和防范金融危机。

【专栏 9-1】

美国的量化宽松货币政策

2009 年 3 月 18 日，为改善信贷市场环境和应对金融危机，美联储声明将在未来 6 个月购买总额 3000 亿美元的长期国债，正式宣告美国进入量化宽松货币政策时代(简称 QE1)。2010 年 11 月 3 日，美联储宣布决定在未来的 8 个月内购买 6000 亿美元的美国长期国债，并将联邦基金利率维持在 0～0.25%的水平。时隔仅仅 1 年多，美联储再次宣布大举收购美国国债，意味着美国第二轮量化宽松货币政策(简称 QE2）正式开启。2010 年 12 月 5 日，美联储主席伯南克再次表露"宽松"的决心，有预测称美国第三轮量化宽松货币政策(简称 QE3)规模或达 4000 亿美元。

美国量化宽松货币政策的作用主要体现在以下三个方面：一是避免通货紧缩预期，甚至通过产生通货膨胀的预期降低实际利率，从而避免经济进一步紧缩；二是使利率尤其是长期利率保持在低位，降低企业贷款成本，促进消费，推动经济复苏；三是向陷入资金困难的银行提供充足的流动性，支持金融体系，鼓励银行放贷。据统计，2009 年 7 月，美联储资产负债规模同比增长 113.82%，基础货币同比增长 98.75%，而货币供应量同比增长仅为 8.18%。

资料来源：李永刚，美国量化宽松货币政策影响及中国对策，财经科学，2011 年第 4 期。

二、货币供求与社会总供求

如果从市场的角度来研究货币供求和社会总供求之间的关系，可以用图 9-1 来表示。

从图 9-1 可以看出总供求的均衡是一个不断变化调整的动态过程，而且它们之间具有十分紧密的联系。这可以从以下几个方面来考察。

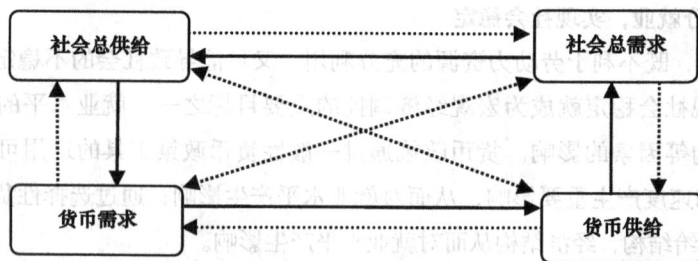

图 9-1　货币供求与社会总供求之间的关系

1．货币供给促使社会总需求的形成

因为任何需求都是有货币支付能力的需求，只有通过货币的供给，需求才得以实现。因

此，在一定时期内，社会的货币收支流量构成了当期的社会总需求。一般来说，货币供求量的变化都会引起社会总需求的变化，传统经济理论认为货币货币供给量与货币流通速度的乘积形成总需求。

2．社会总需求影响社会总供给

在现代经济中，生产的目的是满足市场需求，供给的变动以需求的变动为前提。但由于供给和需求的决定因素不一致，总供给与总需求的变动在量上和时间上也可能不一致。

3．社会总供给决定了真实货币需求

因为在商品经济条件下，任何商品都需要用货币来表现和衡量其价值量的大小，并通过与货币的交换实现其价值。因此，有多少社会供给，必然就需要相应的货币量与之对应。

4．货币需求决定货币供给

就货币的供求关系而言，客观经济过程的货币需求是基本的前提条件，货币的供给必须以货币的需求为基础，中央银行控制货币供给量的目的，就是要使货币供给与货币需求相适应，以维持货币均衡。

三、货币政策对经济运行的影响

通常认为货币政策对经济运行具有重要的影响，但也存在不同的观点。分歧主要存在两个方面：其一，货币供给是内生的还是外生的，即中央银行能否有效地控制货币供给；其二，货币政策有效还是无效，即货币供给量的调整对实际经济（产出和就业）是否有影响。下面我们将分别对它们进行讨论。

（一）货币政策对货币供给的影响：货币供给是内生变量还是外生变量

货币政策究竟是内生变量还是外生变量，其实质反映了货币当局与货币供给变量之间的关系，即货币政策对货币供给的影响。

内生变量，又称非政策性变量。它是指货币供给量这一变量变动，不是由货币当局或中央银行决定的，即无法通过货币政策来影响其供给，而是纯粹由经济机制内部的经济因素所决定的。外生变量，又称政策变量，它是指这一变量的变动不是由客观经济决定的，而是由货币当局或中央银行的货币政策所决定的。货币供给量首先应该是一个外生变量。这是因为，当今世界各国无不建立起独享货币发行权的中央银行体制，中央银行既是信用货币的发行者，又是货币供给量的调解者。它能够保证货币稳定并支持经济发展的意图，运用货币信用调节手段，通过对社会信用活动扩张和收缩的调节来伸缩货币数量。因此，流通中的货币数量及其结构在很大程度上受到中央银行货币政策的左右，货币政策实施成功与否会对经济产生很大的影响。同时，货币供给又是一个内生变量，因为它还受制于客观经济过程，即受经济社会中其他经济主体的货币收付行为的决定。正是由于货币供给量的这种内生性质，使中央银行对货币供给量的控制和调节存在很多障碍，货币政策实施效果也相应会大打折扣。下面我们将通过对货币供给决定公式的分析来说明。

货币供给决定公式：
$$M_S = m \cdot B$$

式中，M_S——货币供应量；

    M——货币乘数；

    B——基础货币

基础货币是由通货 C 和存款准备金 R 两部分构成，即 $B=C+R$，货币供给量由通货 C 和全部存款货币 D 两部分构成，即

$$m\frac{M_S}{B}=\frac{C+D}{C+R}=\frac{C/D+1}{C/D+R/D} \tag{9-1}$$

式中，C/D——通货—存款比率；

    R/D——准备—存款比率；

总体来看，在决定货币供给的 3 个基本因素，即通货—存款比率（C/D）、准备—存款比率（R/D）和基础货币（B）中，通货—存款比率的大小主要取决于公众的行为，但也受中央银行政策调整的影响。准备—存款比率的大小特别是超额准备的大小，主要取决于存款货币银行的行为，但中央银行对此有很大的影响力。基础货币主要取决于中央银行的行为，中央银行根据货币供给的意向，运用政策工具直接影响基础货币的数量。因此，货币供给虽然不完全是外生的，但中央银行对货币供给基本上是可控的。

如果对上面的货币供给决定公式做更细致的划分，其基本结论仍是如此。由于存款准备金是由法定准备金和超额准备金构成的，所以有

$$R=（r+e）D$$

式中，r——法定存款准备金率；

    e——超额准备金率。

由于全部存款（D）是由活期存款（F）、定期存款（T）和储蓄存款（S）构成的，所以有

$$D=F+T+S$$

因此，

$$m\frac{M_S}{B}=\frac{C+F+T+S}{C+(r+e)(F+T+S)}$$

$$=\frac{C/D+F/D+T/D+S/D}{C/D+(r+e)(F/D+T/D+S/D)}$$

$$=\frac{c+f+t+s}{c+(r+e)(f+t+s)}$$

这样，现金比率 c（$c=C/D$）、活期存款比率 f（$f=F/D$）、定期存款比率 t（$t=T/D$）、储蓄存款比率 s（$s=S/D$）、法定准备金 r、超额准备金 e 等 6 个因素，再加上基础货币（B），这 7 个因素决定了货币供给量。其中，r 由中央银行决定，中央银行对 B 的控制能力也很强；e 基本上由存款货币银行决定，但中央银行对其也有很大的影响力；c、f、t、s 这 4 个因素主要取决于公众的行为，但也受中央银行各种各种政策特别是利率政策的影响。因此货币供给不是完全外生的，但仍是中央银行基本可控的。说货币供给是基本可控的，是因为货币供给的决定因素中，部分是中央银行完全可控制的，部分是中央银行可以通过其政策工具加以影响的。

货币供给的实际控制效果怎样，还取决于中央银行对影响货币供给因素变动的正确预测和实施货币政策时的有效操作。表 9-1 为中国的货币乘数和基础货币的变化。尽管中央银行不能够对货币乘数进行有效的控制，但通过大量基础货币的投放，较好地抵消了货币乘数下降对货币供应量的影响。

表 9-1　中国的货币供应和货币乘数变动（2008—2014）

	基础货币（万亿）	M_2增长率	M_1增长率	货币乘数
2008 年 6 月	11.50	17.40	14.20	3.84
2008 年 12 月	12.90	17.80	9.10	3.68
2009 年 6 月	12.40	28.50	24.80	4.59
2009 年 12 月	14.40	27.70	32.40	4.24
2010 年 6 月	15.40	18.50	24.60	4.37
2010 年 12 月	18.50	19.70	21.20	3.92
2011 年 6 月	20.30	15.90	13.10	3.84
2011 年 12 月	22.50	13.60	13.30	3.79
2012 年 6 月	22.80	13.60	4.70	4.06
2012 年 12 月	25.20	13.80	6.50	3.86
2013 年 6 月	25.80	14.00	9.10	4.09
2013 年 12 月	27.10	13.60	9.30	4.08
2014 年 6 月	28.00	14.70	8.90	4.32

资料来源：中国人民银行官方网站。

（二）货币政策对经济的影响

1．货币政策对产出、就业和通货膨胀的影响

货币金融是国家经济的重中之重，因此货币政策的调整对产出、就业和通货膨胀的影响是显著的。以利率为例，当中央银行降低利率时，意味着实施宽松的货币政策，银根较松，市场资金充足，刺激投资需求，社会产出增加，相应就会率上升（失业率降低），根据菲利普斯曲线，可以得出通货膨胀率也会跟着上升；反之，当中央银行提高利率时，银根紧缩，产出减少，就业率下降，通货膨胀率较低。

货币政策对经济增长、就业和通货膨胀的影响可以通过 AD-AS（总需求—总供给）模型来进行分析，如图 9-2 所示。

在 AD-AS 模型中，货币政策对经济的影响，是通过货币供给的变动推动总需求曲线移动，使经济的均衡点从原有的均衡点向新的均衡点移动来实现的。例如，当实行扩张性的货币政策时，货币供给增加，总需求曲

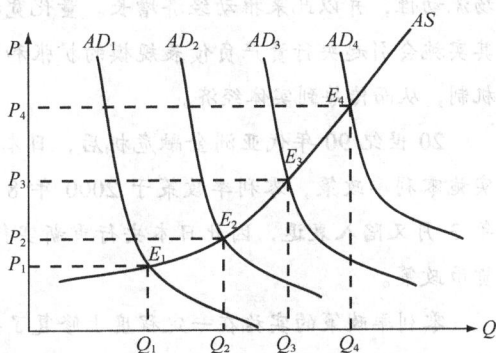

图 9-2　货币政策对经济的影响

线从 AD_1 向右移动到 AD_2。其与总供给曲线的交点由 E_1 向右移动到 E_2。价格总水平由 P_1 上升到 P_2，产出水平由 Q_1 上升到 Q_2。可见，随着货币供给的增加，通货膨胀和经济增长都在上升，但经济增长水平高于通货膨胀水平。随着货币供给的进一步增加，通货膨胀和经济增长都进一步增加，但经济增长速度逐步放慢，而通货膨胀逐步加剧；反之，当实行紧缩性货币政策时，货币供给减少，总需求曲线从 AD_4 向左移动到 AD_3。其与总供给曲线的交点由 E_4 向左移动到 E_3。价格总水平由 P_4 下降到 P_3，产出水平由则由 Q_4 下降到 Q_3。可见，随着货币供给的减少，通货膨胀和经济增长都在下降，但开始对经济的增长下降速度低于通货膨胀下降速度。随着货币供给的进一步减少，通货膨胀和经济增长都进一步降低，但经济衰退的速度逐步加快，而通货膨胀下降幅度逐步减少。

综上可见，货币政策通过对总需求的影响，从而影响总供求均衡，影响经济增长和通话膨胀，因而，货币政策对经济运行的调控是有效的。但是，由于总供给曲线形状的差异，总需求的变动对经济增长和通货膨胀的影响是不同的。总共给曲线的形状也就成为理解货币政策效应差异的焦点。西方不同的经济学流派对货币政策效应的分歧也其中体现在此问题上。

2．货币政策对经济波动的影响

由于货币政策具有扩张或紧缩经济的作用，因此，适当的逆风向行事的货币政策有利于抑制经济的剧烈波动。当经济过度膨胀时，适当的紧缩性货币政策将有利于抑制经济的进一步膨胀；而当经济衰退和萧条时，适当的扩张性货币政策有利于刺激投资和消费，制止经济的衰退，促使其增长。因而，货币政策是抑制经济波动，促使经济稳定增长的重要宏观调控手段。

3．货币政策对金融稳定的影响

适当的货币政策有利于金融稳定，而不适当的货币政策将导致金融动荡。如当出现经济泡沫和金融泡沫时，宽松的货币政策可能加剧泡沫膨胀，为泡沫破灭和金融的急剧动荡留下了隐患；反之，当泡沫破灭时，过度紧缩的政策可能加剧其振荡。

【专栏 9-2】

日本量化宽松货币政策

金融危机以来，主要经济体通过量化宽松的货币政策来平稳金融市场波动和提高金融市场流动性，并以此来推动经济增长。量化宽松货币政策包含了一系列非常规货币政策工具，其实施会引起央行资产负债表规模的扩张和资产结构的变化，修复常规货币政策受损的传导机制，从而传导到实体经济。

20 世纪 90 年代亚洲金融危机后，日本经济陷入了停滞，1999 年 2 月，日本央行开始实施零利率政策，零利率政策于 2000 年 8 月结束，期间日本经济开始复苏。但是在 2001 年 3 月又陷入衰退，因此日本央行重新实行零利率，并启动了金融史上的第一次量化宽松货币政策。

零利率政策的实施在一定程度上修复了央行、商业银行、企业和居民的资产负债表，并促使了日元贬值，增加了出口，刺激了日本经济的复苏，同时改变了通胀预期，降低了长期实际利率，促进了消费和投资。但是，日本央行很快发现，基础货币的扩张并没有带来 M2 的快速增加，货币乘数在缩小，货币并没有进入实体经济。H·Fujiki 以及 S·Shiratsuka 认为，基础货币的扩张之所以没有带来 M2 高增速，主要原因是货币传导机制存在功能性的不畅，而量化宽松货币政策可以修复受损的传导机制。借鉴大萧条时期的研究成果和经验，日本开始了长达几年的量化宽松货币政策。期间，学者们也对日本的量化宽松货币政策的效果进行了相关研究，M·Shilakawa（2002）认为，量化宽松的货币政策一定程度上修复了货币政策的传导机制，弥补零利率在传导机制上的局限性。

资料来源：黄胤英，量化宽松货币政策的传导机制与政策效果研究——基于央行资产负债表跨国分析，国际金融研究，2013 年第 2 期。

（三）有关货币政策效应的理论分歧

如前所述，西方经济学界对货币政策效应的问题存在较大分歧，其中集中体现在对总供给曲线形状的不同观点上。

1．古典学派的观点

在凯恩斯以前的古典学派经济学家认为，工资和价格是极富弹性的，所以经济活动总是能够迅速调整到自然产出率水平（Q^N）。这一观点等于假设总供给曲线在短期里也是通过产出水平 Q^N 的一条垂直线。这样，总需求曲线的移动就只会影响通货膨胀水平而不会影响产出水平（见图 9-3），因而货币政策和所有的政府干预都是无效的。1929 年的大萧条和随后的高失业率，使得古典学派关于经济会自动调整到自然产出水平的观点站不住脚。凯恩斯关于总产出如何决定的学说问世，并成为占主导地位的理论。总供给曲线垂直的观点被抛弃。

2．早期凯恩斯主义者的观点

在 20 世纪 30～50 年代，凯恩斯主义者假设，对一切实际问题来说，价格水平可看作是固定不变的。总供给曲线被视为一条水平线。因而，货币供给的增加，总需求曲线的右移，只会带来产出的增加，而不会带来通货膨胀的增加（见图 9-4）。

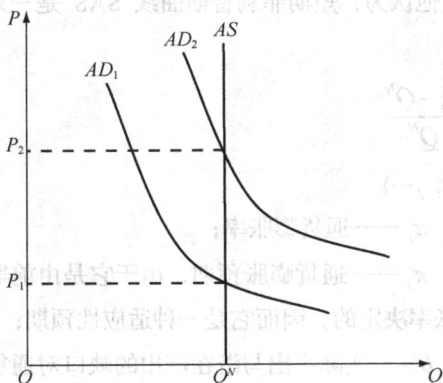

图 9-3　古典学派的总供给曲线

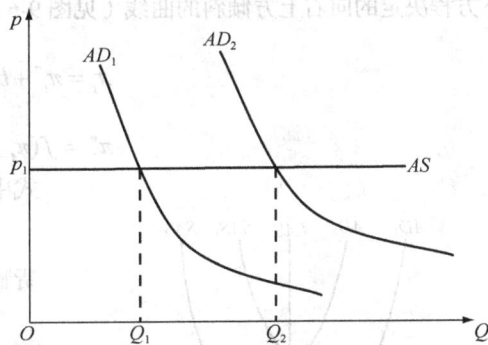

图 9-4　早期凯恩斯主义者的总供给曲线

3．早期菲利普斯曲线

1958 年，英国经济学家 A.W.菲利普斯在"联合王国失业与货币工资之间的关系，1861—

1957 年"一文中，用曲线反映了英国 1861—1957 年货币工资变化率与失业之间的关系（见图 9-5(a)），两者之间存在负相关关系。20 世纪 60 年代初期美国麻省理工学院的保罗·萨缪尔森和罗伯特·索洛将上述理论加以推广，以通货膨胀率代替货币工资变化率，使其更具有一般性，并以菲利普斯的名字命名该曲线（见图 9-5(b)）。根据奥肯定律，失业与经济增长率负相关，因而，菲利普斯曲线也可以表示为通货膨胀与经济增长之间的正相关关系（见图 9-5(c)）。该曲线也就是总供给曲线。向右上方倾斜的总供给曲线说明，当总需求曲线移动时，既影响通货膨胀也影响经济增长，即货币政策是有效的。同时它也为中央银行进行政策选择（高通胀与高增长和低失业；低通胀与低增长和高失业等不同的组合）提供了理论依据。但 20世纪 70 年代，西方陷入"滞胀"局面，早期菲利普斯曲线由于不能解释这种"滞胀"问题而遭到反对派的否定。

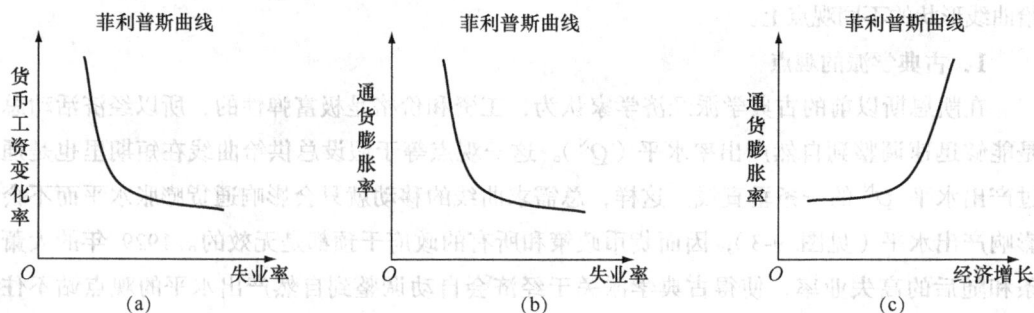

图 9-5　菲利普斯曲线

4．弗里德曼附加预期菲利普斯曲线

1967 年，货币学派的代表人物米尔顿·弗里德曼指出了菲利普斯曲线的一个严重缺陷，即它忽视了影响工资和价格变动的一个重要因素：通货膨胀预期的影响。他在自然率理论、适应性预期、粘性价格 3 个主要的理论前提基础上提出了附加预期的菲利普斯曲线，并首次将菲利普斯曲线区分为长期和短期菲利普斯曲线。他认为，短期菲利普斯曲线 SAS 是一条由以下方程决定的向右上方倾斜的曲线（见图 9-6）。

$$\pi_t = \pi_t^e + b\frac{Q_t - Q^N}{Q^N}$$

$$\pi_t^e = f(\pi_{t-1}, \pi_{t-2}\cdots)$$

式中，π_t——通货膨胀率；

π_t^e——通货膨胀预期，由于它是由前期通货膨胀率决定的，因而它是一种适应性预期；

b——实际产出与潜在产出的缺口对通货膨胀的影响系数，即菲利普斯曲线的斜率，其值大于零，因而短期菲利普斯曲线是向上倾斜的。

因此，当总需求曲线移动时，如从 AD_1 移动到 AD_2，带来通货膨胀上升（从 Q^N 增长到

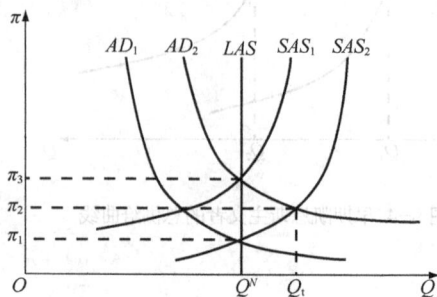

图 9-6　费里德曼附加预期的菲利普斯曲线

Q_t)。因此，货币政策在短期内仍然是有效的。但是，由于通货膨胀预期随过去通货膨胀的上升而上升，因而短期菲利普斯曲线从 SAS_2 向上移动到 SAS_2。通货膨胀由 π_2 上升到 π_3，而经济增长则由 Q_t 退回到 Q^N。因此，长期菲利普斯曲线是一条垂直于自然增长水平 Q^N 的垂线。在此曲线下，总需求曲线的移动只会带来通货膨胀的加剧，而不会对经济增长产生实质性的影响。因此，弗里得曼认为货币政策在短期内是有效的，但在长期内却是无效的，只会加剧经济的波动。他故而主张放弃"相机选择"的货币政策，而实行"单一规则"的货币政策。

5．卢卡斯的政策无效性命题

理性学派的代表人物罗伯特·卢卡斯认为，弗里得曼附加预期的菲利普斯曲线存在严重缺陷，即公众的通货膨胀预期不是适应性预期而是理性预期。适应性预期是人们仅根据过去的通货膨胀实际而对未来变动趋势的一种预测，是一种被动的预期。而理性预期则是人们充分运用其所掌握的知识和信息所做出的切合未来实际的最佳预测。人们一旦获得新的信息，就会立即调整其预测并采取明智的行动。这种预期偶然也会与

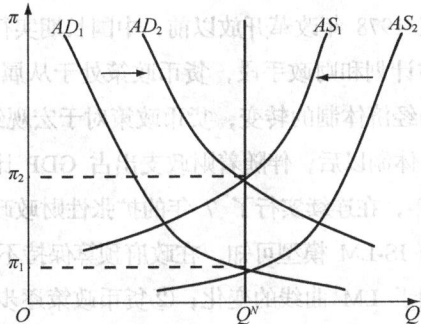

图 9-7　理性预期学派模型：被预期到的货币政策是无效的

实际存在误差，但在平均水平上是与实际相一致的。因此，当中央银行扩张性的货币政策使通货膨胀上升的时候，公众根据正确的预期所预先采取的行动将抵消扩张性货币政策的作用，因而被预期到的货币政策是无效的。如图 9-7 所示。

卢卡斯的政策无效性命题的理论前提是：自然率理论、理性预期和完全伸缩性价格。其结论是：理性预期使中央银行不能达到预期目标，扩张性政策只会带来通货膨胀而不会带来经济增长，货币政策在短期和长期均是无效的。

6．新凯恩斯主义的政策有效论

新凯恩斯主义在很大程度上认同理性预期理论观点。不同之处在于，他们认为由于现实中存在信息不完全和非对称，即使理性预期也难与政府行为完全一致；由于时间交错的影响，价格是黏性的而非完全伸缩性的，因此，即使公众完全预期到货币政策的变动，价格也不能完全调整，货币政策仍然是有效的（见图 9-8），即使公众理性地预期到总需求将从 AD_1 移动到 AD_2，但总供给曲线也不能移动到 AS_2，而只能移动到

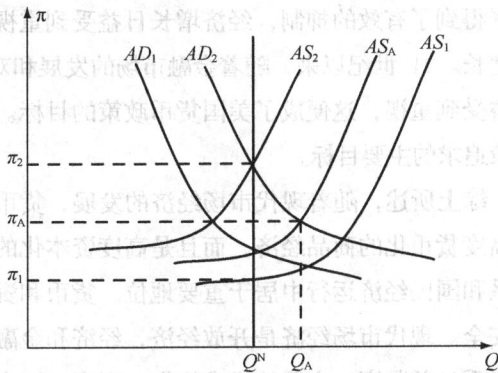

图 9-8　新凯恩斯主义模型：被预期到的货币政策是有效的

AS_A，实际的通货膨胀为 π_A 而非 π_2，产出则由 Q^N 增加到 Q_A）。其理论前提是：（1）自然率理论；（2）理性预期；（3）非对称信息；（4）粘性价格。

综上所述，尽管关于货币政策有效性问题存在较大的理论分歧，但从理论演变过程来看，其认识经历了有效—无效—有效的演变；从宏观调控的实践来看，尽管随着金融创新工具的迅速发展，货币政策有效调控的难度在增加，但总体上仍不失为宏观调控的重要工具之一。当然，货币政策作用的有效发挥是与各个国家各个时期的宏观经济环境、经济波动的不同阶段、各种政策工具的合理使用和有效协调分不开。

四、货币政策在宏观调控中的地位

在 1978 年改革开放以前，中国长期实行高度集中统一的计划经济体制，宏观经济调控主要依靠计划和财政手段，货币政策处于从属地位。改革开放以后，随着中国从计划经济体制向市场经济体制的转变，货币政策对于宏观经济调控的作用也逐渐显现出来。1984 年确立中央银行体制以后，伴随着财政支出占 GDP 比重的持续下降，财政政策的作用弱化，特别是在 2005 年，在连续实行了 7 年的扩张性财政政策后，中国政府适时决定实行稳健的财政政策：①根据 IS-LM 模型可知，在政府预算保持不变的前提下，IS 曲线相对稳定，产出的变化则主要依赖于 LM 曲线的变化；②货币政策逐步成为中国宏观调控的主要手段，在经济发展中承担越来越大的责任。

在美国，政府把经济增长、充分就业、稳定物价和国际收支平衡作为货币政策目标。经济大危机过后，美国失业问题严重，政府推行凯恩斯主义的廉价货币政策和赤字财政政策，结果导致了严重的通货膨胀，故政府把稳定币值与实现充分就业作为主要的货币政策目标，并且 1946 年美国国会通过《就业法》，要求政府采取财政和货币政策最大限度地促进就业和生产：20 世纪 50—60 年代，美国推行凯恩斯主义的低利率货币政策来刺激投资和就业的增长，但这却引致了物价的上涨，因此稳定物价和充分就业就共同成为货币政策的目标；20 世纪 60 年代后期到 70 年代初期，随着布雷顿森林体系的崩溃和国际金融秩序的混乱，美国的经济霸主地位受到了动摇，同时影响到了其他国家的国际收支和宏观经济政策，因此在这一阶段，美国的货币政策又多了一个最终目标——国际收支平衡。20 世纪 70 年代到 80 年代，由于美国通货膨胀日趋严重，货币政策的目标侧重于反通货膨胀。20 世纪 90 年代以来，通货膨胀得到了有效的抑制，经济增长日益受到重视，这一阶段货币政策的目标是低通胀下的经济增长。21 世纪以来，随着金融市场的发展和对外贸易的扩展，金融市场和外汇市场的稳定日益受到重视，这便成了美国货币政策的目标。但总的说来低通胀下经济增长仍然是其货币政策追求的主要目标。

综上所述，随着现代市场经济的发展，货币政策的重要性日益增强。现代市场经济不仅是高度货币化的商品经济，而且是高度资本化的市场经济。货币市场和资本市场在整个市场体系和国民经济运行中居于重要地位。货币和资本的供求均衡日益影响整个国民经济的稳定和安全。现代市场经济是开放经济，经济和金融的国际化、全球化，使各个国家与世界市场的联系日益紧密，本币的供求均衡、利率、汇率的合理水平，贸易均衡、资本流动，对一个国家的经济发展和稳定具有极为重要的意义。

第二节 货币政策的目标选择

一、货币政策目标体系

货币政策目标是指中央银行采取调节货币和信用的措施所要达到的目标。中央银行在制定和实施货币政策时，首先得有货币政策目标，确立了目标才能选择和运用合适的操作指标和政策工具，进而建立货币政策体系，运用货币来调控经济。按照中央银行对货币政策目标的影响程度、速度及施加影响的方式，货币政策目标可以划分为最终目标、中介目标（指标）和操作目标（指标）3个层次，这3个层次有机组成货币政策目标体系。

最终目标，一般也称货币政策目标，是指中央银行通过货币政策的操作在较长一段时期内所要达到的最终宏观经济目标。中央银行不能对最终目标直接控制，必须建立一套便于决策和控制的操作指标和中介指标，将货币政策工具的操作和最终目标联系起来，通过货币政策工具的运用，间接地对其施加影响。货币政策目标的具体内容因不同国家、不同时期的经济状况的不同而有所不同。

与货币政策工具紧密联系的是操作目标，它是中央银行通过货币政策工具能够有效准确实现的直接政策变量，如准备金、基础货币等，如再作细分，还可以有法定储备、超额储备及借入储备、非借入储备等。这些变量对货币政策工具的变动反映较为灵敏，是政策工具操作直接引起变动的指标，也是中央银行体系内首先变动的指标。

中介目标是介于最终目标和操作目标之间的，中央银行的货币政策对最终目标产生直接作用，为此，银行需要选定一些能够以一定的精度达到的变量作为观测指标，这些变量就称为中介指标，如货币供给量、利率、银行信贷规模等。中央银行通过货币政策工具间接作用于中介目标，使得其变动能较好地预告最终目标可能出现的变动，但这种间接作用时间较长。

最终目标、中介目标和操作目标与宏观经济受中央银行控制的程度从弱到强，而与宏观经济的相关程度则从强到弱，三者构成了一个有机的货币政策目标体系。其相互作用关系如图9-9所示。

二、货币政策目标

货币政策的最终目标包括币值稳定、经济增长、充分就业、国际收支平衡和金融稳定。

（一）币值稳定

币值稳定，就是设法使一般物价水平在短期内不发生显著的或急剧的波动，呈现基本稳定的状态。从定义看，币值稳定的含义丰富。首先，这里的物价指的是一般物价水平，而非个别商品或劳务价格的变动。其次，定义明确"在短期内不发生显著的或急剧的波动"，说明币值稳定不是绝对静止的，可以有一定的波动，但波动不能过大，所以货币政策目标不是简单地抑制物价上涨就可以解决问题的，而应该以保持物价水平在一定时期内相对稳定为目标，并非通货膨胀率越低就越好，因为负通货膨胀率往往会带来通货紧缩，同样也会制约经济增长。再次，稳定币值包含一定程度的物价变动，但变动的幅度究竟是多少可以视为币值稳定，超过什么样的上限才是币值的稳定，则是一个因时因地因人不同而有所不同的问题。由于人们对物价上涨的承受能力不同，国家经济发展战略所追求的目标不一，中央银行货币政策的稳定币值目标，就没有一个统一的标准。总之，币值稳定的实质就是要控制通货膨胀，防止物价普遍地、持续地、大幅地上涨。所以各国中央银行在制定货币政策时，都力求抑制通货膨胀，保持物价的基本稳定。

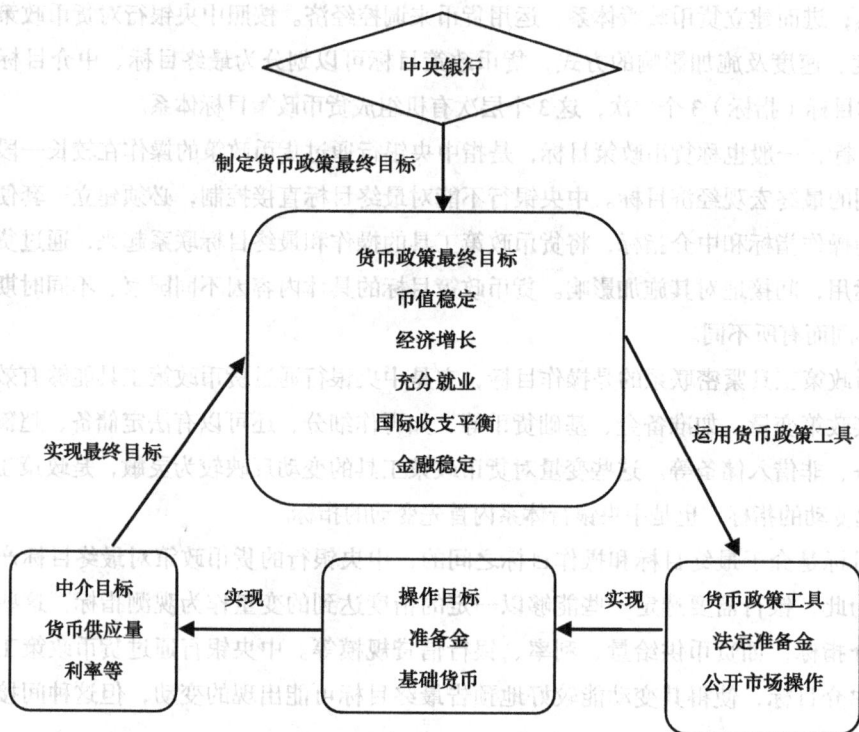

图 9-9　货币政策目标体系

（二）经济增长

经济增长是提高社会生活水平的物质保障。任何国家要不断地提高人民的生活水平，必须保持一定的经济增长速度，同时这也是维护国家安全的必要条件。一个国家的经济实力，是决定其在激烈的国际经济和政治、军事竞争中的竞争能力的重要因素。因此，加速经济发展，对发展中国家尤为重要。一国经济为了有效地竞争并且快速的增长，必须有效地利用自己的资源，并为了增加生产潜力而进行投资。低于潜在水平的增长将会导致资源的浪费，高于潜在水平的增长将会导致通货膨胀和资源的破坏，作为宏观经济目标的增长应该是长期稳定的增长。《中华人民共和国中国人民银行法》第三条规定：我国货币政策目标是保持货币币值的稳定，并以此促进经济增长。

（三）充分就业

充分就业是指任何愿意工作并有能力工作的人都可以找到一个有报酬的工作，这是政府宏观经济政策的重要目标。非充分就业，表明存在社会资源特别是劳动力资源的浪费，失业者生活质量下降，并导致社会的不稳定。因此，许多国家都把充分就业作为最重要的宏观经济目标之一。但是，充分就业并不是追求零失业率。由于摩擦性失业、结构失业、季节性失业和过渡性失业的存在，一定程度的失业在经济正常运行中是不可避免的。这种失业被称为自然失业。而由于总需求不足所导致的失业则是应该避免的。因此，充分就业的目标就是要把失业降低到自然失业率水平。

（四）国际收支平衡

国际收支平衡是指一国在一定时期内对其他国家的全部货币收入和货币支出相抵后基本平衡，即略有顺差或略有逆差。一个国家国际收支失衡，无论是过多逆差还是过多顺差，都会给该国经济带来不利影响。巨额的国际收支逆差可能导致外汇市场对本币信心的急剧下降，资本的大量外流，外汇储备的急剧下降，本币的大幅贬值，并导致严重的货币和金融危机。长期巨额顺差，会形成外汇闲置，还会造成国内通货膨胀压力。因此各国中央银行历年来都十分重视国际收支平衡的研究，并将其纳入货币政策目标。

（五）金融稳定

保持金融稳定是避免货币危机、金融危机和经济危机的重要前提。货币危机是由货币严重贬值带来的货币信用危机。在不兑现的信用货币条件下，一旦发生信用危机，将可能直接威胁到该货币的流通及其生存。货币危机既可能由国内恶性通货膨胀，对内严重贬值引致，也可能由对外严重贬值引致。前者如 20 世纪 40 年代后期中国的法币、90 年代俄罗斯的卢布；后者如 1997 年亚洲金融危机国的货币。亚洲金融危机爆发之初就是一种对外严重贬值的货币危机。货币危机通常演变为金融危机。

金融危机主要指由银行支付危机带来的大批金融机构倒闭，并威胁到金融体系的正常运行。东南亚国家由于本币大幅贬值，使企业和银行所借大量短期外债的本币偿债成本大幅上升，导致大量的企业和金融机构无力偿债而破产。金融危机处理不当通常引发经济危机。

经济危机是经济正常运行秩序遭受破坏，企业大量破产，失业大幅上升，经济严重衰退，甚至濒临崩溃的一种恶性经济灾害。历史上出现的经济危机，大多是由金融危机引发的。保持金融稳定是避免货币危机、金融危机和经济危机的重要前提。特别是在当今世界经济全球化、金融全球化的浪潮冲击下，保持一个国家的金融稳定具有更加重要的意义。

三、货币政策目标的统一性与矛盾性

五大货币政策目标之间既有统一性又有矛盾性。

1．充分就业与经济增长的关系

根据奥肯定律，失业与经济增长之间通常存在负相关关系，因而，充分就业与经济增长之间通常存在正相关关系。但是，由于经济增长可以采取劳动密集型、资本密集型或资源密集型、知识密集型等不同的发展模式，除劳动密集型外，其他几种增长模式都与充分就业有一定的矛盾。

2．稳定币值与经济增长和充分就业的关系

根据菲利普斯曲线和奥肯定律，通货膨胀与经济增长和就业之间通常存在正相关关系。但过高的通货膨胀将破坏正常的经济秩序，从而迫使经济进行紧缩调整，而降低经济增长和就业。

3．稳定币值与国际收支平衡和金融稳定的关系

币值稳定和汇率稳定，有利于国际收支平衡。但为了贸易平衡而对外贬值则可能导致国内通货膨胀加剧。有时为拯救濒临破产的银行而增发货币，可能导致通货膨胀。

国际收支平衡有利于金融稳定，国际收支失衡，如贸易赤字和资本大量外流，将导致货币危机；金融的稳定也有利于国际收支平衡，金融动荡将加剧资本外流，加剧国际收支平衡。

四、货币政策目标的选择

由于五大货币政策目标之间既有统一性又有矛盾性，货币政策就不可能同时兼顾这五个目标。这就出现了货币政策目标的选择问题。1995 年通过的《中华人民共和国中国人民银行法》规定，中国人民银行的货币政策目标是："保持货币币值的稳定，并以此促进经济增长"，在"稳定"与"增长"之间，明确了先后和顺序。

由于货币政策目标之间客观上难以多项兼顾，经济理论界对单目标、双目标和多目标一直存在着较多的争论。

（1）单目标论认为，由于各个宏观经济目标之间的矛盾性，货币政策只能以单一目标为己任。在选择什么样的目标为货币政策的唯一目标上又存在两种完全对立的观点：一种从稳定物价及经济正常运行和发展的基本前提出发，主张稳定币值是货币政策的唯一目标；另一种则认为经济增长是稳定物价的基础，主张以经济增长为货币政策的唯一目标。

（2）双目标论则认为，货币政策的目标不可能是单一的，而应当同时兼顾稳定币值和经济增长这双重目标。经济增长是稳定币值稳定的物质基础，而币值的稳定又有利于经济的长期稳定增长。两者是互相制约和互相影响的，只偏重某一目标的结果不仅不可能在长期经济运行中实现该目标，对整个国民经济的稳定协调发展也是不利的。

（3）多目标论则认为，货币政策作为宏观经济间接调控的主要经济手段之一，对各个宏观经济目标都具有十分重要的影响，就不能只以一个或两个宏观经济目标作为其政策目标，而应该在总体上兼顾各个目标，而在不同时期以不同的目标作为相对重点。

由于宏观经济调控体系的各个组成部分各有其特点，因而，其各自的调控目标也各有其侧重点。因此，货币政策应以稳定币值为首要目标，同时，必须兼顾促进经济的稳定增长，保持国际收支平衡和汇率稳定，保持金融稳定。由于各宏观经济目标既是统一的又是矛盾的，宏观经济环境也在不断变化，不同时期的货币政策的相对重点也在变化。在经济高涨时期，保持物价和币值稳定是货币政策的首要目标；在经济紧缩时期，保持经济的稳定增长和充分就业就是货币政策目标的相对重点；而在国际收支失衡、汇率急剧波动和金融动荡时期，保持国际收支平衡、汇率稳定和金融稳定则成为该时期货币政策目标的相对重点。因此，货币政策目标并非唯一的，其相对重点也不是固定不变的，而是随着国内和国际经济环境的变换而变换。如 2008 年世界金融危机爆发后，中国经济也面临衰退的危险，中国的货币政策从稳健的货币政策转向适度宽松的货币政策，保增长成为政策的相对重点。而 2010 年经济已经有较快的复苏，通货膨胀开始加速，下半年货币政策开始转向，从适度宽松的货币政策转向稳健的货币政策，政策重点从保增长转向保持币值稳定。

【专栏 9-3】

中国特色的货币政策目标

目前中国还处于向间接货币调控转轨中，货币政策传导具有中国特色，政策工具、操作目标、中介目标的选取与发达国家也有差异。目前除公开市场操作、存款准备金率、再贴现率这三大常规工具，央行还可直接调整存贷款利率、并通过所谓"信贷窗口指导"干预商业银行的存贷款业务（此外再贷款、汇率政策也是央行的政策工具）。对于操作目标，国内学者未达成统一意见，但普遍认为基础货币、准备金、货币市场利率为操作目标。众多实证表明货币渠道与信贷渠道在中国货币政策中都起传导作用，M_2 及信贷规模同为中国货币政策的中介目标。根据"货币政策目标是保持货币币值的稳定，并以此促进经济增长"的规定，最终目标确定为经济增长与物价稳定。

资料来源：张春生等，社会融资规模适合作为货币政策中介目标吗：与 M_2、信贷规模的比较，经济科学，2013 年第 6 期。

第三节　货币政策的中介指标和操作指标

一、选择中介指标和操作指标的主要标准与客观条件

（一）选择货币政策中介指标和操作指标的主要标准

1. 相关性

指该指标与货币政策极为密切的相关性，控制住这些指标就能基本实现政策的目标。作为中介指标的变量与最终目标、作为操作指标的变量与中介指标都有紧密的、稳定的和同级数量上的联系，它们的变动一定要对最终目标和中介目标产生可预测的影响，这样的变量才能被选取。趋同的理论分析认为，采用利率水平还是采用货币供应量作为中介目标，主要取决于这些变量与最终目标之间的关系。所以相关性的研究至关重要，很大程度上决定了我们最后的抉择。

2. 可测性

指中央银行能够迅速获得这些指标的准确数据资料，并且便于观察、分析、判断和监测。例如，利率资料很容易获取并且能够进行汇集，中央银行能在任意时点对市场利率水平和结构进行观察分析。就货币供应量而言，由于我国目前的金融对外开放及金融自由化进程仍处于抑制阶段，因而货币供应量各层次定义的内涵和外延较为明确、稳定，且中央银行能及时准确地获取有关 M_0 和 M_1 的资料，只是 M_2 的可测性比较差。

3. 可控性

指选取的金融指标能够在足够短的时间内受到货币政策工具的影响，中央银行能有效地进行控制和调节其变动状况和发展趋势。这里必须强调的是，被选作为操作指标和中介指标的变量必须是中央银行运用货币政策工具就可以对其进行有效控制的金融指标，否则就无法取得货币政策预期的效果。

4. 抗干扰性

指指标的选取必须是那些受外力干扰程度较低的金融指标。因为货币政策在实施过程当中常常会受到一些外来因素或非政策因素的干扰，以致降低政策的执行力度和实施效果。

（二）选择货币政策中介指标和操作指标的客观条件

各种经济指标之间的关系，受经济管理体制、市场发育程度、经济发展水平等因素的制约和影响。比如，在实行信贷总量控制的条件下，利率对货币供给总量就没有多大的影响。在实行利率控制的情况下，银行超额准备金对市场利率就没有多大的影响。在商业银行没有真正成为自负盈亏的市场主体以前，利率变动对商业银行的超额准备就没有多大的影响。因此，选择中介指标和操作指标时，不仅要注意应尽量满足其选择标准，还应注意各个国家各个时期的客观条件，而不能简单地照搬外国的做法。另外，操作指标的选择还受到中介指标的选择制约，不同的中介指标与不同的操作指标相联系。

二、可供选择的中介指标分析

可供选择的中介指标主要有货币供给量和利率。在一定条件下，贷款量和汇率亦可作为中介指标。

（一）货币供给量

货币供给量作为货币政策中介指标的优点是：（1）货币供给量的变动能直接影响经济活动；（2）中央银行能够控制货币供给量的变动；（3）与货币政策意图联系紧密：货币供给量增加，表示货币政策扩张；货币供给量减少，表示货币政策紧缩；（4）不易将政策性效果与非政策性效果相混淆。

但以货币供给量作为中介指标也存在一些缺点，主要是中央银行对货币供给量的控制能力并不是绝对的。货币供给量的变动既取决于基础货币的变动，也取决于货币乘数的变动。后者受多种非中央银行可完全控制的因素的影响。如通货—存款比率和超额准备率等，它们主要受公众和商业银行行为的影响。中央银行虽然可以通过利率等政策工具来影响它们，但这种影响是不确定的。特别是在通货紧缩时期，常会出现基础货币增加、利率下降，但货币供给量增长幅度却下降的非常规变动的情况。另外，中央银行通过应用货币政策工具对货币供给量的控制存在较长的时间滞后。

另外，由于货币供给量是一个多层次概念，以其作为货币政策的中介指标，就存在以哪一层次的货币供给量作为指标的问题。对此各国做法不一，但从发展趋势来看，越来越多的国家把控制重点从 M_1 转向 M_2。

货币供给量可分为 M_0、M_1 和 M_2 三个层次。M_0 为流通中现金；M_1 为狭义货币，等于 M_0

加活期存款；M_2 为广义货币，等于 M_1 加定期存款加储蓄存款。在这三个层次的货币供给量指标中，我国中央银行应该以哪一个指标为控制重点呢？这主要取决于这三个指标各自的特点和我国经济的客观实际。

在金融市场发育程度降低、可用的信用工具较少的情况下，现金是主要的信用工具，控制住现金的供给也就控制住货币总量的供给。因此，在此情况下，现金应作为中央银行控制的重点。我国在新中国成立以后直至 20 世纪 90 年代以前也主要以现金作为中央银行控制重点之一（另一重点是贷款总量）。但是，20 世纪 90 年代以后，随着金融市场的逐步发展，信用工具的日益增多，现金在流通媒介和支付手段中所占比重大幅下降。仅控制现金并不能有效地控制货币供给总量，也不能有效控制经济的扩张和紧缩。因而，货币控制的重点自然应该向范围更为广泛的货币指标转移。但是，由于我国目前现金的使用仍占有相当的比重，现金的发行也易于控制，因此，将现金指标作为货币政策的中介指标之一仍然是必要的。

从狭义货币 M_1 和广义货币 M_2 两个指标来看，在发达的金融市场条件下，M_2 与国民收入的联系比 M_1 更为紧密，且 M_2 比 M_1 更便于中央银行控制。因为，中央银行很难在短期内控制资金在现金与活期存款和定期存款之间的移动。而对于广义货币来说，这种移动仅是同一层次资金内部结构的变动。中央银行并不需要特别地去控制它，而只要控制住金融体系的信用规模，就能在短期内控制住 M_2 的总量。因此，世界上许多国家逐步将货币控制的重点从 M_1 转向 M_2。我国在 20 世纪 90 年代初期是以 M_1 作为货币控制的重点，而从 20 世纪 90 年代末期开始则逐步将控制重点转向了 M_2。目前，我国中央银行每年初对外公布 M_2 的控制目标。

（二）利率

利率作为货币政策的中介指标，具有以下特点：（1）不仅能够反映货币与信用的供给状态，而且能够表现供求状况的相对变化，利率上升表明银根趋紧；反之则表明银根趋松；（2）中央银行能够运用货币政策工具加以较为有效的控制；（3）数据易于及时收集获得；（4）作用力大，影响面广，与货币政策诸目标间的相关性高。20 世纪 50 年代和 60 年代，西方各国都以利率作为主要的中介指标，70 年代后改为货币供应量为主，90 年代以后又成为美国等主要国家的首选中介指标。在我国由于目前仍实行计划利率为主的管理体制，因此，利率主要是作为货币政策工具而非中介指标来使用的。

但是，利率作为中介指标也存在缺点：（1）中央银行能够控制的是名义利率，而对经济运行产生实际影响的是预期实际利率。预期实际利率等于名义利率减去通货膨胀预期。由于没有计量通货膨胀预期的直接手段，因此预期实际利率是很难准确计量的。中央银行对预期实际利率就很难准确控制。（2）利率对经济活动的影响更多地依赖于市场主体对经济收益变动的敏感性，即货币需求的利率弹性。货币需求的利率弹性大，则利率变动对经济活动影响就大，反之则小。而货币需求的利率弹性既受经济体制的影响，也受金融市场发育程度和经济运行状况等的影响。目前我国作为独立的市场主体地位尚未完全确立，加上金融市场发育程度较低，可选择的投资工具和渠道仍相对较少；转轨时期未来收益、社会保障等问题的不确定性较大等因素都制约了利率调整率弹性也是大不一样的。这都会影响利率调整对经济活动的影响力。如我国 1996—1998 年连续 6 次下调利率对总需求的刺激作用并不显著。日本则在经济严重衰退的时候将利率降到 0.5% 的极低水平，也无法刺激其经济的复苏。

（三）货币供给量和利率能否同时作为一个国家货币政策的中介指标

货币供给量和利率是市场经济国家常用的中介指标。但它不能同时选择这两个指标作为其中介指标。因为这两个指标之间并不具有严格的一一对应关系。如果同时选择两个指标，可能使中央银行处于进退两难的境地。

如中央银行将货币供给量作为中介指标，则利率将会失去控制。图 9-10 为一个货币市场的供求状态图。虽然中央银行预期货币需求曲线位于 Md_1 和 Md_2 之间波动因为公众对于是持有债券还是持有货币的偏好可能发生变化。使货币需求曲线可能出现意外的位移。如果中央银行以货币供给量为中介目标，意图将货币供给量增加至 M^* 处，那么，中央银行预期利率将在 I^*。但是，如图 9-10 所示，货币需求曲线在 Md_1 和 Md_2 之间的波动将导致利率在 I_1 和 I_2 间波动。盯住货币总量目标将意味着利率波动。

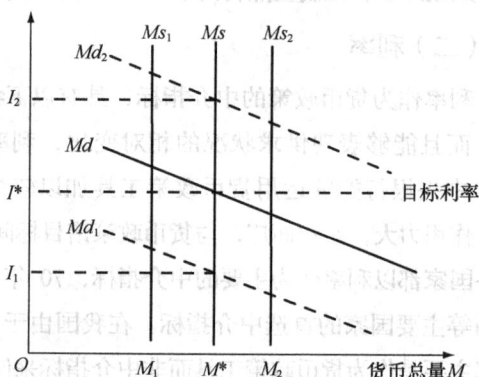

图 9-11 为中央银行将利率作为中介指标控制的结果。虽然中央银行预期货币需求曲线位于 Md，可是由于经济增长率、通货膨胀率以及公众持有货币偏好的意外变动，该曲线在 Md_1 和 Md_2 之间波动。如果货币需求曲线降到 I^* 以下，而债券价格将上升。中央银行为了维持其利率目标，将在公开市场出售债券以促使其价格下降和利率上升到目标水平；反之，中央银行将在公开市场购买债券。因此，中央银行盯住利率目标将导致货币供给总量的波动。

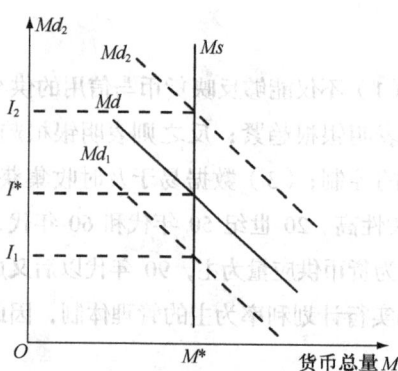

图 9-10　以 M_s 作为中介指标　　　　图 9-11　以 I 作为中介指标

（四）中介指标的选择

从以上分析可见，货币供给总量目标和利率目标是相互不相容的。中央银行可以达到其中的任何一个，但不能同时达到两个目标。那么如何在它们之间进行选择呢？根据前面的选择标准我们在下面对二者进行一些比较。

1. 可测性

从表面来看，利率似乎比货币供给量更便于测量，作为中介指标似乎更为有用。与货币总量相比，利率数据不仅能较快的得到，而且也更准确，并且很少修正。而货币供给总量则需要多次修正。但是，能够迅速而准确地得到的利率是名义利率，通常情况下不能用来计量借贷的真实成本。而真实成本对于预测 GDP 的变化具有重要意义。真实成本可用预期实际利率来衡量。预期实际利率等于名义利率减去通货膨胀预期。由于没有计量通货膨胀预期的直接手段，因此预期实际利率是很难准确计量的。由于利率和货币总量指标存在可测性问题，因此，仅以此标准，何者更适宜作中介指标并不清楚。

2. 可控性

前面对货币供给量可控性的讨论说明，中央银行对货币供给量确实具有一定的控制能力。此外，中央银行通过公开市场业务、调整再贴现率，甚至直接规定利率等办法，对市场利率也具有控制力。但是中央银行只能控制名义利率而不能完全控制实际利率。

3. 相关性

与最终目标的相关性，即对经济活动的影响：货币供给量和利率对经济活动都有重要的影响，但是，何者影响更大目前很难仍很难计量。

总之，货币供给量与利率指标孰优孰劣很难从选择指标的标准直接比较。一般来说，各国都是根据一定时期的经济状况和中央银行操作的方便程度来选取的。在较多的情况下，当把抑制通货膨胀看作主要任务时，往往选择货币供给量为中介指标；当通货膨胀不成为主要矛盾，而以经济增长为主要目标时，往往选择利率为中介指标。

（五）其他可作为中介指标的指标

除货币供给量和利率外，还有一些指标可以充当中介指标，主要有贷款量和汇率。

贷款量作为中介指标的优点是：（1）与最终目标具有一定的相关性，特别是在金融市场发育程度较低的条件下，控制住了贷款量也就是控制住了货币供给量。（2）数据较易获得，具有可测性。（3）具有较好的可控性，中央银行通过规定贷款规模限额，可较好地限制贷款规模的增长。

其主要的缺点是：（1）在金融市场发育程度较高的条件下，除了贷款外，企业还可通过多种渠道进行融资，贷款规模控制与最终目标的相关性弱。（2）主要是利用行政手段而非经济手段，不利于市场机制作用的发挥。（3）难以确定正确的贷款规模和结构。

因此，贷款规模控制通常在计划经济条件下或金融市场发育程度较低的市场经济条件下使用。在发达的市场经济条件下，信贷量往往只作为非常时期的手段使用。

我国在经济改革以前和改革初期主要使用贷款规模控制。那时，由于金融市场发育程度较低，企业融资手段单一，控制住了贷款量也就控制住了货币供给量，且贷款量也容易控制。但是，随着经济体制改革的深入和金融市场的逐步发育完善，融资手段和融资渠道大大增加，仅控制贷款规模并不能完全控制货币供给总量。另外，这种主要利用行政手段控制贷款规模的方法与现行市场经济体制越来越不适应。我国自 1948 年开始实行"计划指导、自求平衡、比例管理、间接调控"的信贷资金管理体制。在这种体制下，贷款规模成为中国人民银行计划指导的变量，中国人民银行按月对贷款规模进行统计监测，以利于有效控制。

汇率也是一个可以充当中介指标的指标。特别是在一些实体本币与某国货币挂钩的发展中国家，汇率成为一个主要的中介指标。

【专栏 9-4】

中国人民银行以社会融资规模作为货币政策中介目标

近 10 年来，随着金融体制改革的不断深入，企业融资渠道多元化，银行信贷在社会融资总量中的占比不断下降。根据央行公布的数据，人民币信贷在社会融资总量中的占比从 2002年的 98%下降到 2010 年的 55.6%，人民币信贷已不能反映整个社会的资金供求状况。针对这种情况，2011 年 5 月央行宣布以社会融资规模取代银行信贷作为货币政策中介目标，这意味着央行将以整个社会的信贷供求作为货币政策的调控对象。而了解和掌握社会对信贷资金的需求情况对于保证货币政策调控的有效性无疑具有重要作用：稳定的信贷需求是实现货币政策信贷调控的先决条件。

资料来源：王铭利，金融发展中我国广义信贷需求函数研究，上海金融，2013 年第 1 期。

三、可供选择的操作指标分析

中央银行货币政策可选择的主要操作指标有准备金和基础货币。

（一）基础货币

基础货币是中央银行可选择的重要操作指标。基础货币也被称为"强力货币"或"高能货币"，充分显示了其在货币创造中的重要作用。由于货币供给量等于基础货币乘以货币乘数，在货币乘数一定的情况下，或货币乘数变动可预测的情况下，控制住基础货币也就控制住了货币供给总量。

基础货币是由准备金和流通中现金组成，二者均是货币创造的基础。因而，作为操作指标，综合考虑二者在内的基础货币比只考其中之一的准备金更为有利。特别是在金融市场发育程度较低，现金流通比例较高的情况下，控制基础货币显然比单纯控制准备金更为重要。当中央银行通过公开市场业务购买债券时，其对准备金的影响取决于债券出售人将其所得款项以现金形式持有还是存入中央银行。如果以现金形式持有，则中央银行在公开市场的出售对准备金就没有影响；如存入中央银行，则准备金总额增加。但不管是以现金形式持有还是存入中央银行，其对基础货币的影响都是一样的。因此，中央银行通过公开市场业务对基础货币的控制比对银行准备金的控制确定性要强得多。

当然，中央银行对基础货币的控制也不是完全的。相比而言，由公开市场业务形成的那部分基础货币中央银行控制力较强；其余部分，即由再贴现和贷款创造的那部分基础货币中央银行控制力较弱。

此外，通过基础货币控制货币供给总量还取决于货币乘数是否稳定可测。不过，货币乘数的变动还是比较有规律的，一般在短期内变化不大，基础货币因而是基本可测的。

基础货币也是我国现行的货币政策操作指标。由于我国目前货币乘数相对稳定，基础货币在货币供给总量形成中具有关键性作用，对存款货币银行贷款能力有决定性影响。在基础货币中，现金这一指标随着改革的逐步推进其可控性越来越低，尽管我国目前仍然实行现金管理，但这种管理的有效性正在递减。鉴于此，我国目前将现金纳入货币供给量的层次目标体系之中进行监控。

（二）准备金

准备金是中央银行各种货币政策工具影响中介指标的主要传递指标：法定准备金率的变动直接导致准备金的变动再影响到中介指标；再贴现率的变动即通过昭示作用影响市场利率，也通过影响再贴现贷款数量影响商业银行借入储备；公开市场业务则通过债券的买卖影响商业银行的非借入储备再影响中介指标。商业银行准备金越多，其增加贷款的能力就越强；反之就越弱。准备金的增加，意味着市场银根宽松；反之则意味着市场银根紧缩。因此，以准备金为操作指标，有利于监测政策工具的调控效果，及时调节和有效控制其方向和力度。

准备金有不同的计量口径：准备金总额、法定准备、超额准备、借入准备、非借入准备等。借入储备是指商业银行等存款货币机构通过向中央银行再贴现和贷款形成的储备；非借入储备则是指商业银行等存款货币机构通过公开市场业务形成的储备。不同的准备金指标的影响因素是不同的。对选择哪一个准备金指标作为操作指标为好存在分歧。货币学派认为准备金总额是对货币供给量的最有控制器。而美联储则认为非借入储备更好。1979 年 10 月至1982 年 10 月美联储主要使用非借入储备，此后则改为借入储备。

我国在 1998 年 3 月 21 日对存款准备金制度改革以后，将法定存款准备金账户和备付金账户合二为一，同时，将法定准备金下调至 8%。这样，超额准备金便成为中国人民银行一个主要的操作指标。

四、货币政策指标选择的历史考察

由于各个指标各有优劣，在什么指标更适宜作为货币政策的中介指标和操作指标方面，理论上有许多的争论，并无定论。以下对几个主要国家货币政策目标和工具使用进行简要回顾，可能有益于加深我们的理解。

（一）美国

20 世纪 20 年代初，美联储为寻找收入来源购买盈利债券时，发现银行体系的储备增加了，公开市场业务作为一种新的货币政策工具诞生了。1928—1929 年的股市繁华使美联储处于进退维谷的境地。过度投机狂潮已形成，美联储的行动加速了股票泡沫的崩溃，促使经济陷入萧条。1935 年的银行法使美联储获得了调整存款准备金率的权利。法定准备金率成为一种货币政策工具。结果是 1936 年货币增长率的放缓和 1937 年货币供给的实际下降，并导致了 1937—1938 年的经济萧条。美联储初次使用法定准备金率的灾难性教训，使其后来使用该政策工具时极为小心谨慎。1942—1951 年，美联储为帮助财政部门筹集军费而把利率盯住在较低水平，导致 50 年代初的通货膨胀加速。1951 年美联储取消利率盯住，1952 年获得实现货币政策目标的完全行动自由。20 世纪五六十年代，美联储把货币市场状况作为货币政策目标，但在后期对这种顺周期的货币政策的批评日益增多，最终美联储放弃了该政策目标。在 70 年代，美联储宣布以货币供给量作为货币政策的中介指标，以联邦基金利率为操作指标，但是该货币政策仍然是顺周期的，并带来了 1972—1973 年的过度膨胀和 1974—1975 年的过度紧张。1979 年 10 月，美联储最终决定不再强调把联邦基金利率作为操作指标，并将其目标区间放宽 5 倍多，而将基本的操作指标改为非借入储备。1987 年 2 月，美联储宣布货币量层次指标从 M_1 转向 M_2。其原因在于他们认为 M_2 与经济的联系比 M_1 更为稳定。20 世纪 90 年代以来，美联储又比较重视利率指标。但 2008 年次贷危机后，为了阻止危机的进一步加剧，美联储在连续降低利率直到逼近零后，利率已经没有进一步下调空间，被迫先后两次采取量化宽松政策，实际上以货币量作为货币政策中介目标。

（二）英国

为了对付日益加剧的通货膨胀，1973 年年末，英国引入了货币供给量目标：M_3，但并未严格实施，结果导致其货币供给量更加变化无常，并产生了与美国 M_1 目标类似的问题：它们并非是可靠的货币政策指标。1983 年后对金融创新是否破坏了 M_3 与收入间关系产生争议，英格兰银行开始逐步以 M_0 取代 M_3，1987 年完全取消 M_3，只留下 M_0 作为唯一的货币总量指标。其实际货币增长率也较好地逼近了目标区间。

（三）德国

德国中央银行与 1957 年开始以货币政策目标对付通货膨胀。采用了一个较窄的货币总量指标："中央银行货币"。所谓的"中央银行货币"，即银行存款总额乘以 1974 年法定准备金率再加上流通中货币。1988 年又将"中央银行货币"改为 M_3。德国在运用制定货币目标的货币政策保持较低且稳定的通货膨胀率方面非常成功。

（四）日本

20 世纪 70 年初代期，日本银行开始将注意力集中在货币增长率上。1978 年开始在每年季度之处公布 M_2+CD_S 的"预报"。尽管日本银行并未正式承诺货币目标，但其货币政策显然更加侧重于货币因素。日本银行以银行同业市场利率为每日的操作指标，在 1978—1987 年抑制通货膨胀，稳定真实产出方面取得了成功。但 20 世纪 90 年代日本泡沫经济破灭后陷入了长期的萧条之中。日本银行将利率下调到 0.5% 的极低水平仍无法刺激需求的增长。

补充阅读

金融危机下中美日欧四区货币政策的选择

2007 年美国次贷危机爆发，并通过金融市场、美元和国际贸易迅速向全球扩散，全球大部分经济体都未能幸免于难，次贷危机已经演化成为大萧条以来最为严重的全球性金融危机。对此，各国推出了史无前例的大规模救助措施，其中包括宽松的货币政策。以下描述了中国、美国、日本和欧元区应对危机的货币政策。

中国：偏重于传统的货币政策工具

我国央行主要采取公开市场操作、存款准备金率和利率政策三大传统货币政策，增加流动性供给：开展公开市场操作，提供流行性支持；运用存款准备金率工具，确保银行体系流动性充足；下调利率，落实货币宽松货币政策；取消信贷硬约束，增加商业银行灵活性。

美国：偏重于货币政策工具创新

为了刺激经济复苏，稳定金融市场，修复银行体系，美联储密集地进行货币政策操作，通过各种方式向市场注入流动性：降低利率，实行刺激性的货币政策；进行制度创新，缓解市场流动性短缺问题。

日本：基于银行密切关系的货币政策

为应对此次危机，日本央行推出大规模的货币政策予以救助，主要是通过信用渠道和贸易渠道影响到日本，主要体现在：向金融体系大量注资，增强金融机构风险承受能力；支持金融企业融资，防止因为个别企业破产倒闭出现连锁反应。

欧元区：偏重于货币政策的国际协调。

2008 10 月 15 日，欧洲央行、英格兰银行和瑞士央行宣布联手向金融机构注资 2540 亿美元，此举是欧洲各国央行为缓解金融市场流动性紧张而出台的无限额注资计划的第一个举措：运用再融资和公开市场操作向市场注入流动性，慎用利率政策；针对 2008 年 7 月以来金融危机不断升级，及时创新政策工具。

资料来源：张学勇等，金融危机下货币政策及其效果：基于国际比较的视角，国际金融研究，2011 年第 9 期。

读后讨论

1. 结合中国实际情况，对央行采取的货币政策进行解析。
2. 美国的货币政策有哪些地方值得学习？
3. 用自己的话对 4 种模式的货币政策进行总结。

本章小结

1. 狭义的货币政策，是指中央银行为实现一定的经济目标，运用各种工具调节和控制货币供应量和利率指标，进而影响宏观经济的方针和措施的总和。广义的货币政策是指中央银行、政府及其他相关部门所有有关货币方面的规定及其采取的影响货币数量的一切措施。

2. 西方经济学界对货币政策效应的问题存在较大分歧，其中集中体现在对总供给曲线形状的不同观点上。

3. 最终目标，一般也称货币政策目标，是指中央银行通过货币政策的操作在较长一段时期内所要达到的最终宏观经济目标。操作目标，它是中央银行通过货币政策工具能够有效准确实现的直接政策变量。中介目标是介于最终目标和操作目标之间的，中央银行的货币政策对操作目标产生直接作用，进而影响中介目标，间接影响最终目标。

4. 可供选择的中介指标主要有货币供给量和利率。

5. 中央银行货币政策可选择的主要操作指标有准备金和基础货币。

重要概念

货币政策　　经济目标　　供给曲线　　最终目标　　操作目标　　中介目标　　货币政策目标体系　　基础货币　　利率

练习题

1. 简述货币政策目标体系。
2. 货币政策的最终目标、操作目标和中介目标有什么联系？
3. 货币政策的最终目标具体有哪些？
4. 货币政策的中介指标和操作指标主要包括哪些？
5. 比较我国和其他国家的货币政策。

第 10 章　中央银行货币政策工具与业务操作

学习目标

1．理解和掌握一般性货币政策工具、选择性货币政策工具和其他货币政策工具的含义和运用。

2．熟悉并理解货币政策工具的形成与选择。

开篇案例

2014 年中国人民银行货币政策的实施

2014 年第二季度中国人民银行货币政策委员会例会强调，继续实施稳健的货币政策，灵活运用多种货币政策工具，保持适度流动性，实现货币信贷及社会融资规模合理增长。例会认为，当前中国经济运行仍处在积极变化中，但所面临的形式依然错综复杂。国际经济形势和主要经济体货币政策出现分化，发达经济体积极迹象增多，部分新兴经济体增速持续放缓。因此继续深化金融体制改革，增强金融运行效率和服务实体经济能力。进一步推进利率市场化和人民币汇率形成机制改革，保持人民币汇率在合理均衡水平上的基本稳定。

案例导读

货币政策工具是中央银行为实现货币政策目标而使用的各种策略手段。也是中央银行可以直接控制的，其运用对基础货币、银行储备、货币供应量、利率以及金融机构的信贷活动产生直接或间接的影响，帮助中央银行实现货币政策目标。

资料来源：中国人民银行网站。

第一节　一般性货币政策工具及其业务操作

一般性货币政策工具是对货币供给总量或信用总量进行调节和控制的政策工具，从而对整个宏观经济运行产生重要影响。一般性货币政策工具包括三种：法定存款准备金政策、再贴现政策和公开市场业务，俗称"三大法宝"。

一、法定存款准备金政策与业务操作

（一）法定存款准备金政策的含义

法定存款准备金政策是指中央银行对商业银行等存款货币机构的存款规定存款准备金率，强制性地要求商业银行等存款货币机构按规定比率上缴存款准备金；中央银行通过调整法定存款准备金率以增加或减少商业银行的超额准备金，以收缩或扩张信用，实现货币政策所要达到的目标。

（二）法定存款准备金政策的作用

1．保证商业银行流动性

每个银行从保证自身资金的流动性出发，都会自觉地保持一定的现金准备，以备存户的提取。但如果没有强制性的存款准备金制度，商业银行可能在高额回报的诱惑下过量贷出资金，不仅加大了自身资产的风险，也使银行流动性受到影响。

2．增强央行资金运用能力

由于存款准备金缴存中央银行，使中央银行在客观上掌握了国内一部分信贷资金，可以用来履行其银行职能，办理银行同业之间的清算，并利用集中的资金进行再贷款和再贴现业务，以平衡不同地区不同银行间的资金余缺。

3．调节货币供应量

根据货币供给量公式 $Ms = m \times B$，货币供应量的改变取决于货币乘数（m）与基础货币（B）的变化。法定存款准备金政策的作用机制从两个方面同时调节货币供应量：一是通过直接影响商业银行超额准备金持有量，调节商业银行信用创造能力，间接调控货币供应量。二是通过改变货币乘数，使货币供应量成倍扩张或收缩。中央银行可根据经济的繁荣与衰退，市场流动性松紧的情况来调整法定存款准备率，以达到调节金融和经济运行的目的。

（三）法定存款准备金政策工具的特点

1．法定存款准备金政策的优点

一是法定存款准备率的调整有非常强的告示效应。中央银行调整准备金率是一项重大金融举措，须向公众和金融机构公布，并立即影响商业银行的超额准备金。因此调整准备金比率实际上是中央银行一种态度鲜明的告示。二是法定存款准备金比率的调整对货币供应量的影响显著。由于法定准备率调整通过货币乘数对货币供给发生倍增或倍减的作用，其政策效果比较明显。

2．法定存款准备金的局限性

一是对经济的振动太大。由于整个银行存款规模巨大，法定存款准备金率的轻微变动将会带来法定存款准备金量的巨大变动，对经济运行产生强烈的冲击。二是法定存款准备率的调整须通过的法定程序较多，时间长，灵活性不足，不能作为一项日常调节工具供中央银行灵活运用。三是法定存款准备金率的提高，可能使超额准备率较低的银行立即陷入流动性困境，中央银行可能被迫通过公开市场业务或贴现窗口向急需流动性的银行提供流动性支持。

从世界各国的实践来看，较多国家实行较低的法定准备率，有的国家还进一步放宽或取消了法定存款准备金。如美联储 1990 年 12 月取消了定期存款的法定准备金，加拿大央行于 1992 年 4 月取消了所有两年期以上定期存款的法定准备金，瑞士、新西兰、澳大利亚的央行已经完全取消了法定准备金。墨西哥央行允许商业银行准备金的平均余额为零，当商业银行准备金存款低于零时，只要有可接受的有价证券作足额抵押即可。

【专栏 10-1】

中国法定存款准备金政策动机与货币政策效应

2006 年后调整法准率成为中国最重要的货币政策工具。自 2006 年 7 月到 2011 年 12 月，共 37 次动用法准率政策工具。2006 年 7 月—2008 年 6 月，法准率上调 19 次，从 7.5%上调到 17.5%。2010 年 1 月—2011 年 6 月，大型金融机构法准率从 15.5%上调到 21.5%的历史高峰。

从国际上看，中国的准备金水平是世界最高的国家和地区之一。从法定准备金与 GDP 的比例看，中国的准备金水平是发达经济体和多数新兴经济体的两倍以上；相对于中央银行的资产负债表，中国的准备金水平也是相当高的。庞大的银行体系、交纳准备金的存款种类广泛以及相当高的法准率是中国准备金水平高的重要原因。

相当长时间里，我国每年对 GDP 增长率、城镇登记失业率、CPI 涨幅、进出口等经济社会发展指标制定预期目标，货币政策需要兼顾经济平稳较快发展、保持物价稳定和防范金融风险，广义货币增速是重要的中介目标。中国频繁使用法定存款准备金政策也是为了实现这些目标。

一是实现多重目标、解决政策两难问题。在各目标间存在冲突的情况下，央行需要搭配使用不同的工具来兼顾各目标的实现。例如，提高利率抑制经济过热，同时也会诱发资本流入，升准可以冻结流动性，冲销资本流入的影响；金融危机爆发后，拉美的一些国家面临着物价较高、流动性匮乏的局面，央行通过维持利率不变、降准来实现增加市场流动性和稳定通胀预期的目标。

二是中国外汇储备逐年增多，对冲压力加大。2007—2011 年中国年度外汇储备分别增加 4 619、4 177、4 531、4 482 和 3 338 亿美元，年末外汇储备的增速分别为 43.3%、27.3%、23.3%、18.7%和 11.7%。2011 年年末人民银行以人民币表示的外汇资产(外汇占款)为 23.24 万亿元，比 2005 年年末增长 274%。外汇储备的不断增加意味着对冲压力的加大。

三是中国以货币供应量为调控目标，需要倚重数量型工具。2007 年前，人民银行主要通过公开市场操作直接调控基础货币规模，但伴随着央票余额的不断增加，上调法准率抑制基础货币的派生能力，就成为人民银行调控货币供应量的主要手段，其结果就是货币乘数的下降。人民银行可以根据需要主动调整法准率，深度冻结流动性。冻结的时间由央行决定，商业银行只能被动接受，通过法定存款准备金政策，央行比较容易达到调控目标。

四是央行进行货币调控也需要考虑成本因素。为了维护金融稳定，化解金融系统风险，中央银行需要承担损失，造成中央银行资产质量下降，这种情况在许多国家都存在。例如，20 世纪 80 年代中期以后中央银行资产质量恶化的国家有智利、哥斯达黎加、多米尼加、危地马拉、牙买加、尼加拉瓜、巴拉圭、秘鲁、乌拉圭、委内瑞拉、巴西、捷克、匈牙利、韩国、泰国等国家。多数时间中国法定准备金的利率低于央票利率，央行可以在更低成本下实现调控目标。

资料来源：习先东等，中国法定存款准备金政策动机与货币政策效应，金融研究，2012 年第 2 期。

二、再贴现政策与业务操作

再贴现政策是中央银行最早使用的货币政策工具。早在 1873 年，英格兰银行采用再贴现政策对货币信用进行调节。在第二次世界大战以后的重建过程中，日本银行的再贴现政策对日本经济的恢复和发展产生了积极作用。

再贴现政策是指中央银行通过提高或降低再贴率的办法，影响商业银行等存款货币机构从中央银行获得再贴现资金、支持，达到增加或减少货币供给量的一种政策措施。再贴现政策一般包括两个方面的内容：一是再贴现率的调整；二是规定向中央银行申请再贴现的资格。

（一）再贴现政策的作用

1．再贴现政策影响商业银行的融资决策

再贴现率的升降会影响商业银行等存款机构的准备金和资金成本，从而影响它们的贷款量和货币供给量。当贴现率升高时，商业银行等存款货币机构从中央银行贴现窗口借款的成本上升，因而将减少其贴现贷款，使商业银行的准备金相应缩减。如果准备金不足，商业银行只能收缩对客户的贷款和投资规模，从而也就缩减了市场的货币供应量。随着市场货币量的缩减，银根缩紧，市场利率相应上升，社会对货币的需求也相应减少。

因此，中央银行通过调整再贴现率间接对银行的融资决策产生影响，使其改变放款和投资活动。

2．再贴现政策对调整信贷结构有一定效果

中央银行通过再贴现政策不仅能够影响货币供给总量的增减，而且还可以调整信贷结构，使之与产业政策相适应。其方法有两种：一是中央银行可以规定再贴现票据的种类，从而影响商业银行的资金投放；二是对再贴现的票据实行差别再贴现率。如中央银行对各种票据制定不同的再贴现率，从而影响再贴现数量，使货币供给结构与中央银行的政策意图相符合。

3．再贴现政策具有一定的告示效用

再贴现率的升降可以产生货币政策变动方向和力度的告示作用，从而影响公众预期。当

再贴现率提高时，意味着中央银行将实行较为紧缩的货币政策，反之则意味着较为宽松的货币政策。

4．防止金融恐慌

再贴现是中央银行作为最后贷款人而发挥作用的主要形式之一。在发生金融恐慌，银行面临挤兑危机无法从其他渠道获得资金支持的困境时，首选的解救办法就是央行通过再贴现工具的操作迅速向危机银行提供资金支持，从而发挥中央银行的最后贷款人的作用，防止金融危机的发生和蔓延。

（二）再贴现政策特点

1．再贴现政策的优点

一是具有间接性和渐进性，不像法定存款准备金政策那样猛烈，降低经济运行大起大落的风险。二是在市场经济程度较高的国家，央行对再贴现率的控制和调整能在很大程度再通过市场机制作用影响其他利率，强化其政策效果。三是保证金融系统稳健运行的安全阀。当个别银行面临准备金不足时，可通过货币市场融入资金。但当整个金融系统流动性不足时，央行的再贴现窗口就充当了金融体系的安全阀。四是既可调节货币总量，又可调节信贷结构。

2．再贴现政策的局限性

（1）从控制货币供给量来看。再贴现政策并不是一个有力的控制工具。首先，中央银行处于被动地位。商业银行是否愿意到中央银行申请贴现，或者贴现多少，最终由金融机构自己决定。其次，再贴现率的升降有一定限度，而在经济繁荣或经济萧条时期，再贴现率无论高低，都无法限制或鼓励商业银行向中央银行再贴现或借款，从而削弱中央银行控制货币供给量的能力。最后，再贴现率作为官定利率，通常与市场利率间存在利差，随着市场利率的变动，利差会发生剧烈的波动，客观上会导致贷款规模乃至货币供给出现非预期的巨大波动，使再贴现政策控制货币供给的有效性减弱。如果将再贴现率与市场利率挂钩，频繁调整又会使政策的告示效应模糊不清，导致经济主体和商业银行无所适从，不利于中央银行灵活地调节市场货币供应量。

（2）从对利率的影响看。调整再贴现利率，通常不能改变利率的结构，只能影响利率水平。即使影响利率水平，也必须具备两个假定条件：一是中央银行能随时预备按其规定的再贴现率自由地提供贷款，以此来调整对商业银行的放款量；二是商业银行为了尽可能地增加利润，愿意从中央银行借款。也只有在这样的条件下，中央银行的再贴现率才能支配市场利率。然而，实际情况往往并非完全如此。

从理论上看，有的经济学家认为再贴现工具不再有存在的必要了。典型的如以弗里德曼为代表的货币学派主张根本放弃再贴现政策，完全由公开市场业务代替。为了建立更好的货币控制机制，美联储应终止它的贴现便利，其主要依据是，联邦存款保险制度可在极大程度上消除银行业危机的可能性，再贴现的作用不再必要；再贴现政策所拥有的一切效果，都可以通过公开市场政策取得；取消再贴现政策可以消除由于贴现贷款规模变动所引起的基础货币的波动。

三、公开市场业务与操作

（一）公开市场业务的内涵

公开市场业务有广义和狭义之分。广义的公开市场业务是指中央银行为实现货币政策目标而公开买卖有价证券或外汇。在没有特别指明的情况下，主要指在公开市场上买卖有价证券。

所谓"公开市场"，是指各类有价值证券自由议价，公开交易的市场。公开市场业务是指中央银行在金融市场上公开买进或卖出二级市场债券，用以调节、控制信用和货币供应量的一种政策手段。

中央银行的公开市场操作就其实质而言是基础货币和债券之间的互换关系，它通过改变银行体系的准备金总量控制基础货币的投放，基础货币的变化基本上等于银行准备金的变化。中央银行通过公开业务控制基础货币的最终目的是影响社会的货币供应量。当金融市场上资金短缺时，中央银行通过公开市场业务买进有价证券，这实际上相当于中央银行向社会投入一笔基础货币，引起信用扩张，货币供应量的成倍增加。相反，当金融市场上货币过多时，中央银行就通过公开市场业务卖出有价证券，以达到回笼基础货币、收缩信贷规模、减少货币供应量的目的。

中央银行公开市场业务政策工具实施的依据是银行系统存在一定量的准备金，而准备金的数量和价格决定着银行吸储和放贷能力，因此，公开市场业务就可以通过银行系统准备金的增减变化对货币供给起作用。公开市场操作作为一个主要的间接货币政策工具，在促进美国经济平稳运行和世界经济的平稳发展中发挥着重要作用。20世纪80年代以来，随着发达国家经济的快速发展和新型市场经济国家的崛起，公开市场操作日益成为发达工业国家与新型市场经济国家的主要货币政策工具。

（二）公开市场业务的作用

1．调控存款货币银行准备金和货币供给量

中央银行通过在金融市场买进或卖出有价证券，可直接增加或减少商业银行等存款货币机构的超额储备水平，从而影响存款货币银行的贷款规模和货币供给总量。

2．影响利率水平和利率结构

中央银行通过在公开市场买卖有价证券可从两个渠道影响利率水平：当中央银行买进有价证券时，一方面，证券需求增加，证券价格上升，影响市场利率；另一方面，商业银行储备增加，货币供给增加，影响利率。当中央银行卖出有价证券时，利率的变化方向相反。此外，中央银行在公开市场买卖不同期限的有价证券，可直接改变市场对不同期限证券的供求平衡状况，从而使利率结构发生变化。

3．与再贴现政策配合使用，可以提高货币政策效果

当中央银行提高再贴现率时，如果商业银行持有较多超额储备而不依赖中央银行贷款，紧缩性货币政策就难以奏效。这时，中央银行若以公开市场业务相配合，在公开市场卖出证券，则商业银行的储备必然减少，紧缩政策目标就能够得以实现。

（三）公开市场业务的特点

1．公开市场业务的优点

（1）公开市场业务的主动权完全在中央银行，其操作规模大小完全受中央银行自己控制，而不是像再贴现贷款规模不完全受中央银行控制。

（2）公开市场业务可以灵活精巧地经行，用较小的规模和步骤进行操作，较为准确地到达政策目标，不会像存款准备金政策那样对经济产生过于猛烈的冲击。

（3）公开市场业务可以进行经常性、连续性的操作，具有较强的伸缩性，是中央银行进行日常性调节的较为理想的工具。

（4）公开市场业务具有极强的可逆转性，当中央银行在公开市场操作中发现错误时，可立即逆向使用该工具，以纠正其错误。而其他货币政策工具则不能迅速逆转。

（5）公开市场业务可迅速操作。当中央银行决定要改变银行储备和基础货币时，只要向公开市场交易商发出购买或出售的指令，交易便可很快执行。

2．公开市场业务的局限性

公开市场业务作为一种货币政策工具，也不可避免地存在其局限性。主要是：

（1）公开市场操作较为细微，缺乏政策意图的告示作用，其对公众预期的引导作用较差。

（2）各种市场因素的变动可能减轻或抵消公开市场业务的影响力。

（3）需要以较为发达的有价证券市场为前提。如果市场发育程度不够，交易工具太少等都将制约公开市场业务的效果。

综上所述，一般性货币政策工具及其基本的运用策略可用表 10-1 加以概况。

表 10-1　一般性货币政策工具的基本操作方法

政策工具 经济形势	通货膨胀 （总需求>总供给）	通货紧缩 （总需求<总供给）
存款准备金政策	提高法定存款准备金率	降低法定存款准备金率
再贴现政策	提高再贴现率	降低再贴现率
公开市场操作	卖出有价证券	买进有价证券

【专栏 10-2】

中国人民银行灵活开展公开市场操作

针对 2013 年以来银行体系流动性供求波动有所加大的实际情况，中国人民银行加强了对国内外经济金融形势和银行体系流动性供求的分析监测，配合准备金政策调整灵活开展公开市场操作，准确把握操作的方向、力度和节奏。适时适度地对银行体系流动性进行双向调节，促进银行体系流动性平稳性。灵活开展公开市场操作有以下几个方面的优势：

灵活开展公开市场双向操作，合理调节流动性水平

中国人民银行加强对银行体系流动性供求影响因素和市场环境的分析检测，根据各阶段流动性供求特点合理把握公开市场操作方向、力度和节奏，搭配使用短期流动性调节工具

（SLO）适时适度进行流动性双向调节，实现了银行体系流动性的平稳运行。

保持公开市场操作利率基本稳定，有效引导市场预期

在外部环境复杂多变的情况下，加强对市场利率走势的分析检测，保持公开市场利率基本稳定，有效引导市场预期，促进货币市场利率平稳运行。3 月末，14 天期正回购操作利率为 3.8%，28 天期正回购操作利率为 4.0%。

适时开展国库现金管理商业银行定期存款业务

第一季度，共开展 3 期国库现金管理商业银行定期存款业务，操作规模共计 1400 亿元，其中 3 个月期 400 亿元，6 个月期 500 亿元，9 个月期 500 亿元。

资料来源：中国人民银行，货币政策执行报告，2014 年第 5 期。

第二节　选择性货币政策工具

一、选择性货币政策工具

三大货币政策工具以全面控制全社会的信用总量、货币供应量为目的，属于一般性的总量调节。选择性货币政策工具，是指中央银行针对某些特殊的经济领域或特殊用途的信贷而采用的信用调节工具。主要有：证券市场信用控制、不动产信用控制、消费信用控制。

由于资本市场、房地产市场、耐用消费品信贷市场对资金流量与流向非常敏感，尤其是资本市场与房地产市场具有很强的投机性，资产价格波动产生的资金转移效应不仅会直接冲击实体经济，例如，当资产价格大幅度上扬时，大量资金从生产领域流向非生产领域，由实体经济进入虚拟经济，严重时导致经济膨胀，甚至出现"产业空心化"现象等；而且会由于信用的扩张与价格上涨产生的财富效应形成市场泡沫，引发通货膨胀，扭曲市场价格机制，误导投资者与消费者，最终影响货币政策的有效传导。

货币政策的基本传导途径是由银行系统传导到实体经济，如果资产价格过度上升，货币政策的调整，将更多地被资本市场吸收，实体经济目标受到影响。中央银行选择性的货币政策工具就是直接控制证券市场、房地产市场与耐用消费品市场的信用状况，控制由于过度投机对货币供求均衡、货币政策传导的冲击。选择性货币政策工具是中央银行货币政策体系中不可缺少的重要组成部分。

二、选择性货币政策工具的特点

总量控制的货币政策工具是通过影响商业银行的资产或负债来调节货币与信贷的供应总量，整个过程并不规定信贷总量在各类借款人之间、各个部门之间，以及各种可能用途之间的分配。而选择性货币政策工具是通过干预、控制私人信贷市场的分配机能，调节货币供给量在部门、行业间的分配。它不仅要干预信贷市场在各类借款人之间的配置，还要干预信贷市场在各种可能用途之间的分配。

经济增长中的非均衡现象是一种常态，作为非歧视性、非排它性的总量货币政策操作无法有效消除或控制非均衡增长现象，而选择性货币政策工具正是调节个别部门、个别行业的、个别市场非均衡增长的有效手段，这种有针对性的信用调控工具更有利于实现总体经济的均衡增长。当某些部门、某个市场出现萧条、发展不景气时，中央银行有权实施针对性的扩张政策；当某些部门、某个市场信用扩张过快，与整体经济增长出现严重不协调时，中央银行可通过针对性的紧缩政策限制其非均衡增长。特别是当一个或几个经济部门过高，或者说投机性的增长率造成了市场严重扭曲，并威胁到整个经济稳定时，单纯依靠总量控制将使货币政策处于两难境地，它在纠正这种扭曲现象的同时，也伤害了发展正常的部门与市场，并使本来就不景气的部门与市场更糟。而选择性的货币政策操作有利于降低或熨平经济发展中的部门不均衡现象。在货币政策的职能中，虽然总量控制总是第一位，但中央银行绝不能忽视选择性控制的重要作用。

三、选择性货币政策工具的操作

（一）证券市场的信用控制

证券市场信用控制是指中央银行对使用贷款进行证券交易的活动加以控制。通过规定贷款额占证券交易额的百分比率，调节或限制对证券市场的放贷规模及其交易的活跃程度。在操作中，这种控制措施实际上是对以下信用方式购买股票和其他有价证券的第一次付款额实施限制，也称为证券交易的法定保证金比率控制。比如说，若中央银行规定信用交易保证金比率为30%，则交易额为20万美元的证券购买者，必须将至少6万美元的现金一次性交付来进行此项交易，其余资金则由金融机构贷款解决。

中央银行可根据金融市场的状况，随时提高或调低法定保证金比率。当证券交易市场过旺、信用膨胀时，中央银行可提高法定保证金率，控制货币流入资本市场的数量，遏制过分的投机行为。当证券市场交易萎缩、市场低迷时，中央银行可调低保证金比率，刺激证券市场交易的活跃。证券交易法是保证金比率的制定，控制了证券市场的最高放款额[①]，它既能使中央银行遏制过度的证券投机活动，又不贸然采取紧缩和放松货币供应量的政策，有助于避免金融市场的剧烈波动和促进信贷资金的合理运用。

证券市场信用控制作为选择性货币政策工具，最早产生于美国。1929年美国股票市场交易异常活跃，过度投机导致股价格剧烈波动，为了维持股票价格的稳定性，控制证券市场的信用扩张，美联储较大幅度地上调了再贴现率。由于当时美国实体经济运行并非过度失衡，物价尚属稳定，为了控制证券市场信用膨胀的一般紧缩性货币政策操作，严重地影响了实体经济的发展，客观上对于经济危机的形成起到了推波助澜的作用。

大危机结束后，美联储痛定思痛，反思货币政策操作中的失误，于1934年制定了《证券交易法》，其中对证券经纪人、银行及其他贷款人向证券市场提供的信用额度作了相关规定。美联储通过对购买证券设置了最低保证金要求，限制银行和经纪人扩张股票市场信用，并可根据市场情况调整法定准备金比率，证券市场法定保证金比率从此成了调节证券市场信用张

---

① 最高放款额=（1−法定准备金比率）× 交易总额。

缩的有效工具。在以后多次出现的证券市场信用过度扩张过程中，美联储都成功、有效地运用此工具达到预期的调控目标。如 1968 年，规定保证金比率为 70%，购买股票最多只能从银行和经纪人那里获得股票价格 30%的贷款，必要时，美联储可将比率提高到 100%。目前，证券市场信用控制也已成为各国中央银行调节股票市场信用的首要政策工具。

（二）消费信用控制

消费信用控制是中央银行对不动产以外的各种耐用消费品的销售融资（主要指分期付款的信用形式）予以控制的政策措施。由于分期付款的消费信用对一般性货币政策工具不敏感，货币当局要想控制消费品的有效需求只能通过选择性货币政策工具。

消费信用扩张措施的主要内容包括：规定用消费信贷购买耐用消费品时的首期付款额，即可贷款的最高限额；分期付款的最长期限，即最高偿还期；以及适用于消费信贷的耐用品种类等。当中央银行提高首期付款额时，就等于降低了最大放款额，势必减少社会对此种商品的需求，而缩短偿还期就增大了每期支付额，也会减少对此类商品和贷款的需求。若要刺激消费信用时，则降低了首期付款额，或延长偿还期限以降低每期支付额。

消费信用起步于 20 世纪 40 年代后半期，20 世纪 60 年代得到快速发展，目前已成为现代经济中主要的信用形式之一。消费信用一方面可以有效地刺激消费需求，扩大商品销售，实现生产与消费的均衡发展；另一方面，又增加了经济发展中的不稳定因素，消费信用的过度扩张会导致大量货币追逐有限商品，物价上涨，严重时将引发通货膨胀。

中央银行消费信用控制的目的就是通过调节货币供应量，影响分期付款销售所需信贷的可得性成本，调节消费总量和消费结构，实现社会生产与消费的大体平衡。当某种耐用消费品的消费信用膨胀，严重冲击价格和供求均衡时，中央银行可通过提高该耐用消费品的首付金额，缩短消费信用期限，或提高消费信贷的利率等措施，抑制过快增长的消费需求，实现商品的供需平衡与物价稳定；反之则亦然。在第二次世界大战、抗美援朝和 1948～1949 年期间，美联储被赋予实施消费信用控制的权力。

关于消费信用控制的有效性，有 3 种不同的观点。

一是认为消费信用控制是反通货膨胀的有效措施。如美国卡特政府为了控制通货膨胀，曾经促使美联储无担保的消费信贷提取 15%的保证金，结果很明显，消费信用成本的上升，导致消费需求下降，有效遏制了物价上涨。当消费信用是耐用消费品的主要方式时，消费信用控制有效。

二是认为政策效应有限。由于分期付款一般只限于耐用消费品，严格意义上说，购买耐用消费品使购买者物质财富增加，因此，应该算作投资品而不是消费品。另外，耐用消费品销售额一般只占工业化国家消费支出的大约 10%至 15%，在欠发达国家，这一比例显然还要低得多，因此使用消费信用控制调节信用规模的作用有限。

三是认为消费信用控制存在着操作上的难度。作为一种货币政策工具，其控制的有效性客观上要求货币当局准确把握社会商业消费信用的现状，并能有效监督所有的信用供给者行为，货币当局还需掌握有关赊销商品、赊销期限、赊销方式等大量的相关数据，这在实际中操作起来难度相当大。

（三）不动产信用控制

不动产信用控制是中央银行对商业银行或其他金融机构发放不动产抵押贷款的调节措施，实际上就是对不动产抵押贷款额度和分期付款期限等规定的各种限制性措施。这种限制性措施的主要内容包括：规定商业银行不动产贷款的最高限额、最长期限、首付的最低金额和分期还款的最低金额等。目的在于控制这一领域的货币供应量的变动，阻止因房地产及其他不动产投机性交易导致的信用膨胀。

不动产信用控制包括需求控制与供给控制两种方式。需求控制主要指对住房消费信用需求行为的调节，或抑制过度住房消费需求导致的房地产价格非均衡上涨，或刺激低迷的住房消费需求，实现房地产市场供求均衡。主要手段是调整首付额、住房信贷利率、最长贷款期限等。

供给控制主要指对房地产投资行为的调节。其主要控制手段是对进入房地产市场的信贷资金供给进行限制，例如，房地产信贷市场主体的限定，即规定具有一定条件的主体方可获得信贷支持；房地产信贷比例的限制，即规定房地产项目中信贷资金与自有资金的比例等。

无论是需求控制还是供给控制，都是为了实现房地产市场的均衡发展，避免由于房地产泡沫现象引发经济动荡与金融危机。典型的教训是，日本 1991 年房地产市场泡沫破灭，导致当年房地产价格下跌幅度高达 25%，并造成股市暴跌，1/4 的企业倒闭，经济停滞，社会动荡，时至今日，日本经济始终不景气。

此外，优惠利率也经常被当做选择性货币政策工具被中央银行运用。一般指中央银行对国家拟重点发展的某些部门、行业和产品规定较低的利率，以鼓励其发展，有利于国民经济产业结构和产品结构的调整和升级换代。优惠利率主要配合国民经济产业政策使用。

实行优惠利率有两种方式：其一，中央银行对这些需要重点扶持发展的行业、企业和产品规定较低的贷款利率，由商业银行执行。其二，中央银行对这些行业和企业的票据规定较低的再贴现率，引导商业银行的资金投向和投量。优惠利率多为发展中国家所采用。

【专栏 10-3】

加大支农再贷款支持力度，引导扩大投放涉农信贷

有效发挥信贷政策支持再贷款的引导作用，支持金融机构扩大"三农"和小微企业信贷投放。中国人民银行于 2014 年年初新设信贷政策支持再贷款，包括支农再贷款和支小再贷款，通过优惠利率降低实体经济融资成本，缓解"三农"、小微企业的"融资难、融资贵"问题。2014 年以来，累计下达信贷政策支持再贷款额度 1000 亿元，其中支农再贷款额度 500 亿元、支小再贷款额度 500 亿元。信贷结构进一步优化，服务业中长期贷款增速回升，产能过剩行业中长期贷款增速回落，小微企业和"三农"信贷支持力度较大。

3 月末，服务业（第三产业剔除基础设施和房地产业）中长期贷款余额为 3.74 万亿元，同比增长 15.6%，增速较上年年末回升 1.9 个百分点。其中，文化产业中长期贷款余额为 1698 亿元，同比增长 39.3%。产能过剩行业中长期贷款余额 2.08 万亿元，同比增长 6.0%，增速较上年年末回落 1.5 个百分点。3 月末，小微企业人民币贷款同比增长 16.3%，比各项贷款增速高 2.4 个百分点。本外币涉农贷款同比增长 17.7%，比各项贷款增速高 4.0 个百分点。

资料来源：中国人民银行，货币政策执行报告，2014 年第 5 期。

第三节 其他货币政策工具

除三大总量控制政策工具与常用的选择性政策工具以外，中央银行可根据货币控制、信用调节需要，以行政命令、沟通劝说等方式，灵活实施其他货币政策。中央银行常用的其他货币政策工具主要包括：直接信用控制、间接信用控制等。

一、直接信用控制

所谓直接信用控制是指中央银行根据有关法令，对银行系统创造信用的活动施加各种直接干预。主要的干预措施有信用分配、利率上限、流动性比率、直接干预等。

（一）信用配额

信用分配是指中央银行根据金融市场和宏观经济形势的状况，权衡轻重缓急，对银行系统的信用规模加以合理分配，限制其最高数量。信用分配一般都发生在资金供不应求的国家，主要是发展中国家或发达国家的某些特别时期，如战争时期。由于这些国家投资需求多，资金来源有限，只能通过直接信用分配，使有限的资金尽可能发挥最大的作用。例如，制定一国的产业政策，规定优先提供资金的顺序；或者按资金的需求的缓急，将有限的资金分配到最需要的部门；有的国家和地区还采取设立专项信贷基金的办法，保证某种建设的需要。

（二）利率上限

中央银行规定商业银行和储蓄机构对定期及储蓄存款所能支付的最高利率，目的在于防止银行利用过高利率吸收存款，限制存款竞争中的利率大战给行业带来的不利影响。

利率上限的典型代表是美国中央银行从 1934 年到 1980 年实施的"Q 项条例"，该项条例规定了银行对活期存款不得支付利息，以及各类定期存款的利率上限。利率上限的规定有利于防止金融机构之间为存款的过度竞争，避免造成资金成本过高而使银行风险增大。由于利率上限本质上属于价格管制，执行中并非适用于所有的金融机构，导致了竞争的不公平性。特别是随着大额可转让存单等新的金融工具不断涌现，利率上限管制极大限制了银行业的发展。在通货膨胀的情况下，存款大量流出银行体系，导致金融脱媒。

因此，市场经济成熟的国家已经放弃了利率最高限制的手段，美国在 1980 年制定了《存款机构解除管制机及货币控制法案》，进行了一系列放松金融管制的改革，并于 1986 年后逐步废除了利率上限规定的"Q 项条例"。

（三）流动性比率

流动性比率是指中央银行为了保持商业银行的支付能力，限制其信用扩张的直接管制措施，流动性比率是指流动资产对存款或资产的比率。流动性比率控制有力于中央银行实现维护银行体系稳健经营、限制银行信用扩张的目的。

（四）直接干预

直接干预指中央银行直接对商业银行存款业务、信贷业务的规模、种类与对象等进行调控的各项措施。其内容主要包括：中央银行根据金融形势，必要时直接规定各金融结构或某一类金融机构的最高贷款额。中央银行通过对活期存款和支票存款的增加额另行规定存款准备金比率的措施，直接干预商业银行吸收存款的规模，以此限制信贷业务。中央银行通过限制贷款项目或限制贷款额度，直接干预或引起各金融结构贷款及投资的方向。例如，限制商业银行对不动产的投资，规定商业银行中长期贷款的最高额度，规定储蓄银行股票投资、住宅融资的最高限额等。

二、间接信用控制

间接信用控制是指中央银行并不运用法律或行政命令的方式，而是通过与金融机构间的信息交流、相互沟通的方式，调节金融机构信用的措施。其主要包括：信用指导、道义劝告、金融检查等。

（一）窗口指导

窗口指导是指中央银行根据产业行情、物价趋势和金融市场动向、货币政策的要求以及前一年度同期贷款的情况等，规定商业银行每季度贷款的增减额，以指导的方式要求其执行。有时窗口指导也指导贷款的使用方向，保证经济优先发展部门的资金需求。如果商业银行不按规定增减对产业部门贷款，中央银行可削减向该行贷款的额度，甚至采取停止提供信用等制裁措施。窗口指导虽然其自身不具有法律约束力，但由于中央银行对不接受指导者可以采取相应的制裁措施，因而对于金融机构还是具有较大约束力的。

窗口指导首先源于日本。第二次世界大战后，它曾经一度是日本主要的货币政策工具。日本银行窗口指导的直接目的是实现同业拆借市场利率的稳定。日本银行利用它在金融体系中的威信和民间金融机构间的频繁接触，劝告它们自动遵守日本银行信用调控、货币控制的相关要求，以达到控制信用总量，实现货币供求均衡的目的。窗口指导已成为很多国家中央银行间接信用控制的工具。

（二）道义劝告

道义劝告是指中央银行运用自己在金融体系中的特殊地位和威望，通过对商业银行及其他金融机构主管者的劝告，以影响其放款的数量和投资的方向，达到控制信用的目的。例如，在房地产与证券市场投机高涨时，劝告商业银行减少对这两个市场的信贷；在国际收支出现赤字时，劝告各金融结构减少海外贷款等。道义劝告的独特优势在于，可以避免强制性信用控制带来的抗拒心理，有利于加强中央银行与商业银行及各金融机构间的长期密切合作关系，它既能有效调节信用总量，也能调节信用结构与贷款方向。但它不具有法律效力，因而不是强有力的控制手段。

道义劝告和窗口指导等间接信用控制的优点具有较高的灵活性，但要发挥政策工具的作用，中央银行必须在金融体系中具有较强的地位、较高的威望和拥有控制信用足够的权力和手段。英格兰银行、加拿大银行都是这方面的范例，其中英格兰银行因广泛使用道义劝告而更加著名。美国银行体系的特点是大而分散，道义劝告的实用性相对弱些，20 世纪 90 年代中期以来，美联储的道义劝告通常都是和窗口指导联系在一起使用，对股市产生影响。

表 10-2 反映了美国中央银行通过沟通等一些非常规货币政策工具的运用达到影响资产价格变动的效果。

表 10-2　格林斯潘有关股市谈话及股市反映

日期	格林斯潘谈话内容	股市反映
2000.2.17	当需求与供给达成均衡时，资产价格上涨速度应与家庭部门同步	道指跌 2.8%　纳指跌 3.0%
1999.10.14	一旦投资人丧失信心，亏损必时有所闻	道指跌 2.6%　纳指跌 2.7%
1999.8.27	有关资产价格走势及其对家庭部门与企业决策的意义，存在重要但棘手的问题	道指跌 1%　纳指跌 0.6%
1999.7.22	我们了解股价上涨大部分反映预期获利的提高和生产力展望有重大的改变，但我们不清楚的是，是否过度反映及其程度	道指跌 0.3%　纳指跌 2.8%
1999.6.17	历史告诉我们，由于乐观预期心理会随着经济扩张期拉长而转浓，即使产品价格相对稳定，资产价格也会攀升到无以为继的水平	道指跌 0.5%　纳指跌 1%
1999.5.6	科技发展的广度及其应用，已促使企业实物与无形资产价值大幅提升，且造成股价涨幅可观，许多股价已远远超过合理价位	道指跌 0.1%　纳指跌 2.5%
1999.2.23	股价高得不禁令人怀疑股价是否高估	道指跌 0.1%　纳指跌 0.3%
1999.1.20	鉴于金融市场对经济的重要性和金融资产价格波动更为普遍，决策者应继续特别注意这些市场	道指跌 0.2%　纳指跌 0.3%
1998.9.4	股票分析师最近预测，未来三至五年，每股获利年成长率可达13%以上，这不大可能兑现	道指跌 0.6%　纳指跌 0.3%
1998.7.21	每个月不断提高长期预测值的分析师，如今预测三到五年的获利水准不切实际	道指跌 1.1%　纳指跌 1.7%
1998.6.10	股价上涨刺激消费，进而带动产值、就业人口、生产力改善、资本投资增加。生产力加速发展的希望一直支撑企业获利的预期，因而带动股价进一步上涨	道指跌 0.9%　纳指跌 1.5%
1997.2.26	股价涨势显然已引发是否撑得住的疑问，但我们并没有肯定地认为，目前的股价超涨，或风险利差显然降低	道指跌 0.8%　纳指跌 0.5%
1996.12.5	我们如何知道何时非理性繁荣已过度推高资产价值，使资产价值面临意外且产期的下跌风险，就像过去十年来日本的情形一样	道指跌 0.9%　纳指跌 1%

资料来源：杨军等，货币政策的股票市场传导渠道，中国人民银行工作论文。

【专栏 10-4】

道义劝告的由来

道义劝告(Moral·Suasion)，又译作"道德规劝"，出自《圣经新约·约翰书》第六章，原意是指传教士对广大信徒进行道德说教，规劝他们笃信上帝，皈依基督教。

世界上最古老的中央银行——英格兰银行在 18 世纪的商业银行管理中就开始使用"道义

劝告"一词。当时不仅英格兰银行缺乏独立性，受政治和宗教势力操纵，而且社会民众依据宗教教义，普遍视商业银行为赚取不义之财的"钱商"，因此他们认为英格兰银行作为王室机构，应该对商业银行在道义上进行规劝，促使其降低贷款利率，使借贷者免受"高利贷"的盘剥。

20 世纪 30 年代初期，凯恩斯主义成为西方经济学中的主流学派，凯恩斯以及后来的货币学派对中央银行货币政策工具进行了总结，明确将道义劝告同贴现率、公开市场业务和法定准备金率并列为货币政策的四大工具。

进入 20 世纪 80 年代以后，国际金融业发生剧变，西方国家中央银行货币政策的执行方式及其对商业银行的管理模式也随之发生变化，道义劝告的作用逐步增强。美国联邦储备银行是使用道义劝告手段最多、取得效果最显著的中央银行。

资料来源：高钧，道义劝告在美国货币政策和银行管理中的应用，中国金融，2003 年第 6 期。

（三）金融检查

金融检查是指中央银行利用自己"银行的银行"的身份不定期地对商业银行和其他金融机构的业务经营情况进行检查，看其是否符合法律规定，并将检查结果予以公开，以监督商业银行的金融活动。

补充阅读

美联储史无前例的非常规货币政策操作

美联储首先将传统货币政策工具使用至极限

第一，将联邦基金利率降至近乎零利率。截至 2008 年年底，美联储 10 次降低联邦基金利率，目标利率水平由 5.25%降至 0～0.25%区间。

第二，再贴现政策十分宽松。首先，再贴现率不断降低至 0.5%；其次，再贴现期限延长。2007 年 8 月 17 日，美联储将再贴现期限从隔夜扩展到最长可达 30 天。

第三，对存款准备金支付利息。从 2008 年 10 月 6 日起，美联储开始对法定存款准备金和超额存款准备金支付利息。虽然美联储对传统货币政策工具的使用已至极限，但由于金融机构信贷机制破坏，风险溢价高企，货币政策工具操作未达到预期效果。

货币政策工具创新频繁

由于传统货币政策工具失效，美联储不得不诉诸于一系列创新的货币政策工具，这些货币政策工具可分为三类。

第一类为针对更为广泛的金融机构发挥"最后贷款人"作用，提供短期流动性的货币政策工具。如短期招标工具（TFA）、一级交易商信贷工具（PDCF）。

第二类为信用市场提供短期流动性，缓解信贷收缩的货币政策工具。如资产支持商业票据货币市场共同基金流动性工具（AMLF）、商业票据融资工具(CPFF)、货币市场投资者融资工具（MMIFF）。

第三类为扩展中长期信用的货币政策工具，如定期资产支持证券信贷工具（TALF）、中长期证券购买计划。

积极寻求政策协调与配合

为了避免金融危机扩散，美联储与全球央行进行了货币政策协调与合作。一方面，共同降息。2008 年 10 月 6 日，美联储与欧洲、日本、英国、加拿大与瑞士央行共同降息 50 个基点；另一方面，美联储自 2007 年年末与欧洲、瑞士、加拿大等 10 余个国家的央行进行货币互换安排。

美联储还与财政部进行了一系列政策配合，期望全面提高金融机构资产负债表质量。为救助陷入危机的金融机构，不仅通过财政部救助计划购买其不良资产，美联储也通过创新货币政策工具购买了大量私人部门证券。另外，财政部通过发行国债为救助计划筹资，并为市场注入了大量高流动性的无风险资产。

量化宽松货币政策再次启动

2010 年第一季度后，美国 GDP 增长率、消费数据、就业数据等均显示复苏乏力，伯南克表示经济遇到"异常不确定性"，紧缩风险加大，市场对美联储再次启动量化宽松预期增强。由于部分货币工具的流动性自动收缩机制已于 2009 年启动，金融机构已减少运用非常规的流动性创设工具。因此，美联储再次启动量化宽松着眼于第三类创新工具的运用。

资料来源：吴蔚蓝等，利率政策效果实证研究——基于利率政策对庆阳市物价指数影响的实证分析，财会研究，2014 年第 10 期。

读后讨论

1. 简述美联储史无前例的非常规货币政策操作的影响。
2. 次贷危机使美联储货币政策应对面临哪些难题？

本章小结

1. 一般性货币政策工具是指对货币供给量或信贷总量进行调节和控制的政策工具。主要包括法定存款准备金、再贴现政策、公开市场业务等政策工具。

2. 法定存款准备金政策是指中央银行对商业银行等存款货币机构的存款规定存款准备金率，强制性地要求商业银行等存款货币机构按规定比率上缴存款准备金。

3. 再贴现政策最大的优点是中央银行可以利用它来履行最后贷款人的职责，并在一定程度上体现中央银行的政策意图，即可以调节货币总量，又可以调节信贷结构。

4. 公开市场业务是指中央银行在金融市场买进或卖出有价证券，以改变商业银行等存款货币机构的准备金，进而影响货币供给量和利率，实现货币政策目标的一种政策措施。

5. 选择性货币政策工具，是中央银行针对某些特殊的经济领域或特殊用途的信贷而采取的信用调节工具。主要有消费者信用控制、证券市场信用控制和不动产信用控制等。

6. 直接信用控制，是指中央银行从质和量两个方面以行政命令或其他方式对金融机构尤其是商业银行的信用活动进行直接控制。其手段包括利率上限、信用配额、流动性比率管理和直接干预等。

7. 中央银行还可以通过道义劝告和窗口指导的方式对信用变动方向和重点实施间接指导。

重要概念

一般性政策工具　　选择性政策工具　　法定存款准备金政策　　再贴现政策　　公开市场业务　　公开市场操作　　消费者信用控制　　证券市场信用控制　　不动产信用控制　信贷配额　　流动性比率管理　　道义劝告　　窗口指导

练习题

1. 一般性货币政策工具与选择性货币政策工具的基本区别是什么？
2. 请比较中央银行三大基本政策工具各自的优缺点及其适用条件。
3. 选择性货币政策工具有哪些？
4. 其他货币政策工具有哪些？

第11章 货币政策的传导机制与效果检验

开篇案例

货币政策效果取决于货币政策传导机制

1997 年亚洲金融危机爆发后的近五年时间里，我国出口环境恶化，经济生活中的有效需求不足问题日益突出；2003 年下半年，又出现投资过热、消费价格指数持续上扬、贷款增长过快和资源约束偏紧的经济现实；2008 年又出现美国次贷危机演变成全球性的经济危机。针对这一系类的问题，作为我国的宏观经济调控重要手段的货币政策，在保证政策制定正确的前提下，其政策效果始终不理想。究其原因，是由于货币政策传导机制的不顺畅导致。由于传导过程的复杂性，因此货币政策传导机制一直是各国货币当局最为关心的问题。

资料来源：潜力等，金融危机背景下我国货币政策的传导效率差异研究，统计与决策，2013。

案例导读

货币政策传导机制就是指中央银行确定货币政策目标后，从运用一定的货币政策工具进行操作，到最终实现其预期目标所经过的作用过程。一国中央银行是否能够有效地通过货币政策的操作逐步实现均衡目标，取决于传导机制的顺畅与否。

第一节　货币政策的变量

研究货币政策的作用机制，首先需要考察货币政策的目标变量、中介变量和工具变量的传导机制以及三者之间的关系。

一、目标变量、中介变量与工具变量

货币政策的变量按相互间的关系分析，主要有 3 个层次，即目标变量、中介变量及工具变量。其中，目标变量是指货币政策最终目标的变量指标，包括币值稳定、经济增长、充分就业、国际收支平衡和金融稳定；中介变量是指货币政策中介目标的变量指标，主要有利率与货币供应量等；工具变量是指操作货币政策工具直接改变的变量，相当于中央银行使用的操作目标的变量指标。

货币政策的 5 个指标之间是相互矛盾的，试图同时实现这 5 个目标的可能性不大。因此，一国在一定时期内选择其中一个或两个目标作为侧重点。由于基本政策目标的矛盾性主要体现在处理好币值稳定和经济增长之间的关系方面，因此，在政策重点选择的问题上，主要也是考虑这两个基本政策目标的配合。反映币值稳定状况的目标变量指标是物价指数，可以是消费物价指数，也可以选择批发物价指数；体现一国经济增长状况的目标变量指标是真实国内生产总值，若以相对数考察，则为国内生产总值指数。

可供选择的中介目标主要有贷款量、货币供应量和利率。其中贷款量体现了银行体系运用信贷资金的行为，而货币供应则是银行体系提供信用的结果。这两个中介目标的可替代性，决定了一国货币当局在一定时期只可能选择其一，而选择更普遍的是货币供应量。因此，使用比较广泛、具有典型性的中介目标是货币供应量和利率。这两个中介目标均具有计量意义，因而它们是货币政策基本的中介变量。

将目标变量、中介变量和工具变量联系起来，用微分方程式来表达它们之间的动态关系，即为：

$$\begin{cases} dP = P_i di(B, r, q) + P_M dM(B, r, q) \\ dY = Y_i di(B, r, q) + Y_M dM(B, r, q) \end{cases} \tag{11-1}$$

式中的 dP 为物价指数增量，反映物价水平的变动状况；dY 为国内生产总值增量。反映经济增长状况。这两个变量是货币政策的主要目标变量。di 为利率变动量，dM 为货币供给增量，它们是货币政策的中介变量。P_i 和 Y_i 分别为利率的价格弹性和收入弹性，P_M 和 Y_M 分别为货币数量的价格弹性和收入弹性。

我们说 di 和 dM 为货币政策的中介变量，是因为对于目标变量而言，它们属于外生变量，但这些变量并不直接掌握在中央银行手中，尚需中央银行运用其他手段，即通过工具变量加以调控。按中介变量与工具变量的函数关系 $i=i(B, r, q)$ 和 $M=M(B, r, q)$ 来看，利率 i 和货币供应量 M 是内生变量，它们是基础货币 B、存款准备金率 r 和货币结构比率 q 的函数。对它们作全微分处理，有

$$\begin{cases} di = i_{\mathrm{B}}\mathrm{d}B + i_r dr + i_q dq \\ \mathrm{d}M = M_{\mathrm{B}}\mathrm{d}B + M_r dr + M_q dq \end{cases} \quad (11\text{-}2)$$

这表明了利率变动量和货币供给增量是由基础货币、存款准备金和货币结构比率这 3 个变量的变动共同决定的。式中的 i_{B} 和 M_{B} 分别为基础货币的利率弹性和货币数量弹性，i_r 和 M_r 分别为存款准备金率的利率弹性和货币数量弹性，i_q 和 M_q 分别为货币结构比率的利率弹性和货币数量弹性。

二、货币政策变量的传导机制

联立微分方程组（式 11-1）反映着货币政策的中介变量对经济运行过程的总体传导机制，而中央银行实施货币货币政策的过程中，则体现着中央银行运用政策工具对货币运行过程，即对货币需要和货币供给两方有关变量的调控。这里所指的有关变量，正是货币政策的中介变量。联立微分方程（式 11-2）即体现了中央银行货币政策的实施过程。

（一）从货币需求方出发：以利率作为货币政策的中介变量时

按货币需求函数 $L=L_1(Y)+L_2(i)$ 分析，利率是决定货币需求的主要变量。利率对物价水平和经济增长水平的传导机制如图 11-1 所示。

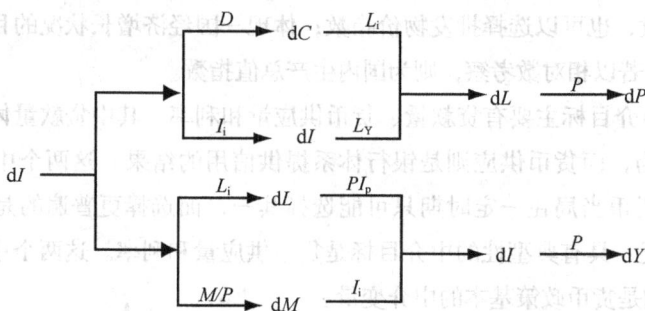

图 11-1　利率对最终目标的传导机制

图 11-1 反映了货币需求方的工具变量对中介变量、进而对目标变量的作用机制，反映了利率的变动，一方面分别由利率对可支配收入的弹性（D）影响消费增量（$\mathrm{d}C$）、投资的弹性（I_i）影响投资增量（$\mathrm{d}I$），进而经货币需求的利率弹性（L_i）和收入弹性（L_Y）作用于货币需求增量，最终通过初始物价对物价指数发生影响；另一方面分别由货币需求的利率弹性（L_i）影响货币需求增量、真实货币供给（M/P）影响货币供给增量，进而通过以初始物价为系数的投资的价格弹性（PIP）和投资的利率弹性（I_i）作用于投资增量（$\mathrm{d}I$），最终通过初始物价（P）对国内生产总值发生影响。

（二）从货币供给方出发：以货币供应量作为货币政策的中介变量时

相对于发达国家，目前我国的利率市场化程度仍偏低，利率的内生性不足，且经常被当做工具变量而不是中介变量使用。因而货币供应量（或是其增量 $\mathrm{d}M$）成为主要的货币政策中介变量。由 $\mathrm{d}M=M_{\mathrm{B}}\mathrm{d}B+M_r d_r+M_q d_q$ 的关系式可知，货币供给增量分别由基础货币增量、存款准备金率变动量和货币机构比率变动量决定。货币供给方的工具变量对中介变量、进而对目标变量的传导机制如图11-2所示。

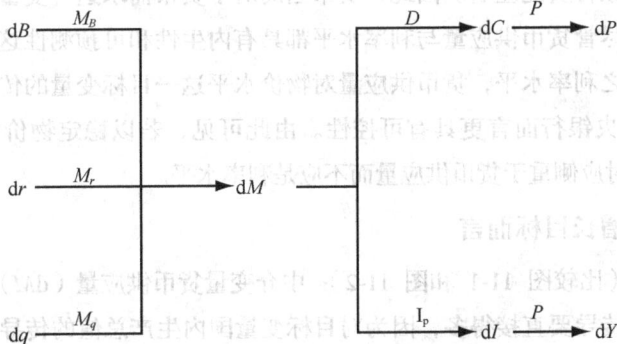

图11-2 货币供给量对最终目标的传导机制

基础货币、存款准备金率和货币结构比率对可支配收入的弹性（D）影响消费增量（dc）、投资的价格弹性（Ip）影响投资增量（di），进而通过初始物价（P），最终对价格指数和国内生产总值发生作用。

第二节 货币政策的传导机制

就货币政策的传导过程分析，中介变量的作用可分为两个方面：一方面，接受工具变量对其的影响，体现着中央银行的政策意图；另一方面，又对目标变量施加影响，将中央银行的调控意图传导到宏观经济过程。因此，在研究货币政策的传导机制时，应当以中介变量的选择为中心。

一、中介变量与目标变量的关系

在我国经济转轨时期，不同的中介变量与不同的目标变量之间、不同的工具变量与不同的中介变量之间，尽管同样存在着弹性的大与小、传导的直接与间接的问题，但因经济、金融管理体制方面的差别，使得货币政策的传导机制与典型的市场经济国家也有所区别，因而具体在货币政策变量间关系的表现形式及相互间的作用程度等方面与西方经济国家的情况也存在着差异。

（一）就物价稳定目标而言

从传导机制看（比较图11-1和图11-2）：中介变量货币供应量（dM）对目标变量物价指数的传导，仅通过消费一个变量，并且货币供应量，特别是其中体现实物购买手段和支付手段的 M_1 的增减，对消费的影响确实很大；而中介变量利率（di）对目标变量物价水平的传导，是通过货币需求的利率弹性和收入弹性，分别对储蓄和投资产生影响，进而传递到物价水平。

在实际经济过程中，货币需求的增长源自于经济规模的不断扩张，这种经济规模的不断扩张要以各经济部门，包括企业、个人、中央政府及地方政府为主体在内的经济运行体系内生决定的，非中央银行所能左右。因此，货币当局对于货币需求这一变量的约束力是相当微弱的。这就意味着尽管货币供应量与利率水平都具有内生性和可预测性这两个作为中介变量的基本条件，但比之利率水平，货币供应量对物价水平这一目标变量的传递更直接、弹性力度更强，并且就中央银行而言更具有可控性。由此可见，若以稳定物价为货币政策最终目标，选择中介目标时应侧重于货币供应量而不应是利率水平。

（二）就经济增长目标而言

从传导机制看（比较图 11-1 和图 11-2）：中介变量货币供应量（dM）比利率（di）变量对国民收入变量的传导要直接得多，因为对目标变量国内生产总值的传导过程仅通过投资一个变量。但是，它是经由增加货币供应量→物价上涨→扩大投资规模→刺激就业的增加和经济的增长这样的途径来传导的。这意味着若中介变量的调整幅度不大，则政策力度不足，对目标变量弱效，甚至无效；若对中间变量作较大幅度的调整，则会产生物价水平与经济增长的"双高"现象。

利率对投资的传导要由经货币供给和货币需求两个方面，同时取决于利率和投资对物价的弹性。尽管从传导途径看，利率不如货币供应量直接，但对实现经济增长或充分就业目标的效果要强得多，所付出的物价上涨代价也要小得多。

（三）就货币供应量的不同层次而言

作为中介目标，货币供应量也有两个层次，即 M_1 和 M_2。

1. M_1 作用

M_1 是流通中的货币，是现实的购买手段和支付手段。M_1 的数量变动，对当时物价水平变动的影响最为直接，也最为重要。而调整 M_1 这一变量值有两种方式：一是通过加大 M_2 的增长率来带动 M_1 的增长，二是在 M_2 增长率保持稳定的基础上加大 M_1 的增长率，通过改变 M_1 占 M_2 的比重来调整现实购买力的规模，以对稳定物价目标或经济增长目标发生作用。

2. M_2 的作用

M_2 作为广义货币，除 M_1 之外，还包含有定期存款、储蓄存款及国库存款等储蓄性质的潜在的社会购买力，这些储蓄性质的准货币体现着支持经济增长的投资潜力。因此，而 M_2 则是体现着支持经济增长的作用。

对我国来说，在既定最终目标下选择中介目标的问题，主要体现在对 M_1 和 M_2 的选择上。若最终目标侧重于稳定物价，则重点控制 M_0、M_1 这两个层次中介目标的效率相对要高；若最终目标为兼顾物价稳定与经济增长的双目标，则可考虑同时监控 M_1 和 M_2 这两个层次的中介目标。

在我国，M_0 为流通中现金，即货币当局资产负债表中负债方的"发行货币"项下数据，而存款性公司概览中的"货币"项下的数据为我国的狭义货币供应量 M_1，"货币"与"准货币"之和即为我国的广义货币 M_2。

（四）我国货币政策中介变量与目标变量关系的相关性分析—基于两个阶段（2006—2008 年和 2009—2011 年）

货币政策的中介变量应该兼具 4 个特征，即相关性、可测性、可控性和抗干扰性。相关性指该中介变量的变化与最终目标变量之间密切相关；可测性指货币当局能够及时、准确且系统地统计出该金融变量的值；可控性指从政策工具到中介目标这一传导机制是有效的，即货币当局通过操纵政策工具能有效控制中介目标。

下面主要对我国货币供给量的相关性、可测性、可控性进行分析。

1．相关性分析

选取我国 2006 至 2011 年 M_1、M_2、CPI、GDP 的月度数据进行分析，并且将数据总体按时间分为等量的两个样本，即 2006 年 1 月至 2008 年 12 月和 2009 年 1 月至 2011 年 12 月的两个数据组。其中月度 GDP 用工业品出厂价格指数代替。相关性分析结果见表 11-1 和表 11-2。

表 11-1　2006—2008 年目标变量与中介变量相关性分析表

被解释变量 Y	解释变量 X	回归方程式	X 的 t 统计值	R^2
CPI	M_1	Ln(CPI)=3.13+0.13Ln(M_1)	13.34	0.55
	M_2	Ln(GDP)=3.05+0.12Ln(M_2)	10.57	0.47
GDP	M_1	Ln(CPI)=3.56+0.09Ln(M_1)	11.46	0.26
	M_2	Ln(GDP)=3.36+0.10Ln(M_2)	9.69	0.29

表 11-2　2009—2011 年目标变量与中介变量相关性分析表

被解释变量 Y	解释变量 X	回归方程式	X 的 t 统计值	R^2
CPI	M_1	Ln(CPI)=2.74+0.15Ln(M_1)	13.46	0.84
	M_2	Ln(GDP)=2.40+0.17Ln(M_2)	12.73	0.83
GDP	M_1	Ln(CPI)=0.95+0.30Ln(M_1)	8.77	0.69
	M_2	Ln(GDP)=0.51+0.31Ln(M_2)	7.44	0.62

由上表的计量分析，我们可以做出以下结论：

第一，所建立的回归模型均通过了统计检验，且拟合优度接近预期，说明目标变量与中介变量之间具有相关性。

第二，我们发现，以 2009—2011 年的数据做出的回归模型的拟合优度及解释变量的系数都有明显的提高。这表明 M_1、M_2 作为中介变量的选择越来越重要。这恰恰证实了货币供应量作为中介变量的可行性。同时也表明美国次贷危机之后，我国货币政策发生了明显的变化。

第三，我们发现 M_1 对物价的反应更直接、效率更高，且能很好地解释物价的波动。因为 M_2 包括 M_1 企事业单位定期存款和居民储蓄存款，所以 M_2 每变换一个单位所带来的物价指数变动及经济增长更为明显。

第四，从表 11-1 看，CPI 对 M_1 和 M_2 回归方程中的系数略高于 GDP 对 M_1 和 M_2 的回归方程中的系数，而表 11-2 中则恰恰相反，这说明 2008 年以后我国的货币政策实施效果有了提高。2008 年以后 CPI 和 GDP 这两个目标变量的系数都有增加，且 GDP 系数的增加大于 CPI 系数的增加，这意味着我国经济虽然受到美国次贷危机的冲击，但仍然处于增长阶段，通货膨胀处于合理水平。这也符合货币政策的传导机制。但是在通货膨胀的情况下，经济不可能有长期稳定的增长，即物价稳定和经济增长之间存在着矛盾，因此中介变量的可控性非常重要。

2．可控性分析

在我国，银行体系间有严格的货币供给机制，且中央银行能在很大程度上通过政策手段来影响货币的供应量，达到供求平衡。因此，我们认为 M_1 和 M_2 是可控的。

3．可测性分析

根据我国对于 M_1 和 M_2 的分类可知，M_1 是狭义货币，包括流通中的现金、机关团体部队的存款、企事业单位的活期存款、个人信用卡存款及农村存款；M_2 是广义货币，包括 M_1 和企事业单位的定期存款、城乡居民储蓄存款、信托类存款以及其他存款。货币当局通过汇总统计金融行业的各种报表，对 M_1 和 M_2 进行及时的测量。

我国的货币供应量具有相关性、可控性和可测性，最终证明通过控制中介变量 M_1、M_2 来控制通货膨胀和经济增长是合理且可行的。有数据可知 M_1 对于通货膨胀的作用更直接，M_2 对经济增长更有效。所以，在具体实行货币政策时可根据目标变量的变动选择调整 M_1 还是 M_2。

二、工具变量对中介变量的影响

工具变量对中介变量的传导机制，主要体现在不同工具变量对不同中介变量的弹性大小方面。我们以 M_0、M_1 和 M_2 这 3 个层次的货币供应量作为具有代表性的中介变量，以基础货币、实际存款准备率和货币结构比率作为具有代表性的工具变量，通过分析可以推断不同的工具变量与各主要中介变量的关系。

（一）基础货币（B）与货币供应量（M_1 和 M_2）

基础货币被定义为中央银行发行的现金通货和吸收的存款，它们应该包括中央银行的全部负债业务。事实上，将基础货币定义在中央银行账户的负债方，是利用资产与负债的平衡关系来体现基础货币的"货币"性质。就其实质意义而言，基础货币应该是指中央银行放出的信用，是中央银行的资产业务。在中央银行的资产业务中，其放出的信用，首先形成活期存款（存款性公司概览中负债方"货币"项下的"活期存款"科目），其中一部分将转化为定期存款、储蓄存款及其他存款（存款性公司概览中负债方"准货币"项下的各科目）。很明显，活期存款加上中央银行发行的现金通货为一国的狭义货币供应量 M_1，再加上定期存款、储蓄存款和其他存款，则构成一国的广义货币 M_2。因此，基础货币这一工具变量直接作用于中介变量 M_1，进而对 M_2 产生影响。

（二）存款准备率（r）与货币供应量（M_1 和 M_2）的影响

在我国，法定准备率往往被视作中央银行重要的货币政策手段之一。中央银行调整法定准备率对金融机构以及社会信用总量的影响较大。从直观上看，中央银行规定的法定准备率越高，商业银行等上缴的存款准备金就越多，其可运用的资金就越少，从而导致社会信贷总量减少；反之，如果中央银行规定的法定准备率低，商业银行等上缴的存款准备金就少，其可运用的资金来源就多，从而导致社会信贷量增大。

进一步分析，法定准备率与派生存款的关系为：$D=E \cdot (1/r)$ 式中 D 为派生存款，E 为原始存款，$1/r$ 是扩张系数，r 是法定存款准备金率，扩张系数与法定存款准备金率成反比：法定存款准备金率越大，扩张系数就越小，存款货币的扩张能力就越小；法定存款准备金率越小，扩张系数就越大，存款货币的扩张能力就越大。

（三）货币结构比率（q）对货币供应量（M_1 和 M_2）的影响

货币结构比率是指狭义货币供应量 M_1 与广义货币供应量 M_2 的比率。显然，货币结构比率的变动，一方面影响着 M_1 占 M_2 的比重，如流通中现金，活期存款等分别占银行存款总额比例的变动；另一方面影响商业银行扩张信用、创造派生存款的能力，如流通中现金、国库存款等，它们不属于存款货币银行的资产来源，因而它与存款货币银行活期存款比例的变动，影响到商业银行负债漏损系数的高低。

三、一般性货币政策工具对工具变量的影响

工具变量是具有计量意义的货币供给变量，货币当局对其具有很大的影响力，但其变量的变化，中央银行并非完全能够直接控制，还需借助于一些经济杠杆作为政策工具。就一般而论，作为货币政策的工具，其必须与货币供给机制相联系，并且具有可操作性。这里所指的可操作性，是就一国的货币当局。而中央银行对于货币供给的操作，主要是体现在中央银行的资产业务。假定我们以基础货币、存款准备率和货币结构比率作为具有代表性的工具变量，那么通过货币当局资产负债表中的资产方业务和负债方业务的对比分析，可以推断各主要政策工具与不同的工具变量的关系。

（一）法定存款准备率影响超额准备金

作为工具变量，我们固然要考察总存款准备率，然而，总存款准备率却包含了法定存款准备金与超额存款准备金两项内容之和对商业银行全部存款的比例，而其中的超额存款准备金又不为中央银行所能控制。因此，作为货币政策的工具，只能是由中央银行直接掌握，并能够自主调整的法定存款准备率。从中央银行资产负债表看，法定存款准备率工具应该属于中央银行的负债业务范畴，它是决定法定存款准备金占商业银行所吸收存款比重、进而影响总存款准备率的一个比率变量。

当央行采取紧缩或扩张性的准备金政策时，商业银行有可能会相应减少或增加其在央行账户上的超额准备，从而在一定程度上抵消或强化央行调整法定存款准备率工具的效果。商业银行其减少或增加的超额准备取决于商业银行对资产流动性的偏好程度；另一方面，央行调整法定存款准备率后，商业银行还需通过收回贷款和增加放款等业务的开展使得商业银行的超额准备金发生相应的改变，之间的时滞长短也会影响存款准备率变动对超额准备金变化的传导。

（二）再贴现率与基础货币

再贴现率是指中央银行对商业银行的贴现利率，广义来看，它也应包括中央银行对商业

银行的贷款利率。从中央银行的资产负债表看，与再贴现率有关的是资产方项目。中央银行一旦调整再贴现率（或贷款利率），会影响商业银行融入资金的成本，从而改变商业银行在中央银行获得融资支持的规模。因此，再贴现率工具是调控商业银行在中央银行贴现的票据量和获得的贷款量，进而影响中央银行基础货币投放量的一个利率变量。

但是，再贴现率工具的主动权却在商业银行手中。向中央银行请求贴现票据以取得信用支持，仅是商业银行融通资金的途径之一，因此，中央银行动用再贴现率工具是否能够获得预期效果，还取决于商业银行是否采取主动配合的态度。

（三）公开市场业务与基础货币

公开市场业务作为一种政策工具，不仅仅是指中央银行在证券市场上公开买卖有价证券的行为，也包括其买卖的数量及价格；同时，中央银行在外汇市场上公开买卖外汇的业务也属于公开市场业务范畴。

从中央银行的资产负债表看，与公开市场业务有关的是资产方项目，如中央银行资产负债表的"对中央政府债权"、"国外资产"项下的"外汇"等项目。中央银行买卖有价证券（或外汇）的行为，显然是中央银行资产业务操作，或者说，是中央银行投放（或收回）基础货币的操作。例如，中央银行向 A 公司买进 10 万元有价证券，付给该公司一张支票，A 公司将这张支票的全数存入其开户的商业银行。在 15% 的存款准备率下，中央银行与 A 公司开户的商业银行的资产负债表会发生的变化见表 11-3。表明中央银行通过其在公开市场的操作，将会由改变商业银行的资产—负债规模而影响整个社会的货币量和信用量；并且，中央银行还能够通过买卖证券的价格，直接影响市场利率，通过利率变动来实现收缩或扩张信用的目的。因此，公开市场业务是直接影响基础货币变量并对市场利率发生作用的政策工具。

表 11-3　中央银行的资产负债表　　　　　　　　　　　　　　　　单位：万元

资产		负债	
政府证券	（+）100	A公司开户行存款	（+）100
		其中：存款准备金	（+）15
		超额准备金	（+）85

A 公司开户的商业银行资产负债表

资产		负债	
在中央银行存款	（+）100	A公司存款	（+）100
其中：存款准备金	（+）15		
超额准备金	（+）85		

与法定存款准备率工具相比较，公开市场业务更具有弹性；与再贴现率工具相比较，公开市场业务的主动权完全掌握在中央银行手中。并且，它不仅是对基础货币工具变量的直接操作，而且还会对市场利率这一重要的中介变量发生作用。因此，公开市场业务是比较灵活的货币政策工具，具有较强的作用力度、较大的弹性和较弱的时滞性。

第三节　货币政策的作用时滞及政策效果

一、货币政策的作用时滞

西方宏观经济政策理论中，有观点认为货币政策并不是维持经济增长的有效工具，主要理由就在于货币政策效果的滞后性。简而言之，就是从需要采取某种政策，到这一政策最终发生作用，其中每一个环节都需要占用一定的时间，常被称之为"货币政策的作用时滞"。货币政策时滞可分为内部时滞和外部时滞。

（一）内部时滞

内部时滞是指作为货币政策操作主体的中央银行制定和操作货币政策所需要的时间。内部时滞又可以分为认识时滞和决策时滞两段。

1．认识时滞

这是指从确认有实行某种政策的需要，到货币当局认识到这种货币政策所需耗费的时间。这段时滞之所以存在，主要有两个原因：一是搜集各种信息资料需要耗费一定的时间；二是对各种复杂的社会经济现象进行综合分析，做出客观、符合实际的判断需要耗费一定的时间。

2．决策时滞

这是指制定政策的时滞，即从认识到需要改变政策，到提出一种新的政策所需要耗费的时间。这段时滞之所以存在，是因为中央银行根据经济形势研究对策、拟订方案，并对所提方案做可行性论证，最后获得批准，整个制定过程的每一个步骤都需要耗费一定的时间。这部分时滞的长短，取决于中央银行对作为决策依据的各种信息资料的占用程度和对经济、金融形势的分析、判断能力，体现着中央银行决策水平的高低和对金融调控能力的强弱。

（二）外部时滞

外部时滞是指实施货币政策的时滞，即从新政策的制定到它对经济过程发生作用所需要耗费的时间。外部时滞也可以分为操作时滞和市场时滞两段。

1．操作时滞

这是指从调整货币政策工具到其对中介目标发生作用所耗费的时间。这段时滞之所以存在，是因为在实施货币政策的过程中，无论使用何种政策工具，都要通过工具变量的变动来影响中介变量而产生效果。而政策是否能够生效，重要取决于商业银行及其他金融机构对中国央银行政策的态度，对政策工具的反应能力及金融市场对中央银行政策的敏感程度。

2．市场时滞

这是指从中介变量发生反应到其对目标变量产生作用所需耗费的时间。货币政策需要通过利息率的变动，经由投资的利率弹性产生效应；或者通过货币供应量的变动，经由消费的收入弹性产生效应。而不仅企业部门对利率的变动、私人部门对货币收入的变动做出反应有一个滞后过程，而且投资或消费的实现也有一个滞后过程。各种政策工具对中介变量的作用力度大小不等，社会经济过程对中央银行的宏观金融调控措施的反应也是具有弹性的。因此，中介变量的变动是否最终能够对目标变量发生作用，还取决于调控对象的反应程度。外部时滞的长短，主要取决于政策的操作力度和金融部门、企业部门对政策工具的弹性大小。外部时滞较为客观，因此中央银行对这段时滞性很难进行实质性的控制。

【专栏 11-1】

货币政策时滞效用

美国著名经济学家伯南克在半年度货币政策报告中的证词，令市场对美联储 8 月加息的预期陡然降温。受其影响，全球期货、股票市场强劲反弹，但 A 股市场并未出现明显涨势。由于伯南克的讲话中强调了"货币政策时滞与后观察期"的概念，这也提示我们应关注国内货币政策的时滞效应。这让我们联想到了 7 月 18 日国家统计局新闻发言人如下的一番重要讲话："这些措施的出台已经而且正在取得一些成效，因为出台的时间是 4 月、5 月，有的甚至是 7 月 5 日才刚刚实施，所以这些政策的实施还有一个时滞，就是说它真正要发挥作用还需要一段时间，所以我们也还需要进一步的观察，视情况来决定是否还需要采取进一步的措施，以及采取什么样的措施"。看来，相机抉择是目前国际上较受欢迎的政策调控手段，这是否也能平息目前有关"加息/升值"的争论，抑或让市场投资者走出"宏观调控行情"的下跌阴影呢？

资料来源：新浪财经网。

二、货币政策的效果检验

在实际工作中，我们常使用一些指标来进行分析、判断。这类指标就是指用来表明经济现象某种特征的数量指标，其具有两方面的含义：一是它必须是宏观经济运行状况的自身特征，是国民经济是否恢复或保持均衡的基本表现形式；二是它必须是可以计量的因素，通过不同数据的对比分析，可以反映出宏观经济运行过程是否保持均衡或不均衡的程度。以中央银行为主体、按内部效应（中介变量对政策工具操作的反应）和外部效应（目标变量对货币政策的反应）划分，货币政策的效果检验指标可分为两段。

（一）外部效应指标

1. 反映总体社会经济状况的指标

货币政策主要是为了解决经济增长、就业和国际收支等宏观经济问题的。因此，利用一组国民经济发展比例和效益指标，可以考核货币政策对解决宏观经济问题、实现预期经济目标的效果。具体使用的指标主要有以下几种。

（1）国内生产总值（GDP）指数和国民生产总值（GNP）指数。GDP 是一个国家（地区）所有常住单位一定时期内生产活动的最终成果，是一个按国土原则考核的生产概念；GNP 是一个国家（地区）所有常住单位一定时期内收入初次分配的最终成果，是一个按国民原则考核的收入概念。二者按不变价格编制的指数反映了一国在一定时期内的经济增长状况。

（2）城镇登记失业率。城镇登记失业人员是指劳动年龄内、具有劳动能力、无业而要求就业，并在当地就业服务机构进行求职登记的非农户口人员。城镇登记失业率计算公式为：

$$城镇登记失业率 = \frac{城镇登记失业人数}{城镇从业人数 + 城镇登记失业人数} \qquad （11-3）$$

城镇登记失业率在一定程度上可以反映我国城镇的劳动就业状况。

（3）国际收支状况。国际收支平衡表可以反映一国在一定时期内的国际收支状况。通过表中的"调节性交易"（包括短期资本流动中的政府部分和全部平衡项目）的分析，可以考核该时期国际收支是否平衡或是顺差还是逆差。

2．反映通货膨胀程度的指标

在不兑现的信用货币制度下，物价水平波动的主要原因在于货币供给过度。过多投放货币，必然引起物价上涨。因此，利用物价水平指标，可以直接考核通货膨胀程度。具体使用的指标主要有：

（1）国民生产总值平减指数（GNP Deflator）。该指数包含所有在国民生产总值中计入增值的商品和劳务，它表明以现价计值的构成国民生产总值的商品和劳务价格相对于基期年份的价格变化，是最为综合的价格指数。

（2）商品零售价格指数。这是反映不同时期商品零售价格水平变化的程度和趋势的价格指数，可按全部商品综合编制，也可按各类商品（如粮食、副食品、服装等）分别编制。

（3）消费物价指数。这是反映不同时期商品批发价格水平变化程度和趋势的价格指数，一般根据日常生活需要的消费品零售价格和劳务费用支出编制。

（4）批发物价指数。这是反映不同时期商品批发价格水平变化程度和趋势的价格指数，可按全部商品综合编制，也可按各类商品（如钢材、燃料、电力等）分别编制。

所有这些物价指数，都是按某一基年编制的。按这样的公式计算：

$$I = (\frac{p_1}{p_0} - 1) \times 100\% \qquad （11-4）$$

可转化为本年的通货膨胀率。

（二）内部效应指标

1．反映货币供给数量及结构变化的指标

货币政策工具的调整是否有效，取决于中介变量主要是货币供应量是否发生相对应的变化。反映货币供给数量及结构变化的指标主要有以下几种。

（1）货币供应量增长率。它是反映在一定时期内货币供应量增量变动情况的相对数指标，包含 M_0、M_1 和 M_2 三个层次。通过不同时期的货币供应量增长率的比较分析，可考核货币政策工具变量对中介变量的实施效果。

（2）货币供应量结构比率。这主要是指 M_1 占 M_2 的比重。M_1 体现着现实的社会购买力，M_2 则除 M_1 以外，还包括了一部分储蓄性质的潜在的或未来的社会购买力。很明显，通货膨胀问题在于现实社会购买力过剩，主要与 M_1 的增长率有关；而通货紧缩问题则在于现实社会购买力不足，主要与 M_1 的增长率萎缩有关。

2．反映币值情况的指标

货币供给的数量变化，总是会体现在货币的币值上。因此，货币的币值能够通过商品的物价水平变动情况反映出来。反映货币币值变动情况的指标主要有：

（1）货币购买力指数。在不兑现的信用货币制度下，货币的币值主要是指每单位货币能够交换到包含多少价值量的商品，即通常所说的"货币购买力"。货币购买力指数是反映不同时期同一货币购买商品、支付劳务费用等能力的相对数指标，也就是指单位货币的币值。考核方法是：

$$\mu = \frac{1}{1+I} \times 100\% \text{或} \mu = \frac{1}{p} \times 100\% \tag{11-5}$$

前式反映本年相当于上年的币值，其含义是 1 单位货币，如 1 元，只相当于上年的 μ 元；后式是指本年相当于某一基年的币值，其含义是 1 单位币值，如 1 元，只相当于基年的 μ 元。

（2）货币贬值率。这是反映货币的币值，即单位货币购买商品、支付劳务费用等能力的变化情况的相对数指标。考核方法是：

$$D' = 100\% - \mu \tag{11-6}$$

因为货币购买力指数 μ 反映两种不同的比较方法，因而货币贬值率也相应有两种考核方法：

$$D' = 100\% - \frac{1}{1+I} \times 100\% \text{或} D' = 100\% - \frac{1}{P} \times 100\% \tag{11-7}$$

前式反映本年比上年的币值变动情况，后式反映本年比某一基年的币值变动情况，它们的含义是 1 单位货币，如 1 元，比上年或某一基年贬值了 D' 元。

第四节　货币政策的有效性

宏观经济学理论就货币政策有效性问题的讨论，是以货币对产出影响与否为基础，侧重点在于货币政策对抗波动效应的分析。换言之，货币政策的有效性，并非仅在于其增加就业、刺激经济增长或抑制通货膨胀的效应，而主要在于抵御经济波动的能力。

一、货币政策有效性研究的出发点

宏观经济学早期的政策有效性研究主要侧重于财政政策与货币政策对产出影响的比较，并据以确定财政政策与货币政策在宏观经济调控中的地位及决定稳定物价、充分就业及经济增长这三项目标的选择。20 世纪 70 年代中期以后，对于政策有效性的研究引起了经济学理论界的关注。

宏观经济学认为，尽管仍以货币对产出影响与否为基础，但侧重点却由传统的与财政政策的比较转向抗波动效应的分析，并由此形成形形色色的产出波动理论。货币主义和新古典经济学认为，货币政策不仅无法刺激经济持续增长，而且往往成为经济波动的诱因，因而坚决主张以单一的物价稳定为目标。新凯恩斯主义以经济无法自发均衡为理论构造的基本前提，货币政策被认为可用于熨平产出波动，经济稳定增长也成了政策目标之一。

综上所述，可见政策有效性研究的出发点，就在于所采取的宏观金融调控措施能否起到抵御经济波动的政策效应。

货币政策抵御经济波动的效应主要取决于：货币政策能够系统地影响产出，即货币政策与产出之间存在着稳定的联系。

产出的增长要受到来自两个方面因素的制约：一是货币投资因素，二是物资积累因素。增加投资、实现产出增长，不仅取决于追加的货币资金，而且还要受到可供追加的物质资源能力的约束。由于商品的价值运动和使用价值运动相分离，使总需求与总供给即使在总量上相平衡，但因时空结构上的差异，出现某些货币持有者暂时没有购买商品的愿望或者市场上暂时缺乏其所需要的商品，而将其所持有的货币储蓄起来，形成经济过程中社会购买力的"漏出"现象，使相应价值的商品在流通领域中沉淀下来。此时，增加货币供给、扩大社会购买力，可以刺激需求，以满足资金匮乏者的投资欲望，使沉淀的商品充分运转、物质资源得到充分利用，并在运动中使价值增值。因此，从这个意义上讲，货币能够对潜在的社会购买力和沉淀的商品资源产生"激活"效应而影响产出。

上述现象在当代经济生活中表现为储蓄与投资的关系。而投资与储蓄又往往反映为相互独立的行为：储蓄表现为积累货币资本的行为，投资则表现为使用所积累货币资本的行为。这就产生了这样两个问题：一是到底有多少储蓄会被用来投资？二是用于投资的货币资本有无相对应的实物储蓄？因此，储蓄与投资的对立不仅由货币资金的供求关系体现，而且还由社会总供给与总需求的数量与结构关系决定。从储蓄与投资的对立统一关系意义上讲，货币对实物经济的影响程度取决于这样两个条件：存在剩余实物资源和剩余货币储蓄。

由于我国的市场经济起步较晚，市场机制很不完备，资源的配置和储蓄向投资的转化还很难通过市场的自发调节来实现，难免存在剩余实物资源和剩余货币储蓄，需要经由货币政策的调控来实现稳定产出目标。我们假定产出（Y）与货币（M）之间满足幂函数曲线 $\ln Y = \ln a + b \ln M$ 这样的函数关系，其中 a 体现着剩余实物资源存量，b 反映剩余储蓄率，其成立的条件是 $a>0$ 和 $0<b<1$，体现了货币政策发挥"激活"效应，即对储蓄转化为投资的推动力。从实证检验来看，2000 年 1 季度—2010 年 4 季度反映产出量的 GDP 指标与广义货币供应量 M_2 指标成这样的关系[1]：

$$\ln \text{GDP} = 2.84 + 0.46 \ln M_2 \tag{11-8}$$
$$(1.40)\quad(0.13)$$

从式（11-8）可以看出，经过调整的 GDP 的自然对数与经过调整的 M_2 有正向的线性关系，表明 M_2 每增加 1 个百分点，GDP 增加 0.46 个百分点，说明货币供应量对我国经济增长有正面的效应。

---

[1] 模型数据资料来源：我国 GDP 与广义货币供应量 M_2 关系的实证分析，朱小檬，孙爱田，商业时代，2011.

由此可见，在我国社会主义市场经济中，货币政策对于抵御经济波动、维持国民经济的稳定增长，应该是有效的。

二、货币政策与其他宏观经济政策的配合

货币政策与其他宏观经济政策的协调配合问题，主要是指货币政策与财政政策的关系问题。由于在当代，各国仍将货币政策政策和财政政策作为调控宏观经济的主要手段。因此，我们将货币政策与财政政策的综合考察作为研究政策有效性问题的重点，同时也讨论货币政策与收入政策和产业政策等其他宏观经济政策的关系问题。

（一）货币政策与财政政策的配合

财政政策与货币政策共同作用于一国的宏观经济方面，它们之间存在着相互配合的要求。因此，尽管它们的实施和操作应当是相互独立的，但所产生的效应却是相互交叉的，并且存在着作用机制复合的可能性。而财政政策与货币政策的协调与配合，就寓于这两类政策的复合效应之中。研究财政政策与货币政策的最佳配合问题，首先要求理清这两类政策的关系。

1．财政政策与货币政策的共性

从我国的情况来看，财政政策与货币政策的共性表现在这样 3 个方面：一是这两类政策作用于同一个经济范围，即本国的宏观经济方面，财政政策和货币政策均为国家为解决本国宏观经济问题而采取的政策措施；二是这两类政策出自于同一个决策者，财政政策和货币政策均是为本国经济发展战略服务的，因而均由国家所制定；三是为实现共同的经济目标，这两类政策的最终目标都是为解决本国的宏观经济问题的，并且它们又都是由国家制定，因此所选择的目标必定是具有共同意义的，都是为实现本国既定的经济发展战略目标服务的。

2．财政政策与货币政策的区别

就一般情况而言，财政政策与货币政策的区别表现在这样 3 个方面：一是政策的实施者不同。财政政策是由政府财政部门具体实施，而货币政策则由中央银行具体实施。二是作用过程不同。财政政策的直接对象是国民收入再分配过程，以改变国民收入再分配的数量和结构为初步目标、进而影响整个社会经济生活；货币政策的直接对象是货币运动过程，以调控货币供给的结构和数量为初步目标，进而影响整个社会经济生活。三是政策工具不同。财政政策所使用的工具一般与政府收支活动相关，主要是税收和政府支出、政府转移性支出等。货币政策使用的工具通常与中央银行的货币管理业务活动相关，主要是存款准备金率、再贴现率或中央银行贷款利率、公开市场业务等。

综上所述，财政政策与货币政策的共性，决定了它们之间必须密切配合的客观要求；财政政策与货币政策的区别，又导致了它们之间在实施过程中发生偏差的可能性。于是，就产生了如何协调这两类政策的问题。从逻辑上看，财政政策与货币政策有四种配合模式：（1）紧缩的财政政策与紧缩的货币政策的配合，即通常所说的"双紧"政策；（2）宽松的财政政策与宽松的货币政策的配合，即通常所说的"双松"政策；（3）紧缩的财政政策与宽松的货币政策的配合，即通常所说的"紧财政、松货币"政策；（4）宽松的财政政策与紧缩的货币政策的配合，

即通常所说的"松财政、紧货币"政策。

其中"双紧"和"双松"政策，反映着财政政策与货币政策的目标侧重点保持一致；"一松一紧"的政策，反映着财政政策与货币政策在总体要求一致的前提下，政策目标侧重点不同。这 4 种配合模式，对于政策的作用方向的不同组合，会产生不同的政策效应。我们可以就财政政策与货币政策的联合机制来讨论不同政策配合模式的效应问题：（1）对国民收入的作用。财政政策通过可支配收入和消费支出、投资支出两条渠道，对国民收入产生影响，而货币政策则要通过利率和物价水平的变动，引起投资的变化来影响国民收入。（2）对物价的影响。货币政策通过货币供应量这一中介变量的变动，直接作用于物价水平，而财政政策则要通过社会购买力和国民收入的共同作用，才对物价水平发生影响。国民收入的内生性，决定了财政政策对物价水平的作用是间接的、滞后的。（3）"双紧"或"双松"政策的效应。这种配合模式的特点是财政政策与货币政策的工具变量调整方向是一致的，各中介变量均能按两类政策的共同机制对国民收入和物价水平发生作用。因此，这类政策配合模式的作用力度强，变量间的摩擦力小，一旦调整政策，很快能产生效应，并带有较强的惯性。（4）"一松一紧"政策的效应。这种模式的特点是财政政策与货币政策的工具变量调整方向是相反的，使变量间产生相互抗衡的摩擦力。然而，由于投资支出这类共同变量的变动方向不明确。因此，这类政策配合模式，两类政策往往只能分别对自身能够直接影响的变量产生效应，并且在实施过程中功能损耗较大、作用力度较弱，但政策效应应比较稳定，且惯性较小。

【专栏 11-2】

化解希腊债务危机的政策选择：结合财政政策与货币政策

《经济蓝皮书》指出，2009 年我国采取了积极的财政政策，而且得到了较好的执行，2009 年第二季度政策效果开始显现，积极财政政策对抵制经济下滑发挥了重要支撑作用。推动了经济若干方面的发展。从宏观经济态势和需求来看，要坚持积极财政政策，以稳定和巩固来之不易的大好局面。2010 年积极的财政政策既要坚持又要在 2009 年的基础上提升和深化，要结合国家发展任务进行必要的调整。蓝皮书还指出，2009 年货币政策总体宽松，流动性充裕，对经济回升发挥了重要支撑作用。当前我国经济发展正处在企稳回升的关键时期，外部形势依然严峻，经济环境的不确定性仍然存在，经济回升的基础还不稳固。为保持我国经济平稳较快增长，2010 年我国仍然坚持适度宽松的货币政策。因此，对 2010 年适度宽松的货币政策必须认真把握力度和提高调控水平，做到以下 3 个方面的把握：第一，动态把握适度宽松。第二，货币信贷发展要适度把控。第三，金融改革要适时推进。

资料来源：武常命，希腊债务危机启示：货币政策与财政政策的协调，中国金融杂志，2012。

（二）货币政策与收入政策和产业政策的配合

货币政策是宏观经济调控的重要手段之一，除与财政政策的协调配合外，货币政策的实施还需要与其他宏观调控政策进行配。其他与货币政策有关的国家宏观经济调控政策，主要还有收入政策和产业政策。

1．与收入政策的协调配合

收入政策是政府为了调整总供给与总需求的均衡关系，而由需求方采取的货币政策和财政政策以外的宏观经济决策，主要是为了调节社会有效需求、稳定价格水平或启动经济增长而采取的强制性或非强制性名义工资和价格管理政策。收入政策既有总量的概念，也含有结构因素。

2．货币政策与产业政策的协调与配合

产业政策是国家为了促进国民经济的稳定协调发展，对某些产业、某些行业进行一定形式直接干预的政策。由于市场机制不能解决资源有效配置的所有问题，以及市场经济的自由发展会出现垄断，垄断会破坏合理的产业组织结构，影响市场机制在微观领域配置资源功能的发挥，排斥和限制竞争。同时，运用财政政策、货币政策等进行的宏观调控也难以解决这些结构问题。因此，一国经济的发展必然要求政府调控政策介入涉及微观和宏观两大经济方面的产业结构领域。在经济结构调整过程中，产业政策是主要的、直接的，而货币政策则是辅助性的、间接的。

三、政策有效性比较

财政政策与货币政策同为一国调控宏观经济的主要政策，但二者在作用机制上存在着明显的差异。这种差异是经济管理当局在宏观调控决策时选择适当的政策以保证政策的实施效果所必须考虑的因素。

（一）政策的约束机制

无论是财政政策还是货币政策，都是国家干预社会经济生活的工具。政策目标的选择、政策的实施与操作，都体现着有关经济主体的有意识的行为，因此，必定存在着主客观相背离，即"失控"现象的可能性。而财政政策与货币政策均属于价值管理和资金调控范畴，因此，在实际工作中所担忧的"失控"现象，主要是指货币资金过松，失去了控制。因此，防止"失控"现象的出现，是我们选择政策配合模式、增强财政政策与货币政策的有效性所应当首先考虑的因素。政策扩张能力的自我约束机制主要包括以下 3个方面。

1．资金来源的约束

从财政政策方面看，财政主要有收入和支出两个方面：财政支出是财政分配资金的业务，而财政收入则是财政分配的资金来源。因此，财政收入是财政分配的资金基础。而财政扩张，意味着财政分配的资金规模的扩张，由财政支出的增长来实现的，因而它首先要受到其资金来源，即财政收入的约束；从货币政策方面看，中央银行基于信贷资金的需要而创造贷资金来源。货币政策的扩张总是由贷款总量的高增长来实现的，表现为资产规模的扩张，而中央银行的资产规模并不受负债的约束。因此，财政政策的扩张能力要受到政府自身资金来源的约束，而货币政策的扩张能力则不存在这种约束。

2．自身均衡机制的约束

从财政政策看，财政的透明度很强，收支关系很清晰：收支相等为平衡，收大于支财政

有节余，支大于收则发生财政赤字。财政的扩张，只能是将支出扩大，而收入却并不以财政当局的意志为转移。因此，扩张的财政政策往往伴随高额财政赤字。而财政又不可能在没有收入的情况下支出，财政出现赤字就得举债，借债要还本付息。因此，财政长时期或过强的扩张政策，会给政府造成很大的经济压力。从货币政策看，信贷资金的透明度很弱，有失衡问题；信贷的扩张，不仅不存在债务负担，并且能够为银行体系带来更高的利息收益。因此，财政政策的扩张能力要受到政府对债务的承受能力的约束，而货币政策的扩张能力在中央银行自身均衡机制方面不受任何约束。

3. 弥补收支差额的约束

从财政政策看，财政支出大于收入，出现赤字，必须得到弥补，弥补财政赤字的主要方式是发行国债。购买国债的主要对象有居民个人、企业以及银行体系，购买国债所使用的资金主要来源于国民储蓄，其次还占用了一部分信贷资金。尽管说持有国家债券已成为当代保存金融资产的重要形式，但毕竟不是唯一的形式，还有股票、公司债券等多种形式，用于购买国家债券的货币资金，只能是国民储蓄中的一部分。因此，使用发行国债的方式弥补财政赤字，不仅要受到货币资金潜力的限制，还要受到其他各种金融工具与竞争的影响。从货币政策看，信贷也有收支差额，这个差额就是流通中现金。但是，发行货币（现金）并不是为了弥补信贷收支差额，并且信贷的扩张也与这个差额无联系。因此，财政政策的扩张能力要受到政府财政弥补自身收支差额的资金能力的约束，而货币政策的扩张与中央银行自身的收支差额必无联系。

由此可见，财政政策的扩张会受到政府自身机制的约束，因而财政资金是可控的；货币政策的扩张并不会受到中央银行自身机制的约束，当然也会受到某些因素的限制，如流通界对货币、信用的客观需求，通货膨胀和信用膨胀的社会压力等。但这些因素都比较抽象，实施货币政策的中央银行构不成实质性约束，因而对货币政策的扩张约束实际上是种软约束。

（二）财政扩张的"挤出效应"和"适应性货币政策"

实施扩张性的财政政策，目的在于支持经济增长。因此，扩张的财政政策的有效性，就在于它对国民生产总值的增长发生作用。按现代西方宏观经济政策的有效性分析理论，货币政策与财政政策的实施过程表现为 IS-LM 曲线的移动。

财政扩张意味着 IS 曲线向右上方移动。图 11-3 中 AC 的距离是利息率不变时 IS 曲线移动所产生的效果，其获得的效果为 Y_2-Y_0。但事实并不是这样，当 IS 移动到 IS_1 时，它与 LM 的交点从 A 移动到了 B，这就是利息率提高的缘故，从而挤出了一部分私人投资，其效果为 Y_1-Y_0。这就是挤出效应。

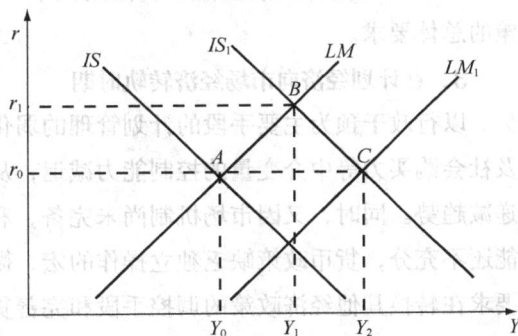

图 11-3 货币政策消除财政扩张的"挤出效应"

为了克服"挤出"效应,凯恩斯主义经济学的方法是在财政政策之外,采用"适用性"的货币政策,以及扩张的货币政策与扩张的财政政策相配合。从图上分析,当 IS 曲线移动到 IS_1 时,采取扩张的货币政策,使 LM 曲线向右下方移动,到达 LM_1 的位置,使利率保持不变,从而避免了"挤出"效应。

四、政策的适应性分析

在宏观经济方面,货币政策并非是完全有效的。事实上,在许多情况下货币政策的作用会受到限制,这主要体现在货币政策对不同的经济管理体制、不同的经济周期和不同的政策目标模式的适应性方面。

(一)对不同经济管理体制的适应性

在市场机制完备的均衡经济(即满足瓦尔拉斯均衡条件的市场经济)之中,价格、利率等经济变量具有充分的传导性能,完全能够按照市场的供求动态作自发调节,并不需要政府参与宏观经济管理。因此,在完全竞争条件下社会经济按照市场自身的法则运转而自发保持均衡状态,这样的经济体制与反映国家干预经济生活的货币政策相排斥。

1.在经济发达、市场成熟的非均衡经济中

由于垄断与竞争并存,使得物价、利率等经济变量尽管具有相当弹性,但仍然不能充分发挥自发调整市场供求关系的作用,周期性的经济萧条、经常性的失业以及与超额需求相关的通货膨胀等经济问题仍然交替发生,因而需要借助国家的外力作用,通过货币政策与财政政策的配套操作,干预社会经济生活,分别对投资、消费、社会购买力和利率、货币供应量等中介变量发生作用,以调节市场供求、维持经济的基本均衡。

2.在单纯的计划经济体制下

货币政策的主要中介变量,如利率、货币供应量等,并不发生任何作用,因而货币的功能仅限于作为交换媒介,对经济过程不发生实质性影响。相反,财政政策、收入政策和产业政策的主要变量,如收入、消费、投资及社会购买力等,在国家对国民收入再分配的强有力的计划管理之下,对社会经济生活形成很强的制约效力。因此,在高度集中统一的计划经济管理体制下,财政政策是国民经济管理的主要政策,而货币政策则仅限于对现金通货以及数量微小、范围狭窄的信贷资金的管理,且必须服从于其他经济政策的总体要求。

3.在计划经济向市场经济转轨时期

以行政干预为主要手段的计划管理的弱化,使利用国民收入再分配形式对消费、投资及社会购买力等中介变量的控制能力减退,从而以财政政策为主体的宏观经济调控效率呈递减趋势。同时,又因市场机制尚未完备,利率、价格、货币供应量等经济变量的传导性能还不充分,货币政策缺乏独立操作的宏、微观基础。因此,欠发达、不规范的市场经济要求在转换其他经济政策的调控手段和完善货币政策的作用机制的前提下,将对国民收入再分配的调节与货币流通过程的管理有机结合,形成在国家统一领导下财政政策与货币政策的配套操作体系。

（二）对不同经济周期的适应性

1. 在经济萧条时期

凯恩斯主义经济学根据对 LM 曲线形状所作的假设，向人们展示了当经济循环处于低谷阶段时，由于国民收入（Y）和利率（r）均处于较低的均衡水平之上，此时财政政策的影响较大，而货币政策的效果甚微。并且，在经济萧条时期，宏观经济政策重在增加就业和刺激经济增长，而对经济增长（表现为国民收入的增量 dY）直接产生作用的亦是财政政策。因此，在经济萧条时期，货币政策难以独立承担将经济带出低谷的重任。此时应以扩张的财政政策为主启动经济增长，辅之以对经济增长既不发生主动的刺激作用、又不产生其负面影响的中性的货币政策。

2. 在经济复苏阶段

经济复苏阶段的国民收入（Y）、利率（r）和物价水平（P）等经济变量均处于中等的均衡位置，并且，$dY>0$、$dr>0$、$dP>0$，并且三类经济变量均呈上升趋势。此时，货币政策和财政政策均具有显著的作用。因此，应考虑将财政政策与货币政策的"双松"配合模式调整为"一松一紧"的配合模式：用扩张的一类政策来支持经济增长，用紧缩的另一类政策来限制经济膨胀。至于孰松孰紧，则应视本国当时的经济发展水平、经济、金融制度以及客观经济形势而定。

3. 在经济膨胀阶段

在经济膨胀的国民收入（Y）、利率（r）以及物价水平（P）均在较高的均衡水平上，货币政策的影响显著而财政政策的效果甚微。并且，在经济膨胀阶段，宏观经济调控的重点在抑制物价上涨方面，而对物价水平产生直接作用的是货币政策。值得注意的是，针对严重的通货膨胀问题，尽管就主观愿望而言，总是选择严厉的紧缩政策，以图尽快消除通货膨胀压力。但在政策的实际操作过程中，通货膨胀情况下采取严厉的紧缩政策，虽然对物价水平会产生很强的抑制作用，却往往会伴随较强的抑制经济增长的副作用而给社会经济生活带来大的振荡。因此，需要注意紧缩政策的实施力度。

（三）在抵制经济波动效应中的适应性

货币政策目标主要有 5 个，一国在一定时期内，往往只能选择其中一个或两个目标作为宏观经济政策的重点。在当代，实施经济宏观调控的基本思路已有了很大的转变，更注重实现并维持经济的稳定增长。而货币政策在处理币值稳定与经济增长的关系上，要求以稳定为主，兼顾增长。这一思路可从政策目标的定位上得到解释。

（1）货币政策将稳定物价目标与经济增长目标挂钩，在二者之间寻找一个均衡点。这一均衡点的基本要求是：在稳定物价方面，并不追求短期的物价绝对稳定，而是期望获得长期的物价相对稳定；在增长方面，并不追求高的经济增长率，只是要求保持适度的经济增长率。

（2）在经济膨胀的背景下，货币政策主要在于维持经济的稳定增长上，同时监控经济增长目标，力图在抑制物价上涨幅度的同时维持适度的经济增长率，避免因迅速制止通货膨胀、恢复币值稳定而付出经济衰退的代价。

（3）在经济稳定的背景下，货币政策将重心置于维持经济的稳定增长上，继续盯住币值稳定目标，力图在保持适度的经济增长率的同时将物价上涨率控制在一定限度之内，既要求避免为实现经济的高速增长而重蹈高通货膨胀的覆辙，又要求防止为追求币值的绝对稳定而使经济再度滑坡。

（4）在追求经济稳定增长的目标下，力求保持货币政策自身的稳定性。以稳定为主、兼顾增长的目标模式，既维持着适度的经济增长率，又容忍在一定时期内存在一定的物价上涨率，但绝不允许国民经济走向任何一个极端。近十几年，随着国际金融危机的不断出现，在抵御经济波动方面，货币政策在关注物价稳定、经济增长的同时更加注重了国际经济均衡和金融稳定。

补充阅读

量化宽松货币政策的传导机制与政策效果

量化宽松的货币政策通过改变央行资产负债表的规模和结构来达到修复货币传导机制，增加流动性，稳定金融市场，刺激经济增长的目的，量化宽松货币政策通过改变央行资产负债表从而刺激经济的机制主要分为以下两类：

量化宽松货币政策的央行资产负债表再平衡机制

资产组合是投资者效用函数的重要变量，资产价格变动影响投资者收益。量化宽松的货币政策导致央行资产负债表规模扩张，资产负债规模的扩张导致基础货币增加，基础货币的增加会使得私人部门的现金持有增加，而现金资产和非现金资产存在替代效应，所以私人部门将增加对资产的持有数量。对资产的需求增加会导致资产价格的上升，从而提高托宾 Q 值，企业投资需求增加，缓解金融和企业部门的资产负债表衰退，信贷市场功能得到修复。

同时，央行资产负债表规模的扩张，可以增强市场流动性，非现金资产和现金资产交易的增加降低了流动性溢价，提高了非现金资产的预期收益，从而压低了长期利率，进而刺激经济复苏。

央行资产负债表扩张在资产方面可以扩大对国债的购买，从而形成央行资产负债表的财政扩张机制。量化宽松的货币政策可以通过购买国债来扩张资产负债表，从而形成通胀预期，通胀有利于减少政府赤字，私人部门预期将下调税赋，从而增加消费和投资。这个机制在央行的资产负债表规模扩张长期有效时才能发挥作用（Kcrugman，1988）。

量化宽松货币政策的央行资产负债表组合效应机制

该机制主要是通过央行购买资产行为或表内资产的替代来改变央行资产负债表的结构，从而实现对特定行业、产业以及不同类型证券的支持。例如，当中央银行购买房地产抵押证券（MBS），央行资产负债表中 MBS 资产方的资产增加，市场对 MBS 资产需求增加，资产价格上行，商业银行将增加对房地产的贷款，商业银行和私人部门的资产负债表扩张，延缓了经济衰退。

央行资产负债表资产结构的变化带来了私人部门预期的改变，即资产组合效应的信号机制。例如，央行购买资产，公众预期央行的购买资产还将持续。如果在经济实际复苏之前，央行退出量化宽松货币政策，资产价格将出现下降趋势，央行资产风险加大。因此，央行资产负债表组合效应将增强私人部门信心和货币政策的可信度，从而修复货币传导机制（Clouseeltal，2003）。

资料来源：陈静，量化宽松货币政策的传导机制与政策效果研究——基于央行资产负债表的跨国分析，国际金融研究，2013 年第 2 期。

读后讨论

1. 量化宽松货币政策主要包括哪两类？
2. 什么是中国版"量宽"或"质宽"？

本章小结

1. 货币政策的传导过程是，运用货币政策工具→控制操作目标→调节中介目标→影响政策目标。

2. 货币政策的作用时滞是以中央银行为主体，可以从内部和外部两个方面来考察。内部时滞包括认识时滞和决策时滞两端，外部时滞包括操作时滞和市场时滞两端。

3. 以货币部门为主体，货币政策的效果检验指标可分为内部效应指标和外部效应指标。外部效应指标体现了政策目标对中介目标的反映程度；内部效应指标体现了中介目标机操作目标对政策工具操作的反映程度。

4. 货币政策的有效性包括了对货币政策与财政政策及其他有关的经济政策的关系分析、货币政策抵御经济波动的效应分析等内容。

5. 货币政策的有效性分为一国经济管理当局不同的经济背景下正确选择宏观经济调控政策、货币当局针对国家宏观经济决策正确制定货币政策措施，提供了重要的理论依据和实证研究。

重要概念

目标变量　　中介变量　　工具变量　　货币政策的作用时滞　　内部时滞　　外部时滞
认识时滞　　决策时滞　　操作是指　　市场时滞　　货币购买力指数　　货币贬值率　　货币政策的有效性　　适应性货币政策　　货币政策的适应性

练习题

1. 货币政策的变量由哪些层次构成？它们分别体现着哪些层次的货币政策目标？
2. 分析各货币层次的变量关系。
3. 分析货币政策工具与工具变量的关系。
4. 结合我国实际，分析货币政策的作用时滞及对中央银行货币政策实施效果的影响。
5. 试述货币政策有效性的基本含义。
6. 试述货币政策与财政政策的协调和配合。

第四部分
中央银行的金融稳定管理

在经济全球化程度日益加深的大趋势下，金融日益成为经济运行的核心。2008 年全球性金融危机充分说明，金融的稳定与否直接关系到各个国家的内部经济运行与外部经济运行。中央银行作为金融的核心，对于一国的金融稳定负有重要的职责。中央银行通过各种管理手段对金融运行实施调节和控制，以保证宏观经济能在稳定的金融环境中良好运行。

第12章　中央银行的外汇管理

学习目标

1. 理解中央银行外汇管理及其经济作用。

2. 了解中央银行外汇管理的主要内容。

3. 了解中央银行的外债及外债管理。

开篇案例

外汇管理体制改革的历程

过去 30 年，我国外汇管理体制改革经历了 3 个重要阶段：一是 1978—1993 年,改革开始起步，以双轨制为特征。实行外汇留成制度，建立和发展外汇调剂市场，建立官方汇率与调剂市场汇率并存的双重汇率制度，实行计划和市场相结合的外汇管理体制。二是 1994 年到 21 世纪初，适应建立社会主义市场经济体制的要求，取消外汇留成与上缴，实施银行结售汇，实行以市场供求为基础的、单一的、有管理的浮动汇率制度，建立统一规范的全国外汇市场，实现人民币经常项目可兑换，初步确立了市场配置外汇资源的基础地位。特别值得指出的是，这一时期我们成功抵御了亚洲金融危机的冲击。三是进入 21 世纪以来，市场体制进一步完善，我国加速融入经济全球化，对外开放进一步扩大，外汇形势发生根本性变化。外汇管理从"宽进严出"向均衡管理转变，有序推进资本项目可兑换，进一步发挥利率、汇率的作用，促进国际收支平衡，注重防范国际经济风险。

资料来源：胡晓炼，我国外汇管理体制改革的历程和经验，中国金融，2008 年第 7 期。

案例导读

一国经济的发展离不开国际金融市场，作为其管理者和货币政策制定者的中央银行，有能力有义务承担起对外金融关系协调的责任。外汇管理是各国中央银行采取的一种经常性的政策措施，其目的是实现国际收支平衡，维护货币稳定，进而促进经济增长。

第一节 中央银行的外汇管理

一、外汇管理

（一）外汇管理的含义

外汇管理是指一国为使其国际收支与汇率能在符合本国利益的水平上保持平衡与稳定，指定或授权中央银行对外汇收支、买卖、借贷、转移以及国际结算、外汇汇率和外汇市场等实行的管制措施。

（二）外汇管理的目标

（1）促进国际收支平衡；

（2）维持货币汇率稳定；

（3）保障本国经济正常发展；

（4）加强本国在国际市场上的经济竞争力。

（三）外汇管理的对象和方式

外汇管理的对象，一般分为人（包括自然人和法人）和物。把人划分为居民和非居民。一般而言，外汇管理对居民较严，对非居民较松。把物分为外国货币与其他外币支付工具，如各种外币票据、有价证券、贵金属等。本国货币携带出入国境或用作国际支付工具时也属外汇管理的对象。

外汇管理的具体方式基本上有两种：一是直接管理，二是间接管理。两种方式既可以单独使用，也可以配合使用。

（四）外汇管理机构的职责

实行外汇管理的国家，一般都由政府授权中央银行作为外汇管理的机构，也有一些国家直接设置诸如外汇管理局这样的专门机构。外汇管理机构负责制定和监督执行外汇管理的政策、法令和规定条例，并有权随时根据具体情况变化和政策的需要，采取各种措施，对外汇的收、支、存、兑进行控制。

【专栏12-1】

人民币国际化和外汇管理体制改革

从1993年开始，随着我国经济规模日益扩大和市场化水平日益提高，金融改革开放不断深入推进。国务院明确了外汇管理体制改革的目标，要"逐步使人民币成为可兑换货币"，"逐步实现资本项目可兑换"。进入21世纪以来，人民币国际化进程开始加快，2008年，我国明确提出要"选择有条件的企业开展国际贸易人民币结算试点"，并决定"在上海市和广东省广州、深圳、珠海、东莞4城市开展跨境贸易人民币结算试点"。2009年出台了《跨境贸易人民币结算试点管理办法》；7月，跨境贸易人民币结算试点在上海，广东省广州、深圳、珠海、东莞5个城市正式开展。

人民币国际化和外汇管理体制改革都是金融改革开放的重要组成部分。人民币国际化和外汇管理体制改革的关键在于如何协同推进人民币"走出去"和资本项目兑换。为此要从现实出发，通盘考虑，处理好人民币"走出去"与资本项目可兑换的关系，促进二者同步协调发展，并有效防范相应的金融风险。

资料来源：国家外汇管理局上海市分局课题组，人民币国际化与外汇管理体制改革，2011年第7期。

二、外汇管理的历史进程

（一）金本位货币制度时期

外汇管理是国际经济关系发展到一定阶段的产物。在金本位货币制度时期，各国间货币的汇率以各自货币的含金量为基础，黄金可以自由进出国境，国际与汇兑畅通无阻。所以，汇率平衡能自动调节，无需进行强制性管理。

（二）第一次世界大战期间

第一次世界大战爆发后，参战国发生巨额的国际收支逆差，本国货币对外汇价猛烈下跌，大量资金外流。为了集中外汇资金，减缓汇率的剧烈波动和防止资金的外流，所有参战国都取消了外汇的自由买卖，禁止黄金输出，外汇管制由此开始。

（三）第一次世界大战之后

第一次世界大战结束后，国际经济关系逐步恢复正常，世界经济和政治处于相对稳定时期，原来实行外汇管制的国家都先后取消管制。1929—1933年，世界发生了空前严重的经济危机，几乎所有西方国家都陷入国际收支危机。为稳定汇率，维持国际收支平衡，抵御或减轻其他国家的经济危机对本国经济的影响，各国不得不重新实行外汇管制。

（四）第二次世界大战期间

在第二次世界大战期间，西方各国普遍加强外汇管制以适应战时需要。战后，这些国家的经济被严重破坏，外汇储备濒临枯竭。为了恢复生产、发展经济、对付"美元荒"，这些国家不得不继续实行严格的外汇管制，限制外汇支出，鼓励资本流入等政策。

（五）20世纪60年代以后

20世纪60年代以后，日本及欧洲各主要工业化国家的经济实力有所增强，外汇储备逐渐增加。这些国家陆续放宽外汇管制，实行货币自由兑换。在这一时期，个别经济状况较好的国家，为了防止外资大量流入给本国通货造成压力，采取限制外资流入的办法，如瑞士政府曾规定对超过限额的外汇存款要倒收利息。

（六）20世纪90年代以后

目前，西方发达国家基本已经取消了公开管制，隐性管制也日益放松并规范化。一些亚洲新兴工业国家在20世纪90年代相继放松了外汇管制。但1997年金融危机以来，外汇管制又开始强化，大多数发展中国家仍在实行严格的外汇管制。

由此可知，一个国家是否实行外汇管制，采取什么管制措施，与其当时所处的政治经济环境有关。当一国利用常规经济手段不能使其国际收支与汇率维持在符合本国利益的水平上时，外汇管制这种强制性手段就会被作为重要的稳定工具加以使用。

三、中国外汇管理的历史变迁

我国是实行外汇管制的国家，从中华人民共和国成立到现在，大致经历了 4 个发展阶段。

第一阶段，1949 年到 1952 年国民经济恢复时期

这一阶段，我国外汇管理的主要任务是：取缔西方国家在中国的经济、金融特权；禁止外币在市场上流通；稳定国内金融物价；利用、限制、改造私营进出口商和私营金融业；建立独立自主的外汇管理制度和汇价制度；扶植出口；鼓励侨汇，建立供汇与结汇制度；集中外汇收入和合理使用外汇，促进国民经济的恢复和发展。

第二阶段，1953 年到 1978 年全面计划经济时期

这一阶段外汇管理的主要任务是进一步巩固和完善各种外汇管理制度，加强对国营企业贸易外汇和非贸易外汇的管理，开源节流，努力增加外汇收入。

第三阶段，1979 年到 1993 年有计划的商品经济时期

在这一阶段，中央银行设立了专门的外汇管理机构——国家外汇管理局，并公布实施了《中华人民共和国外汇管理暂行条例》及一系列实施细则。在外汇的分配制度上，实行外汇留成办法。

第四阶段，从 1994 年起外汇管制改革时期

1994 年是深化改革开放的一年，外汇体制进行了重大的改革，主要有以下几个方面。

（1）取消外汇分成，实行外汇收入结汇制；

（2）实行银行售汇制，允许人民币在经常项目下有条件可兑换；

（3）建立银行间外汇市场，改进汇率形成机制，保持合理及相对稳定的人民币汇率；

（4）严格外债管理，建立偿债基金；

（5）取消境内外币计价结算，禁止外币在境内流通；

（6）加强国际收支的宏观管理，逐步完善我国国际收支的宏观调控关系。

1996 年 4 月 1 日，《中国人民共和国外汇管理条例》正式公布并实施。1996 年年底，我国实现了人民币经常项目下的可兑换。

在实现人民币经常项目下可兑换后，我国外汇管理原则及内容都相应发生了重大变化，由侧重于外汇收支范围的严格审批转为对交易真实性进行审核，外汇管理的方式也由事前管理、直接审批改为事后监督、间接管理的模式。从 2003 年开始实施的合格境外机构投资者制度（QFII）更是进一步推进了人民币资本项目可兑换过程。

四、外汇管理的经济作用

我国作为发展中国家，目前实行比较严格的外汇管理。现阶段，我国实行外汇管理的作用主要有 3 个方面。

（一）保持国际收支平衡

一国经济交往中，有时会出现国际收支不平衡的情况。通过外汇管理，如鼓励出口、限制进口、鼓励外资流入、限制本国资金流出等措施，保持国际收支平衡。特别是在我国这种发展中国家，实行较为严格的外汇管理，对促进国际收支平衡有着重要的作用。

（二）促进对外金融和外向型经济的发展

我国在现代化建设过程中，必须利用国内外两种资源，开拓国内外两个市场。积极鼓励出口和引进外资，对重点行业、地区和创汇型大企业给予外汇支持。同时有计划、有效益、安全灵活地统一经营国家的外汇储备，保证外汇支付能力，从而促进对外经济的扩大与发展。

（三）促进国内经济协调发展

实行外汇管理，发展对外经济的最终目的是促进国内经济建设，加快现代化步伐。我国实行社会主义市场经济，对外金融、对外贸易、外汇收支与国内生产、流通、市场供求有着极其密切的关系，外汇资金的分配与平衡是国家整个资金分配和平衡的重要组成部分。所以，外汇管理要同国内经济发展的需要相适应，制定符合实际需要，又有灵活弹性的外汇管理政策与措施，必将促进国内经济的协调发展。

外汇管理的作用也是相对的。外汇管理虽可使汇率在一定时期和一定范围内保持稳定，但由于影响汇率稳定的因素很多，单纯依靠外汇管理措施以求汇率的长期稳定是不可能的。同时，过于严格的外汇管理还可能限制国际贸易的发展，可能会限制资本流入，导致国外投资的减少，不利于经济的成长与国际收支的改善。

第二节 外汇管理的主要内容

一、外汇管理的项目

（一）贸易项目管理

贸易项下的管理范围最为广泛，无论是支付进口价款，还是收取出口价款，都要经过中央银行批准。贸易项下外汇收支一般是国际收支中最主要的项目，对一个国家的国际收支状况起着决定性的影响。因此，有贸易逆差的国家非常重视贸易项目的外汇管理。

外汇管理的目的是通过集中出口贸易外汇收入、限制进口贸易外汇支出，来调整国际收支不平衡。发展中国家一般对贸易外汇管理偏严。

（二）非贸易项目管理

非贸易项目管理，是指贸易项目下外汇收支和资本输入、输出外汇收支以外的各项非贸易外汇收支的管理，例如，运费、保险费、佣金、利润、版税、驻外机构经费以及个人所需旅费、医疗费、留学生费用等。

各国管理非贸易外汇收支的目的是集中外汇收入、限制外汇支出。目前，西方各国的非贸易外汇管理较松，发展中国家则管理较严。

（三）资本项目管理

资本输出和输入对一国的国际收支影响很大，因此，外汇短缺或富余的国家，都根据本国经济发展需求制定有关政策。一般来说，外汇短缺的国家对资本流入限制很少，并采取各种政策鼓励资本流入，而外汇富余的国家反之。

目前，国际资本移动已经达到巨大的规模，大量游资充斥国际金融市场，将对各国经济与国际收支产生巨大的冲击。因此，无论是发达国家还是发展中国家，资本项目管理都很受重视。

（四）对汇率的管理

汇率管理是指通过以法定汇率代替自由汇率，达到稳定本国货币对外汇率的作用，即由中央银行制定统一的汇率，企业与个人向指定银行买卖外汇时均按此汇率折算。汇率管理可利用汇率变动，以达到控制调整进出口和改善国际收支状况的目的。

在外汇管理实施过程中，一国政府对本国货币规定一种以上的对外汇率。一般有两种形式：一是双重汇率，即对本国货币与另一国货币（主要是作为国际储备的货币）的兑换，同时规定两种不同的汇率——商业或贸易汇率、金融汇率；二是复汇率，即一国货币规定两种以上的汇率，每一种汇率适用于某种交易或某类商品。

（五）对黄金和本币出入国境的管理

黄金一直被视作良好的储藏手段和最后的支付手段。因此，一般实行外汇管理的国家，都对黄金出入境加以限制。输出本国现钞，不仅可被利用作为资本输出的手段，还会导致在外汇市场上本国货币汇率的下跌。所以，实行外汇管理的国家，对本国现钞的输出都规定了最高限额，超过限额须经中央银行审批。对输入本国的现钞，有的国家不加限制，但规定必须用于指定用途；有的国家则与输出一样，采取数额限制管理。

二、我国经常项目外汇管理的特点

从外汇管理体制的现状看，我国经常项目外汇管理呈现以下特点。

（一）实行银行结售汇制，实现人民币经常项目可兑换

按照《结汇、售汇及付汇管理规定》，以下支付和收入的兑换可直接到外汇指定银行办理，充分体现了经常项目下可兑换原则。

（1）境内机构经常项目下的外汇收入，应当卖给外汇指定银行或开立外汇账户；境内机构的经常项目用汇，应当持有效凭证和商业单据向外汇指定银行购汇支付；外商投资企业既可以到外汇指定银行办理结售汇业务，也可以通过外汇调剂中心办理买卖外汇；外商投资企业办理外汇账户后，其经常项目的外汇收入可在外汇账户核定的最高限额内保留，超过部分须结汇。

（2）个人所有的外汇，可以自行持有，也可以存入银行或卖给外汇指定银行；个人因私

出境用汇，限额内的可直接到银行办理购汇，超过限额的可向外汇管理机关申请；个人携带外汇出境，应向海关办理申报手续，超过限额的应向海关出具有效凭证；居住在境内的中国公民持有外币支付凭证、外币有价证券等形式的外汇资产，未经外汇管理机关批准，不得携带或邮寄出境。

（3）外国驻华外交机构、领事机构收取的以人民币支付的签证费、认证费等，需要汇出境外的，可以持有关证明材料向外汇指定银行兑付；其他驻华机构的合法人民币收入，需要汇出境外的，应当持有关证明材料向外汇管理机关申请兑付。

（4）应聘在境内机构工作的外籍专家的工资以及其他合法收入，是外汇的，依法纳税后，可以直接汇出或者携带出境；是人民币的，依法纳税后，可以持外汇局规定的有效凭证向外汇指定银行购汇汇出或携带出境。

（5）驻华机构或来华人员由境外汇入或携带入境的外汇，可以自行保存，可以存入银行或者卖给外汇指定银行，也可以持有效凭证汇出或者携带出境。

（二）实行进出口收付汇核销管理，强化外汇管理等部门的监管职能

按照国家外汇管理局有关核销管理规定，境内机构的出口收汇和进口付汇应当根据核销管理办法办理核销手续。目前，进出口收付汇核销由各级外汇部门办理，境内进出口单位凭核销单、海关报关单和其他有效凭证办理付汇收付。

（三）实行暂收待付外汇和专项外汇的账户管理，以便于监管和照顾现状

按照《结汇、售汇及付汇管理规定》《外汇账户管理暂行办法》和《外商投资企业境内外汇账户管理暂行办法》，对暂不结汇和无需结汇的经常项目外汇收入，可以开立外汇账户，实行账户管理，以达到对不结汇外汇收入的监督。

对持有暂不结汇的开户单位，取得外汇管理局发的《外汇账户使用证》到外汇指定银行办理开户。

对经国家批准专项用于偿还境内外外汇债务的外汇和经批准对境外法人、自然人发行股票所取得的外汇，凭外汇管理局签发的《开户通知书》办理开户。

对于外商投资企业，凭外汇局核发的开户通知书到开户银行开立外汇结算账户和外汇资本金账户；凭外汇管理局核发的外债登记证、外汇（转）贷款登记证到开户银行开立外债、外债转贷款、贷款专用账户；凭外汇局核发的开立外债还本付息的专用账户通知书或者开立外汇（转）贷款还本付息专用账户通知书，到开户银行开立外债、外债转贷款或者还本付息专用账户。

对于确因业务需要在异地或在境外开户的开户单位，需持有关材料到外汇局申请，经批准后方可办理。

（四）实行国际收支统计申报制度，完善宏观调控体系

国际收支统计申报制度的主要内容包括：

（1）通过金融机构的逐笔申报；

（2）直接投资的统计申报；

（3）金融机构对外资产负债及损益统计申报；

（4）汇总统计申报；

（5）证券投资统计申报。

以上 5 类统计申报将全部传送于国家外汇管理局。它不仅能生成国际收支平衡表、国际投资头寸表及相应的补充表格，而且能为现有的结售汇统计、出口收汇、进口付汇核销、外债统计、货币银行统计以及国民账户体系提供重要的数据，从而加强了宏观监测体系，提高了外汇管理水平。

（五）禁止在境内以外币计价、结算和流通，建立银行间外汇市场，改进了汇率形成机制

按照《中华人民共和国外汇管理条例》，在中华人民共和国境内，禁止外币流通，并不得以外币计价结算。同时还规定，银行间外汇市场，外汇指定银行和经营外汇业务的其他金融机构是银行间外汇市场的交易者。外汇管理部门规定和调整外汇市场交易的币种和形式，并依法监督管理全国的外汇市场。中国人民银行根据货币政策的要求和外汇市场的变化，依法对外汇市场进行调控。

此外，对少数特殊性经常项目，外汇收支仍实行必要的审批制度，由外汇管理局审批，外汇指定银行凭批件办理。一是境内机构超过规定比例的贸易用汇和财政预算外的非贸易经营性用汇；二是境内机构使用《外汇账户使用证》和《外商投资企业登记证》开立的外汇账户中，超过规定的收支范围和越过规定的比例与限额的支付；三是因公出国用汇等。

【专栏 12-2】

经常项目外汇管理的改变

从重审批转变为重监测分析

目前外汇局累计取消了 65 项外汇管理行政审批项目，占比超过全部审批项目的 73%；已宣布废止和失效规范性文件近 700 件。在经常项目管理中，2009 年以来共取消了 82%的行政许可，整合废止了 80%的法规，其中，仅货物贸易和服务贸易外汇改革就分别废止了 123 件和 52 件法规，合计 175 件，有效促进了贸易便利化。从全国范围看，监测分析效果明显。截至 2014 年 5 月底，外汇局已将监管视线从 54 万家名录企业聚焦到 8 万家重点监测企业，对 3 584 家 B 类企业、623 家 C 类企业实施严格监管，注销 3 793 家"空壳企业"，将 300 多家企业移交外汇检查部门，一共处罚了 189 家违规企业，在促进贸易便利化的同时有效提升了风险防范能力。

从重事前监管转变为强调事后管理

针对 2013 年上半年部分企业虚构贸易背景从境外大量融资的问题设计了《风险提示函》制度，即外汇局发函要求货物流、资金流严重不匹配的企业进行说明，10 日内未做出说明或不能做出合理解释的，外汇局依法对其进行降级处理。实践证明，事后监管成本更低、效果更好。

从重行为管理转变为更加强调主体管理

经常项目改革摒弃了"一一对应、逐笔核销"的传统模式，依托系统采集的企业全口径数据，采用"算总账"的方式对企业的各类信息，包括企业基本状况、货物贸易及服务贸易活动、预收预付、延收延付、外汇贷款、海外代付、信用证开立等业务整体情况进行总量评估，甚至可以对企业资本项目收支、检查立案状态、分类状况等相关信息进行"立体""全方位"地查询，避免了"盲人摸象"。

从"有罪假设"转向"无罪假设"

改革后，外汇局大幅简化审核单证，简化审核手续，大大方便了企业和个人。其中，承诺书制度就是以"无罪假设"为出发点，企业在签订责任书、做出守法经营的承诺后，外汇管理部门对其全面放开管理。

从"正面清单"转向"负面清单"

改革前，经常项目管理中"正面清单"色彩浓厚，即"法无明文规定不可为"，这是由于历史上整体采用了正面列举式的立法方式，尽可能一一列明不同贸易方式、不同业务形态下的真实性审核凭证。如经常项目改革前，对100多项服务贸易外汇业务逐项列举审核凭证。改革后，除国家法律法规明确禁止的服务贸易交易外，服务贸易企业仅需提供合同、发票等核心审核要素，由银行按照展业三原则审核真实性，基本做到了"法无明文禁止即可为"。但总体看，"负面清单"管理还在探索过程中，需要一个过程。

资料来源：马腾跃，外汇管理由"安检式"转向"摄像式"——国家外汇局经常项目司司长杜鹏谈经常项目外汇管理改革，中国金融家，2014年第8期。

三、我国资本项目外汇管理

（一）我国资本项目外汇管理的特点

我国目前资本项目的管理模式具有以下特点。

1．管理对象

我国目前资本项目的管理对象与国际通行做法有区别。国际收支的标准管理对象是以居民和非居民作为界限的。而居民和非居民的概念不同于公民的概念。但是，在我国外商投资企业（包括外资金融机构）往往被当作非居民看待；而我国的对外投资在国外所设立的实体（包括银行的海外分支机构）则被视为居民看待。因此，产生了统计上的、国民待遇方面的以及金融机构国际共同监管等方面的问题。

2．管理范围

目前，我国资本项目管理的范围基本涵盖了国际收支平衡表的资本账户交易项目，主要集中于对资本流入的管理（对外资、外债规模和结构的管理和控制）。但其对资本流出的管理尚有不足，管理仅限于投资风险审查、外汇资金来源审查以及对投资主体资格的事前审查，缺乏债权管理。

此外，目前我国的资本项目有关管理法规中，有些概念与国际通行概念不统一，交易的类别划分也与国际标准不同。例如，国际商业贷款的概念在我国法规中不仅包括境外外资银行对我国境内企业发放的商业贷款，还包括境外发行的除股票以外的所有证券等信用工具。

3．管理手段

同时利用行政、法律和经济的手段加以管理。以事前行政审批为主，事中监控能力较弱，事后处罚制度也有待完善，以及信息收集、分析和处理能力较弱。尤其表现在金融机构对外交往中的风险性监管方面以及非金融机构对外投资的债权监管方面，监控能力较弱。

4. 管理内容

管理内容包括甄别资本项目交易，即防止资本项目交易混同于经常项目交易，逃避管理；对资本项目交易涉及的货币兑换、支付和转移加以管理或限制。货币兑换限制和管理，在目前实行的银行结售汇制度下，主要涉及对资本项目结售汇的限制和资本项目外汇账户的管理；而支付和转移的管理和限制，主要包括对外资和外债的事前审批、事中监控和事后处罚管理。

（二）推进资本账户开放的原则

在稳步推进资本账户开放的过程中，根据国际经验，应遵循以下 3 个原则。

1. 风险控制原则

在资本账户开放过程中，一般先开放风险比较小的项目，后开放风险比较大的项目。例如，长期资本交易应先于短期资本交易自由化，有真实交易背景的资本交易应先于无真实交易背景的资本交易自由化，法人资本交易应先于资本交易自由化，这些都体现了风险控制的原则。

2. 目标盯住原则

各国推行资本账户开放的目的都是为促进经济发展。因此，资本账户开放顺序的选择要与一国经济发展的战略目标相适应。如对于发展中国家，国内资本技术和管理资源短缺，所以一般先放开外商直接投资。而一些资本过剩的国家则会倾向于鼓励国内企业到海外设立分支机构，以促进本国产业的海外发展，与此相关的一些资本管制也较早放开。

3. 条件约束原则

资本账户开放对国内外经济和金融条件的依赖性很强。因此，很多国家是根据条件成熟的状况，依次放开资本账户下各个项目的管制。如在国内金融市场发育不成熟的情况下，对与此相关的一些资本管制的开放就会十分谨慎。

因此，资本账户开放并不是一个独立的外汇管理问题，而是与本国经济与金融体制改革相互关联的系统工程。资本账户开放应当与利率市场化改革、汇率制度改革以及外汇储备经营管理改革相互协调、整体推进。这样，我国的资本账户开放才能在不破坏经济稳定的情况下顺利实现，才有利于后危机时期中国与世界经济的复苏与稳定。表 12-1 为中国资本账户开放项目不完全统计表。

表 12-1　中国资本账户开放项目不完全统计表

项目	具体规定
一、资本和货币市场工具	
A. 资本市场证券交易	
1. 买卖股票或有参股性质的其他证券	
非居民在境内购买	QFII 可投资获批额度内的境内 A 股市场，非居民可投资 B 股股票
非居民在进内出售或发行	非居民可出售 A 股或 B 股股票，但不能发行

项目	具体规定
居民在境外购买	QDII可投资获批额度内的境外股票
居民在境外出售或发行	居民境外发行股票需经过证监会批准
2.债券和其他债务性证券	
非居民境内购买	QFII可投资交易所上市的企业债、可转债、国债
非居民境内出售和发行	国际开发机构在商务部或人民银行或发改委的授权下可发行人民币债券
居民境外购买	符合条件的境内商业银行、基金公司和保险公司可投资境外债券,商业银行可集合境内居民外汇或人民币资金,直接用外汇或购汇投资于境外固定收益产品
居民境外出售和发行	经过发改委、外汇管理局和国务院的批准后可进行境外发行,募集资金需调回
B.货币市场工具	
非居民在境内购买	QFII可投资货币市场基金
非居民在境内出售或发行	禁止
居民在境外购买	居民境外购买债券和其他债务性证券规则适用
居民在境外出售和发行	经外汇管理局批准可发行,如商业票据等、一年期一下债券等
C.集体投资类证券	
非居民在境内购买	QFII可投资封闭式或开放式基金
非居民在境内出售或发行	禁止
居民在境外购买	居民境外购买债券和其他债务性证券规则适用
居民在境外出售和发行	居民在境外出手或发行货币市场工具规则适用
二、对衍生工具和其他工具的管制	
非居民在境内购买	禁止
非居民在境内出售或发行	禁止
居民在境外购买	中国金融机构境外购买、出售和发行金融衍生工具,需进行资格审查和外汇敞口头寸等管理
居民在境外出售和发行	
三、对信贷业务的管制	
1.商业信贷	
居民向非居民提供	基本开放,金融机构提供商业信贷部分需要外汇管理局批准
非居民向居民提供	受《关于完善外债管理有关问题的通知》相关条例限制
2.金融信贷	
居民向非居民提供	商业信贷规则适用
非居民向居民提供	商业信贷规则适用
3.担保、保证和备用融资便利	
居民向非居民提供	均需登记,部分需要事先审批
非居民向居民提供	外商投资企业可接受国外机构的担保

项目	具体规定
四、对直接投资的管制	
A. 对外直接投资	
1. 创建或拓展完全由自己拥有的企业、子公司，或全额收购现有企业	已取消购入外汇款额的限制，目前限制较少
2. 对新建或现有企业的入股	
B. 对内直接投资	
1. 创建或拓展完全由自己拥有的企业、子公司，或全额收购现有企业	达到先关监管法规即可，基本无限制
2. 对新建或现有企业的入股	
五、对直接投资清盘的管制	无管制
六、对不动产交易的管制	
居民在境外购买	无管制
非居民在境内购买	5 万美元以上需经过外汇管理局批准方可兑换成人民币，2006 年 7 月以来，符合条件的非居民可以购买符合实际需要的自用、自住的商品房，不得购买非自用、非自住商品房
非居民在境内出售	出售房款兑换成外汇或汇回须外汇管理局批准
七、对个人资本流动的管制	
1. 贷款	
居民向非居民提供	管制
非居民向居民提供	管制
2. 礼品、捐赠、遗赠和遗产	居民向非居民提供 5 万美元以内的礼品和捐赠仅需提供身份证明，5 万美元以上还需提供关于交易的公证材料，汇出遗产、遗赠不受限制
非居民向居民提供	仅需提供部分例如身份证明、产权证明
3. 外国移民在境外的债务结算	
4. 资产的转移	
移民向国外的转移	需向外汇管理局抵缴申请，必须一次性申请拟转移出境的全部财产金额，20 万元人民币以上的需分步汇出
移民向国内的转移	
5. 博彩和中奖收入的转移	

资料来源：中国资本市场研究报告，2010。

第三节　中央银行的外债管理

一、外债的含义

外债是在任何给定的时刻，一国居民所欠非居民的以外国货币或本国货币为核算单位的具有契约性偿还义务的全部债务。

外债具有 4 个特征：第一，外债是以"居民和非居民"为标准，是居民对非居民的债务。这里的"居民"和"非居民"都包括自然人和法人；第二，外债以偿还义务为根据，且这种偿还义务必须只有契约性，通过具有法律效率的文书明确偿还责任、偿还条件、偿还期限等；第三，它虽然包括资产和负债两个方面，但主要是指净负债量；第四，它是能以外国货币承担的债务。

根据国际金融组织的外债定义，并结合我国的经济特点，我国在 2003 年公布的《外债管理暂行办法》规定，"外债"是指境内机构对非居民承担的以外币表示的债务，其中"境内机构"是指在中国境内依法设立的常设机构，包括但不限于政府机关、境内金融机构、企业、事业单位和社会团体，"非居民"是指中国境外的机构、自然人及其在中国境内依法设立的非常设机构。

二、外债的种类

按照不同的标准，可以对外债进行不同的种类划分。

（1）按债务期限划分，可分为短期债务和中长期债务。短期和中长期的标准以 1 年为限。

（2）按债务形式划分，可分为国际商业贷款、外币债券、国际金融租赁、贸易融资、政府和国际金融组织贷款和对外私人存款。

（3）按债务人划分，可分为政府机构借款、金融机构借款、企业单位借款和其他机构借款。

（4）按债权人划分，可分为国际金融组织贷款、外国政府贷款、外国银行和金融机构贷款、外国企业或个人贷款。

（5）按优惠情况划分，可分为硬贷款和软贷款。

（6）按贷款的利率划分，可分为无息贷款、低息贷款和市场利率贷款。

（7）按照债务类型可将外债分为外国政府贷款、国际金融组织贷款和国际商业贷款。

三、外债管理

（一）外债管理的含义

外债管理是指一个国家外债主管部门或国家授权某一政府机关，制定并依据政策和法规，对本国外债种类构成、借款人、实现规模及对将来可借入外债数量进行预测和控制，使外债与本国的国情国力相适应，确保还本付息，求取外债的最佳经济效益，以促进本国经济发展。

（二）外债管理的主要内容

外债管理包括借入外债和使用外债两个方面。对于"借"，关键是控制规模在本国经济的承受能力范围之内，保持外债结构的合理；对于"用"，关键是保证借入外债投向的合理和避免外债使用过程中的风险。因此，外债管理的内容可具体分为规模、结构、投向和风险管理 4

个方面。

1．外债规模管理

外债规模管理是确定一国的中长期和年度合理负债水平。负债过多，超过本国的承受能力，会造成不必要的风险和浪费；而借款过少又难以满足国内建设的资金需求，造成国民经济发展的迟滞。因此，确定适度的外债规模是发展中国家有效管理外债的关键。

一般而言，外债规模主要受 3 个因素影响：一是经济建设对外债的需求量；二是国际资本市场的可供量；三是本国对外债的承受能力。外债的承受能力是确定外债规模最重要的因素，加强外债规模的控制，必须通过科学的定性、定量分析，寻找最佳规模的数量界限。

2．外债结构管理

外债结构管理是在确定的总规模范围内，通过对国际资本市场的预测、分析，结合国内建设对资金需求的特点，对构成总量的各个债务要素：利率、期限、币种和融资形式等进行最优组合，以降低成本，减少风险，保证偿债能力，使外债发挥最大效益。具体内容包括以下几方面。

（1）融资结构

国际融资有多种形式，包括官方和国际金融机构的贷款、出口信贷、发行债券、国际租赁、补偿贸易等，各种形式具有不同的优势和特点。

官方和国际金融机构贷款带有援助性质，具有期限长、利率低等待点，适于国民经济结构调整和基础产业的发展。出口信贷，由于直接与设备引进相互融合，因而受到政府的补贴和担保，具有成本低、风险小的特点，适于成套设备的引进。发行债券，具有筹资金额大、成本低等特点，适于大型项目。国际租赁，特别是杠杆租赁，可以享受税收优惠，进而降低成本，适于大型运输工具的租用和不可购买但可租用设备。补偿贸易，既可以吸收资金，又可以带动出口，因此适于中小型技术改造项目。

所以，发展中国家在借外债时，应尽可能地吸收官方或国际金融机构的优惠贷款，并根据引进设备和技术的特点采用不同的融资方式，以降低成本，增加收益。

（2）期限结构管理

期限结构是指 1 年期以上的中长期外债和 1 年及 1 年期以下的短期债务的分布状况。对外债的期限结构的管理，首先，要通过对外债年限的合理控制，按照国际惯例，使短期外债占外债总额的比例控制在 25%以下；其次，要避免借入大量年限相同的外债，防止还债过于集中；最后，要避免短期外债的增长，长时间超过中长期外债的增长，防止债务短期化。

（3）利率结构管理

对外债的利率结构进行管理，包括以下两个方面：第一，中长期债务尽可能使用固定利率，以防止国际资本市场变化对一国整体债务成本的影响。在利率水平看跌时期，选择浮动利率，这主要适用于短期债务；反之，在利率水平看涨时期，选择固定利率，可降低成本。在一般情况下，还应选择固定利率，因为这样便于成本核算和还债安排，减少风险。第二，在不受政治和使用限制的条件下，尽可能争取政府贷款或国际金融机构贷款，以享受优惠利率；同时降低非优惠利率即国际商业性贷款的比例。

（4）币种结构管理

对外债的币种结构进行管理，源于对汇率风险的认识。对外债币种进行管理，一是从国家整体债务上讲，外债币种要与出口收汇、外汇储备相一致，避免偿债过程中的汇率风险；二是软、硬货币的搭配，防止外债使用过程中的汇率风险；三是在一个具体项目上，要使借、用、收、还4个环节币种相一致，避免汇率风险，保证按时偿还。

（5）市场与国别结构管理

市场与国别结构管理，主要在于多元化。由于不同市场有不同的资金来源和筹资工具，要使外债来源稳定，需广泛地涉足各个市场和国家。合理的市场结构是根据各资本市场的管理、市场容量和金融工具的特点，结合国内资金的需求，选择不同的市场，避免同一时间集中进入同一市场。合理的国别结构，是根据引进设备的特点和债权国的资金提供形式，确定利用不同国家的贷款。避免集中一个或几个国家，以免受政治波动影响，使外债来源稳定，满足国内建设对外债的需求。

（三）外债投向管理

外债的投向决定了外债的回收和偿还，关系到能否支持国民经济长期、稳定、协调发展。因此，外债的投向要与国民经济发展战略和产业政策相一致。按照这一要求，对外债的投向管理主要包括以下几方面。

（1）要求政府贷款和国际金融组织的贷款主要投向国家重点项目和基础产业，以及优化国民经济结构的行业，如能源、交通、电子、通信等。

（2）商业贷款主要投向创汇能力强、回收期短的项目，以增强出口创汇能力，增加偿还能力。

（3）短期借款只能用于流动资金和临时周转，不能用于长期投资，防止债务短期化。

（4）根据不同行业和不同地区确定不同形式的外债投入，使国民经济均衡发展。

（5）创汇项目、非创汇项目和社会效益项目要保持适度比例和梯形格局，使国民经济既有发展后劲，又能保证对外偿付的来源。

（四）外债风险管理

在外债的管理和经营过程中，债务偿还受多种因素变动的影响。国内政策的调整，国际经济形势的变化，可以在不同程度上延缓项目效益的发挥，使回收期延长，增大偿还的风险。所以，风险管理在于增强应变能力，适应国际金融贸易的变化和国民经济政策与结构的调整。具体来讲，外债风险管理包括以下内容：

（1）社会效益项目年还本付息总额<年外汇储备增加额，这主要是保证国民经济基础产业的发展，并按时还债。

（2）在外债中长期指标分配上，要有一定的机动指标不用于项目投资，而是用于债务结构的调整。随着债务积累增大，机动比例应保持在10%左右，以防止整体债务风险。

（3）建立偿债风险基金。在每年出口收入中提取适当的比例，这个比例是根据每年逾期本息占应还本息的比例，以保证呆账部分和偿付困难部分的还本付息。

（4）采用掉期、期权、远期和即期外汇买卖等金融工具，利率、汇率的风险调整，使债务合理化。

四、我国的外债管理

（一）我国外债管理体制

1．统一领导

根据国民经济发展需要、国际收支状况、国家整体经济实力和对外债的偿还能力，国家统一制定中长期和年度利用国外贷款的总规模和使用方向，并编制指令性和指导性指标计划，对计划进行综合平衡后，纳入国民经济和社会发展中长期计划和年度计划。

2．分工负责

（1）中国人民银行负责建立和健全全国统一的国外贷款信贷、结算制度，加强国外贷款的信贷和结算监督。

（2）财政部负责建立和健全全国统一的国外贷款借、用、还的财务、会计核算制度，加强外债的财务管理、会计核算和财政监督。

（3）商务部和海关总署负责建立和健全全国统一的借用国外贷款的进出口货物监督管理制度、关税优惠政策和管理办法，加强借用国外贷款进出口物资的监督。

（4）国家审计署负责建立和健全全国统一的国外贷款借、用、还的审计制度，加强外债的审计监督。

（5）国家税务总局负责建立和健全全国统一的国外贷款借、用、还的税收政策和制度，加强外债的税收管理和监督。

3．加强管理

国家制定了一系列有关外债管理的制度办法，并授权国家外汇管理局进行管理。

4．严格控制

所有外债必须按计划严格控制。在对外借款批准前，必须进行可行性研究，对其项目建成后的经济效益、创汇能力进行全面评价，并对其配套的人民币资金是否落实进行审核。在使用外债过程中，必须按外债统计监测有关规定进行登记，并明确偿还责任。

（二）我国外债管理的主要内容

1．3种偿债方式的划分

国家从财政角度确立了谁借款、谁偿还的总原则。具体划分为统借统还、统借自还、自借自还3种方式。

2．对外偿付要领取"外债业务核准件"

我国借款单位对外还本付息，要事先到外汇管理部门开具外债业务核准件，到开户行通过外债专用现汇账户和外债还本付息专用现汇账户对外支付。

3．偿债监督

借款单位到期如不履行偿还责任，有关部门可经国家外汇管理局批准后，通知银行从偿还单位或其主管部门或担保单位的外汇和人民币账户中直接扣付，以确保对外信誉。

4. 建立偿债基金

为应付国际资本市场的变化，使我国外债偿还有备无患和解决一些偿债单位的具体困难，国家和地方宜建立偿债基金，以增加投资者的信心，保证资金的不断流入。

【专栏 12-3】

2013 年年末中国外债数据情况

截至 2013 年年末，中国外债余额为 8631.67 亿美元（其中，不包括我国香港特别行政区、澳门特别行政区和台湾地区对外负债，下同），同比增长 17.12%。其中，登记外债余额为 5266.67 亿美元，企业间贸易信贷余额为 3365 亿美元。按期限划分，中长期外债（剩余期限）余额为 1865.42 亿美元，短期外债（剩余期限）余额为 6,766.25 亿美元。

2013 年，中国外债变动呈现以下主要特点。

一、外债总规模快速增长，主要来自与贸易有关的信贷

2013 年年末，外债余额同比增长 17.12%，增速同比上升 11.08 个百分点。其中，企业间贸易信贷和银行贸易融资（远期信用证和海外代付）对外债余额增长的贡献率分别为 35.66% 和 35.42%，两者合计达 71.08%。

二、中资金融机构外债余额增长推动登记外债余额上升

2013 年年末，登记外债余额同比上升 18.22%。其中，中资金融机构、外资金融机构、外商投资企业和中资企业外债余额分别较 2012 年年末增长 28.67%、23.82%、8.44% 和 3.82%；国务院部委外债余额较 2012 年年末下降 6.25%。2013 年年末，中资金融机构外债余额较 2012 年年末增加 586.88 亿美元，对登记外债余额增长的贡献率达 72.29%。

三、短期外债占比继续攀升，银行贸易融资规模回升

2013 年年末，短期外债占比为 78.39%，较 2012 年年末上升近 5 个百分点。从短期外债构成看，与贸易有关的信贷余额为 4791.39 亿美元，占短期外债（剩余期限）余额的 70.81%。其中，企业间贸易信贷占 49.73%，银行短期贸易融资占 21.08%。2013 年年末，银行短期贸易融资余额同比增长 45.48%，重回上升态势（2012 年为小幅下降）。

四、中长期外债项下资金净流入增长较快

2013 年，中国新借入中长期外债 511.67 亿美元，同比增长 29.32%；偿还中长期外债本金 339.03 亿美元，同比增长 2.69%；支付中长期外债利息 34.30 亿美元，同比增长 33.88%。中长期外债项下净流入资金 138.34 亿美元，同比增长 98.44 亿美元，上升 246.72%。

据初步计算，2013 年，中国外债负债率（即外债余额与当年 GDP 之比）为 9.40%；债务率（即外债余额与当年国际收支统计口径的货物与服务贸易出口收入之比）为 35.59%；偿债率（即中长期外债还本付息与短期外债付息额之和与当年国际收支统计口径的货物与服务贸易出口收入之比）为 1.57%，短期外债与外汇储备的比例为 17.71%，均在国际公认的安全线之内。

资料来源：国家外汇管理局年报（2013）。

五、外债管理与国家宏观经济政策的协调配合

自改革开放以来，我国就把利用外资作为一项长期的基本国策，借用外债和吸引外商直接投资并重，外债流入成为支持国内经济发展的重要力量，也对国家财政货币政策的实施产生了重大影响。

（一）借用外债对国家财政、货币政策实施的积极影响

借用外债从以下 3 个渠道支持了我国财政、货币政策目标的实现。

1．社会投资渠道

我国社会总投资的资金来源主要是财政预算内投资、银行贷款投资、自筹投资和外国投资等，而外国投资包括外商直接投资和借用外债。由于国家财力不足，且政府转变职能，减少对经济生活的干预，预算内的投资下降；国内银行信贷受规模阻制，国内金融市场不发达，企业通过国内市场筹资的能力有限，自有资金又不足，导致对外国资本的依赖加强，使得借用外债成为影响我国投资总规模的重要因素。

2．国际收支渠道

外债本身是国际收支资本项目的重要组成部分，借用外债增加了我国资本流入，增强了我国国际收支的平衡能力。

3．财政收支渠道

外债流入也可以直接增强国家财政收支的平衡能力。如我国国家统借的政府部门外债中，有一部分如财政部所借外债是列入国家财政收入的，从而增加了国家财政收入。

（二）加强国际债务管理和国家财政货币政策的协调

为避免经济出现大的波动（包括防止出现国际收支危机），应保持合理的固定资产投资规模和在建规模、保持国际收支基本平衡，进一步增加国际支付能力。因此，加强我国国际债务管理与财政政策和货币政策的协调配合是非常必要的。

要协调好这三者之间的关系，必须解决好以下几个问题：

（1）增收节支，减少国家财政赤字，保证国家偿债能力。

（2）合理控制国债发行，减轻对人民币利率和汇率上扬的压力。

（3）加强外债项目可行性研究，落实国内配套能力，保证外债使用效益。

（4）加快金融体制改革，积极培育国内的本外币金融市场，减轻对外部资金的依赖。

（5）财政、金融协调配合，尽快建立偿债基金，保证国家对外信誉。

（6）合理调节外债规模增长，积极维护国际收支平衡。

补充阅读

1978 年以来我国的外汇管理体制改革与资本管制

改革开放三十多年来，我国外汇管理体制适应了我国经济体制改革开放的整体目标和经济金融全球化的趋势。归纳起来，我国的外汇管理体制改革可以划分为 3 个阶段：第一阶段 1978—1993 年；第二阶段 1994—200 年；第三阶段 2002 年至今。

第一阶段：我国外汇管理体制改革的目标之一是实现经常项目的可兑换，为对外贸易开放提供保障。对于经常项目，我国的资本管制政策主要体现为强制结汇制度、外汇留成制度和双重汇率制度。

强制结汇制度和外汇留成制度是针对中资企业经常项目交易的资本管制政策。对于资本项目，由于我国的利用外资政策，以及资本市场尚未建立的金融市场环境，我国采取了控制外债规模和结构、对直接投资实行宽进严出、对证券投资和金融信贷实行严格管制的政策。

第二阶段：我国实现了人民币经常项目可兑换，建立了资本市场和全国统一的银行间外汇市场，实现了汇率并轨，加入了世界贸易组织，正式融入了经济全球化的大潮。

1996 年，我国实现了人民币经常项目的完全可兑换，使对外贸易畅通无阻。但是，我国的经常项目实际上仍然存在外汇管制，体现为银行结售汇制度。对于资本与金融项目，我国仍然采取控制外债规模和结构、鼓励外商直接投资流入、限制对外直接投资、严格控制证券投资和金融信贷的管制措施。

第三阶段：我国对资本管制的思路进行了调整。第三阶段，我国的外汇储备规模已改变了短缺的状态，且通过外汇占款而产生的基础货币的扩张压力越来越大。

在这一阶段，我国一是转变了长期以来形成的外汇流入越多越好的观念，加强了对外汇流入的监测与管理；二是转变外汇流出越少越好的观念，逐步建立正常的、合理的、可控的流出机制。在经常项目结汇方面，逐步向意愿结汇制度过渡。

对于资本和金融项目，我国采取了一些放宽交易和汇兑管制的措施。

资料来源：肖凤娟，1978 年以来我国的外汇管理体制改革与资本管制政策，中央财经大学学报，2011 年第 5 期。

读后讨论

1. 全球外汇交易调查的调查范围包括哪些？
2. 全球外汇交易额激增的原因是什么？
3. 人民币首次跻身全球十大货币之列具有什么重要意义？

本章小结

1. 外汇管理的目标包括：促进国际收支平衡、维持货币汇率稳定、保障本国经济正常发展、加强本国在国际市场上的经济竞争力。

2. 外汇管理的经济作用有：保持国际收支平衡；促进对外金融和外向型经济的发展；促进国内经济协调发展。

3. 外汇管理的项目包括：贸易项目管理、非贸易项目管理、资本项目管理、对汇率的管理、对黄金和本币出入国境的管理。

4. 推进资本账户开放的原则包括：风险控制原则、目标盯住原则、条件约束原则。

5. 外债管理的主要内容：外债规模管理、外债结构管理、外债投向管理、外债风险管理。

6. 我国外债管理体制：统一领导、分工负责、加强管理、严格控制。

重要概念

外汇　　外汇管理　　贸易项目管理　　非贸易项目管理　　外债　　外债管理

外债规模管理　　外债结构管理　　外债投向管理

练习题

1. 外汇管理的目标有哪些？
2. 外汇管理的主要内容包括哪些？
3. 简述我国经常项目外汇管理的特点。
4. 简述我国资本项目外汇管理的特点。
5. 推进资本账户开放的原则有哪些？
6. 外债的种类包括哪些？
7. 简述我国外债管理的主要内容。

第13章 中央银行的对外金融关系与金融监管

学习目标

1. 熟悉和了解金融全球化及其作用。
2. 理解和掌握金融全球化与中央银行的对外金融关系。
3. 了解国际货币体系与中央银行货币政策协调。
4. 了解金融监管模式和主要内容，理解中央银行与宏观审慎监管的关系。

开篇案例

IMF呼吁各大央行政策调整应考虑全球影响

国际货币基金组织（IMF）2月7日呼吁，全球各大央行在采取政策行动时应考虑对其他国家所造成的影响。IMF发言人盖里·赖斯表示："在这个相互连通日益密切的世界里，一个经济体的行动会对其他经济体产生明显影响。"

他还就部分新兴经济体央行代表关于"美联储应尤其关注其缩减量化宽松（QE）政策所造成的全球性影响"的言论强调，美联储就其近期开始削减月度债券购买计划的决定进行了明确的沟通。

不过，IMF并没有否认美联储削减QE行动客观影响的存在，即"由于美联储决定缩减QE这一外在催化剂的作用，导致自身高度依赖外部资本流动的新兴经济体货币近期波动剧烈"，并再次希望全球各大央行在货币政策行动上深化合作。

案例导读

当今世界形势的发展，越来越呈现出经济全球化和金融全球化的趋势，在此大背景下，一个国家中央银行的政策调整必然会对其他国家和整个世界经济形势产生直接或间接的影响。中央银行的货币政策制定不能不考虑其溢出效应。

第一节　金融全球化趋势与中央银行的对外金融关系

一、金融全球化及其经济效应

（一）金融全球化的含义

金融全球化（Financial Globalization）是指随着世界经济的全球化发展，世界各国（地区）在金融业务和金融政策等方面相互渗透，使得全球金融体系形成一个联系密切、不可分割的整体。

（二）金融全球化的作用

1. 促进资金重新分配

金融全球化促使资金在全世界范围内重新配置，不仅使欧美等国的金融中心得以蓬勃发展，也使发展中国家（特别是新兴市场国家）获得了大量的经济发展启动资金。

2. 推动金融资本的全球化

金融全球化推动了金融资本的全球化，由于全球金融市场的全球化和趋同化发展，全球金融体系面临的共同风险暴露增加，金融风险的发生和转移机制也变得更加复杂和难以管理。因此，金融全球化不仅成为世界经济发展最为关键的一个环节，同时也成为最为敏感的一个环节。

（三）金融全球化的经济效益

在金融全球化的过程中，收益与风险并存。

从宏观角度看，金融全球化加速了世界资本的周转，有利于提高资本效率和增加产出。但金融资本的自我增值及其对实物资本剩余索取权的积累，也从根本上改变了各国总产出的分配格局，并使宏观经济政策具有内在的矛盾性。

从微观角度看，金融全球化使资本的边际生产力趋于平均，从而舒缓了不同国家之间的资本过剩或短缺，从而有利于增进全球福利。但这种福利增进也是不对称的，发展中国家在金融全球化过程中所采取的金融自由化政策可能引发其福利净损失。

从实证角度看，金融全球化将使得各国的货币政策、国际收支政策等宏观经济政策趋同，并可能导致金融机构内在稳健性的弱化和金融资本风险免疫能力的下降。

金融全球化还可能加深国际金融体系的内在脆弱性，主要原因有两个：一是脱离实体经济的金融资本规模过大，以至于损害了产业资本的利益；二是金融资本的信用本质使整个国际金融体系均衡的非稳定性增加，在遭遇外部冲击时，金融体系可能大幅偏离长期均衡，从而加速危机或导致危机恶化。

此外，金融全球化还可能导致不同国家之间越来越激烈的金融竞争和实力的变化。从这个意义上讲，金融全球化可能加速世界经济的不平衡格局，最终引发全球性的金融危机。

二、中央银行在国家对外金融关系中的地位

（一）充当政府对外金融活动的总顾问和全权代表

中央银行在一国经济和社会生活中的地位和特殊作用，使它成为各国政府对外金融方面的总顾问。各国中央银行行长还依法代表国家出席各种国际性金融会议，在世界性金融组织中发挥其作用，如代表国家出席国际货币基金组织（IMF）大会或区域性金融组织大会，在会上发表意见，阐明立场，提出方案，进行投票表决，签署有关条约、协议或文件等。

（二）与各国中央银行进行官方结算

国际收支能反映国家之间复杂的金融关系与活动，各国之间一旦出现国际收支差额，可以由中央银行出面，以黄金和特别提款权等储备资产为手段进行最终清算，更常见的是采用改变官方负债的方法加以调整。

（三）进行资本国际流动的调节管理和对外负债的全面监测

中央银行是一国资本国际流动的调节者和对外负债的全面监测者。它通过汇率政策、外汇管制政策，规定国际借贷的条件或额度控制，银行对外借款、特别准备金的缴纳等手段，控制和调节资本的流入或流出。它还通过限制每年对外投资的数目以及调整利率来影响资本的流入流出。此外，自国际债务危机发生以来，各国中央银行加强了对外负债的全面监督管理，并建立了相应的监测调控体系。

（四）充当各国黄金和外汇储备的管理者

黄金与外汇储备资产是一国最基本的支付手段或最后清偿手段，是一国保持汇率稳定和从事国际经济活动的基础。中央银行负责保管黄金，调整外汇储备的数量，调整货币结构和期限结构，并保证外汇储备的安全性，这些必然产生一系列的对外金融关系和一系列国际金融活动。为应付外汇市场的非常情况，维护本国汇价的基本稳定，许多国家都设有由特别提款权、黄金和外汇组成的"外汇平准基金"，并由中央银行持有。

（五）进行外汇交易

中央银行进行外汇交易并无获利的动机，而是作为一种重要的干预和管理手段，以缓和由临时性原因造成的外汇收支不平衡，从而避免短期资本流动。同时，中央银行的外汇交易是按中央银行间签订的"互换货币安排"来进行的。各国中央银行干预外汇市场而产生的收益或损失，由协议各国中央银行平均分享或分担。

（六）调节与监督国际金融活动

为使一国的国际金融活动正常有序地进行，中央银行对本国金融机构对外借款、对外贷款以及投资的数量和规模进行监督管理；审查或批准本国金融机构建立国外分支机构或购买外国银行机构的申请；审查或批准外国银行在本国建立机构，收买或持有当地银行股份的申请，并进行监督和管理。

（七）发展与各国中央银行及各国际金融机构的对外金融关系

各国中央银行，作为对外金融关系的全权代表，负责同各国中央银行、各种国际金融机构建立和发展双边与多边友好合作关系，交流经验，互通信息，增进了解，改进和完善各自的管理技术，促进本国和各国经济、金融的发展与稳定。

（八）充当对外金融的总体发展战略的制定者

对外金融发展战略是一国经济与社会发展战略的重要组成部分，是一个巨大而复杂的系统工程。对外金融发展战略必须最大限度地服从于、服务于、适应于该国经济与社会发展总战略，并与其相互协调配合。中央银行要在持续的、全面的国际金融调查研究的基础上，结合本国特点和情况，制定和推行对外金融的总体发展战略与政策。

三、中央银行与国际金融机构组织的往来关系

（一）代表政府参与国际货币基金组织的活动

国际货币基金组织于 1945 年 12 月 27 日成立，是当今世界上最富有全球代表性和影响力的政府间国际金融组织，同时也是各种国际金融组织中最有影响力的一个组织。

一般由各国的财政部部长或中央银行行长担任该国理事，出席基金组织的年会或其他重要会议。各国中央银行代表本国政府出席国际货币基金会议并阐述对世界经济和国际金融重大问题的立场，还同基金组织沟通情况、交流看法，取得该组织的信用贷款和信托基金；成员国还可得到各种形式的技术援助，如人员培训、技术指导、经济金融业务咨询等。

（二）与世界银行集团建立合作关系

世界银行集团由国际复兴开发银行、国际开发协会、国际金融公司、解决投资争端国际中心和多边投资担保机构组成，其中前 3 个机构为集团的主要业务机构。世界银行集团最初目的是为西欧国家战后复兴提供资金支持，欧洲复兴资金落实之后，业务目标转变为帮助发展中国家发展生产力，促进其社会进步和经济发展，改善人民生活。各国中央银行除参与国际货币基金的活动以外，还同世界银行集团建立各种形式的交流与合作关系，并开展各种业务往来。

（三）参与国际清算银行活动

国际清算银行于 1930 年 5 月在巴塞尔成立，是国际上重要的金融组织机构，它与国际货币基金组织和世界银行不同，既不是政府间的金融机构，也不是国际发展援助机构，但它与上述两类机构保持良好的合作关系。它的宗旨是增进各成员国中央银行间的合作，为成员国的国际金融业务提供额外的便利。如今它不仅是各国中央银行和金融机构进行交流的场所，也是它们了解国际经济和金融形势及其发展趋势的重要窗口。它主要是同各国中央银行往来，同各国政府或中央银行签订特别协议。

（四）参与区域性、地区性国际金融组织活动

自第二次世界大战之后，发展中国家为了促进经济和社会的发展，缩小与发达国家之间

的差距，陆续建立了各种区域性或地区性的金融合作组织，开展广泛的合作与信贷活动。例如，亚洲开发银行、非洲开发银行、加勒比开发银行、中美一体化银行、西非货币联盟、中非货币联盟、中非国家开发银行等。非洲和拉丁美洲国家都在努力建立洲级货币基金组织。所有这些区域性、地区性金融组织都是有关国家中央银行建立联系，开展活动的重要场所。

（五）各国中央银行间的各种交流合作活动

为协调各国的经济金融政策与措施，促进彼此的相互了解与信任，探讨或解决共同关心的世界性经济金融问题，中央银行间还不定期地举行各种对等级别的会议或协商。例如，西方十国或七国集团中央银行行长和财政部长经常举行各种会议，商讨共同关心的问题，并寻求共同的对策或协调彼此的行动。再如东盟国家还通过中央银行间的货币组织特别委员会开展多方面的金融合作。每年举行一次的"亚洲与太平洋地区中央银行行长会议"，成为该地区中央银行间定期交流信息和意见，协调金融政策的场所。在美国次贷危机爆发后，二十国集团（G20）中央银行行长多次举行会议，商讨应对国际金融危机的对策。

（六）在国外需要的地方设立中央银行驻外代表处

中央银行根据需要，也可以在国外经济金融中心设立驻外代表处，以就地观察研究经济金融形势及本国银行在当地或其他相邻国家分支机构的活动情况，增进各国中央银行间的交流与合作。例如，日本中央银行在伦敦和纽约设有代表处，在巴黎、法兰克福等地驻代表。此外，在国际金融机构和驻外使领馆还派有代表和研究员。澳大利亚联邦储备银行也在纽约和伦敦设有代表处。美国通货总监在伦敦设有代表处。

【专栏 13-1】

中央银行在经济全球化背景下的地位和作用

在经济全球化快速发展的今天，金融的国际化也不甘示弱与其相伴而行。金融国际化既是经济全球化的必要条件，也是促进经济全球化的主要力量。国际资本流动、国际贸易、世界经济增长率都离不开金融融国际化的发展。金融国际化的主要表现：跨国金融业占比很高、金融机构的跨国设立、金融市场的国际化和一体化。

中央银行是我国对外联系的重要纽带

中央银行为国际交往提供流动货币，并直接参与到国际支付体系的建设和维护中去，在国际经济一体化中，金融经济具有一定的先导作用。同样，中央银行在金融一体化过程中占有主导地位，中央银行在国际经济、金融协调方面具有十分重要的作用。

中央银行通过行政管理手段保证金融体系稳定

我国中央银行根据法律的相关规定，可以运用自己所拥有的行政调控手段，加强货币与金融的调节和控制，进而影响整个社会的经济发展进程，实现金融体系的平稳运行。中央银行作为国家机关部门，代表国家政府参与国际金融组织，并且参与签订国际金融协定，参与国际金融事务与活动，协调中国国内与国外的金融关系，使我国大规模参与国际金融活动得到了保障。

资料来源：傅洋，论中央银行在我国经济发展中的作用，企业研究，2012 年第 20 期。

第二节　国际货币体系与中央银行货币政策协调

一、国际货币体系

（一）国际货币体系的含义

国际货币体系（International Monetary System）是指国际间的货币安排，也就是由国际间资本流动与货币往来而引起的货币兑换关系，以及相应的国际规则或惯例组成的有机整体。

（二）国际货币体系的主要内容

国际货币体系的主要内容包括以下 4 个方面：

（1）汇率制度及其管理，即各国货币比价的确定与调整、各国货币的兑换性及国际结算的原则等；

（2）国际储备及其管理，即国际储蓄资产的确定与管理；

（3）国际收支调节机制，即调节国际收支失衡的原则、措施、方法等；

（4）国际金融组织的宗旨、职能和作用等。

一般而言，国际货币体系的目标在于保障国际贸易和世界经济的稳定发展，使各国的资源在世界范围内达到帕累托配置。但在实际中，国际货币体系往往受发达的大国影响较多而更多地体现大国的利益，发展中小国的利益往往得不到保障。

【专栏 13-2】

国际货币体系的改革

国际金本位制与金汇兑本位制

国际金本位制是人类历史上第一个国际货币体系。国际金本位制的最大缺陷是流动性供给受制于黄金产量，且黄金在各国之间的分配不平衡。正因为如此，金本位制并非一种严格的国际货币体系。

金汇兑本位制，常被视为金本位制崩溃后的过渡性安排。金汇兑本位制下，只有英镑与美元两种货币真正保持兑换黄金的能力，这种差异带来的不稳定，成为 1929—1933 年全球经济危机的重要传导渠道。

1929—1933 年的经济危机削弱了英国的金融霸主地位，此后已没有国家拥有足够的力量领导国际货币体系，各国也缺乏建立新体系的意愿和协商机制，这种局面一直延续到布雷顿森林体系建立。

布雷顿森林体系

布雷顿森林体系尽管获得了近乎世界货币的地位，美元终究是美国发行的信用货币，输出的美元是美国的对外负债，迟早会回流到美国的金融体系之内。布雷顿森林体系的运行，本质上要求美国将本国利益置于国际义务之下，这无疑经不起现实利益与时间的考验，其崩溃是内生的必然结果。1971 年，美国政府以宣布中止美元兑换黄金这一不体面的违约方式，宣告了布雷顿森林体系的结束。

后布雷顿森林体系

当时全球大部分美元储备被亚洲国家所持有，美元几乎垄断了该区域内的贸易结算。东亚和美国之间存在一种依存关系，东亚依靠美国消化本国扩大的产能，并把顺差借给美国人继续维持消费，为了保证出口市场的稳定，东亚各国需要干预外汇市场避免本币升值，从而积累了巨额的美元储备，并使以固定汇率为特征的布雷顿森林体系在东亚事实上得到恢复。

资料来源：曹勇，国际货币体系改革的历史视角分析与现实选择，宏观经济研究，2010年第7期。

二、当前国际货币体系发展的特点

综观国际货币体系的历史发展过程，表明推动国际货币体系发展的根本动力有两个：一是清偿力，二是稳定性。以这两个标准来衡量，牙买加体系在稳定性上存在一定的问题。

在这样的背景下，各国为追求汇率制度的稳定性付出了一定的努力，从而使得当前国际货币体系的发展呈现出了一些新的特点。

（一）区域货币全球化

区域货币全球化是在目标区域内实行固定汇率制度，或者实行单一货币，而对目标区域外则实行浮动汇率制。在这方面，欧盟显然走在了前列。随着1999年1月1日欧元的产生，目标汇率区理论在西欧得到了真正的实践。欧元的出现，一方面是欧洲经济全球化的产物；另一方面，又对整个国际货币体系产生了巨大而深远的影响。

（二）国际间的货币政策协调得到了发展

在世界经济全球化发展的大背景下，金融全球化得到发展，各国间的货币政策必然互相影响。为了避免这种相互影响对国际货币体系造成不良的冲击，国际间的货币政策协调得到了空前的发展。

国际间的货币政策协调在当前的世界经济发展中频繁发生，并且对世界经济和金融的发展产生着越来越重要的作用。事实上，欧元的产生从某种程度上说也是国际间经济政策协调的产物。因此，研究国际间经济政策的协调，尤其是中央银行的货币政策协调，在当前国际金融形势下具有极为重要的意义。

三、国际货币政策协调

（一）国际货币政策协调的必要性

世界经济和国际金融的全球化，以及各国经济货币政策的溢出效应，决定了各国之间必须进行货币政策的国际协调。

溢出效应的存在，使得一国某一特定的经济政策能否达到预期的效果，不仅取决于其政策在国内的执行，而且取决于其他国家的相关经济政策。对经济货币政策的溢出效应处理不当，可能会造成国际经济与货币秩序的混乱。

20世纪80年代初，美国为遏制国际收支逆差的进一步扩大，单方面提高本国利率，导致大量资金流入美国，其他国家为防止资金的过度外流，被迫纷纷宣布提高利率，结果造成了世界性的经济紧缩。此外，20 世纪 80 年代的债务危机、东南亚金融危机，都留下了这方面的痕迹。

国际经济和金融的全球化以及经济货币政策的溢出效应使得各国经济的相互依赖程度不断加深，因而各国迫切地需要稳定的国际货币经济秩序。解决这一矛盾的途径有两条：一是改革国际货币体系，二是加强国际间的货币政策协调。

从长期看，对国际货币体系的改革是大势所趋，然而由于各国之间经济发展水平的不平衡性，很难找到一个能为各国普遍接受的改革方案。在这种情况下，加强国际间的货币政策协调，正被越来越多的国家所重视和运用。

（二）国际货币政策协调的方式

从宏观上看，国际货币政策协调的方式可以分为两大类：一是通过特定的国际金融组织及共同认可的原则进行常规性的协调；二是各当事国之间进行的临时性的政策磋商。前者被称为规则协调，而后者则被称为随机协调。

（三）国际货币政策协调的内容

具体来说，国际间的货币政策协调主要包括以下两方面的内容：（1）汇率政策的协调。汇率稳定是国际贸易和世界经济不断发展的前提，也是各国货币政策的目标之一。因此，汇率政策的协调是国际货币政策协调的核心内容之一。（2）利率政策的协调。利率涉及一国货币对内稳定的问题，同时，根据利率平价理论，两国之间的利率发生相对变化，必然会影响到两国货币之间的汇率。因此，协调国际间的利率政策，有利于保持国际货币体系的稳定和健康发展。

（四）国际货币政策协调的作用

良好的国际货币政策协调，可以起到以下作用。

（1）保持汇率稳定，促进国际贸易的发展和国际资本的流动。

（2）有助于实现国际收支的平衡，当一国出现国际收支不平衡时，在进行国内政策调整的同时，通过国际货币政策协调，有关当事国采取共同的行动，必要时进行适当的汇率安排变动，有利于调节国际收支不平衡状态。

（3）有利于促进国际金融市场的稳定，事实证明，各主要工业国家采取协调一致的行动，有利于稳定国际金融市场，防止出现市场行情的大起大落。

【专栏 13-3】

美国次贷危机后的货币政策协调措施

2006 年下半年发生于美国的次级债务危机，最终酿成格林斯潘所讲的"百年一遇的国际金融危机"，正如每一次危机促进了国际间货币政策协调一样，在这次国际金融危机发生后，国际间货币政策协调的力度也得到加强。在 2008 年下半年美国次贷危机恶化后，各国加强了货币政策协调的力度。

联合降息与利率政策的协调

鉴于此次危机的全球性和严重性，主要经济体的中央银行除了降息全力应对国内危机之外，还联手其他国家央行共同降息。2008 年 10 月全球主要央行掀起了一致降息的货币政策行动，美联储、加拿大银行、英格兰银行、欧洲央行、瑞典银行、瑞士国民银行六大主要中央银行"联合"发表降息声明，掀开了史无前例的协调降息的序幕，向市场表明了共同应对金融危机的决心。随后，利率政策的国际协调开始达到前所未有的高潮，利率政策的重点转向了危机管理和防止经济衰退。

各国央行货币互换协议与多边合作

货币互换是这次金融危机管理中各国央行较早的货币政策协调方式。次贷危机及随后金融危机的爆发给全球金融市场增加了额外的压力。为了缓解这种压力，2007 年开始，美联储就与欧洲央行、日本银行、英格兰银行和瑞士央行等签署了不同规模的货币互换协议，允许这些中央银行向其国内银行提供美元流动性。2008 年下半年后，随着危机在世界范围内蔓延，美联储又分别与加拿大、澳大利亚、巴西、丹麦、挪威、瑞典、韩国、墨西哥和新加坡等 14 个国家的中央银行进行了货币互换，价值最高达 5 831.35 亿美元。

资料来源：岳瑛，次贷危机下财政政策与货币政策协调搭配研究——与 1997 年金融危机对比，科技情报开发与经济，2009 年第 32 期。

四、不同国际货币体系下的国际货币政策协调

不同的国际货币体系下，由于其结构框架及运行机制不同，因而其国际货币政策协调也体现着不同的内容和特点。我们主要讨论布雷顿森林体系及牙买加体系下的国际货币政策协调问题。

（一）布雷顿森林体系下的国际货币政策协调

1．布雷顿森林体系的含义

布雷顿森林体系是以美元为中心的汇兑平价体系，其特点是美元与黄金挂钩，其他货币与美元挂钩。在布雷顿森林体系下，各国与美元的法定平价一经国际货币基金组织(IMF）确认，便不得随意更改，其波动幅度不得超过平价的±1%。只有当成员国基本国际收支不平衡时，经 IMF 批准才能改变汇兑平价。

2．布雷顿森林体系解决国际收支问题的途径

根据 1944 年通过的《国际货币基金协定》和《国际复兴开发银行协定》，在布雷顿森林体系下，解决国际收支问题主要通过三条途径：一是依靠国内经济政策，二是依靠 IMF 组织的贷款，三是当成员国发生国际收支根本不平衡时，可以依靠改变汇兑平价。

3．布雷顿森林体系下各国货币政策协调的目标

在布雷顿森林体系下，各国中央银行间的货币政策协调主要是通过国际货币基金组织来进行，协调的目标是保持以美元为中心的汇兑平价体系的稳定。这一目标内在地包含了两方面的内容：一是维持黄金的美元价格即黄金官价的稳定；二是维持其他货币与美元之间汇兑平价的稳定。这种协调主要是通过国际货币基金组织的一些规范来进行，属于规则协调。

（二）牙买加体系下的货币政策协调

1．牙买加体系下的汇率体制

在牙买加体系下，各国可以自由选择汇率安排，浮动汇率制与固定汇率制合法共存。整个汇率体制呈现出两大趋势：一是区域集团内实行相对固定的汇率制度；二是主要货币之间

的汇率出现了巨幅波动。从总体来看，牙买加体系趋向于实行自由的汇率安排。

在浮动汇率制下，各国可以借助汇率的变动对国际收支进行连续和自动的调节，从而可以比较自主地推行国内经济政策而不必考虑国际收支问题，但牙买加体系仍然是不稳定的。造成这种不稳定的原因有很多，如短期资本的大量流动，国际间利率和通货膨胀率的巨大差异。另外，牙买加体系是一个国际储备多元化的体系，各国中央银行将本国的部分国际储备从一种货币转向另一种货币时，势必加大外汇市场的波动幅度。

外汇市场的剧烈波动，影响到各国的国内经济政策的效果，也影响到国际间的贸易与投资，因此，各国普遍希望通过国际间的货币政策协调，稳定国际外汇市场和国际汇率体系。

2. 国际间的货币政策协调

在牙买加体系下，西方国家比较大的货币政策协调有下面几次。

（1）20世纪80年代初，美国里根政府为对付高通货膨胀，实行高利率政策，西欧和日本也不得不提高利率，结果造成国际收支恶化，失业率上升。1983年，西方七国首脑会议在威廉斯堡达成《经济复兴宣言》，表示各国政府要协调政策，降低财政赤字。

（2）20世纪80年代中期，美国贸易赤字急剧扩大，贸易保护主义抬头，美元居高不下。1985年9月，西方五国财长决定共同干预外汇市场。美国同意削减赤字，而日本同意让日元升值。这次广场会议被认为是西方大国通过协调来控制国际汇率的开始，具有重大的意义。

（3）1987年2月21日至22日，西方七国中除意大利外的六国财长和中央银行行长在法国巴黎卢浮宫举行会议，会议强调采取协调的货币政策来稳定美元。同年4月，美国、日本和德国采取了协调的利率政策以稳定美元，美联储把利率水平提高了0.5个百分点以抑制国内的通货膨胀。

（4）1987年10月19日，是西方股市的"黑色星期一"，美国道琼斯工业股票平均价格指数下跌了508点，跌幅达22.6%，股市的巨幅动荡给国际金融市场带来了一片混乱。西方七国采取了五次大规模的联合干预，各国中央银行纷纷表示将保证金融系统的流动性。同时，法、德、日都降低了利率，避免了类似于1929年的大萧条。

第三节　中央银行与金融监管

金融监管是指金融管理当局运用一定的监管手段、采取一定的监管方式，对金融机构及经营活动、金融市场及交易行为等进行监督与管理。金融监管的目的是为了保护存款人和投资者利益，维护金融安全稳定和良好的金融秩序，防止金融业的垄断和保持金融效率，保障货币政策的实施。

中央银行制度建立之后，金融监管成为中央银行的重要职责之一，在一定意义上说，正是金融监管的必要性促进了中央银行制度的形成。

金融监管包括广义与狭义两个层次：狭义的金融监管是指，中央银行或者其他的金融监管当局，根据国家法律、法规对整个金融业实施监督管理；广义的金融监管包括金融机构的内部稽核与控制、社会中介组织的市场监督以及同业自律组织的自律性监管等。

一、主要的金融监管模式

根据金融业是否按照金融机构在银行、证券、保险不同业务范围分业经营或混业经营，金融监管相应地分为分业监管模式和统一监管模式。在分业监管模式下，金融监管的核心是机构监管，在统一监管模式下，金融监管的核心是功能监管。

（一）分业监管模式

指由多个机构实施对不同金融产品、不同金融机构和不同金融市场的监管，监管机构间没有隶属关系，各自在其权属范围内执行监管权力、履行监管职责。典型的金融分业监管模式是由银行监管部门、证券监管部门和保险监管部门分别实施对银行业、证券业和保险业的监管。

分业监管的优势在于有较强的针对性，它主要针对银行业、证券业、保险业在核心业务、风险暴露、监管目标与手段等方面的重大区别而设置。另外，分业监管可以多角度、多层次地收集监管信息，有针对性地对信息进行分析和整理。

分业监管模式的不足表现为，一是不同监管机构间的监管功能重叠导致监管成本高，监管效率低下，监管灵活性差。二是各监管机构的监管权存在一定程度的相互制约和制衡关系，若处理不当，会加大不同监管机构间的摩擦。

（二）统一监管模式

统一监管模式又称为"全能型监管"模式，是由一个监管机构对所有金融机构、金融产品和金融市场实施监管，监管者不仅要对金融安全和金融稳定负责，防范和化解系统风险，还要对金融机构的审慎经营、业务办理等进行全面的监督管理。在绝大多数国家，都由中央银行承担集中监管的职责。也有国家另设机构专门负责监管。

统一监管模式能够实现资源共享，以较低的成本提供多种监管服务，并避免监管重复、监管冲突与监管疏漏。

统一监管模式强调功能性监管[①]，关注金融产品的基本功能，能有效解决混业经营中金融创新产品的监管归属问题，避免监管空白和多重监管。

二、金融监管模式的发展演变

一般而言，什么样的金融经营模式决定着什么样的金融监管模式。很多国家都经历过金融业混业经营与分业经营的交替，相应的，金融监管模式也随之不断调整。从世界范围看，20世纪80年代的金融自由化和金融创新浪潮对西方国家金融业发展产生重大影响。大量的金融工具和金融交易方式被创新出来，跨行业的金融产品种类日益增多，传统的银行、证券、保险业之间的界限日益模糊，导致了全球范围内由分业监管向混业监管模式的转变。

---

① 由哈佛商学院罗伯特·默顿最先提出，是指基于金融体系基本功能而设计的更具连续性和一致性，并能实施跨产品、跨机构、跨市场协调的监管。

1997 年以前，英国监管模式是中央银行主导，分设证券投资委员会、证券期货管理局、投资管理监管组织、个人投机管理局、住房按揭协会、保险指导委员会、城市信用社协会、城市信用社登记部门等多个监管机构。随着英国金融混业经营快速发展，英国发生了一系列银行危机事件，如 1991 年国际商业信贷银行倒闭、1995 年巴林银行倒闭、1997 年国民西敏寺银行危机等，英国分业监管模式受到巨大挑战。1997 年英国政府宣布进行金融监管体系改革，实行金融监管与货币政策职能的分离，设置金融服务局。金融服务局的职能是全面负责银行、住房协会、投资基金、保险公司、金融市场和结算系统的统一监管。

其他国家监管模式也进行类似的改革，如韩国 1998 年 4 月 1 日成立金融监管委员会，澳大利亚 1998 年 7 月 1 日成立审慎监管局，日本 2000 年建立了统一的金融监管体制，德国 2002 年 5 月 1 日成立金融服务局。

1933 年以前，美国的金融监管体制属于混业经营和统一监管模式，大危机结束后，美国禁止混业经营，建立了最早的分业监管体制，实行联邦和州两级多元监管。联邦一级的监管机构主要是六个，分别是联邦储备体系、货币监理局、联邦存款保险公司、联邦住宅信贷银行及下设的联邦储贷保险公司和储贷协会、全国信用合作社管理局、证券交易会。美国分业监管模式为当时特定经济形势下金融体系的安全稳定运行发挥了积极作用。

1999 年美国颁布《金融服务现代化法》，重新允许金融业混业经营，同时该法规定，对同时从事银行、证券、互助基金、保险和商业银行等业务的金融持股公司实行伞形监管制度，即制定联邦储备理事会为金融持股公司的伞形监管人，负责该公司的综合监管；同时，金融持股公司又按其所经营业务的种类接受不同行业主要功能监管人的监督。伞形监管模式是一种混业经营下分业监管与统一监管相结合式双重多头监管模式。

然而，美国 2007 年的次贷危机暴露出美国伞形金融监管体系的缺陷：一是缺乏统一、协调、全面和权威的监管机构；二是随着金融混业经营和金融产品一体化，监管重叠成为金融创新的阻碍；三是功能性监管对证券、银行和保险业实施重复的分类监管，同时缺乏针对金融活动和金融消费者的统一监管和保护；四是多头监管导致美国监管成本过高，据估算美国监管成本占被监管银行非利息成本的 10%~12%，2006 年美国金融服务监管成本 52.5 亿美元，大约是英国金融服务局（6.25 亿美元）的 9 倍。

2010 年，美国通过了新的金融监管改革法案，改变原金融监管模式下银行、保险、证券交易和商品期货交易等多头监管，顾此失彼的状况，将职能统一集中于美联储，除金融控股公司外，对冲基金、保险公司也将被纳入美联储的监管范围。

三、中央银行在金融监管中的地位与作用

尽管目前全球存在将金融监管职能从中央银行职能中逐渐分离出来的趋势，然而，从各国的实践来看，中央银行在金融监管中仍发挥着重要作用。中央银行是金融监管系统中不可或缺的监管主体之一。

（一）协调货币政策和金融监管政策

货币政策和金融监管之间的协调关系，在防范和处理银行体系危机方面尤为突出。商业银行追求盈利的经营目标决定了即使在资本充足的情况下，也可能会产生流动性困难，甚至由此引发系统性的银行危机。单纯的银行监管机构没有创造货币的功能，因此也没有能力提供流动性。相比之下，中央银行创造货币的功能，使它有能力在必要时以最后贷款人的身份有条件地向陷入流动性困难的银行提供资金支持。中央银行要妥当运用最后贷款人职能，有必要充分了解具体银行的经营状况。如果中央银行没有监管职能，会发生其信息、责任、权力的不对称，并由此导致最后贷款人职能运用泛滥，从而引发道德风险；或运用过严、过迟，从而错过防范银行危机的最佳时机。

但是应该指出，货币政策与银行监管政策的协调与互补作用不会自动产生，如果没有正确的金融监管理念和制度，没有适当的外部监督，即使银行监管职能保留在中央银行，信息共享和政策协调也不会实现。货币政策和银行监管之间的关系既可以产生积极的效应，也可以被滥用，因为中央银行创造基础货币的能力可以方便地被用来弥补监管的失败。

（二）促进宏观审慎监管和微观审慎监管相结合

金融监管应当具有系统性的宏观视野，只针对单个金融机构的资本充足率、流动性、盈利能力等指标进行微观审慎监管，而忽视金融体系作为一个整体与实体经济的密切联系以及金融机构之间的关联性，并不能确保金融体系的稳定，国际金融危机未得以有效防范的主要原因，就是没有在微观审慎监管的基础上，对金融机构经营模式变化、金融产品创新、金融业的相互关联性对金融系统稳定的影响给予足够的重视，也没有对宏观经济与金融系统的相互作用可能产生的系统风险给予足够的关注，更没有涉及逆周期的政策工具缓解金融市场的顺周期性。

在宏观审慎监管框架中，中央银行的作用十分重要。要维护金融系统稳定，宏观与微观审慎监管必须有机结合，即使中央银行没有微观审慎监管职能，明确其在宏观审慎监管中的地位也有利于宏观、微观审慎监管者建立紧密、持续的合作关系。

四、中央银行金融监管的主要内容

一般而言，中央银行金融监管的主要内容包括：预防性管理、存款保险制度和紧急救援三个方面。

（一）预防性管理

预防性管理是中央银行金融监管体系中的第一道安全防线，主要包括以下8个方面。

1．市场准入管理

市场准入管理是指政府监管部门对组织或个人进入市场，从事金融活动的一种管理行为，包括机构准入监管、业务准入监管、人员准入监管和对非金融组织和个人从事金融活动的监管等方面。

2．资本充足性管理

资本充足性是保持银行正常运营和健康发展所必须具备的资本比率条件。金融机构在开展业务时要受自有资本的制约，不能脱离自有资本而任意扩大业务规模。2009 年国际金融危机后，《巴塞尔协议》（Ⅲ）规定：至 2019 年，商业银行核心一级资本充足率应不低于 7%[①]。

3．清偿能力管理

清偿能力管理的核心资产流动性问题，特别是应付挤兑的能力。流动性管理的重点是资产与负债结构在期限上的配合。我国对商业银行的流动性指标明确规定，资产流动性比率不得低于 25%，一年以上的人民币中长期贷款逾期 1 年以上的存款之比不得超过 120%，拆入资金余额与各项存款余额之比不得超过 4%，拆出资金金额与各项存款余额之比不得超过 8%。

4．贷款集中程度管理

贷款过分集中于个别客户的现象是导致大多数银行危机的主要原因。西方金融管理当局为了防止银行贷款过于集中导致的风险，都限制银行对单一借款者的借款额不能超过银行资本的一定比例。日本规定，任何银行对单一借款者的贷款不得超过银行资本比率分别是：商业银行为 20%，长期信用银行和信托银行为 30%，东京银行（外汇专业银行）为 40%。德国规定单笔贷款额度不得超过银行权益资本的 15%。

5．金融机构业务范围监管

中央银行对金融机构业务范围监管主要有长期业务和短期业务监管，直接融资业务与间接融资业务监管，银行业务与非银行业务监管，商业性、政策性和开发性金融业务监管，金融机构与工商企业持股及人事结合的限制性管理。世界上大多数国家，在相当长的时间内都严格规定了商业银行的业务界限。少数国家，如德国、荷兰、瑞士、卢森堡等国对商业银行业务没有严格的限制。在目前金融混业经营的大趋势下，金融机构的业务范围管制正在逐步放松或取消。

6．外汇风险管理

各国金融机构从事外汇业务面临的风险通常要比从事本币业务面临的风险大，大多数国家制定相应的国内管理制度，但管理制度有着显著差别。美国、法国等国对外汇的管制较松，英国、日本、荷兰、瑞士等国对外汇的管制较严。如英国规定，每家银行每笔外汇交易的净额不得超过银行权益资本的 15%。

7．贷款的国家风险限制

贷款的国家风险一般指借款国政府机构或外国公司、企业不按期归还贷款。此外，还有一种国家风险，即在有记账贸易外汇支付协定的国家之间，当一方在另一方的账户上出现巨额顺差，而对方又无法按规定以自有外汇或黄金偿还时，就形成顺差国对逆差国的强迫性贷款，形成一种特殊形态的贷款国家风险。

（二）存款保险制度

20 世纪 30 年代初期的经济大萧条后，于 1933 年通过了"格拉斯—斯蒂尔银行法案"，设立了联邦存款保险公司，确立了全球最早的存款保险制度。存款保险制度有利于维护金融稳定和化解金融风险，在金融危机期间，存款保险制度能发挥极大的作用平息危机。此后，不

[①] 金融稳定理事会和巴塞尔银行业监管委员会也建议，在 7%资本充足率基础上，将全球重要性金融机构的资本金要求再提高 2.5 个百分点，并将金融系统重要性机构的杠杆比率上线规定为 33 倍。

少国家相继引入这一制度：加拿大 1967 年设立存款保险公司；日本 1971 年颁布《存款保险法》并于成立存款保险机构；联邦德国和英国分别于 1976 年、1988 年引入存款保险制度。目前大多数国发达国家都设立了这一制度，少数发展中国家也进行了有益的尝试。

从理论上看，存款保险应该保护所有存款人利益才能避免挤兑。但在实践中，由于存款保险易导致道德风险，通常都只对小额存款人进行保护而要求大额存款人和机构存款人对银行经营状况进行监督。

一般来说，对存款进行完全保险或者保险程度非常高的经济体基本上是处在发生危机或者银行体系非常脆弱的时期，待本国银行体系稳健后再恢复至以前的有限保险。

【专栏 13-4】

中国建立存款保险制度的路径选择

建立渐进的存款保险制度

中国存款保险制度的建立，必须在存款保险制度的前提得到全部满足或是部分满足的条件下，而且国家隐含担保并不能全部迅速撤除。银行的存款天然地享有国家担保，要立即对银行系统的全部存款实施明示存款保险，不仅会导致银行体系的振荡，对公众也欠缺公正性。可采取将四家国有商业银行与其他股份制银行、外资银行、其他银行机构区分开来的做法，对四家国有商业银行已有存款沿用国家隐含担保，以对其他股份制银行、外资银行、其他银行机构的全部存款和四家国有商业银行的增量存款建立存款保险为突破口，在存款保险得到公众充分认知后，最终通过国有银行的股份制改造的成功施行，实施对整个银行体系的存款保险制度的建立和完善。

建立存款保险制度必须充分吸收借鉴国际上的成功经验，发挥"后发"优势

改变过去金融改革"先实践，后立法"的做法，立法先行，以法规指导和保证存款制度的建立工作。在存款保险制度立法时，应明确规定存款保险制度的目标、机构设置和职能划定、存款保险范围、保险基金的筹资安排方式、费率的定价机制、赔偿处理形式，确保存款保险制度安排在法规确定的框架内运作。

建立中央银行、银监会、存款保险公司之间既有分工又有合作的运作机制

央行专司货币政策的制定和执行，并对有流动性困难的银行体系以最后贷款人的身份补充流动性。银监会负责银行系统的监管职能，并负责做出银行的市场退出决定。而存款保险公司的职责在于实施银行的市场退出运作过程，其工作重点在于保护存款人而不是银行，在于保障银行的有序退出而不是其存续。当银行破产清算时，存款保险公司将被银监会指定为接管人，对银行进行破产处置，并实施一系列处理手段，如收购与接管交易、过渡银行、不歇业银行援助等，使央行和银监会从复杂的处置程序中摆脱出来。

资料来源：赵保国，关于我国存款保险制度建立的思考，中央财经大学学报，2010 年第1期。

（三）紧急救援

金融监管当局对发生清偿能力困难的银行提供紧急救援，紧急救援也被视为金融监管当局对金融体系的最后一道防线，中央银行对金融机构提供积极援助的方法通常有如下几种：

1．直接贷款

中央银行以最后贷款人的身份向危机银行直接提供贷款可在一定程度上阻止银行危机的恶化和蔓延。但直接贷款也会引发道德风险，如果商业银行认为中央银行贷款很容易获得，那么，商业银行可能从事风险更大的业务以获取更高的收益。因此，中央银行在维护社会公众对银行体系信心的同时，应尽量减少中央银行为商业银行兜底的行为。

2．组织大银行救助小银行

在银行安全问题上，大多数的小银行由于融资渠道单一，资产规模较小，往往容易出现安全问题，此时，由中央银行出面，或联合几家大银行集资救助，或安排大银行向中小银行贷款，或按一定条件让大银行兼并中小银行等，也是中央银行实施紧急救助的有效措施。

3．存款保险机构出面提供资金

存款保险机构向发生清偿困难的银行提供贷款，购买其资产或以直接存款的方式将资金注入该银行，或借助紧急资金援助其他金融机构对破产金融机构进行合并或收购，以维持社会公众对银行体系的信心。2008 年金融危机中，美国联邦存款保险公司为大多数银行和储蓄机构发行新的短期债券并提供担保，为金融机构提供必要的流动性。

4．政府出面援助

这种援助形式包括：政府把大量资金存入发生问题的银行，以国家信用向这些银行提供流动性；政府直接收购问题银行，全部债务由政府清偿，股东债权由政府负责保值。如美国政府于 2008 年 9 月正式接管发生巨额亏损、陷入全面危机的房利美（Fannie Mae）和房地美（Freddie Mac），政府持有"两房"各 79.9%的股份。2008 年 10 月 14 日，美国财政部、美联储和联邦存款保险公司联合制定总额高达 2500 亿美元的银行业注资计划，其中半数用于购买美国九大银行优先股。

五、宏观审慎管理

2007 年美国次贷危机引发的全球金融危机让全球经济学家重新思考中央银行的职责和监管定位。货币政策和金融监管的配合存在缺陷，从而无法有效识别金融市场的潜在风险，这是本次危机的深层次原因。鉴于此，发达经济体一致提出应该加强宏观审慎管理，防范金融危机。

（一）宏观审慎管理内涵

20 世纪 70 年代，国际清算银行认为如果仅仅关注单一机构的风险管理，就会失去确保金融稳定层面的监管任务，应该将金融体系视为一个整体进行监管。宏观审慎管理是指宏观金融管理当局为了减少金融动荡产生的经济成本、确保金融稳定而将金融体系整体作为监管对象的监管理念。

2002 年 9 月，国际货币基金组织正式出版了《金融稳健指标编制指南》。倡导对一国金融体系的稳健性进行评估，并研究建立"金融稳健指标体系"。金融稳健指标包括核心指标和鼓励指标两部分，核心指标从存款机构资本充足率、资产质量、收益状况、流动性风险和对市场的敏感度 5 个方面监测一国金融体系的稳健性；鼓励指标扩展了反映存款机构的稳健指标，增加反映证券市场、非银行金融机构、企业部分、住房部分和房地产市场等与金融稳健相关的指标。

2009 年 4 月，20 国集团（G20）伦敦峰会确定了金融监管的新框架，主要包括：在金融稳定论坛成立专门负责维护金融稳定的金融稳定委员会；改革各国金融监管体系，以便于各国政府识别宏观审慎管理风险；加强金融监管，消除经济政策的顺周期问题；进一步扩大监管范围，将所有具有系统重要性的金融机构，金融工具和市场纳入监管范围，建立覆盖整个金融体系的对冲基金。

宏观审慎管理以确保金融稳定为监管目的，以稳定产出，就业为最终目标。充分关注能够对金融稳定产生系统性重要影响的机构。重点监管金融体系的脆弱性和系统性风险的内生性问题，通过自上而下的方式实现宏观审慎管理。加强对重要经济变量非正常波动的监测与分析，近年来的金融危机表明，影响一国金融稳定的重要因素包括以房地产价格和股票价格为代表的资产价格波动，贸易环境突然恶化，巨额国际资本流入或流出、国际金融市场动荡、汇率波动、GDP 增速、通货膨胀永平、产业机构变化、就业状况等。宏观审慎管理分析可以找出对金融体系产生潜在重大不利影响的系统性风险因素。

（二）宏观审慎管理与中央银行

国际社会在经过对金融危机的理性思考后，认为中央银行应该在宏观审慎管理中发挥主导作用。

1．货币政策与金融稳定

2007 年的全球金融危机再次表明。在持续经济高增长、低通胀、低利率的环境下，市场对长期持续的宽松货币环境预期导致了过高的杠杆率、期限搭配和资产价格泡沫。当资产价格泡沫破裂时，系统性金融风险不可避免地成为现实。1984 年，前美联储主席保罗·沃尔克提出美联储首先是金融稳定维护者，其次才是货币稳定维护者的观点，危机后部分国家中央银行改革措施充分反映出在货币政策应维护金融稳定方面的共识。

2．逆周期宏观审慎管理与货币政策的内在一致性

宏观审慎性管理与货币政策调控具有内在一致性。这种一致性表现为二者关注的重点都是宏观经济运行问题。目标都是防止过度的经济波动对金融体系的威胁。逆周期宏观审慎管理政策通过缓解银行体系顺周期性风险累积而对实体经济融资功能产生影响。逆周期货币政策调控目标是保持经济的平稳运行，为金融运行的稳定提供政策上的保证。由于金融失衡不利于货币政策目标的实现，中央银行有防范系统性金融风险的强烈动机，因此加强其在宏观审慎管理中的作用有利于监管工具的有效运用，提高金融监管的整体效力。

3．中央银行最后贷款人职能与金融市场流动性管理的一致性

中央银行作为社会支付系统中的最后贷款人，在防范系统性金融风险中发挥着决定性作用。市场流动性决定了金融系统在面对冲击时的弹性与稳定性。金融危机时期通常会出现流动性枯竭，当个人、经济主体、金融机构都需要流动性时，金融市场本身无法满足社会性的流动性需要，唯有中央银行才是流动性的最终供给者。但如果中央银行没有事前监管权而只是在危机时充当贷款人，不仅容易滋生金融机构的道德风险，也容易贻误流动性注入的最佳

时机，不利于防范系统性风险。从各国的实际情况来看，中央银行普遍承担着最后贷款人职责，维护金融稳定已成为大多数国家中央银行的重要职能之一，政府赋予并强化中央银行在宏观层面的金融审慎管理权限既是必要的，也是合理的。

4. 中央银行具有防范系统性金融风险的先决便利条件。

中央银行是宏观调控的主要机构之一，具有评估宏观经济状况和宏观金融风险方面更多的专门知识，对本国金融领域的系统性风险从宏观层面进行审慎分析。中央银行拥有支付清算系统的信息优势，在系统性风险监管中具有独到的优势。赋予中央银行宏观审慎管理权利同中央银行维护金融稳定职能的权责相统一。

维护金融稳定是各国中央银行必须承担的重任，唯有中央银行拥有了宏观审慎管理权，才能有效促进宏观审慎管理职能与维护金融稳定职能的统一，实现中央银行防范系统性风险，维护金融稳定的政策目标。

2008 年 8 月，法国出台了《经济现代化法》，规定金融监管机构调整的目标是将银行、证券、保险监管机构合并成"审慎管理局"，并将其置于中央银行的监督之下。法兰西银行作为中央银行被进一步赋予系统性风险和危机处理的管理权，将其从一般监管事务的牵头者提升到负责应对系统性风险和维护金融稳定的独立机构。

2009 年 2 月，英国议会通过了《2009 年银行法》，规定英格兰银行作为中央银行在金融稳定中的法定职责和所处的核心地位，并明确了相关的金融稳定政策工具和权限。英国政府在英格兰银行内部设立金融政策委员会，负责宏观审慎管理，关注整个经济中威胁经济和金融稳定的宏观事件，并采取有效的应对措施。

2009 年 10 月，德国宣布废除德国双头银行监管体系，将原由联邦金融监管局监管银行机构的职能划归德国中央银行全权负责。

2010 年 3 月，美国的金融改革法案规定，由美联储负责对大型、复杂金融机构实施监管，以确保美国政府了解这些金融机构的风险和复杂性。美联储的监管权由此而扩大，除银行控股公司之外，凡是可能影响到金融体系稳定的大型金融机构，例如，大型对冲基金、保险公司等，都将进入美联储监管范围。

2009 年 9 月，欧盟委员会明确规定欧洲中央银行在宏观审慎管理中的特殊作用，欧洲中央银行行长、副行长作为欧洲系统风险管理委员会普通董事会的成员，并由欧洲中央银行行长担任系统风险管理委员会的主席。

补充阅读

中国金融监管体系的历史沿革与改革措施

中国金融监管体系的沿革

从 1949 年新中国成立到 1978 年实行改革开放前，中国只有一家银行即中国人民银行，它既从事信贷业务又有金融监管的职能，实行的是集中统一的金融监管体制。1984—1993年，中国人民银行是中国金融监管的主要机构，集货币政策和所有金融监管于一身。在 20 世纪 90 年代以后陆续成立了中国证券监督管理委员会（简称证监会）、中国保险监督管理委员会（简称保监会）和中国银行业监督管理委员会（简称银监会）。

从其发展历程看，大致可以分为 3 个阶段：形成与发展阶段（1984—1994 年）、改革与调整阶段（1995—2003 年）、改进与完善阶段（2004 年至今）。

中国金融监管体系改革的思路与措施

中国金融监管体系改革应当分为三个阶段进行：现阶段应当进一步改进和完善现行的金融监管体系；第二阶段，在条件具备时，成立金融管理协调委员会，协调各监管部门的关系；第三阶段，在条件成熟后，建立具有政府管理职能的中国金融监督管理委员会（金监会）。

中国金监会对中国金融机构和金融市场进行统一监管。现在的银监会、证监会和保监会变成金监会的下属的局，分别对银行业、证券业和保险业进行监管。中国金监会制定金融监管政策和法规，协调各监管机构之间的关系。中国金监会是直属于国务院的中国金融监管的最高机构，其负责人应当由国务委员或国务院副总理担任。中央银行仍然担任部分金融监管职能，即中央银行除了制定和执行货币政策外，还负责监管货币市场和外汇市场。形成金监会为主，与中央银行共同进行金融监管的格局。

完善金融监管体系的配套改革：一是健全中国金融机构的内部控制制度，二是建立金融同业自律机制，三是完善中国相关法律法规体系，四是加强金融监管的国际合作。

资料来源：孔萌萌，金融监管体系演进轨迹：国际经验及启示，改革，2011。

读后讨论

1. 用自己的话简述一下中国金融监管体系的历史进程。

2. 查找资料对比中外监管体系的异同。

3. 对于我国的金融监管体系改革你有什么建议？

本章小结

1. 金融全球化的作用包括促进资金重新分配、推动金融资本的全球化。

2. 中央银行在国家对外金融关系中的地位：充当政府对外金融活动的总顾问和全权代表；与各国中央银行进行官方结算；进行资本国际流动的调节管理和对外负债的全面监测；充当各国黄金和外汇储备的管理者；进行外汇交易；调节与监督国际金融活动；发展与各国中央银行及各国际金融机构的对外金融关系；充当对外金融的总体发展战略的制定者。

3. 国际货币体系的主要内容包括：汇率制度及其管理、国际储备及其管理、国际收支调节机制以及国际金融组织的宗旨、职能和作用等。

4. 当前国际货币体系发展的特点：区域货币全球化；国际间的货币政策协调得到了发展。

5. 国际货币政策协调的方式可以分为两大类：一是通过特定的国际金融组织及共同认可的原则进行常规性的协调；二是各当事国之间进行的临时性的政策磋商。前者被称为规则协调，而后者则被称为随机协调。

6. 根据金融业是否按照金融机构在银行、证券、保险不同业务范围分业经营或混业经营，金融监管分为分业监管模式和统一监管模式。

7. 宏观审慎管理以确保金融稳定为监管目的，以稳定产出，就业为最终目标。充分关注能够对金融稳定产生系统性重要影响的机构。重点监管金融体系的脆弱性和系统性风险的内生性问题。

重要概念

金融全球化　　世界银行集团　　国际货币体系　　国际金本位体系　　布雷顿森林体系
牙买加体系　　金融监管模式　　宏观审慎管理

练习题

1. 简述金融全球化的作用。
2. 简述金融全球化的经济效益。
3. 中央银行在国家对外金融关系中的地位如何？
4. 简述国际货币体系的主要内容。
5. 当前国际货币体系发展的特点有哪些？
6. 简述国际货币政策协调的必要性、方式及内容。
7. 为什么中央银行应承担宏观审慎管理职责？

参考文献

[1] 王广谦，中央银行学（第三版）[M]．北京：高等教育出版社，2011.

[2] 赵何敏，黄明皓．中央银行学[M]．北京：清华大学出版社，2012.

[3] 毛泽盛，卞志村．中央银行学[M]．北京：人民出版社，2009.

[4] 付一书，中央银行学[M]．上海：复旦大学出版社，2013.

[5] 托马斯·梅耶，詹姆斯·S．杜森贝里，罗伯特·Z．阿利伯．货币、银行与经济[M]．林宝清等译．上海：格致出版社，上海三联书店，上海人民出版社，2007.

[6] 弗雷德里克·S·米什金．货币金融学[M]．郑艳文等译．北京：中国人民大学出版社，2011.

[7] 威廉·格雷德．美联储[M]．耿丹译．北京：中国友谊出版，2013.

[8] 本·S．伯南克，托马斯·劳巴克，弗雷德里克·S．米什金，亚当·S．波森．通货膨胀目标制：国际经验[M]．孙刚等译．大连：东北财经大学出版社，2013.

[9] 米尔顿·弗里德曼，安娜·施瓦茨．美国货币史（1867—1960）[M]．巴曙松等译．北京：北京大学出版社，2009.

[10] 查尔斯·P．金德尔伯格．西欧金融史[M]．徐子健等译．北京：中国金融出版社，2007.

[11] 楚尔鸣．中国货币政策传导系统有效性的实证研究[M]．北京：中国经济出版社，2008.

[12] 万立明．上海票据交换所研究（1933—1951）[M]．上海：上海人民出版社，2009.

[13] 欧洲中央银行．欧洲央行货币分析工具及框架[M]．徐诺金等译．北京：中国金融出版社，2014.

[14] Mark Manning，Erlend Nier，Jochen Schanz．大额支付结算的经济学分析：中央银行视角的理论与政策[M]．田海山等译．北京：中国金融出版社，2013.

[15] 姚遂．中国金融史[M]．北京：高等教育出版社，2007.

[16] 白鹤祥．中国货币政策传导微观机制研究[M]．北京：中国金融出版社，2010.

[17] 张红地．中国公开市场操作工具的选择[M]．上海：上海三联书店，2005.

[18] 裴平，熊鹏．中国货币政策传导机制研究[M]．北京：中国金融出版社，2009.

[19] 陈明艺等．以国债为我国公开市场操作主要工具的实证分析．企业经济，2011年第8期.

[20] 杨艳等．外汇储备变动对中央银行资产负债表的影响．四川大学学报，2014年第2期.

[21] 杨娉．关于我国中央银行资产负债表健康化的思考．黑龙江金融，2013年11期.

[22] 俞亚光等．主要国家央行资产负债表规模与结构比较研究．会计研究，2013年第5期.

[23] 刘华等．从中央银行资产负债表看宏观调控．区域经济研究，2011年第1期.

[24] 张水杰．借鉴英格兰银行代理国库的经验[J]．国际金融研究，1991年第1期.

[25] 黄余送. 全球视野下征信行业发展模式比较及启示[J]. 经济社会体质比较，2013.

[26] 杨海林. 民间借贷纳入中央银行征信管理问题研究[J]. 南方金融，2013.

[27] 李永刚. 美国量化宽松货币政策影响及中国对策[J]. 财经科学，2011 年第 4 期.

[28] 黄胤英. 量化宽松货币政策的传导机制与政策效果研究——基于央行资产负债表跨国分析[J]. 国际金融研究，2013 年第 2 期.

[29] 张春生等. 社会融资规模适合作为货币政策中介目标吗：与 M2、信贷规模的比较. 经济科学，2013 年第 6 期.

[30] 王铭利. 金融发展中我国广义信贷需求函数研究[J]. 上海金融，2013 年第 1 期.

[31] 张学勇等. 金融危机下货币政策及其效果：基于国际比较的视角[J]. 国际金融研究，2011 年第 9 期.

[32] 习先东等. 中国法定存款准备金政策动机与货币政策效应. 金融研究，2012 年第 2 期.

[33] 高钧. 道义劝告在美国货币政策和银行管理中的应用[J]. 中国金融，2003 年第 6 期.

[34] 吴蔚蓝等. 利率政策效果实证研究——基于利率政策对庆阳市物价指数影响的实证分析[J]. 财会研究，2014 年第 10 期.

[35] 武常命. 希腊债务危机启示：货币政策与财政政策的协调[J]. 中国金融杂志，2012.

[36] 陈静. 量化宽松货币政策的传导机制与政策效果研究——基于央行资产负债表的跨国分析[J]. 国际金融研究，2013 年第 2 期.

[37] 外汇管理由"安检式"转向"摄像式"——国家外汇局经常项目司司长杜鹏谈经常项目外汇管理改革. 中国金融家，2014 年第 8 期.

[38] 中国资本市场研究报告，2010.

[39] 肖凤娟. 1978 年以来我国的外汇管理体制改革与资本管制政策[J]. 中央财经大学学报，2011 年第 5 期.

[40] 傅洋. 论中央银行在我国经济发展中的作用[J]. 企业研究，2012 年第 20 期.

[41] 曹勇. 国际货币体系改革的历史视角分析与现实选择[J]. 宏观经济研究，2010 年第 7 期.

[42] 岳瑛. 次贷危机下财政政策与货币政策协调搭配研究——与 1997 年金融危机对比[J]. 科技情报开发与经济，2009 年第 32 期.

[43] 赵保国. 关于我国存款保险制度建立的思考[J]. 中央财经大学学报，2010 年第 1 期.

[44] 李向前，郭强. 美联储非传统货币政策及其对我国货币政策的启示[J]. 经济学动态，2012 年第 11 期.

[45] Barro Robert J. ，Gordon David B. ，A Positive Theory of Monetary Policy in a Natural-Rate Model. Journal of Political Economy，1983. 8.

[46] Bullard, James B. and Mitra, Kaushik. Learning about Monetary Policy Rules [J]. Journal of Monetary Economics，2002,9.

[47] Bernanke, Ben and Alen Blinder. Credit, Money, and Aggregate Demand [J]. American Economic Review, 1988,5.

[48] Akerlof G. A. and Milbournbe R. D. The Short-Run Demand for Money [J]. Economic

Journal, 1980.

[49] Taylor, John B. The Monetary Transmission Mechanism: An Empirical Framework [J]. Journal of Economic Perspective，Fall 1995.

[50] Diamond, D. Bank Runs, Deposit Insurance and Liquidity [J]. Journal of Political Economy, 1983.

[51] Finn E. Kydland and E. Prescott. Rules Rather than Discretion：The Inconsistency of Optimal Plans [J]. Journal of Political Economy，1977.

后 记

从 2007 年给金融学专业本科生讲授"中央银行学"课程开始，至今已有 8 年的时间，在这不算短的时间里，我通过在课堂上讲课，在课后查阅资料并更新授课内容，以及与学生们讨论的各种形式中，不断加深对中央银行学课程的理解，对这门课程的感情也越来越深。

在教学过程中，我发现这门课程一方面具有非常强的理论性，是宏观经济学在货币金融领域的延伸；另一方面，它又具有极强的实践性和时代性，与我们当前的经济运行乃至个人的日常生活密切相关。我在使用了各版本的教材之后，总感觉这些教材或多或少地存在着不令人满意的方面，同时各届学生也提出过对教材的意见和建议，我认为这都是需要改进的地方。那么，最好的改进方式就是我自己编写一本合适的教材，将自己授课的体会、经验、积累的资料以及学生们的宝贵建议融入教材，进一步增加课堂吸引力，提升课堂教学效果，真正帮助学生通过本课程的学习使知识结构得以扩充并系统化，培养他们思考问题和解决问题的能力。

我的系主任谭燕芝教授和同事王庆安教授对于本教材的编写提供了大力的支持和帮助，并亲自参与了重要内容的编写工作，衷心感谢他们！

部分研究生参与了本书的讨论、编著和修改整理工作，贡献了很多时间和心血，提出了很多非常有价值的意见，帮助我顺利完成了本书的编写。他们是颜文茹、段娓娓、肖婷婷、袁碧蓉、李维扬、胡万俊。衷心地谢谢这些可爱的学生们！

罗蓉

2015 年 1 月